한국연구재단 학술명저번역총서 서양편 **797**

# 사회복지실천 1
## : 역량강화 전문직의 관점과 역할
Social Work : An Empowering Profession

Brenda Dubois · Karla Krogsrud Miley 지음
조성희 · 김희주 · 장연진 옮김

박영사

# 저자 서문

사회복지 전문직 교육에서는 인간 행동, 사회문제, 사회복지정책, 전문적 개입이 이루어지는 역동에 대한 이해가 요구된다. 사회복지를 공부하는 학생들은 처음 공부를 시작할 때부터 사회복지의 "누구, 무엇, 왜"를 알기를 원할 것이다.

우리는 사회복지학 개론서에서 가장 중요한 것은 사회복지의 "누구, 무엇, 왜"에 관한 학생들의 마음가짐 혹은 사고방식을 발전시킬 수 있는 기반을 제공하는 데 있다고 믿는다. 사회복지교육협의회가 개발한 교육과정에 따라, 본서는 다양성, 인권, 사회정의, 윤리적·전문적 행동, 정책 실천, 사회복지실천에 관한 내용으로 구성하였다. 우리는 사회복지개론 수업을 통해 학생들이 교육적 요소와 관련된 전문적 가치, 지식, 기술의 공통 기반을 탐구할 필요가 있다고 믿는다.

이 개론서가 다른 책들과 다른 점은 입문자들을 위한 훈련 기반, 역량강화 지향 접근을 활용하고 있다는 것이다. 궁극적으로, 이 책은 사회복지 교육과정을 구성하는 다양한 요소들을 소개하고 있다. 본서의 내용은 사회복지의 역사적, 철학적 뿌리, 전문직 가치 및 윤리 기반, 다양성과 차이에 대한 시각, 인권과 사회정의, 사회서비스 전달 네트워크, 사회정책, 클라이언트 집단뿐 아니라 사회복지실천, 정책, 연구 관련 전략, 다양한 사회복지 실천현장에 대한 개관까지 포괄한다.

본서는 저자들의 사회복지 교육자로서의 복합적 경험을 반영하고 있으며, 각자가 사회복지실천 과정에서 겪은 내용들을 종합한 것이다. 원래 이 책은 아이오와 대학 사회복지 대학원의 사회체계 관점, 시카고 대학 사회복지행정 대학원의 집단사회복지실천뿐 아니라 공공복지, 사회복지 대학원, 노인 서비스 영역에서의 다양한 실천 경험들, 거시적·미시적 실천에 대한 남다른 관심 등 저자들이 갖고 있는 교육적, 실천

i

적 배경의 차별성을 드러내고자 하는 목적에서 출발하였다. 저자들은 이제 강점 관점 및 역량강화에 근거한 일반주의 접근을 아우르고 있다.

9번째 판은 인권과 사회정의의 맥락에서 역량강화 기반 사회복지실천 및 강점 관점을 완전히 적용하였다. '역량강화와 사회정의에 대한 성찰', '다양성과 인권에 대한 성찰'을 통해 역량강화와 다양성의 맥락에서 현재 발생하고 있는 이슈와 윤리적 고려사항을 강조하고 있다. '현장의 목소리'는 다양한 실천현장에 근무하는 사회복지사의 전문적 경험에 대한 관점에 대한 허구의 이야기들이다. 역량 기반 교육과정에 있는 학생들을 위해, 각 장의 말미에는 '생각해보기'를 통해 비판적 사고를 요하는 질문들을 제시하였다. 대부분의 장에는 실제 사례의 예와 실천 응용을 보여주는 '사회복지 사례'들이 포함되어 있다.

## 책의 구조

이 책은 4개의 영역으로 구성되어 있다.

첫 번째 영역인 '사회복지 전문직'에서는 사회복지는 "누가, 무엇을, 왜, 어디서" 하는지와 사회서비스 전달체계들을 살펴본다.

**1장**에서는 사회복지의 개념을 정의하고, 전문직의 목적과 실천현장의 개요를 검토하며, 역량강화 기반의 사회복지실천을 소개하고 있다.

**2장**에서는 사회복지 역사에서의 다양성의 의의를 포함한 사회복지 전문직의 역사적 뿌리를 다루고, 전문직 지식과 가치, 기술의 기반을 서술하고 있다.

**3장**에서는 실천을 위한 사회체계와 생태학적 개념틀을 소개하고, 미

시, 중시, 거시적 차원의 클라이언트에 대해 기술하고 있다.

**4장**에서는 사회서비스 전달 네트워크의 중요한 요소들을 설명하고 있다.

두 번째 영역인 '사회복지실천 관점'에서는 사회복지실천을 구성하고 또 영향을 미치는 가치와 사회정의, 다양성과 차이 요소들을 검토한다.

**5장**에서는 사회복지실천의 가치와 윤리적 기반들을 설명하고 있다.

**6장**에서는 사회정의와 인권, "－주의"와 정의, 사회정의의 이론적 기반 그리고 사회복지실천의 함의에 초점을 맞추고 있다.

**7장**에서는 문화 정체성과 상호교차성의 맥락에서 다양성과 차이, 그리고 다문화 사회복지실천을 지원하는 데 필요한 지식과 가치, 기술을 다루고 있다.

세 번째 영역인 '일반주의 사회복지'에서는 핵심 과정, 역할 및 전략과 관련된 사회복지 기능, 정책을 포함한 모든 체계 수준에서 일반주의 사회복지사를 위한 역량강화 접근에 대해 소개한다.

**8장**에서는 실천가와 클라이언트 간의 협력적인 파트너십의 본질을 설명하고, 일반주의 사회복지실천을 위한 역량강화 과정을 간략하게 기술하고 있다.

**9장**에서는 자문, 자원관리, 교육에서의 사회복지의 기능과 관련된 다양한 역할과 전략들을 소개하고 있다.

**10장**에서는 사회복지와 사회정책의 관계를 탐색하고, 사회복지정책과 서비스의 주요한 역사와 현황들을 검토하고 있다.

　네 번째 영역인 '실천현장의 이슈'에서는 공공복지와 건강, 가족 서비스, 아동복지, 성인과 노인 서비스 등의 다양한 현장에 있는 사회복지사들이 경험하는 기회와 도전들에 대해 설명한다.

　**11장**에서는 사회복지사들이 관여하는 빈곤과 노숙, 실업, 범죄 및 비행과 같은 공공 영역에서의 이슈에 대한 대응들을 소개하고 있다.

　**12장**에서는 장애, 정신건강 문제, 물질 사용 장애를 가진 사람들을 위한 공중보건과 보건의료 현장 및 서비스의 범주를 포함한 건강 및 행동 건강 현장에서의 사회복지사들을 위한 기회들을 설명하고 있다.

　**13장**에서는 가족 중심 서비스, 아동학대, 아동복지 서비스의 연속성, 학교사회복지 그리고 청소년들을 위한 여러 서비스에 있어서 사회복지의 주요 이슈들을 검토하고 있다.

　**14장**에서는 근로자 및 노인복지와 같은 오래된 사회복지현장뿐만 아니라 가족 돌봄의 문제, 친밀한 파트너 폭력, 노인 학대, 삶의 수명과 건강 수명이 같기를 희망하는 노인들의 증가와 같은 성인과 노인을 위한 서비스에 초점을 맞추고 있다.

# 역자 서문

최근 한국의 사회복지는 다양성과 차이의 존중과 개인의 인권 보호에 대해 관심을 가지고, 교육과 실천현장에서 역량강화 접근의 중요성을 강조하고 있다. 그러나 아직까지도 역량강화의 개념이 명확하게 정립되지 않고, 클라이언트의 다양한 욕구에 기반한 실천의 한계 등이 제기되면서 역량강화 실천에 대한 연구 및 저서의 필요성이 제기되고 있다. 사회복지를 전공하는 역자들은 국내에 이론과 기술을 접목한 훈련 중심의 전문 도서가 부족한 상황에서 한국연구재단의 2019년도 명저번역지원 사업을 통해 DuBois와 Miley 교수가 집필한 〈Social Work: An Empowering Profession〉을 만나게 되었다.

본서는 사회복지 전문직에 대한 총체적이고 통합적인 관점과 함께 역량강화 접근방법을 제공함으로써 사회복지 전공생들의 전문지식과 실천 기술 습득을 돕는 사회복지 전문 도서이다. 현재 9판까지 출간될 정도로 해외 사회복지 교육 현장에서 널리 사용되고 있다. 특히 개정 9판은 이전에는 포함되어 있지 않았던 증거 기반 실천, 인권, 사회정의와 같은 사회복지의 중요한 개념들을 새로 추가하였다. 이 책을 한글 번역서로 출간함으로써 사회복지를 공부하고 있는 한국 학생들에게 역량강화 관점에 대한 전문지식을 전달하고, 한국 사회복지사들에게는 역량강화 실천을 직접 적용한 사례를 접할 수 있는 기회를 제공할 것으로 기대된다.

본서의 저자인 Brenda L. DuBois와 Karla K. Miley는 미국의 사회복지 전공 연구자이자 교육자로 대학과 실천현장에서 역량강화 접근방법에 대한 교육을 담당하였고, 관련 주제로 다수의 저서들을 출간하였다. 먼저, DuBois 교수는 약 35년 동안 사회복지 교수와 실천가로 활동하면서 역량강화와 사회복지윤리, 사회정의와 관련된 논문들을 발표하였

고, 사회복지정책과 지역사회 계획, 프로그램 평가 등의 영역에서 전문 자문위원으로 활동하는 등 교육자이자 연구자 그리고 실천가, 자문가로 서 미국의 사회복지 분야에 영향을 미쳤다. Miley 교수는 학교사회복지, 보건서비스, 아동 및 노인복지에서 폭넓은 현장 및 자문 경험이 있고, 사회복지윤리와 역량강화와 관련된 연구들을 발표하였다. 그동안 두 명 의 저자는 윤리와 역량강화라는 공통된 관심사를 가지고 사회복지 전문 저서들을 공동으로 출간하였는데 본서 외에도 〈Generalist Social Work Practice: An Empowering Approach〉를 8판까지 출간하였다.

본서는 크게 4개 영역으로 구분되어 있다. 첫 번째 영역은 사회복지 전문직에 관한 것으로 전문직 정체성과 변화와 발전, 사회제도 및 사회 서비스 전달체계를 주요 주제로 다루고 있다. 두 번째 영역은 사회복지 실천 관점으로 가치와 윤리, 인권과 사회정의, 다양성에 대해 기술하고 있다. 세 번째 영역은 일반주의 사회복지로 역량강화 사회복지실천, 사 회복지실천의 기능과 역할, 사회복지실천과 사회복지정책에 대한 내용 으로 구성되었다. 네 번째 영역은 실천현장의 이슈 중에서, 빈곤, 노숙, 실업, 범죄, 건강과 재활, 정신건강, 가족과 아동·청소년, 성인과 노인 영역을 다루고 있다.

본서는 총 14장으로 구성되어 있으며, 2년여의 번역 과정을 거쳤다. 1장부터 4장, 12장은 조성희 교수가 담당하였고, 5장부터 7장, 13장 전 반부와 14장은 장연진 교수가, 8장부터 11장, 13장 후반부는 김희주 교 수가 담당하였다. 방대한 분량을 고려하여 1장에서 7장까지는 1권으로, 8장에서 14장까지는 2권으로 나누어 출간하게 되었다. 역자들은 번역에 참여하게 되어 영광이었고, 이제는 번역의 과정들이 소중한 추억으로 남게 되었다. 역자들은 사회복지가 누구를 위해, 무엇을, 왜 하는가를

다루고 있는 이 책이 이제 막 사회복지에 입문한 초년생은 물론이고, 사회복지 실천현장에서 발로 뛰고 있는 일선 사회복지사들에게도 매우 유용한 전문 서적으로 활용될 수 있을 것이라 기대한다. 마지막으로, 번역 연구를 지원한 한국연구재단과 출간을 위해 노고를 아끼지 않은 박영사에 감사드린다.

2022년 9월
역자 일동

# 간략 목차

# 목차

## 제2부    사회복지실천 관점

### 제5장    사회복지실천 가치와 윤리 / 207

# 사회복지 전문직

## 제1부

---

사회복지실천: 역량강화 전문직의 관점과 역할

# 제1장

# 사회복지실천: 원조 전문직

★★★★★

인간의 고통이 없는 사회를 상상해 보자. 모든 구성원들이 인생의 기본적인 필수품들과 교육적 포부와 직업 목표를 달성할 수 있는 충분한 자원과 기회를 갖는 사회를 상상하는가? 삶을 향상시키기 위해 필요한 보건관리와 그들의 삶을 강화하는 다른 사회적 공급에 접근할 수 있는 건강하고 유능한 개인을 마음속에 그리는가? 억압과 차별이 없고, 문화와 인종의 다양성이 존중되는 사회인가? 사회적 자원과 욕구가 시민들의 자원과 욕구와 조화를 이루는 것을 볼 수 있는가? 그렇다면 사회복지사가 필요 없는 사회를 상상한 것이다.

인간 사회는 완벽하지 않다. 사회적 해결방법을 요구하는 사회문제가 나타나고, 충족되어야 할 인간의 욕구가 발생한다. 개인적인 위기, 빈곤, 실업, 건강 문제, 부적절한 교육으로 인한 정상적인 발달 과정의 차단은 시민들의 안녕을 위태롭게 한다. 불평등, 차별, 인권 침해 및 다양한 형태의 사회적 불의의 확산은 사회의 안녕을 위태롭게 한다. 사회의 모든 시민들은 사회가 제공하는 충분한 혜택을 누려야 한다. 시민들이 최대한의 잠재력을 발휘할 때 사회는 번성한다.

당신은 이러한 사회문제와 인간이 가진 욕구의 현실을 기꺼이 직면하고 있는가? 가난과 노숙에 대한 반목과 고초, 기아와 고통의 눈물을 견디는 많은 사람들의 곤경에 관심이 있는가? 아이들에게 아기가 있고 유아가 마약에 중독되어 태어나는 사회에 대해 의문을 갖고 있는가? 보건관리 비용이 저렴하지 않아 질병을 치료하지 못하는 상황에 불편함을 느끼는가? 가족 및 집단 간의 관계에 영향을 미치는 만연한 폭력에 대해 견딜 수 없는가? 당신은 피부색이나 장애, 최대한의 잠재력 실현, 주류의 삶에 참여할 권리에 근거하여 특정 집단을 거부하는 개인적이거나 제도적인 차별에 도전하고 있는가? 모든 사회 구성원들에게 높은 삶의 질과 사회정의, 그리고 인권을 보장하기 위해 노력하는 사회를 만들어 가는 데 참여하고 싶은가? 그렇다면 사회복지 전문직의 세계에 오신 것을 환영합니다!

이 장에서는 사회복지실천과 사회복지에 대한 오리엔테이션을 제공하는 몇 가지 질문을 다룬다. 이러한 논의들은 사회복지실천을 인권 및 사회정의를 추구하는 전문직으로 형성하는 데 도움을 준다. 이를 위해 역량강화에 초점을 두는 사회복지사들은 사회복지기관을 통해 지역, 국가 및 국제 환경에서 사회 및 경제 문제 해결을 다룬다.

# 사회복지실천 전문직

이 부분에서는 사회복지실천 전문직에 대한 개요를 제공하기 위해 사회복지를 정의하고, 돌봄 전문가로서 사회복지사의 특성을 살펴보며, 다양한 실천현장의 사례를 통해 사회복지사들의 일상적인 활동을 자세히 설명하고, 일반주의 사회복지실천을 제시한다.

## 사회복지실천의 정의

사회복지사는 변화하는 사회에서의 생활에서 요구되는 것들과 인권 증진을 위한 사회정의에 대한 요구에 부응한다. 실제로 사회복지사는 사회구조를 위협하는 사회문제를 해결하고, 사람들과 사회의 복지에 부정적인 영향을 미치는 사회 조건을 개선한다. 2014년 국제사회복지사연맹(International Federation of Social Workers: IFSW)과 국제사회복지교육협의회(International Association of Schools of Social Work: IASSW)에서 채택한 사회복지실천에 대한 국제적인 정의는 다음과 같다.

> 사회복지실천은 사회적 변화와 개발, 사회적 결속력, 사람들의
> 역량강화와 해방을 촉진하는 실천 기반의 전문 영역이자 학문 분야
> 이다. 사회정의, 인권, 연대 책임 및 다양성 존중의 원칙은 사회복
> 지실천의 핵심이다. 사회복지실천, 사회과학, 인문학과 전통적인 지
> 식에 대한 이론에 기반을 둔 사회복지실천은 삶의 과제를 해결하고
> 복지를 향상하기 위해 사람과 구조를 참여시킨다(IFSW; 2014,
> Global Definition section, I ).

본질적으로 사회복지실천 활동들은 클라이언트 체계인 개인, 가족,
집단, 조직 및 지역사회의 유능감을 강화하고, 인간의 고통을 완화하며,
사회문제를 해결하는 사회구조를 만들 수 있도록 역량을 향상시킨다.
IFSW(2012b, 2014)에 따르면 사회복지실천의 일반적 관점은 보편적이지
만 역사, 문화 및 사회경제적 상황과 같은 국가별 상황적 특징에 의해
영향을 받는 사회복지실천의 우선순위와 형태의 차이는 명백하다.

## 돌봄 전문가로서의 사회복지사

당신으로 하여금 무엇이 직업으로서 사회복지실천을 선택하게 만들
었다고 생각하는가? 대부분의 사회복지사들과 마찬가지로 사람들과 함
께 일을 하고, 중요한 일을 하고 싶고, 변화를 만들어 내는 경력을 원하
기 때문이다. 다른 사람들과 긴밀히 협력하기 위한 당신의 개인적 특성
은 어떤 것이 있는가? 당신도 대부분의 사회복지사들과 마찬가지로 전
문가로서의 유능성을 강화할 수 있는 개인적인 자질을 보유하고 있다.
사람들은 다양한 이유로 사회복지실천과 같은 원조 전문직 영역에
참여한다. 많은 사람의 동기는 다른 사람들에 대한 이타적인 관심이다.
다른 사람들은 사람들이 처해 있는 조건을 개선하고 인권과 사회정의를
장려함으로써 변화를 만들어 내길 원한다. 그러나 다른 사람들은 자신

이 받은 한 번의 도움에 보답하기 위해 현장에 들어간다. 직업을 선택하는 이러한 다른 이유들을 고려하더라도 거의 예외 없이 사회복지실천 전문가들은 보살핌의 특성을 분명히 나타낸다.

종종 사회복지사는 자신을 전문적인 "조력자"로 묘사한다. 사람들이 문제를 해결하고 자원을 얻도록 지원하고, 위기의 상황 동안 지원을 제공하며, 욕구에 대한 사회적 대응을 촉진한다. 그들은 필요한 지식 기반을 습득하고, 필요한 기술에 대한 역량을 개발했으며, 사회복지실천 전문직의 가치와 윤리를 고수하는 수준의 전문가들이다.

사회복지실천 전문가들은 가치에 대해 비슷한 태도를 공유한다. 그들은 다른 사람들을 긍정적으로 생각하고 다른 사람들의 복지에 대한 진정한 관심을 나타낸다. 이타주의 또는 다른 사람들에 대한 이타주의적 관심은 그들의 타자 지향성(other-directedness)에 활력을 불어넣는다. 또한 유능한 원조 전문가들은 변화의 가능성과 일반적인 삶에 대해 낙관적인 태도를 보인다. 현실적인 희망은 변화 과정에 동기를 부여한다. 무엇보다 사회정의와 인권에 대한 이상을 바탕으로 미래에 대한 비전을 가지고 있다.

우리의 개인적 특성은 다른 사람들과 효과적으로 일할 수 있는 능력의 차이를 가져온다. 이러한 본질적인 개인적 특성 중에는 따뜻함, 정직, 진실성, 개방성, 용기, 희망, 겸손, 관심 및 민감성이 있다. 이러한 자질들은 라포를 형성하고 동료 및 클라이언트와의 관계를 구축하는 데 없어서는 안 될 필수 요소이다.

사회복지사는 클라이언트 및 동료와의 협력관계 속에서 활동하는 것에 가치를 부여한다. 사회복지실천은 다른 사람들과 협력하고, 그들에게 또는 그들을 위해 무언가를 하는 것이 아닌 변화를 촉진하는 것을 포함한다. 그들은 차이점을 인식하고, 다양성을 중요시하며, 사람들의 독창성에 가치를 부여한다. 유능한 사회복지사는 신뢰할 수 있고, 책임감 있게 행동하며, 건전한 판단력을 나타내고, 행동에 책임을 진다. 돌봄 전문가인 사회복지사는 자신의 역량과 기능을 확장하고, 사회적 지원과 자원에 접근하고, 인도적이고 반응적인 사회서비스를 만들며, 모든 시민에게 기회를 제공하는 사회구조를 확장하기 위해 다른 사람들과 함께 활동한다.

## 현장의 목소리

사회복지실천은 문제, 이슈 및 욕구가 다양한 사람들과 다양한 환경에서 일할 수 있는 기회를 제공한다. 다음 예를 통해 알 수 있듯이 사회복지사가 일상적인 사회복지실천 수행에서 하는 일에 대한 공통적인 특징과 구별되는 특징이 있다.

조지 존스턴 교수는 사회복지 프로그램 졸업생 몇 명을 사회복지실천 과정의 학생들을 위한 패널 프레젠테이션에 초대했다. 그는 실무자들에게 일상적인 사회복지실천 활동에서 무엇을 하는지에 대한 설명을 요청했다. 참여한 사회복지사는 양로원의 조아니 드브로, 지방의회 사무소의 입법조사관인 카렌 오스틀런드, 카운티 종합병원의 호스피스 부서의 사회복지사인 마이크 니컬스, 그리고 강간 위기 프로그램의 사회복지사인 메리 앤 그랜트이다.

조아니 드브로는 양로원에서의 활동을 다음과 같이 설명한다.

> 양로원은 장기요양시설이다. 현재 200명 이상의 입소자가 있다. 입소자의 대부분은 노인이다. 그러나 최근 센터에 독립적인 생활의 어려움을 가져오는 장애가 있는 젊은 사람들을 위한 프로그램을 추가했다. 센터의 한편에는 알츠하이머 질환을 앓는 입소자들을 위한 프로그램이 있다.

센터에서 근무하는 세 명의 사회복지사 중 한 사람으로서 주로 프로그램에서 노인들과 함께 활동한다. 나의 직업에서 정말 좋아하는 것 중 하나는 다양성이다. 나는 새로운 입소자의 수용, 입소자 및 그 가족과의 상담, 사회력 준비, 통합팀 돌봄 계획의 검토에 참여하고, 서비스 워크숍에서 직원 역량 교육을 주도하는 등의 다양한 활동에 참여하고 있다. 최근 우리는 알츠하이머 질환을 가지고 있는 주민들의 가족을 위한 지지집단을 시작했다. 나는 집단의 계획 과정에 참여하는 가족들과 함께 회의를 진행한다.

또한 지역사회에서 전문적인 활동에 참여하고 있다. 장기요양의 중요한 문제를 검토하기 위한 월별 모임에서 양로원 사회복지사 전문가 집단의 의장이다. 그러나 우리 집단은 문제에 대해 언급하는 것 이상의 활동을 수행한다. 우리는 행동을 취하기 위한 방안을 찾기 위해 노력한다. 예를 들어, 양로원 입소자 중 공적 부담에 의해 비용이 지불되는 입소자의 상황에 대해 관심을 두고 있다. 주정부 프로그램은 실제 비용의 일부를 지불한다. 여기에서 더 문제가 되는 것은 보통 6개월에서 9개월 뒤에 지불을 한다는 것이다. 현재 우리는 이 현안에 대해 지역 입법자들과 논의를 하고 있다.

존스턴 교수님은 연구 수업에서 얻은 정보가 나에게 매우 도움이 되었다는 것을 알면 매우 기뻐할 것이다. 현재 나는 센터에 살기로 결정한 입소자들의 참여를 증진시키는 새로운 기술을 평가하는 데 참여하고 있다. 우리는 스스로 결정을 내릴 때 더 적극적으로 참여하는 거주자가 양로원 생활로의 전환에 있어 더 긍정적이라는 것을 입증할 수 있기를 기대한다.

카렌 오스틀런드는 의회 사무소의 입법 조사관으로서의 역할을 다음과 같이 설명한다.

나는 이곳 학교에서 일을 시작하기 전에 사회복지사들이 입법부에서 일을 한다는 사실을 정확히 알지 못했다. 사실, 나는 오늘 우리가 진행한 패널 프레젠테이션에서 사회복지사들의 이런 유형의 직업에 대해 처음 들었다. 하지만 엘라이나 콘테로스가 그녀의 활동에 대해 해 주었던 이야기들을 나는 즐겁게 들었다. 이제는 입법 조사관으로서 그녀의 동료가 되었다.

나의 많은 일상 활동은 대리 지정인에 대한 옹호와 관련이 있다. 사람들은 다양한 연방 기관에 대한 질문을 한다. 종종 나는 그들을 적절한 인근 또는 지역의 자원에 의뢰할 수 있다. 사람들은 자주 어떤 위기들로 인해 요구가 생긴다. 나의 의견은 관료제가 위기를 너무 많이 확대시킨다는 것이다. 사람들을 진정시키고 상황을 명확하게 하는 응답 기술을 사용함으로써 나는 몇 가지 해결책을 찾도록 도울 수 있다. 실제로 나는 클라이언트와 대화하거나 관료주의 미로(bureaucratic maze)를 통해 방법을 찾으려고 노력할 때 훌륭한 의사소통 기술이 필수적이라는 것을 발견했다.

의회의 도움을 구하는 대리 지정인 중에는 다수의 퇴역군인이 포함된다. 나는 이러한 퇴역군인과 그 가족을 위해 서비스를 제공하는 기관들의 컨소시엄과 함께 사무소의 조정관으로서 역할을 수행한다. 이것은 여러 기관의 담당자와 매달 회의에 참석한다는 것을 의미한다. 이를 통해 프로그램 및 서비스에 대한 최신 정보를 얻을 수 있으며, 서비스 제공에 있어 어려움을 해결할 수 있는 좌담회의 역할을 한다.

나도 연구 기술을 사용하지만 조아니와는 약간 다르게 연구를 활용한다. 엘라이나와 나는 종종 새로운 법안을 제안하기 위한 배경 정보를 수집한다. 나는 현재 복지 개혁의 영향에 관한 하원 의회 지구에서 연구를 진행하고 있다.

마이크 니컬스는 카운티 종합병원의 호스피스 부서에서 사회복지사로 일한 것에 관해 이야기를 해주었다.

이 패널에서 이야기를 나눌 수 있도록 초대해 주셔서 감사하다. 이 자리는 의료사회복지사로서 의미 있는 나의 활동들을 이야기할 수 있는 기회이다.

호스피스 케어는 카운티 종합병원의 통합팀 보건관리 프로그램이다. 통합팀의 팀원에는 의사, 간호사, 물리 치료사, 영양사, 목사, 그리고 사회복지사인 내가 있다. 호스피스 프로그램은 말기 환자 및 가족을 위한 의료적, 정서적, 사회적 및 영적 서비스를 조정한다. 그 목적은 사람들이 가족과 친구들과 함께 살거나 죽을 수 있는 선택권을 행사할 수 있도록 하는 것이다. 우리의 프로그램은 다양한 보건관리, 사회적 및 심리적 지원을 제공하고 있다.

호스피스 프로그램의 사회복지사로서 나는 참여자 및 그들의 가족과 함께 다양한 방식으로 활동을 한다. 예를 들어 팀원으로서 계획을 세우는 활동에 참여하고, 상담서비스를 제공하고, 참여자가 선택한 서비스를 조정한다. 가족 구성원들은 종종 사랑하는 사람이 죽은 후에도 우리 프로그램의 지원 서비스를 계속 활용한다. 나는 호스피스 프로그램이 후원하는 사별 집단의 활동을 돕고 있다. 참여자 사망 전후의 애도 상담은 우리 프로그램에서 매우 중요한 부분이다.

우리는 호스피스에서 AIDS의 영향을 알고 있다. 나는 AIDS에 대한 지역사회 위원회의 사회복지실천 담당자이다. 현재 두 개의 프로젝트가 있는데, 하나는 지역사회 교육 활동이다. 다음 달 커뮤니티 센터에서 열리는 AIDS 퀼트 디스플레이에 대한 정보를 곧 보게 될 것이다. 우리는 전시회 자체와 관련 미디어의 관심이 우리 지역사회의 욕구에 대한 인식을 높이기를 바라고 있다. 또한 자원봉사 친구 프로그램을 시작하고 있다. 현재 이 프로그램의 기금을 확보하기 위한 보조금 요청의 통계 부분을 준비하기 위해 인구통계학적 정보와 기타 데이터를 수집하는 위원회에 참여하고 있다.

호스피스의 포괄적인 접근 방식은 다른 분야의 전문가들과 협력하여 말기 환자를 돌보는 데 대안을 제공할 기회를 얻게 된다는 것을 의미한다. 많은 사람들이 나에게 "어떻게 죽음에 몰입할 수 있습니까?"라고 질문한다. 당신도 그 질문을 할지 모르겠다. 역설적으로 죽음의 문제를 다루면서 나는 나 자신의 삶에 몰입해 왔고, 죽어가는 사람들에게서 삶에 관한 많은 것을 배웠다. 그리고 상호 지지의 분위기 속에서 활동하는 것의 중요성을 인식하게 되었다.

강간 위기와 관련된 업무를 담당하는 메리 앤 그랜트는 자신의 사회
복지실천을 함축적으로 제시한다.

나는 강간 위기 상담 센터에서 활동하고 있다. 우리의 프로그램
은 성폭행을 당한 사람들을 지원하는 것이다. 성폭행 치료 프로그
램에는 세 가지 구성 요소가 있으며 나는 이 세 가지 모두에 참여
한다. 먼저, 강간 피해 생존자와 그들의 가족 또는 중요한 관계를
맺고 있는 사람들에게 상담서비스를 제공한다. 작년까지 모든 상담
서비스는 개별적으로 제공되었다. 현재는 집단 세션을 추가하였고,
그들에게 매우 큰 도움이 되고 있다.

또한 나의 의무에는 병원, 경찰서에서나 다양한 법적 절차의 과
정 동안 클라이언트를 옹호하는 것도 포함되어 있다. 옹호는 상황
에 따라 명백히 다른 형태로 이루어진다. 나는 종종 클라이언트가
의학적 절차와 법적 절차를 예측하도록 도와준다. 또한 옹호는 법
적 경로를 진행하는 선택지에 대한 검토와 클라이언트를 동반하는
것을 포함한다.

셋째, 우리 프로그램에는 지역사회 교육 내용이 포함되어 있다.
동료들과 나는 성폭행과 강간 예방에 관한 많은 지역사회 교육 프
로그램을 제공한다. 우리는 학교, 병원, 법 집행 요원 및 기타 관심
있는 집단을 대상으로 프레젠테이션을 한다. 우리는 지역사회의 아
프리카계 미국인, 히스패닉계 및 아시아계 미국인 구성원들을 대상
으로 서비스를 확대해야 한다는 것을 알고 있다. 현재 자문위원회
와 자원봉사자 인력에서 소수 민족의 대표들을 확대하고 있다. 또
한 정보 자료를 스페인어로 번역하고 동시에 이중 언어 구사가 가
능한 직원을 확보할 계획을 가지고 있다.

우리가 자주 접하는 강간의 유형 중 하나는 데이트 강간이다. 현
재, 거의 모든 클라이언트들은 지인에 의해 성폭행을 당한 것으로
보고되고 있다. 그러나 우리 프로그램의 데이터를 통해 나타나는
것보다 이러한 현상이 더 널리 분포되어 있다고 생각한다. 현재 우
리는 데이트 강간에 관한 대학 연구에 참여하고 있다. 프로젝트 초

기 단계의 일부로, 데이트 강간의 징후와 역동에 초점을 둔 설문지
에 대한 현장 테스트를 실시하고 있다.

## 일반주의 사회복지실천

조아니 드브로, 카렌 오스틀런드, 마이크 니컬스 및 메리 앤 그랜트
는 모두 양로원, 의회 사무소, 지역사회 기반 호스피스 및 강간 위기 옹
호 프로그램과 같은 매우 다른 실천현장에서 활동을 하고 있다. 각 현
장은 서로 다른 특성을 지닌 프로그램과 서비스를 제공하고, 상이한 클
라이언트를 도우며, 고유한 문제를 접하고 있다. 그러나 이들 사회복지
사가 일상적인 활동을 설명할 때, 그들이 수행하는 일에는 유사점이 있
다. 클라이언트의 문제 해결을 촉진하며, 클라이언트에게 도움이 되는
자원을 얻도록 지원하고, 교육을 제공하며, 사회정책 개발에 영향을 미
친다는 점이다. 그들은 지역사회 집단과 전문팀의 구성원으로 그들의
전문 기술을 사용한다. 그들은 지역사회 자원에 대한 지식을 미세하게
조정한다. 또한 실천에 대한 평가와 연구를 수행한다.

이러한 사례들은 일반주의 사회복지실천의 사회복지사의 전문성을
제시한다. 일반주의 실천가로서 그들은 각 상황의 고유한 특성을 다루
기 위한 전문지식과 기술뿐만 아니라 클라이언트와 함께 활동하는 공통
의 과정을 사용한다.

일반주의 실천가들은 개인과 집단의 이슈 간 상호작용을 인정하
여 사회, 지역사회, 이웃, 복합 조직, 공식 집단, 가족 및 개인과 같
은 다양한 인간 체계와 협력하여 인간 체계의 기능을 최대화하는
변화를 만든다. 이는 일반주의 사회복지실천의 사회복지사는 모든
수준에서 클라이언트 체계와 직접 협력하고, 클라이언트를 가용 자
원에 연결하고, 자원 체계의 반응성을 향상시키기 위해 조직과 개입

하고, 자원의 균등한 분배를 보장하기 위해 사회 정책을 옹호하고, 사회복지실천의 모든 측면을 연구함을 의미한다(Miley, O'Melia, & DuBois, 2017, p.7).

요약하면, 일반주의 사회복지실천은 클라이언트 체계와 활동을 조직화하기 위해 포괄적인 실천과정을 활용하고, 인간 체계, 체계 간, 환경 체계와 같은 복합적인 체계 수준의 변화 가능성을 인식하고, 사회 환경의 맥락에서 인간 행동을 바라보며, 직접 실천을 사회정책 및 사회복지 실천연구를 통해 얻어진 것과 통합한다.

## 사회복지실천의 관점

사회복지실천은 20세기 초 전문직으로 등장했으며, 현재는 복지와 삶의 질을 높이고, 사회정의와 인권을 장려하는 직업으로 발전했다. 따라서 사회복지실천은 인간과 사회 조건을 개선하고 인간의 고통과 사회문제를 완화시키는 활동을 포함하고 있다.

사회복지사인 조아니 드브로, 카렌 오스틀런드, 마이크 니컬스 및 메리 앤 그랜트가 "현장의 목소리"에서 예를 통해 제시한 것 같이 일반주의적 관점의 공통점 이상의 것을 공유한다. 사회복지실천의 미션과 목적은 비전을 제공하고, 사회복지실천 목표의 우선순위는 클라이언트와 협력하여 지속적인 강점과 욕구의 맥락에서 개인적 문제와 공공의 이슈에 대한 해결방안을 개발하기 위한 활동을 지향한다.

## 사회복지실천의 미션과 목적

전미사회복지사협회(National Association of Social workers: NASW)(2018)는 사회복지실천의 통일된 근본적인 미션과 목적을 "인간 복지를 향상시키고, 특히 취약하고 억압당하는 빈곤한 사람들의 욕구와 역량강화에 관심을 두면서 모든 사람들의 기본적인 욕구 충족을 원조하는 것"(p.1)으로 제시하였다. 또한 가장 최근의 교육 정책 및 인증 표준에서 사회복지교육협회(Council on Social Work Education: CSWE)는 사회복지실천을 개인의 복지와 사회의 총체적인 개선을 촉진하는 직업으로 묘사하였다. 구체적으로, 사회복지실천의 목적은 "사회적, 경제적 정의 추구, 인권을 제한하는 상황의 예방, 빈곤 퇴치, 지역적 또는 세계적으로 모든 사람의 삶의 질을 향상시키는 것"을 통해 실현된다(2015, 1).

사회복지실천은 물리적 또는 사회적 환경의 맥락에서 사람에 초점을 맞춘 통합된 관점에 의해 구별된다. 직업의 미션에 부응함에 있어서 사회복지사는 인간의 기능을 강화하고, 시민에게 자원과 기회를 제공하는 사회구조의 효과성을 향상시킨다.

## 개인적 문제와 공공의 이슈

사람들과 그들의 사회 환경에 대한 사회복지실천의 이중 초점은 개인적 문제와 공공의 이슈 사이의 상호연결에 관한 의문을 제기한다. 라이트 밀스(1959)는 먼저 사회적 환경의 개인적 문제와 사회구조의 공공 문제를 구분하였다. 그의 주요 연구인 사회학적 상상력(The Sociological Imagination)은 문제의 위치와 해결책에 대한 비판적인 견해를 제시한다. 밀스에 따르면 개인적인 문제는 개인적 특성이나 다른 사람들과의 관계에서 발생하는 문제이다. 따라서 "문제는 사적인 사건이며, 개인이 소중하게 여기는 가치가 자신에 의해 위협받게 되는 것이다"(p.8). 반면에 이슈는 제도적 또는 사회적 환경과 연관될 수 있다. 밀스는 "이슈는 공공의 문제이며, 대중이 소중히 여기는 가치가 위협받는 것처럼 느껴지는 것이다."(p.8)라고 말한다. 밀스의 관점은 개인적 문제를 공공 이슈와 분리하고, 각 영역의 해결책은 별도의 영역에 중점을 두도록 하는 것을 제안한다. 대조적으로, 사회복지실천의 관점은 개인적 문제와 공공의 이슈가 교차한다는 것이다. 개인적 문제의 누적 효과는 공공의 이슈이다. 마찬가지로, 각 개인들은 개인 문제에 대해 개인적으로 공공의 이슈의 영향을 느끼게 된다. 더욱이 오늘날의 세계는 개인적 문제와 공공의 이슈가 세계적 반향을 일으킨다.

## 강점과 욕구

사회복지실천 전문직의 미션은 암묵적으로 인간의 욕구와 강점에 관한 것이다. 인간의 욕구는 사업복지실천 활동을 위한 원동력이며, 사회복지실천 전문직의 본질이다. 강점과 욕구의 근원에 대한 검토는 사람들과 그들의 물리적 환경과 사회적 환경 사이의 상호작용에 초점을 둔 사회복지실천의 차원을 이해하기 위한 맥락을 제공한다. 인간의 강점은 사회복지실천의 기본 요소이며, 해결책을 개발하는 에너지의 근원이다. 강점과 보편적인 기본욕구, 동기부여 욕구, 개인 개발 욕구, 생활 과제, 문화적 강점, 사회정의 및 인권에 대한 집단적 욕구, 세계 생활 욕구를 포함하는 욕구에 대한 검토는 사람들과 그들의 물리적 환경과 사회 환경 사이의 상호작용에 초점을 둔 사회복지실천의 차원을 이해하기 위한 맥락을 제공한다.

## 보편적인 기본욕구

보편적인 기본욕구는 육체적, 지적, 정서적, 사회적, 영적 성장에 대한 욕구를 포함하여 모든 사람들이 공유하는 욕구이다(Brill & Levine, 2005). 신체적 욕구는 음식, 주거 및 의복, 신체 발달의 기회, 필수적인 보건관리와 같은 기본적인 생명 공급을 포함한다. 기회가 개별 역량과 동기화될 때 지적 발달이 성장한다. 주요 타인과의 관계와 자기 수용은 정서적 발달을 가져온다. 사회 성장에는 사회화 욕구와 타인과의 의미 있는 관계 형성이 포함된다. 마지막으로 영적 성장은 목적을 제공하고 일상의 경험을 초월하는 삶의 의미를 발견하는 데 중점을 둔다.

전문가들은 보편적인 기본적 욕구에 대해 몇 가지 가정을 제시한다(Brill & Levine, 2005). 첫째, 그들은 모든 사람들이 보호와 의존뿐만 아니라 성장과 독립에 대한 욕구를 가지고 있다고 가정한다. 또한 그들은 모든 사람들이 독특하고 그들의 삶의 모든 측면에서 유능성을 개발할 수 있는 잠재력을 가지고 있다고 가정한다. 마지막으로 그들은 사람들이 육체적, 지적, 정서적, 사회적, 영적 성장 영역들 사이의 역동적인 상호작용을 통해서만 각 영역의 성장에 대한 잠재력을 깨닫는다고 생각한다.

성장의 단일 측면은 다른 측면과 분리되어 발생하지 않는다. 사회 및 물리적 환경과 고립된 상황에서는 성장이 발생하지 않는다. 기본욕구는 다르게 충족된다. 일부 사람들은 개인적 강점과 환경 자원을 통해 최적의 기능을 수행할 수 있다. 다른 사람들은 그들의 능력과 환경적 제약이 발생함으로 인해 박탈을 경험한다.

## 동기부여 욕구

에이브러햄 매슬로우의 계층적 도식(1970)은 모든 인간 행동의 기초가 되는 욕구의 계층을 묘사한다. 매슬로우는 사람들이 더 높은 수준의 성장 욕구를 추구하기 전에 기초적인 기본욕구를 충족시켜야 한다고 주장한다. 가장 기본적인 욕구는 음식, 물, 수면의 필요와 같은 생리적 필요성에 관한 것이다. 두 번째 단계는 안전하고 보호된 물리적, 심리적 환경에 의해 충족되는 안전에 대한 욕구를 포함한다. 다음 단계는 친밀감과 만족스러운 관계를 통해 소속감과 사랑에 대한 욕구를 충족시키는 것이다. 다음은 능력의 인정과 성취의 인정에서 비롯된 개인의 가치에 대한 느낌을 포함하는 자존의 욕구이다. 마지막으로, 계층의 정점에서 자아실현은 인류 전체를 포괄하는 비전으로 제시되는 최대 잠재력을 실현하는 과정이다. 매슬로우의 관점에서 부족은 욕구로 나타나고, 성장은 자아실현과 관련이 있다.

### 개인적 발달의 욕구

생물학적, 심리적, 대인관계, 사회 및 문화적 요소는 성격 발달에 영향을 준다. 사회복지 교육의 초기 리더인 샬롯 토울은 1945년에 처음 출판된 고전 "Common Human Needs(일반적인 인간의 욕구)"에서 발달 욕구를 이해하기 위한 도식을 제공한다. 토울(1957)에 따르면, 발달 욕구에는 신체적 복지, 심리적 안녕, 지적 발달, 대인관계 및 영적 성장과 관련된 것들이 포함된다. 이러한 모든 요소는 개인 적응에 영향을 준다. 인간 삶의 각 단계에서 발달 욕구의 독특한 형태가 나타난다. 이러한 각각의 발달 욕구는 개인적 성장과 적응에 기여하는 자원을 제공하기 위해 타인과 상호작용하게 된다.

에릭슨(1963), 콜버그(1973) 및 레빈슨(1978)을 포함한 많은 발달 이론가들은 남성과 여성이 성인 발달의 표준으로 문화적으로 정의된 특성을 활용하여 유사한 발달 욕구를 공유한다는 잘못된 추정을 하고 있다. 그들은 자율적인 기능, 성취, 개별화 또는 타인과의 분리로 성숙한 정체성을 동일시하여 남녀 모두에게 무익하게 만든다. 남성의 경우 남성 역할에 대한 기대로 인해 관계의 욕구가 표출되지 않는다. 여성의 경우 성취와 개별화보다는 발달주기 전반에 걸쳐 상호의존과 애착이 두드러지며, 정체성을 정의하는 관계의 맥락에서 양육, 돌봄 제공, 원조를 반영하는 독특한 역할을 하게 된다.

차별, 억압, 희생 및 고정관념에 의해 사람들의 삶이 포위될 때, 정체성을 포함하여 개인의 발달 경로는 다른 방식으로 도전받게 된다. 예를 들어 레즈비언인 여성과 남성의 경우, 또는 양성애자들이 그들의 삶의 이야기를 나누면, 그들은 종종 커밍아웃의 어려움을 이야기한다. 타고난 성별을 수용하지 못하는 사람은 자신의 정체성 분리경험을 보고한다. 의미를 내포한 폭력과 법적 제약의 위협을 통한 강요된 침묵으로 인해 개인적 이해와 대중에 대한 정체성 표현 사이의 분리는 종종 고통과 극심한 어려움의 요소가 된다. 그리고 다른 사람들의 발달 경로는 전쟁, 강제 이주, 이민, 폭력 또는 자연재해와 같은 상황에 의해 왜곡된다.

### 인생 과업

사람들은 평생 일부는 예측이 가능하고 일부는 그렇지 않은 다양한 상황의 요구에 직면해야 한다. 이러한 인생 과업은 개인적인 기능과 사회적 관계를 발전시키는 데 중요한 영향을 미치게 된다. 인생 과업의 개념은 "가족 안에서의 성장, 학교에서의 학습, 직장에 들어가기, 결혼하기, 가족 양육과 같은 일상과 함께 사별, 별거, 질병 또는 재정적 어려움과 같은 인생에서의 보편적인 외상 상황"(Bartlett, 1970, p.96)과 관련된다. 모든 사람들은 인생 과업에 직면한다. 비록 사람들의 반응은 다를 수 있지만 모든 사람은 이러한 과업을 해결할 수 있는 방법을 찾아야 한다.

## 문화적 강점

문화는 사람들의 집단으로 정의되는 특정 사회, 공동체, 조직 또는 소규모 집단의 특징적인 물질적 및 비물질적 특성의 집합체이다. 물질 문화에는 인공물, 객체 및 그룹을 정의하는 공간이 포함된다. 21세기에는 스마트폰, 태블릿, 소셜 미디어와 같은 기술과 관련된 인공물이 전 세계에서 기하급수적으로 확장되고 있다. 비물질적 문화는 가치, 신념 및 규범으로 구성되며, 이는 문화를 공유하는 사람들이 기대, 관습 및 역할을 정의하는 방식, 의미 형성과 일상의 삶에서 살아가는 방식의 "좋음"과 "옳음"을 파악하는 것에 영향을 준다. 문화적 특성은 집단 구성원에게 적절한 행동, 관습과 전통의 안락함, 문제 해결 전략, 그리고 가장 중요한 정체감에 대한 가이드라인을 제공한다. 문화적 강점은 강력한 내적 및 외적 자원이다.

각각의 사회와 관련된 가치, 관습 및 상징은 문화유산의 다양성을 반영하고 문화적 정체성을 정의한다. 인종 및 민족 정체성과 관련하여 많은 사람들이 조상의 문화적 패턴을 소중히 여긴다. 민족 집단은 특유의 특성, 관습, 가치 및 상징을 공유한다. 자부심과 존중의 원천으로서 문화 정체성은 소속감을 제공한다. 민족성, 사회계층과 소수 민족의 지위는 인생 주기의 다양한 단계에서 모든 과업에 영향을 준다. 다양한 민족 집단의 경우, 다른 중요한 문화적 요소는 이중 언어의 사용 능력과 이중 문화의 공존 영향이 포함된다. 민족적 기원에 따라 가족은 세대 간, 친족 간 네트워크와 문화적 강점에 있어서 차이를 경험한다. 예를 들어 성별, 성적 취향, 종교, 사회경제적 지위, 능력 및 정치적 관계로 정의된 그룹과 같이 문화적으로 다르게 정의된 집단의 멤버십도 그러한 정체성으로부터 강점을 가져올 수 있다.

## 사회정의와 인권에 대한 집단적 욕구

사회정의는 사회의 모든 구성원이 사회질서를 동등하게 공유하고, 자원과 기회에 대한 접근의 공평성을 확보하며, 시민이 완전한 자유의 혜택을 누릴 때 만연하게 된다. 이상적으로는 사회의 모든 구성원이 사회참여에 대한 동등한 권리, 법에 의한 보호, 발달의 기회, 사회질서에 대한 책임 및 사회적 혜택에 대한 접근 권한을 공유한다. 실제로 사회정의는 인종차별주의, 성차별주의, 계급주의, 이성애주의, 장애차별주의, 연령차별주의와 같은 "주의(isms)"에 내재된 편견적 태도와 차별적 관행으로부터의 자유를 의미한다. 반면 사회적 불의는 사회적 자원과 기회에 대한 접근을 제한하고, 사회의 경제적, 문화적, 정치적 삶에 대한 완전한 참여를 부인한다.

인권은 인간이기 때문에 개인에게 부여된 권리이다. 인권은 보편적이며 나눌 수 없는 관계이다. 그것들은 타인에게 부여되거나 빼앗길 수 없으며 단지 보호될 뿐 위반될 수 없다. 인권에는 국가의 보호와 양질의 삶을 영위하는 데 필요한 자원에 대한 권리를 포함한다. 1세대 권리로 간주되는 시민권은 적법한 절차, 언론의 자유, 종교의 자유 및 고문으로부터의 자유에 대한 권리이다. 2세대 권리 또는 삶의 질 권리인 사회적, 경제적, 문화적 권리는 보건관리의 권리, 합리적인 생활, 교육, 업무 수준, 차별로부터의 자유를 포함한다. 3세대 또는 집단적 권리는 모든 사람에게 부여되어야 하는 환경적 정의, 인도주의적 원조 및 재난구호, 경제 발전, 자기결정 및 평화로운 공존에 대한 권리를 나타내며, 특히 편견적 태도와 차별적 행동에 의해 소외되고 억압받는 집단에 대한 권리를 포함한다.

사회문제는 사회가 시민에게 공평성과 평등성을 부여하지 않을 때와 시민의 인권과 시민권을 침해할 때 나타난다. 사회에 온전히 참여하지

않은 일부 시민의 편견적 태도, 차별적 관행, 억압 및 배제는 사람들이
최적의 사회적 기능을 위해 필요한 기회와 자원에 동등하게 접근하는
것을 거부하는 것이다.

---

**BOX 1.1**

## 다양성과 인권에 대한 고찰

### 유엔(United Nations)과 보편적 인권(Universal Human rights)

다국적 조직인 유엔은 1945년 국제 평화를 유지하고, 국제적인 경제, 사
회, 문화 및 인도주의 문제를 해결하기 위한 광범위한 목적으로 설립되었다.
보다 구체적으로, 유엔헌장(Charter of the United Nations)(1945)은 국제
적인 경제, 사회, 문화 및 인도주의 문제에 대한 해결책을 모색하고, 모든 세
계 시민의 인권 및 자유를 증진하기 위한 국가 간 협력을 목적 중 하나로 제
시한다. 유엔은 전 세계의 인도주의적 평화 유지 노력 외에도 유엔 체계 내
30개 이상의 산하기관과 협력하여 인권을 증진하고, 환경을 보호하며, 질병
을 퇴치하고, 빈곤을 줄이고자 노력한다. 또한 유엔과 그 산하기관은 난민을
돕기 위한 노력을 기울이고, 식량 부족을 줄이며, HIV/AIDS, 에볼라, 인플루
엔자 발생 및 기타 전염병과 같은 유행성 질병을 예방하고 이에 대응한다.

유엔은 인권 증진 및 보호와 관련하여 여러 국제 법안과 기타 인권 조약
을 작성했다. 이러한 국제적으로 구속력 있는 조약은 모든 사람들의 평등하
고 양도할 수 없는 권리를 인정하고, 인권 보호에 관한 국제적 합의를 반영
한다. 국제 인권 정책의 예는 다음과 같다.

- 세계인권선언(Universal Declaration of Human Rights, 1948)
- 모든 형태의 인종차별 철폐에 관한 국제 협약(International Convention
  on the Elimination of All Forms of Racial Discrimination, 1965)
- 시민적 및 정치적 권리에 관한 국제 규약(International Covenant on
  Civil and Political Rights, 1966)

- 경제적·사회적 및 문화적 권리에 관한 국제 규약(International Covenant on Economic, Social, and Cultural Rights, 1966)
- 여성에 대한 모든 형태의 차별 철폐에 관한 협약(Convention on the Elimination of All Forms of Discrimination against Women, 1979)
- 유엔 고문 방지 협약(Convention against Torture and Other Cruel, Inhumane, or Degrading Treatment or Punishments, 1984)
- 아동의 권리에 관한 협약(Convention on the Rights of the Child, 1989)
- 이주노동자 권리 협약(International Convention on the Protection of the Rights of All Migrant Workers and Members of Their Families, 1990)

이러한 문서들은 인권의 우선성을 선언하고 인권 침해를 비난하는 제재들을 제거한다. 이러한 국제적으로 구속력 있는 조약은 지리적 위치, 역사적 발전, 사회문화적 특성, 경제적 자원, 정치적 철학 및 정부 구조와 같은 고유한 특성과 함께 인간의 욕구 및 인권에 대한 사회의 유사성을 고려한다. 예를 들어, 유엔의 세계인권선언(1948)은 다음과 같은 개인, 시민 및 정치적 권리를 다룬다:

- 사람의 생명, 자유 및 안전에 대한 권리
- 법 앞에서의 평등권
- 가정 안에서의 사생활에 대한 권리와 통신의 비밀
- 행동의 자유에 대한 권리

이 선언은 가족을 기본 사회 단위로 인식하며, 이로 인해 국가의 보호를 받을 권리가 있음을 명시한다. 또한 이 선언은 사고의 자유, 양심, 종교 및 의견과 표현의 자유를 지지한다. 마지막으로, 법률에 의해 규율되고 각 사람이 지역사회에 대한 의무를 갖는 상호 존중에 근거한 사회적, 국제적 질서에 대한 권리를 강조한다.

## 세계적 생활의 욕구

상호의존적인 글로벌 사회에 살게 되면 우리는 세계 이슈와 욕구, 그리고 사회가 만든 해결방안이 다른 사회의 복지에 어떻게 영향을 주는지에 관심을 가지게 된다. 사회의 기능을 위협하고 모든 세계 시민들에게 영향을 미치는 식량 부족, 경제 문제, 정치적 격변, 자연재해, 오염, 지구 온난화, 전쟁에 의해 욕구가 만들어진다.

에너지 자원, 식품 공급, 의료 및 과학기술에 대한 상호의존은 국가간 협력을 요구한다. 전쟁의 위협을 제거하고 세계적 조화와 평화를 달성하기 위해서 세계 시민들은 다양한 문화를 인정하고, 다양한 사회구조의 가능성을 인식하며, 세계 맥락을 고려한 사회문제의 해결책을 개발해야 한다.

## 강점, 욕구, 환경 간의 상호작용

우리는 모두 공통적인 생물학적, 발달적, 사회적, 그리고 문화적 욕구를 공유한다. 동시에, 우리 각자는 특유의 신체적, 인지적, 심리사회적, 문화적 발달에 의해 영향을 받는 독특한 스펙트럼의 강점과 욕구를 발달시킨다. 자연과 인간이 건설한 세계와 그것의 시간적, 공간적 배열을 포함한 사회적, 물리적 환경 모두는 사람들이 가능성을 보고, 목표를 달성하며, 요구를 충족시키는 방법에 영향을 준다(Germain, 1981; Gitterman & Germain, 2008).

사회환경과의 상호작용은 삶을 영위하는 우리의 능력에 영향을 준다. 일반적으로 우리는 일상적인 환경의 자원을 활용하여 욕구를 충족시킨다. 우리는 환경의 요구와 자원이 우리의 욕구와 일치하는 범위 내에서 "적합성과 유능성"을 경험한다. 불일치가 발생하는 영역에서 우리는 삶의 문제를 경험하게 된다.

또한 사람과 물리적 환경 간의 상호작용은 삶의 질, 건강, 복지에 기여한다. 유해 폐기물, 오염된 물 공급, 면역반응을 저해하는 공기와 같은 환경 문제는 저소득 지역과 불균형하게 관련된다. 그러므로 잘 관리된 주택인지 아니면 낡은 주택인지, 교통량이 많은 도로인지 아니면 조용한 주거 지역에 인접해 있는지, 산업 지역의 중심인지 아니면 깨끗한 잔디 지역인지, 홍수나 자연재해의 위협을 받는 지역인지 아니면 자연재해로부터 보호받는 지역인지, 언덕 꼭대기의 주택인지 아니면 다른 지역인지와 같은 우리가 살고 있는 곳이 차이를 만든다. 특권을 가진 사람들은 위험이 적을 수 있지만, 열악한 환경의 사람들은 환경적 위험과 건강 및 복지에 대한 위험의 불균형적인 영향을 경험한다. 환경적인 정의의 목표를 향해 노력하면 환경적인 피해의 사례를 제거할 수 있다 (Rogge, 2013).

환경적 유능감은 공급과 욕구 사이의 조화 및 환경 변화에 영향을 줄 수 있다는 사람들의 인식에서 비롯된다(Germain, 1981). 일부 인구집단의 경우, 소외 환경은 기본욕구를 충족시키기 위한 자원을 제한하고, 사회의 기회구조에 대한 접근을 방해하며, 건강과 복지에 대한 위험을 과도하게 높인다. 사회적 환경과 물리적 환경 모두 긍정적인 자신감을 약화시키고, 위험에 대한 두려움을 높이고, 생애주기별 욕구 충족을 방해하고, 위협할 때 무기력하게 된다. 환경적 유능감은 사회적 및 물리적 환경의 구성이 만족스럽고, 고무적이며, 보호적일 때 증가한다.

사회복지사는 클라이언트가 생활에서 이러한 문제를 경험할 때 해결책을 찾기 위해 클라이언트와 협력한다. 그들은 또한 다른 사람들과 협력하여 환경에서 소외의 조건들을 제거하고, 모든 시민의 인권과 복지를 보호하는 자원이 풍부한 환경을 만들기 위해 노력한다.

## 사회복지실천의 목적

사회복지실천 전문직의 목표는 일반적인 목적을 보다 구체적인 행동 방향으로 변환하는 것이다(그림 1.1). 이러한 목표와 목적은 사회복지사로 하여금 클라이언트의 유능성을 향상시키고, 자원을 연결하며, 조직과 사회 기관이 시민의 욕구에 보다 신속하게 반응할 수 있도록 하는 변화를 촉진하도록 인도한다(NASW, 1981). 구체적으로 사회복지실천의 목표와 관련된 활동은 다음과 같다.

1. 문제를 해결하고 효과적으로 대처하고 기능할 수 있도록 클라이언트를 역량강화함. 이 목표를 달성하기 위해, 실천가들은 클라이언트의 기능 능력의 장애를 평가한다. 또한 자원과 강점을 파악하고, 생활상의 문제를 다루는 기술을 향상시키며, 해결방안에 대한 계획을 세우고, 클라이언트를 지원하며, 삶과 상황의 변화를 만들어내기 위한 노력을 지원한다.
2. 클라이언트를 필요한 자원에 연결함. 하나의 단계로 이 목표를 달성하는 것은 클라이언트가 자신의 상황을 보다 효과적으로 처리하는 데 필요한 자원을 찾도록 돕는 것이다. 다음 단계에서 사회복지사는 최적의 혜택을 제공하는 정책과 서비스를 옹호하고, 다양한 프로그램과 서비스를 대표하는 복지 서비스의 전문가들 간 의사소통을 증진하며, 해결해야 할 사회서비스의 격차와 장벽을 식별한다.
3. 사회복지 서비스 전달 네트워크를 개선함. 사회복지사는 사회서비스를 제공하는 시스템이 인간적이며 참여자들에게 자원과 서비스를 적절히 제공하도록 해야 한다. 이를 성취하기 위해, 사회복지사는 클라이언트를 중심으로 한 계획을 옹호하

고, 효과성과 효율성을 증명하며, 책무성의 수준을 통합한다.

4. 사회정책 개발을 통한 사회정의를 증진함. 사회정책 개발과 관련하여 사회복지사는 정책적 함의를 위한 사회적 이슈를 검토해야 한다. 새로운 정책에 대한 제안과 더이상 생산적이지 않은 정책을 폐지하기 위해 권고한다. 부가적으로 사회복지사는 일반 정책을 참가자의 욕구에 효과적으로 대응할 수 있도록 하기 위해 프로그램 및 서비스로 변환한다.

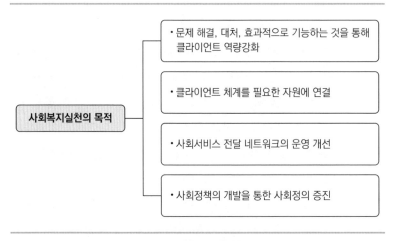

**그림 1.1 사회복지실천의 목적**

사회복지실천 수업에서 조아니 드브로, 카렌 오스틀런드, 마이크 니컬스와 메리 앤 그랜트가 소개한 전문적인 활동을 생각해 보자. 그들의 활동에 직업의 목표가 어떻게 반영되어 있는가?

양로원에서의 조아니의 업무는 사람들의 지적 능력을 발달시키는 활동들을 포함한다. 입소자와 그들 가족들과의 상담은 입소자를 돕고, 양로원으로의 생활 전환을 지원하기 위한 것이다. 그녀는 지역사회 단체들과의 관계를 통해 양로원 간호를 위한 주의 정책과 절차의 변화를 지지한다.

입법조사관으로서 카렌이 이야기한 그녀의 활동은 클라이언트를 필요한 자원과 연결하고, 사회서비스 전달체계를 개선하기 위해 관료주의 미로를 해결하기 위한 방법을 찾는 것을 강조한다. 또한 새로운 사회정책을 개발하기 위한 배경 데이터를 수집하기 위해 연구 기술을 활용한다.

마이크는 다양한 방법으로 차이를 만들지만, 특히 AIDS 특별 대책위원회와의 활동을 통해 차이를 형성하고 있다. 이 그룹은 지역사회의 긴급한 현안을 해결하기 위한 프로그램과 서비스를 개발하는 방법으로 AIDS에 관한 지역사회 교육 촉진, 지역사회 후원 개발, AIDS를 가진 지역사회 사람들을 위한 지원 네트워크 개발과 같은 방법을 찾고 있다.

마지막으로, 강간 위기 프로그램에서의 활동에 대한 메리 앤의 발표는 사회복지실천 전문직의 목표가 반영되는 방법을 제시해준다. 위기개입에 대한 정의에 따르면, 위기개입은 삶의 위기 기간 동안 사람들을 지원한다. 강간 위기 프로그램에서 메리 앤은 강간 피해 생존자를 개별적으로 그리고 소그룹으로 상담한다. 그녀는 병원 내 응급실, 경찰서 및 법원 청문회에서 옹호를 통해 폭행의 여파로부터 그들을 지원한다. 또한 그녀와 동료들은 그들의 서비스가 좀 더 민족적 민감성을 가질 수 있도록 하는 방법을 찾고 있다.

# 사회복지실천과 사회복지의 관계

사회복지라는 용어를 듣게 되면 어떤 것들이 떠오르는가? 사회복지가 공공부조 프로그램과 같다고 생각하거나 사회제도 중 하나로 인식하는가? 이 부분에서는 사회복지실천과 사회복지 상호 간의 관계에 대한 설명을 제시한다. 이를 위해 사회복지의 기능을 검토하고, 사회복지실천의 현장을 조사하고, 사회복지실천, 사회복지, 사회의 관계 속에서 상호 간 관계를 탐색하는 것과 같은 사회제도의 맥락에서 사회복지를 정의하고자 한다.

## 사회제도

시민들의 신체적, 경제적, 교육적, 종교적, 정치적 욕구를 다루는 사회제도는 인간의 욕구를 충족시키고 사회문제를 해결한다. 가족, 교육, 정치, 종교, 경제와 사회복지제도와 같은 사회구조는 사회의 개인과 집단의 욕구에 부응하여 발전한다(표 1.1). 가족은 음식, 피난처, 의복을 제공하고, 효과적인 생활을 위해 자녀들을 사회화시키면서 자녀들의 건강, 성장과 발달을 제공한다. 교육 제도를 통하여 사람들은 공식적으로 사회에 대한 지식, 기술, 신념, 태도와 규범을 습득한다. 경제 제도는 상품과 서비스의 생산과 유통을 위한 수단을 제공한다. 정치 제도는 권력을 행사하고, 법률과 질서를 보호하는 구조로서 기능한다. 삶의 궁극적인 관심사를 이해함에 있어서 인류의 지향점과 의미는 종교 제도의 핵심적인 관심사이다. 마지막으로, 사회복지 제도는 사회적으로 생산적인 구성원으로서의 역할을 유지하거나 달성하기 위해 모든 사람들이 필요로 하는 서비스를 제공한다.

**표 1.1** | 사회제도의 기능

| 사회제도 | 기능 |
| --- | --- |
| 가족 제도 | 자녀와 부모, 그리고 가족과 사회 간의 기본적인 개인적 차원의 보호와 상호 간의 지원 |
| 교육 제도 | 생산적이고 참여적인 시민권을 위한 사회화와 준비 |
| 경제 제도 | 자원의 할당과 배분 |
| 정치 제도 | 공공의 사회 목표와 가치의 권위적 배분 |
| 종교 제도 | 개인의 의미 증진과 궁극적 관심사에 대한 이해 |
| 사회복지 제도 | 사회적 기능을 유지하거나 달성하기 위한 지원 제공 |

## 사회복지 제도

사회복지 제도는 사회 구성원들의 건강, 교육, 경제 및 사회적 안녕과 같은 사회적인 욕구에 부응한다. 어떤 사람들은 사회복지를 "변화하는 경제·사회 환경에 개인이 성공적으로 대처하고 사회제도의 안정성과 발전을 보장하기 위한 가장 중요한 지원"으로 본다(Romanyshyn & Romanyshyn, 1971, p.34). 이상적으로, 사회는 사회복지 제도를 통해 모든 시민들에게 사회에서의 완전한 참여와 최대한의 잠재력을 발휘할 수 있는 기회를 제공한다.

사회복지는 개인의 "일반적인 복지" 욕구를 해결하고, 전체 사회 구성원들의 보편적 욕구를 충족시킨다.

> 사회복지는 사회문제의 치료 및 예방, 인적 자원 개발, 삶의 질 향상과 직접적으로 관련된 서비스와 과정을 포함한다. 그것은 개인과 가족에게 사회서비스를 제공하고 사회제도를 강화하거나 수정하려는 노력을 포함한다 … 사회복지의 기능은 사회체계를 유지하고 변화하는 사회 현실에 적응시키는 기능을 한다(Romanyshyn & Romanyshyn, 1971, p.3).

사회복지 서비스에는 다양한 공공과 민간의 사회서비스가 포함된다. 예를 들어, 사회복지 시스템은 가족/아동복지 서비스, 의료 및 보건 서비스, 법률 서비스, 사법 정의 활동 및 소득 지원 서비스를 제공한다. 사회복지는 이러한 서비스를 모든 사람과 집단들에게 시민의 권리로 이용할 수 있도록 하는 사회지원프로그램으로 제공할 수 있다. 또는 사회복지 서비스는 특수한 욕구를 충족시키거나 특정 집단의 고유한 문제를 해결할 수 있다.

## 사회복지의 기능

사회복지의 기능이 잔여적인지, 제도적인지에 대해 의견이 상이하다. 잔여적 복지의 관점을 가지고 있는 사람들은 복지가 가족의 경제적 또는 정치적 구조의 붕괴를 경험할 때 적용된다고 믿는다. 많은 사람들은 사회복지에 대한 잔여적 관점을 서비스 제공에 대한 미봉책 또는 "피상적 접근(bandage approach)"이라고 비판한다. 한편 제도적 관점을 가진 사람들은 복지를 시민의 권리로서 서비스를 제공하는 현대 산업 사회의 통합 기능으로 보고 있다(Wilensky & Lebeaux, 1965). 비록 미국 내에서 사회복지의 제도적 형태가 복지를 증진하기 위한 헌법상의 규정에 근거하여 정당성을 이끌어 내지만, 다른 제도들의 정당성을 침해한다는 점에서 많은 비판을 받고 있다. 이상적으로 사회복지는 적절한 소득, 주택, 교육, 보건관리와 개인의 안전을 통해 공유된 사회적 욕구에 즉각적으로 대응한다.

사회복지의 수혜자는 한 집단의 사람들이 아니다. 실제로 사회복지는 전체 사회 구성원들에게 이익이 되는 다양한 서비스를 포함한다. 일부는 사회복지 서비스가 교통이나 교육과 같은 공익사업 프로그램을 제공하는 사회의 기반이 되는 필수 요소라고 주장한다. 이러한 주장의 토대

는 사회복지를 포함하여 공익사업 프로그램의 이용자가 비정상, 무기력
또는 낙인된 사람이 아닌 권리를 가진 시민이라는 점을 강조한다.

전형적으로 사회적 욕구는 사회적 계획을 통한 대단위의 개입을 필
요로 하는 위험하고 복합적인 사회문제가 될 때까지 확인되지 않는다.
사회적 계획이 단편적이거나 부재하다면 문제의 수준은 훨씬 심각할 수
있다.

모든 사람들의 욕구를 평등하게 충족시키지 못하는 사회복지 제도의
실패에 대한 결과는 더욱 파괴적인 문제를 발생시킨다. 첫째, 사람들은
다양한 수준의 욕구를 경험한다. 수요가 많을 경우에는 사회적 자원이
부족할 수 있다. 또한, 부여된 지위와 권력은 어떠한 욕구가 억압되고,
욕구가 어떻게 해결될지를 규정한다. 사회경제적 지위, 연령, 성별, 성
적 지향이나 인종적 또는 민족적 다양성에 의해 차별받는 권력이 없는
개인들은 영향력이 적고, 제도적 서비스에서 종종 격차와 장벽을 경험
한다. 아이러니하게도 욕구가 만들어지는 구조적 요인에서 격차와 장벽
을 설명하는 대신, 개인은 제도적 구조의 결핍을 이유로 낙인되고, 판
단되며, 비난을 받는다.

사회복지사는 "고난, 소외, 장애, 이탈, 패배 또는 의존하는 사람들을
돕기 위해 사회에서 지명된 전문 조력자로 요약하여 설명할 수 있다.
또한 그들은 사람들이 가난하고, 부적절하며, 방치, 학대, 이혼, 의무 불
이행, 범죄, 소외, 또는 분노 표출을 경험할 가능성을 줄이도록 돕는 역
할을 담당하고 있다"(Siporin, 1975, p.4). 게다가 사회복지실천 전문직의
주요 역할은 소외당하고 억압받는 사람들과 함께 활동하는 것이다. 역
량강화에 기반한 사회복지사는 병리적으로 표현되는 관점을 적용하는
대신 인간 체계의 강점, 사회정의, 인권에 초점을 두어야 하며, 이를 통
해 개인과 사회의 유능성을 증진해야 한다.

## 사회복지실천의 현장

사회복지사는 공공복지, 교정, 보건시스템, 가족 서비스와 같은 광범위한 실천현장에서 고용된다. 일반적으로 각 실천현장별 서비스는 다양한 인구집단이 표현하는 고유의 욕구에 부응하도록 설계된다. 사회복지실천의 클라이언트 중 경제 구조의 부정적인 영향을 받는 사람들, 범죄를 저지른 사람들, 신체적이나 정신적 장애를 가진 많은 사람들은 사회적 거부와 억압을 경험해 오고 있다. 다른 클라이언트로는 갈등과 변화로 인해 어려움을 경험하는 가족과 보편적인 인생 주기의 과정에서 혼란을 경험하고 있는 개인들이다.

사회복지사는 아동학대와 방임, 노숙자, 빈곤층의 보건관리 욕구, 지역사회의 쇠퇴, 지역사회 무관심, 약물 남용과 가정폭력과 같은 문제를 접하게 된다. 일반주의 실천가는 지역사회조직, 이웃 단체, 가족과 노인, 의무 불이행, 실업 또는 만성 정신질환 또는 장애가 있는 개인들과 함께 활동한다. 실천현장은 사회복지사가 제공하는 서비스 방식을 구성한다. 서비스는 특정 사회문제 해결, 클라이언트 집단의 욕구 충족, 특정 현장의 반영과 관련하여 다양한 실천현장으로 분류된다.

- **가족 서비스.** 사회복지사는 가족이 기능을 향상시킬 수 있도록 지지 서비스를 제공한다. 서비스의 예로는 상담, 가족치료와 가족생활 교육이 있다.
- **아동보호서비스.** 일반적으로 주정부 아동복지국에서 제공하는 이 서비스는 아동학대와 방임의 문제를 다룬다. 관련 서비스에는 아동학대 조사, 예방 및 중재, 가족 보존 및 재통합과 같은 아동보호서비스가 포함된다.
- **보건관리.** 보건관리 영역에서 실천가들은 병원, 양로원, 공중

보건 기관, 호스피스 프로그램과 같은 의료 현장에서 활동한
다. 또한 그들은 재활 상담을 제공한다.

- **산업복지실천.** 일반적으로 근로자 지원 프로그램의 체계 안
에서 산업사회복지사는 직원과 그들의 가족을 위한 상담, 의
뢰 및 교육 서비스를 제공한다. 주로 다루는 문제는 직무 스
트레스와 같이 업무와 관련되거나 가족 위기나 중독과 같은
개인적 차원의 문제일 수 있다.

- **노인복지실천.** 노인복지사들은 노인과 그들의 부양자를 대상
으로 서비스를 제공한다. 노인을 위한 종합적이고 전문적인
서비스는 일반적으로 노인 서비스 기관의 체계에 속한다. 그
러나 노인을 위한 서비스는 다각적인 지역사회 기관의 구성
요소일 수 있다.

- **학교사회복지.** 학교의 사회복지사는 지도상담사, 학교 심리학
자, 교사를 포함하는 통합팀의 한 부분을 차지한다. 학교사회
복지 서비스는 학령기 아동과 그 가족이 학교 관련 교육 및
행동 문제를 해결하는 데 유용하다.

- **사법 정의.** 사회복지사는 청소년과 성인 교정 모두를 대상으
로 한다. 보호관찰 또는 가석방 상황의 클라이언트를 모니터
링하고, 교정시설에서의 상담을 제공하며, 피해자 보상 프로
그램에서 활동한다.

- **정보제공 및 의뢰.** 정보제공 및 의뢰(I&R) 전문가는 서비스 전
달 정보를 제공하고, 지역사회 자원에 의뢰하며, 지역사회 아웃
리치 프로그램을 시작하는 데 중요한 역할을 한다. 많은 기관
이 서비스 범위에 정보제공 및 의뢰(I&R) 요소를 포함시킨다.

- **지역사회조직.** 지역사회 활동 프로그램에 고용된 사회복지사
는 지역사회, 지역개발, 사회 계획과 직접적인 행동 조직에 참

여한다. 조직자들은 개혁 활동에서 지역사회 구성원이나 주민
들을 동원한다.

● **정신건강.** 사례관리, 치료, 약물 남용 치료와 정신건강 옹호
는 정신건강현장에 고용된 사회복지사의 활동 중 일부이다.
예를 들어 정신건강현장은 지역사회 정신건강센터, 주립 병
원, 주간 치료 프로그램과 정신장애가 있는 사람들을 위한 주
거 시설이 포함된다.

때때로 사회복지사는 입양, 중독, 계획, 청소년 사법, 유전 상담, 노
화 서비스와 보건관리 사회복지실천과 같은 실무 분야에서 전문성을 발
전시킨다. 직접 서비스 실천가, 지역사회 조직자, 정책 분석가, 위탁 보
호 전문가, 가족생활 교육자, 옹호자, 행정가와 같은 실천가의 역할에
따라 추가 전문 분야가 분류된다. 최근의 경향은 사회복지실천의 석사
학위와 비즈니스, 공중보건, 목회 상담, 관리 또는 법률의 상급 학위를
결합하는 것과 같은 방식이 포함된다. 그러나 사회복지사가 전문성을
개발하거나 상급 학위를 결합하더라도 일반주의 실천가의 넓은 관점은
맥락에서 문제를 이해하는 것과 모든 체계의 영향에 대한 관점을 가지
고 개입 방법을 찾을 때 여전히 적용 가능하다(표 1.2).

**표 1.2 ┆ 사회복지실천의 현장**

| 현장 | 서비스 예시 | |
| --- | --- | --- |
| 가족/아동 서비스 | • 가족 보존<br>• 가정위탁 및 입양<br>• 아동학대와 방임 예방 | • 가족 상담<br>• 주간보호<br>• 가정폭력 예방 |
| 건강과 재활 | • 의료사회사업<br>• 재가 보건관리<br>• 호스피스 프로그램 | • 공중보건 프로그램<br>• 직업 재활 |

| 현장 | 서비스 예시 | |
|---|---|---|
| 정신건강 | • 정신건강 클리닉<br>• 지역통합 프로그램 | • 약물 및 알코올 치료 프로그램 |
| 정보제공과 의뢰 | • 자원에 대한 정보제공<br>• 첫 통화 서비스(통합 전화 상담서비스)<br>• 긴급 구호 | • 지역 정보 출판<br><br>• 위기관리 |
| 산업복지 | • 근로자 지원 프로그램<br>• 전직 서비스 | • 업무 관련 스트레스 치료<br>• 퇴직 계획 |
| 청소년/성인 교정 | • 보호 관찰과 가석방 대상 서비스<br>• 경찰 사회복지실천<br>• 지불 유예 | • 교정시설에서의 활동 |
| 노인복지 서비스 | • 재택 지원<br>• 성인 주간보호<br>• 양로원 서비스 | • 가족 부양자를 위한 위탁 간호<br>• 장기요양 |
| 학교사회복지 | • 학교 적응 상담<br>• 가족 상담 | • 교육 평가 업무<br>• 행동 조절 |
| 주거 | • 보조금 임대 프로그램<br>• 프로그램 접근성 | • 노숙자 쉼터 |
| 소득 유지 | • 사회보험 프로그램<br>• 식품구매권 | • 공공부조 프로그램 |
| 지역개발 | • 사회 계획<br>• 도시 재상 | • 지역사회 조직화 |

## 고용 전망

사회복지사를 위한 기회는 확대되고 있다. 직업 전망에 따르면 2014년 약 649,300명의 사회복지사가 2024년까지 12%씩 증가하여 대부분의 직종 평균보다 빠르게 증가할 것으로 예측된다(Bureau of Labor Statistics, 2015b). 노동력 데이터의 추가적인 분석에 따르면 2030년까지 전문 사회복지사의 가용 공급은 특히 노인 서비스와 아동복지, 정신건강 분야에서 "수요를 따라가지 못할 것"으로 제시되었다(Lin, Lin, & Zhang, 2016, p.9). 최근의 서비스 제공 경향은 의료와 공중보건, 노인 서비스, 정신건강과 물질 남용 치료, 사법 정의, 재활과 학교 연계 서비스 분야에서 사회복지실천과 관련된 업무 영역이 증가하고 있는 것으로 나타난다. 앞으로의 성장이 필요한 추가 영역은 비정부조직과 정치사회기구의 국제 사회복지실천을 포함한다(Hopps & Lowe, 2008). "원스탑 서비스"로서 지역 기반의 다양한 분야별 서비스 센터들은 공공부조, 고용 서비스, 문해력 프로그램, 가족 중심 서비스, 청소년 법원 서비스와 보건관리를 포함한 다양한 서비스에 쉽게 접근할 수 있도록 한다. 사회복지사는 가족 서비스 컨설턴트로서 사례관리 활동을 통해 이러한 서비스들을 연결한다.

## 사회복지실천, 사회복지, 그리고 사회

사회복지의 의무를 다하기 위해서 사회복지실천은 사회와 관련하여 다른 역할을 담당한다. 이러한 역할들은 다양한 사회 모델과 이에 해당하는 사회복지실천 활동을 반영한다. 사회문제의 정확한 본질과 사회가 갖는 사회복지에 대한 합의는 사회복지의 역할에 영향을 준다.

### 합의 모델과 갈등 모델

사회의 두 가지 모델인 합의 모델과 갈등 모델은 서로 다른 사회학적 관점인 구조기능주의적 관점과 갈등주의적 관점을 반영한다(Leonard, 1976). 사회에 대한 합의 모델 또는 구조기능주의적 모델은 사회와 구성원 간의 관계에서 역동적 균형을 유지하는 것에 가치를 부여한다. 이 모델에서 사회복지실천의 역할은 "비정상"으로 낙인화된 사람들을 사회화시키고, 상호작용을 통해 인간과 환경 간의 조화를 만들어 냄으로써 갈등과 긴장을 해소하는 것에 있다. 다시 말해 사회복지사의 역할은 파괴적인 시민을 통제하고 역기능적 사회구조를 개선하는 것이다.

대조적으로, 갈등 모델은 권력 문제에 초점을 맞추고, 사회문제는 불공평한 권력과 권위의 분배로 인한 것으로 본다. 갈등 모델의 관점에서 볼 때, 사회복지사는 불의에 직면하고 억압되고 취약한 집단을 옹호하는 것에 좀 더 직접적인 역할을 한다. 사회복지실천의 목표는 사회적 구조에서 힘과 권위를 변화시키는 것이다.

**사회복지실천과 사회: 네 가지의 관계**

사회복지실천과 사회의 관계는 다음의 네 가지 가능한 패턴으로 이해할 수 있다.

- 사회를 대표하는 사회 통제의 대리인으로서의 사회복지실천
- 사회 개혁가로서의 사회복지실천
- 사회와 분리된 사회복지실천
- 개인과 사회의 중개자로서의 사회복지실천(Cowger, 1977)

사회의 행위자로서 사회복지사는 사회적 통제를 행사하여 클라이언트를 사회화한다. 클라이언트는 비자발적일 수 있어 서비스 요청이나 수락을 강제화하거나 요구할 필요를 가진다. 비자발적 클라이언트의 사례에는 법원 판결 불이행자, 가석방 및 일부 시설화된 집단이 포함된다. 사회의 행위자로서 사회복지사는 사회의 입장에서 개인을 개혁하려고 한다.

사회복지실천이 사회와 반대되거나 충돌할 때, 사회복지실천의 역할은 정치, 경제 및 사회제도적 구조를 개혁하는 사회변화를 옹호하는 것이다. 이러한 관점을 가진 사람들은 잘못된 사회구조에서 문제가 비롯

된다고 생각한다. 사회복지사는 사회 행동 및 정치 개혁과 같은 전략을 통해 사회 조건을 개선하거나 개혁함으로써 문제에 대응한다.

사회복지실천이 사회와 분리되어 있는 것으로 보일 때, 사회복지사와 사회와의 상호작용은 거의 없거나 전혀 없다. 이러한 관점의 사례는 사회적 변화보다는 개별적인 치료에 초점을 두는 임상사회사업실천이다. 그들이 사회에 대해 중립 입장을 채택한다면 사회복지사는 사회 개혁이나 사회변화 전략을 사용하지 않는다.

마지막으로 가능한 관계는 클라이언트 체계와 사회 환경 사이의 중개자로서의 사회복지실천이다. 이 관점은 사회적 기능의 맥락을 강조한다. 중개자로서 사회복지사는 클라이언트 체계와 사회 환경 사이에서 중재를 한다.

이러한 각 입장은 사회복지실천과 사회의 관계를 상이하게 본다. 각 관계는 사회복지실천의 활동에 대해 다른 의미를 부여한다. 사회화 도구로서 사회복지실천을 바라보는 경우에는 사회적 통제를 강조한다. 이러한 관점은 개인의 욕구보다는 공익을 우선한다는 것을 시사한다. 반면 사회 개혁가들은 종종 사회복지실천 전문직에게 사회 조건을 개선하기 위한 행동을 취하게 함으로써 문제에 대응하도록 강요하며, 급진적 태도를 가진 경우에는 잠재적 동맹을 소외시키고, 사회변화의 노력을 차단할 수 있다. 또한 일부 사회복지사가 전적으로 치료적 개입에 집중하면서 사회와 관련하여 "중립 입장"을 취할 수 있지만 이러한 자세는 전문직의 사회정의의 의무와는 일치하지 않는 것으로 보인다. 중개자의 역할은 개인과 환경 모두에서 발생할 수 있는 변화를 창출하기 위해 클라이언트와 파트너십의 관계 속에서 협력하는 역량강화의 과정으로의 사회복지실천 개념과 가장 가까운 것으로 보인다. 이러한 파트너십과 역량강화의 원칙을 이해한다면 사회복지사는 사회적 통제와 사회변화와 관련된 전략을 구현하는 방법을 변화시킬 수 있다.

# 역량강화 전문직으로서의 사회복지실천

변화하기로 결정하고, 계획을 이행하기 위한 계획을 세우면 어떤 일이 일어날까? 가장 먼저 행동을 취하기로 결정하게 만든 것은 무엇인가? 당신이 계획을 수행할 수 있는 능력을 가지고 있다는 것을 믿는 용기를 갖게 한 것은 무엇인가? 개인적인 것을 정치적인 것으로 변화시키는 방법은 무엇인가?

행동이 변화를 만들지 못할 것이라고 생각하거나 능력과 자원이 중요하지 않다고 결론을 맺어 과업이 불가능하다고 믿는다면, 당신은 무엇이든 할까? 아마 아닐 것이다. 무능력하고 무력하며 힘이 없을 것이다. 당신은 무능하고, 쓸모없고, 무력하다고 느낄 가능성이 더 높을 것이다.

변화를 시작하기 위해서는 자신의 행동이 가능하고, 노력은 변화를 일으킬 것이라고 믿어야 한다. 당신은 자신의 능력을 강화하기 위해 행동을 취하고 자원을 획득할 수 있다는 것을 믿어야 한다. 희망에 대한 관점은 당신의 대처에 활력을 북돋는 자원을 더해준다. 이러한 상황에서 당신은 역량강화를 경험할 것이다. 개인적, 대인관계적, 사회정치적 역량강화를 경험하게 되면 사람들은 효과적이라고 느끼고, 스스로를 유능하다고 결론 맺으며, 개인적, 대인관계, 조직적, 그리고 지역사회 영역에서 상호연결을 인식하게 되고, 자기 삶의 과정에 대한 권력과 통제력을 가지고 있다고 인식하게 된다.

## 역량강화의 정의

역량강화는 역량이 강화되는 과정과 역량이 강화된 최종의 상태를 포함한다. 역량이 강화된다는 것은 개인, 가족, 지역사회가 개인적, 대인관계적, 사회정치적 권력에 접근할 수 있는 능력을 개발한다는 것을 의미한다(Gutierrez, 1990, 1994; Miley et al., 2017; Parsons & East, 2013). 이러한 역량강화 과정의 결과로서 역량강화는 가치 있고, 유능하다고 느끼거나 힘과 통제를 인식하는 것과 같은 마음의 상태를 의미하며, 사회구조의 수정 결과로서 권력의 재분배를 의미한다(Swift, 1984). 역량강화는 사회구조 내에서 권력 자원의 객관적인 요소뿐만 아니라 인식의 주관적인 요소들을 포함한다. 역량강화는 개인적인 문제에 대한 심리적인 통제와 함께 사회정치 영역의 사건이 진행되는 과정에 영향력을 행사하는 것을 의미한다.

동시에 개인적이고 정치적인 것으로서 역량강화는 자신을 변화시키고 억압의 사회경제적, 정치적 조건을 개혁하는 것을 의미한다. 개인적 역량강화는 개인의 성장과 자아존중감의 향상을 가져온다. 대인관계적 역량강화는 억압과 개인에게 피해를 주는 요소의 관계를 변화시키는 결과를 가져온다. 사회정치적 역량강화는 억압에 저항하는 집단행동의 결과물이다. 역량강화는 사회적으로 발생하는 사회적, 정치적, 경제적 배치의 모순과 억압의 본질에 대한 비판적 이해를 향상시키는 것을 포함한다.

전문직에 대한 사회정의 의무를 고려해 볼 때, 사회복지사들은 권리를 박탈당하거나 억압받는 사람들과 함께 활동하는 것에 대해 집단적인 헌신을 갖는다. 역량강화는 인종, 연령, 민족성, 성별, 장애, 또는 성적 지향으로 인해 권리를 박탈당한 집단과 같이 취약하고 무력화된 집단과 협력하는 데 있어서 사회복지실천의 전략과 목표가 된다. 역량강화 사회복지실천은 "그들 스스로 내부적으로, 상호 간에, 사회적, 경제적, 정치적 환경에서 권력에 접근할 수 있도록 하는 것"을 통해 클라이언트를 돕는 것을 의미한다(Lee, 2001, p.26).

## 자원에 대한 접근

사람들이 선택권을 갖지 않고 역량강화를 경험할 수 있다고 가정한다면 역량강화의 목적을 달성하지 못한다(Breton, 1993, 1994, 2002; Miley et al., 2017). 역량강화는 자원에 대한 접근에 달려있다. 이것은 사람들이 자신의 선택에 대해 알고 있고 옵션들 중에서 자신의 행동과정을 선택할 기회를 갖는다는 것을 의미한다. "역량강화는 많은 유능성을 이미 가지고 있거나 적합한 환경이나 기회가 주어질 때 가능함을 암시한다 ... [그리고] 기능이 열악하다고 보는 것은 사회구조와 자원 부족으로 인해 소유하고 있는 기존의 역량이 작동되지 않는 결과이다"(Rapport, 1981, p.16). 즉, 개인적, 대인관계적, 정치−구조적 차원의 역량강화는 상호 연관되어 있다. 한 차원에서 자원에 접근하게 되면, 다른 차원의 자원 개발을 가져오게 된다. 일반주의 사회복지실천에서 무엇보다 중요한 개념인 상호 연관된 역량강화의 개념은 개인, 가족, 집단, 조직, 이웃, 공동체, 사회의 모든 클라이언트 체계에 적용된다.

비록 역량강화는 사람들이 삶의 과정에 대한 통제력이나 권력을 증진한다는 것을 의미하지만, "역량강화의 정의에는 한 사람이나 한 집단의 권력 증진이 다른 사람이나 다른 집단의 권력 감소를 요구하는 것은 존재하지 않는다"와 같이 역량강화가 반드시 한 집단이 다른 집단에 대해 권력 투쟁이나 권력 포기를 초래하는 것은 아니다(Swift & Levin, 1987, p.75).

## BOX 1.2

### 역량강화와 사회정의에 대한 성찰

**우리의 생각은 우리의 행동을 결정한다.**

전문직으로서 사회복지실천은 개인적 차원과 정치적 차원 모두와 관련되어 있다. 이와 같이 역량강화 사회복지실천은 임상적이면서도 비판적이다. 임상적인 실천에서 사회복지사는 완전히 기능적인 사회 구성원이 되는 것을 방해하는 장벽을 극복하기 위하여 클라이언트에 관여한다. 비판적 또는 정치적 실천에서 사회복지사는 시민들의 복지에 필요한 사회적 자원과 기회를 옹호한다. 사회정의는 개인과 함께 활동하는 것에 초점을 둠과 동시에 사회적, 경제적 조건을 개선하는 것에 초점을 맞추는 것에 기초한다.

사회복지실천에서 역량강화 과정의 기초가 되는 몇몇 가정은 다음과 같다.

- 역량강화는 클라이언트와 사회복지실천가가 파트너로 협력하는 협업 과정이다.
- 역량강화의 과정은 클라이언트 체계를 자원과 기회에 접근이 허용된 유능하고 능력 있는 체계로 간주한다.
- 클라이언트는 자신 스스로를 변화에 영향을 줄 수 있는 인과 요소로 인식해야 한다.
- 유능성은 삶의 경험을 통해 획득되거나 정교화되며, 특히 행동을 지시받는 상황이 아닌 효능을 확인하는 경험을 해야 한다.
- 특정 상황에는 여러 가지 요인들이 영향을 미치므로 효과적인 해결책은 필수적으로 다양하다.
- 비공식적인 사회적 네트워크는 스트레스를 중재하고 개인의 유능성과 통제감을 증진시키는 매우 중요한 요소이다.
- 사람들은 자신의 역량강화에 참여해야 하며, 목표, 수단과 결과는 반드시 스스로 정의되어야 한다.
- 인식의 수준은 역량강화의 핵심이며, 변화가 발생하기 위해서는 정보가

필요하다.
- 역량강화는 자원에 대한 접근과 자원을 효과적으로 사용할 수 있는 능력
을 포함한다.
- 역량강화의 과정은 역동적이고, 시너지 효과가 있으며, 지속적으로 변화하
고 진화한다.
- 역량강화는 개인적, 정치적, 사회경제적 발전의 평행 구조를 통해 성취된다.
- 개인, 집단, 조직 및 지역사회는 모두 역량강화를 위해 노력할 수 있다.

# 역량강화 사회복지실천

사회복지 전문직의 가치는 실천을 위한 역량강화의 기반을 지원한다. 사회복지실천은 인간이 "적절한 환경적 지원을 받는 한 삶을 조직하고 잠재력을 개발할 수 있는 능력을 가진 노력하는 활동적인 유기체"라는 관점을 채택하고 있다(Maluccio, 1983, p.136). 이 관점이 인간의 적응 능력과 전체 인생 주기 동안 성장을 위한 기회를 어떻게 역설하는지 주목해 보라. 그 견해는 개인적, 대인관계적, 구조적 유능성을 증진시키기 위한 인간 내적과 사회적 힘을 방출하는 방법으로서의 사회복지실천의 목적과 연결된다.

사람들은 역량강화되는 경험을 통해서 역량강화를 성취한다. 그러나 사회복지사들은 클라이언트 역량을 강화하기 위한 매뉴얼을 찾지 못하며, 역량강화 성취와 관련된 요소들의 정확한 측정방법도 찾지 못할 것이다. 역량강화의 과정은 다면적이고 다차원적이다(Rapport, 1984, 1987). 심리-사회-문화적 요소, 사람, 상황, 자원, 해결책의 조합과 순열은

셀 수 없이 많다. 그러나 각각의 상황, 행위자의 배경, 또는 영향요인들의 조합이 독특하기 때문에, 역량강화로 이어지는 과정은 매우 개별화되고 복제될 수 없다. 클라이언트와 사회복지사들은 각 상황의 역학관계에 맞게 독특하게 맞춤화된 해결책을 만들어낸다. 그러나 이러한 과정을 특징짓는 요소로서 강점에 초점을 맞추고, 다양성과 차이를 확인하고, 협력하여 일하고, 구조적인 특성에 비판적으로 반영하며, 인권적 관점을 채택하고, 개인과 정치적인 역량을 연계하고, 행동을 취하는 것과 같은 공통적인 부분이 있다.

## 강점에 집중하기

강점과 유능성을 지향하는 것은 결함과 부적응의 기능에 초점을 맞추려는 성향과 대비된다. "강점의 관점은 보편적으로 공유되고, 창조적으로 발전하며, 개인과 공동체의 성장을 증진시킬 수 있는 지식의 비전을 지지한다"(Weick, 1992, p.24). 이와는 대조적으로 전문 문헌에는 기능의 문제, 부적응, 피해자화, 무력감에 관한 내용이 많이 있다.

전문가들은 너무나 자주 결함, 무능, 부적응적인 기능을 확인하지만 클라이언트의 강점은 알아보지 못하는 것 같다. 우리가 문제를 클라이언트의 결함, 무능 또는 부적응의 관점에서 설명할 때, 전문가가 문제에 대해 혼자 정의를 내릴 때, 또는 사회복지사가 클라이언트의 결함을 극복하기 위한 방법으로 행동계획을 지시할 때에는 원조 과정은 변화를 촉진하지 못한다. 실질적으로 "이 3가지 방법은 부상자들이 치료를 받기 위해 찾아오는 응급실에 남아있는 경우에는 도움이 된다"(Weick, Rapp, Sullivan, & Kisthardt, 1989, p.352). 사회복지사들은 반드시 희생됨과 무력함의 역동을 고려해야 한다. 그러나, 클라이언트를 자신의 문제에 대해 해결방법을 찾지 못하는 가난하고 궁핍한 희생자로 정의하는 것은 변화

에 도움이 되지 않는다. "클라이언트의 역량강화와 희생자 지위의 변화
는 후원자로서 우리의 지위를 포기하고, 해결책을 찾는 데 있어 클라이
언트의 유능성을 증진하는 방법으로 클라이언트와 함께 활동하는 것을
의미한다"(Pinderhughes, 1983, p.337).

역량강화를 지향하는 사회복지사는 클라이언트와 협력적으로 활동한
다. 그들은 클라이언트의 강점과 적응 능력뿐만 아니라 클라이언트의
유능성과 잠재력에 초점을 둔다. 인간의 잠재력을 믿는 것은 역량강화
와 마찬가지로 핵심적인 부분이다.

> 역량강화는 사람들이 표현될 수 있는 정신적, 육체적, 정서적, 사
> 회적, 영적 능력의 개척되지 않고 결정되지 않은 저장고를 가지고
> 있는 것과 같다. 지속적인 성장과 높은 안녕감을 위한 이러한 능력
> 이 존재한다는 것은 사람들이 이러한 힘을 가질만하므로 존중받아
> 야 한다는 것을 의미한다. 이 능력은 존재와 삶의 모습을 만들어가
> 는 양면을 모두 인정한다(Weick et al., 1989, p.52)

강점에 집중하는 것은 개인 및 환경적 자원의 다차원적 특성을 고려
한다(Cowger & Snuly, 2002; Miley et al., 2017; Saleebey, 2009).

## 다양성과 차이 수용하기

사회복지실천의 맥락에서 다양성의 복잡성은 인종, 민족성, 연령, 성,
성적 정체성, 성별, 성적 표출, 종교, 능력, 사회경제적 지위, 지리적 연
고, 이민 신분, 출신 국가 및 정치 성향과 관련하여 클라이언트들 간 사
회적 및 문화적 정체성에서의 상호 관계를 반영한다.

다양성과 차이는 모든 사람이 정보를 처리하고, 의사소통하고, 다른
사람들과 상호작용하는 방식에서 중추적인 역할을 한다. 문화적 다양성

은 클라이언트가 자신의 관심사를 설명하고, 도움을 구하고, 사회적 지원을 받고, 그들의 상황이 낙인받고 있다고 믿는 방식에 영향을 준다(Huang, 2002). 실제로, "문화는 모든 사물을 보는 렌즈이며, 문화는 보는 방법뿐만 아니라 보는 것과 해석하는 방법을 결정한다"(Briggs, Briggs, & Leary, 2005, p.95). 문화적 차이의 정당성을 부정하는 것은 문화가 다른 사람들의 목소리를 소홀히 하는 문화적 억압의 한 형태이다. 존중하는 의사소통은 문화적으로 다른 인식과 행동이 결함이 아닌 차이로 나타나는 것을 인정하는 것이다(Cartledge, Kea, & Simmons-Reed, 2002).

그러나 모든 사람이 권력과 특권의 동일한 입장에서 다양성과 차이점을 해석하는 것은 아니다. 특권의 기능으로서, 지배적인 문화 집단의 구성원은 문화적 가치와 신념의 규정에 따라 사회적 기준과 규범을 설정한다(Mullaly, 2002). 지배적 렌즈를 통해 다양한 문화 집단의 구성원을 바라보는 것은 자신의 인식된 차이에 대한 해석에 근거하여 강점을 애매하게 평가하거나, 과소평가하고, 가혹한 판단을 내리는 것이다. 이러한 함정을 효과적으로 피하려면 우리는 자신의 특권을 인정하고, 자신의 문화적 정체성을 비판적으로 고찰하고, 자신의 편견과 가정을 폭넓게 이해하고, 다른 사람들의 관점에 대한 민감도를 미세 조정하는 노력이 필요하다.

역량강화 기반의 사회복지실천은 전문직의 핵심 가치, 즉 모든 사람들의 인간 존엄성과 가치, 사회정의 추구에 기반을 두는 것이다. 역량강화 전략으로서 다양성과 차이를 인정하는 것은 클라이언트의 다양성과 차이와 관련된 고유한 강점과 자원을 강조하고, 문화적 민감성의 가치를 역설하며, 다양성과 차이와 종종 관련되는 소외, 억압, 차별의 대인관계적 그리고 사회적 압력으로부터 관련된 장애물을 교정하는 것이다.

## 협력적으로 활동하기

역량강화의 정의에 의하면 역량강화는 파트너인 클라이언트의 완전한 참여를 요구하기 때문에 사회복지사와 클라이언트 간의 협력은 역량강화 기반 실천에 필수적이다(Breton, 1993, 1994, 2004; Miley et al., 2017). 두 파트너의 전문성을 인정하기 위해 전문적 관계에서 권력을 재정의하지 못하면 클라이언트의 무력화(Disempowerment)의 결과를 낳게 된다. 예를 들어 사회복지사와 클라이언트는 "전문가로서의 사회복지사"와 "피동적 반응자로서의 클라이언트"라는 개념에 다시 굴복하게 된다. 이러한 권력 위계화의 결과로 사회복지사들은 해결책을 책임지고, 심지어 클라이언트의 실패에 대해 비난할 수도 있다. 역량강화는 협력적 동반관계를 강조하고 상호 책임을 설명함으로써 희생자의 상태로부터 클라이언트를 자유롭게 한다.

역량강화를 지향하는 사회복지사는 클라이언트가 자신들의 상황에 대한 가장 중요한 전문가라고 가정하고, 클라이언트는 당사자의 변화과정에 완전하게 참여해야 한다고 가정한다. 즉, 자신의 상황을 정의하는 것에서부터 목표 확인, 행동과정 선택, 결과평가까지 모든 체계의 수준에서 실천가와 클라이언트가 상호의존적으로 활동한다는 것을 의미한다.

## 구조화된 합의에 대해 비판적으로 반영하기

인간의 존엄성과 사회정의의 핵심 가치에 반응하는 사회복지사들은 자신의 실천에 비판적 성찰을 통합하고, 사고와 행동, 반영의 지속적인 과정들에 관여한다. 이러한 과정은 관점과 행동을 개선하기 위해 피드백을 수집하는 것을 의미한다. 역량강화를 지향하는 사회복지사는 자원과 기회에 대한 접근을 제한하는 사회정치적 합의를 비판적으로 검토한다. 비판적 성찰은 "누군가의 이익을 증진시키고 다른 사람들을 억압하는 지배적인 사회적, 정치적, 구조적 조건"에 도전하는 것이다(Ruch, 2002, p.205). 차별, 억압 및 인권 침해의 결과를 분석하는 사회복지사들은 구조적인 합의, 권력과 권위의 분배, 그리고 자원과 기회의 접근성에 대한 현상에 의문을 제기하기 위해 비판적인 성찰을 이용한다. "당연한 것으로 생각되는 것을 비판적으로 검토하는 사람은 없기 때문에" 질문이 갖는 중요성이 크다(Mily et al., p.85).

## 인권의 관점 채택하기

역량강화가 사회복지실천의 심장이라면 인권과 사회정의는 그 영혼이다. 역사적으로, 사회정의를 옹호하는 것은 미국의 사회복지실천과 완벽하게 연결되어 있었다. 그러나 클라이언트가 직면한 도전들과 인권 침해 사이의 근본적인 연결성을 인정한 것은 비교적 최근의 일이다(Androff, 2016; Reichert, 2011; Staub−Bernasconi, 2016). 사실상 인권 문제는 건강, 정신건강, 아동복지, 사법 정의, 인신 매매, 학교사회복지, 이민 서비스, 빈곤, 노숙자와 환경 정의와 같은 사회적 배제와 불평등을 다루는 실천현장과 사회적 문제의 연속체를 관통하고 있다(Garcia−Reid, 2008; Healy, 2017; Kelly, 2006; Mooradian, 2012; Jewell, Collings, Gargotto, & Disho, 2009; Thomas, 2016; Twill & Fisher, 2010; Weaver & Congress, 2009). 그러므로 역량강화를 지향하는 사회복지사는 일상생활에서 인권과 사회정의를 식별하고 대응하기 위한 역량강화의 과정을 적용한다. 인권 접근 방식의 채택은 사회복지사가 클라이언트와 상황을 바라보고, 관계를 구축하고, 개인적이고 정치적인 자원과 네트워크를 구축하며, 사회정책을 옹호하는 방식에 영향을 주게 된다.

## 개인적·정치적 권력과 연결하기

역량강화는 임상적·정치적 차원에서 사회복지실천을 수행함에 있어서 개인적 권력과 정치적 권력의 두 가지 주요 권력 요소와 연결된다(Miley & DuBois, 2007a, 2007b). 개인적 권력은 스스로 자신의 운명을 통제하고, 자신을 둘러싼 환경에 영향을 줄 수 있는 개인적인 능력을 포함한다. 임상사회복지실천은 개인, 가족, 기타 인간 체계가 스스로의 사회적 유능감을 증진시킴으로써 역량강화되는 맥락을 제공한다. 정치적 차원의 사회복지실천은 거시적 차원의 변화를 통해 불평등, 차별, 소외, 억압 및 기타 사회적 불의에 참여한다. 예를 들어, 정책 실행은 건설적인 사회변화를 활용하기 위해 정치 권력을 행사하기 위한 수단이다. 정치적 권력은 시스템을 바꾸고, 자원을 재분배하며, 기회구조를 개방하고, 사회를 재구성하는 능력이다(Lee, 2001).

사회복지실천의 임상적·정치적 차원의 통합은 적응적 기능을 촉진하고, 사회적 조건을 조성하는 데 역동적인 시너지 효과를 발생시킨다. 개인 및 가족 발달을 위한 역량강화는 가치 혼란과 소외를 줄여 사회경제적 발달을 달성하기 위해 자신의 필요를 스스로 해결하는 것과 역량강화를 촉진한다(Hartman, 1990). 본질적으로, 역량강화를 지향하는 사회복지사의 목표는 단순히 역기능적인 시스템에 적응하는 것이 아니라 오히려 체계적인 변화를 필요로 한다.

## 행동하기

사회복지실천의 역사적이고 윤리적인 뿌리에 깊게 내재되어 있는 사회 행동과 옹호는 역량강화 지향의 일반주의 사회복지실천에 필수적인 요소이다(Arches, 2012; Bent-Goodley, 2015; Breton, 2006, 2012; Jacobson &

Rugeley, 2007; Staples, 2006). 사회 행동과 옹호에 대한 요구는 사회복지실천이 추구하는 목적의 중심을 차지하고 있다. 전미사회복지사협회(NASW, 2018)의 윤리강령에서는 다음과 같이 제시하고 있다.

> 사회복지사는 지역에서 세계적 수준에 이르기까지 사회의 전반적인 복지와 사람들, 지역사회, 환경의 발달을 촉진해야 한다. 사회복지사는 인간의 기본적인 욕구를 충족시키는 데 도움이 되는 삶의 조건들을 옹호해야 하며, 사회정의 실현과 양립될 수 있는 사회적, 경제적, 문화적 가치와 제도를 활성화해야 한다(섹션 6.01).

또한 "사회복지사는 인종, 민족, 출신 국가, 피부색, 성, 성적 지향, 나이, 결혼상태, 정치적 신념, 종교 또는 정신적 장애나 신체적 장애에 기초하여 특정 사람, 집단과 계층에 대한 지배와 착취, 차별을 중지하고 제거하기 위한 행동을 해야 한다"(섹션 6.04d).

집단적 사회 행동과 옹호는 권력의 재분배를 촉진하고, 현재 소외된 사람들을 위한 기회구조와 자원을 개방하며, 모두가 가치 있는 시민으로서 사회에 이바지할 수 있는 새로운 방법의 개발을 자극한다. 일반주의적 관점에서 볼 때, 클라이언트가 개인과 가족인 경우에도 사회복지사는 지역사회, 관료주의, 일상적인 사회복지실천이 이루어지는 사회의 조건을 개선하기 위한 노력을 기울인다. 예를 들어, 그들은 사회정책의 변화에 영향을 미치기 위해 클라이언트와 함께 목소리를 내는 옹호 활동을 할 수도 있고, 클라이언트와 협력하여 사회적, 정치적 변화를 만들어 내기 위해 협력적으로 활동할 수 있다.

## 복습과 예습

이 장에서는 사회복지실천과 사회복지에 대한 오리엔테이션을 제공하고, 다른 휴먼서비스 직종과 사회복지를 구분하기 위해 다음의 내용을 탐구하였다.

- 사회복지사의 정의와 일상적인 사회복지실천에서의 활동
- 사회복지실천의 미션과 목적
- 사회복지실천과 사회복지의 관계
- 역량강화 전문직으로서의 사회복지실천

사회복지실천은 사회복지 분야의 여러 직업 중 하나일 뿐이다. 그러나 역사적으로 사회복지실천은 사회복지에 대해 요구되는 것을 수행하는 주요한 전문직으로서 확인되었다. 사회복지의 넓은 영역에서 활동하는 사람을 사회복지실천가로 판단하는 경향으로 인해 사회복지실천을 다른 직업과 구별하는 것은 복잡하다. 따라서 휴먼서비스와 관련하여 일반 대중은 사회복지사로서 다양한 교육 배경, 훈련과 유능성의 수준으로 개인을 식별하는 경향을 보이고 있다. 이러한 휴먼서비스 직원은 자신을 "사회복지실천을 하는 사람"으로 식별할 수 있지만, 사회복지실천은 전문사회복지실천에 근본적으로 요구되는 지식, 기술 및 가치 기반을 획득하기 위한 특별한 교육이 요구된다.

전문적인 실천의 준비는 인간과 사회적 욕구를 이해하고, 변화를 촉진하는 기술을 개발하며, 사회복지 전문직의 가치를 자신의 것으로 받아들이는 것이다. 개인적 및 사회적 문제를 마주한 클라이언트는 계획

된 변화의 파트너십을 통해 사회적 기능을 향상시키기 위해 사회복지사와 관여하게 된다. 전문적인 사회복지사는 사회복지에 대한 사회적 요구를 이행할 수 있도록 사회적으로 승인을 받았다. 전문직의 지향점, 미션, 목적, 목표는 변화에 영향을 미치는 데 필요한 행동, 태도 및 기술을 규정한다. 2장에서는 사회복지의 역사, 공통의 실천 기반, 전문사회복지사의 가치, 지식 및 기술 기반을 살펴본다.

## 생각해보기

❶ 윤리적이고 전문적인 행동: 삶의 모든 측면에서 사회복지사는 사회복지 전문직을 대표한다. 일반주의 사회복지실천의 정의는 어떻게 윤리적이고 전문적인 행동에 도움이 되는가?

❷ 개입: 인간의 욕구가 사회복지실천 개입의 이유인 반면, 인간의 강점은 해결책의 원천이다. "현장의 목소리" 영역에서 실제 사례에서 클라이언트가 표현하는 사회복지실천에 대한 잠재적인 욕구는 무엇이며, 이러한 클라이언트에 대한 개입전략을 지시하는 강점의 원천은 무엇인가?

❸ 정책 실행: 사회복지사는 공공정책이 일반 대중이 이용할 수 있는 사회적 혜택의 유형에 영향을 미침을 이해하고 정책 실행의 필요성을 인정해야 한다. 사회복지실천의 다양한 분야에서 클라이언트가 이용하는 서비스에 영향을 주는 사회정책의 예는 무엇인가?

❹ 인권과 정의: 사회복지실천은 사회의 양심으로 묘사된다. 사회복지사가 인권을 옹호하고, 사회적, 경제적, 환경적 정의를 증진하기 위해 할 수 있는 것은 무엇인가?

제2장

# 진화하는 전문직

★★★★★

- 자선조직협회, 인보관 운동 및 다양한 전문직 초기 역사를 참고하여 전문직으로서 사회복지의 출현을 파악할 수 있다.
- 20세기와 21세기 초 사회복지에 대한 정의가 어떻게 진화했는지 설명할 수 있다.
- 전문직 지위 획득을 위한 과정, 전문 조직 출현과 사회복지 교육의 진화에 대한 개요를 작성할 수 있다.
- 전문사회복지실천을 위한 원칙으로서 사회복지의 가치, 지식 기반, 기술의 공통 기반에 대해 비평할 수 있다.

- 전문직으로서의 사회복지 출현
  - 초기 사회복지 조직들　　　- 자선조직협회
  - 인보관 운동
- 다양성과 사회복지의 역사
  - 아프리카계 미국인 여성 클럽 운동
  - 아프리카계 미국인 인보관 운동
  - 전국도시연맹
  - 사회복지사를 위한 고등교육과 훈련
  - 아프리카계 미국인 사회복지계획의 유산
- 전문직으로서의 사회복지 정의하기
  - 개별사회사업
  - 정신분석 운동
  - 공공복지 운동
  - 집단사회사업과 지역사회조직
  - 이중 초점　　　　　　　- 사회 개혁
  - 생태체계적 접근　　　　- 21세기의 새로운 경향
  - 진화하고 있는 사회복지에 대한 정의
- 전문직 지위를 위한 과정
  - "사회복지는 전문직입니까?"
  - 전문 조직의 부상　　　- 전문교육의 발전
  - 사회복지교육협의회　　- 사회복지의 현재
- 사회복지실천의 공통 기반
  - 전문직의 가치　　　　- 사회복지의 지식 기반
  - 사회복지의 기술 기반
  - 사회복지 전문직을 위한 원칙

복습과 예습

생각해보기

2장에서는 19세기 후반부터 진화하고 있는 사회복지 전문직을 형성해 온 사회적 차원의 변혁과 개인적 차원의 변혁 관점을 살펴본다. 구체적으로, 이 장에서는 전문직으로서의 사회복지 출현, 사회복지 정의의 진화, 전문직으로서의 지위 추구와 전문지식, 가치 및 기술의 공통 기반을 검토한다. 역사적으로 사회복지사들의 활동은 사회정의와 시민권에 초점을 맞춰 왔다. 이러한 전통을 바탕으로 오늘날 사회복지 전문직은 사회복지의 사명, 목적, 실천에 있어서 억압받는 사람들의 인권과 역량강화를 더욱 강조한다.

# 전문직으로서의 사회복지 출현

19세기 후반 사회복지는 전문적인 활동으로 출현했다. 그 뿌리는 초기 사회복지 활동, 자선조직협회, 인보관 운동이다. 사회복지는 역사적으로 가난하거나 권리를 박탈당한 사람들과 함께 활동하는 것에 대한 헌신을 유지해 온 전문직이다. 그러나 사회복지사가 클라이언트에 대해 어떠한 관점을 갖느냐에 따라서 활동의 과정에서는 차이를 보였다. 일부 사람들은 빈곤한 사람들을 무가치하고, 무기력하며, 개인 차원의 변화가 필요한 대상자로 간주했다. 자선 활동가로서 그들은 개인의 도덕적, 사회적 수용성을 향상시키기 위한 방법들을 적용했다. 다른 사회복지사는 권리를 박탈당한 사람들을 사회적 무질서, 사회적 불의, 사회변화의 희생자로 간주했다. 사회 개혁가로서 그들은 문제의 근본적인 원인에 직면하고, 사회구조를 수정하였으며, 환경 조건 개선과 기회 창출을 위한 정책 및 입법적인 변화를 옹호했다.

## 초기 사회복지 조직들

19세기에 사회문제에 대해 우려를 해결하기 위해 미국에 뉴욕 빈민 방지위원회(New York Society for the Prevention of Pauperism)(1818), 빈민 개선 협회(Associations for Improving the Conditions of the Poor)(1840년대), 다양한 아동 구호 기관, 그리고 1874년 실천에 관심이 있는 일부 회원들이 자선 회의(Conference of Charities)를 결성하기 위해 탈퇴한 미국 사회 과학 협회(American Social Science Association)(1865)와 같은 수많은 사회복지단체가 생겨났다. 자선 회의(Conference of Charities)는 1879년 전미 자선과 교정 회의(National Conference of Charities and Correction)가 된다. 이들 중 다수의 기관은 회원들에게 정보를 제공하기 위해 Lend-A-Hand(1886), Charities Review(1891), Social Casework(1920), Child Welfare(1922), Social Service Review(1927), Public Welfare(1943) 와 같은 출판물과 저널을 후원했다.

전미 자선과 교정 회의는 빈곤, 범죄 및 의존과 같은 사회문제를 해결하기 위해 1879년에 결성되었다. 주로 공무원과 주정부 자선 및 교정 위원회(State Boards of Charities and Correction)의 자원봉사자로 구성된 전국 회의의 회원들은 복지 프로그램의 효과적인 관리와 복지기관의 인도주의적 개혁에 관심이 있었다.

전미 자선과 교정 회의가 전문 분야로서의 사회복지보다 거의 30년 앞선 것이지만, 연례 회의의 주요 주제는 사회복지의 뿌리를 반영한다. 19세기의 마지막 수십 년 동안 빈곤층, 장애인, 정신장애인, 고아를 돌보는 일은 구호 시설, 교정시설, 정신의료시설의 주요 관심사였다. 미국 빈곤 구호를 위한 기본 기관인 구호 시설에는 "정신장애인, 빈민, 정신 박약자, 사생아와 요보호 아동, 매춘부와 미혼모, 또는 '절대적으로 가난하고, 다른 방법으로 복지가 제공되지 않는' 이들을 포함했다"(Van

Waters, 1931, p.4). 이 "대형 시설의 시대"는 시설보호의 범위 내에서 사회적인 의존자들에게 서비스를 제공하는 것에 초점을 두었다. 부양 아동과 비행 청소년의 특별한 욕구와 정신질환 치료에 대한 새로운 인도주의적 접근으로 전국 회의의 회원들은 비판적인 시각으로 시설보호를 검토하였고, 빈민, 요보호 아동과 방임 아동, 범죄자들에게 서비스를 제공하는 실천적 방법을 발전시켰다.

## 자선조직협회

험프리 거틴은 1877년 뉴욕 버팔로에 최초의 미국 자선조직협회(COS)를 설립했다. 영국 성공회 사제인 거틴은 자선구제의 조직화와 구걸방지를 위한 런던 협회(London Society for Organizing Charitable Relief and Repressing Mendicancy)의 활동에 깊은 인상을 받았다. 그는 버팔로 지역이 해결되지 않는 빈곤 상태에 놓인 것으로 보고 만연화된 혼란과 무차별적인 자선 구호 관행에 대처하기 위해 협회의 조직화된 구조를 갖출 것을 제안했다(Lubove, 1965; Stewart, 2013). 몇 년 안에 COS의 25개 지부가 남북 전쟁의 여파로 인해 발생한 경제 위기에 대처하기 위해 미국 동부 및 중서부 지역에 설립되었다. 1892년까지 미국의 COS 지부는 92개로 증가했다(Brieland, 1995).

자선조직 운동의 노력은 주로 민간 자선단체를 통한 사회서비스 운영에 집중되었다. COS는 지역사회복지 서비스를 조직하기 위해 지역주민과 기관대표로 구성된 지역구위원회를 활용하였다(Lubove, 1965). COS는 빈곤을 근절하기 위해 가난한 사람들을 조사하고 등록하는 기술을 보급하였다. 이러한 과학적 자선 활동의 방법은 신청자들에 대한 철저한 조사와 효율적인 절차에 기초했다.

자선을 받는 사람은 개인의 특성과 동기가 손상된다는 가정하에

COS는 "우애방문자"라는 지원자들을 정기적으로 만나는 "유급 직원"을 두었다. 우애방문자는 지원자들을 격려하고 도덕적 모델로서의 역할을 담당하였다(Germain & Gitterman, 1980). 자선단체의 활동가들은 가족의 상황에서 자원을 찾으려고 노력하고, 최후의 수단으로 재정적 지원을 제공했다(Austin, 1985). 개별사회사업의 방법이 발전함에 따라 자선사업을 위한 사회복지를 직업으로써 준비해야 할 필요성이 증가했다. 훈련된 사회복지사에 대한 수요로 인해 자원봉사자들이 전문 인력으로 점진적으로 교체되었다.

COS의 영향력 있는 리더인 메리 리치몬드(1861-1920)는 볼티모어 COS의 직원으로 자선 활동에 처음 참여했다. 그녀는 1900년에 필라델피아 COS의 사무총장으로 임명되었고, 이후 러셀 세이지 재단(Russell Sage Foundation)에서 활동했다. 자선단체 활동의 저명한 리더로서 리치몬드는 사회복지 전문 직업 과정을 형성하는 데 중요한 역할을 담당했다. 그녀의 저서인 "사회진단(Social Diagnosis)(1917)"에서는 사정 기술을 개괄적으로 설명하였고, "개별사회사업이란 무엇인가?(What is social case work?)(1922)"에서는 개별사회사업 방법의 정의를 제시하였다.

COS의 역사는 이 조직이 거의 전적으로 백인 가족을 대상으로 서비스를 제공했음을 보여준다. "백인들의 빈곤 문제에 집중하고 유색 인종들의 문제는 이후의 문제로 남겨두는 것이 현명하다는 것이 COS 직원들의 일반적인 생각이었다"(Solomon, 1976, p.75). 그러나 멤피스 COS는 자체적으로 흑인 이사회가 있는 조직의 보조 기관인 유색인 연합 자선단체(Colored Federated Charity)를 운영하였고, 자체적인 활동가들과 함께 운영과 모금 활동을 수행하였다.

COS 활동은 지역사회조직 활동이 포함되어 있었다(Dunham, 1970). 예를 들어, 빈곤층 문제에 대한 협력적 접근을 위한 네트워크가 개발되었고, 많은 사회에서 결핵 예방, 주택 문제 해결, 아동 노동 감소를 목표로 하는 지역사회 활동을 수행하였다. 뉴욕 COS의 경우에는 자체 출판을 시작하고, 사회복지의 첫 번째 학교(현 Columbia University School of Social Work)를 설립하고, 현장 조사를 실시하였다(Warner, Queen, & Harper, 1930, Dunham에서 인용, 1970).

많은 사람들은 개인의 요구에 대한 COS의 대응을 개별사회사업의 시작이라고 생각한다. 가족 관계를 이해하는 것에 대한 관심, "자연적 원조 네트워크"의 활용, 자기결정권으로 해석될 수 있는 개인 책임에 대한 강조와 서비스 제공에 있어서 책임성에 대한 관심은 COS가 사회복지에 지속적으로 기여하는 한 부분이라고 할 수 있다(Leiby, 1984).

## 인보관 운동

인보관 운동은 사무엘 바넷이 토인비 홀(Toynbee Hall)을 설립한 19세기 후반 런던에서 시작되었다. 런던에서 가장 쇠퇴한 지역 중 한 곳에서 성공회 사제인 바넷은 자신의 교구 관저를 인보관으로 개조했다. 그는 센터에서 살면서 이웃 가족과 함께 일할 대학생을 모집했다.

토인비 홀에서의 경험을 살려 스탠턴 코이트는 미국 최초의 인보관인 뉴욕시 근린조합(New York City Neighborhood Guild)을 설립했다. 코이트는 인보관의 목적을 다음과 같이 말했다.

> 인보관이 구현하고자 하는 기본적인 이념은 다음과 같습니다: 종교적 신앙이 있거나 없거나에 관계없이 모든 노동자 계급 지역 내 작은 골목에 있는 남성, 여성, 아동을 포함한 모든 사람들은 그들 스스로건 혹은 다른 이웃들과 연합해서건 결사체를 조직하여 가정, 산업, 교육, 저축, 여가 등에서의 개혁을 수행하거나 혹은 다른 사람들이 수행하도록 해야 한다. 그것이 사회의 이상적 요구이며 협력에 대한 가족 아이디어의 표현이다. (Trattner에서 인용, 1999, p.170)

1889년 제인 아담스와 엘렌 게이츠 스타에 의해 시작된 시카고 헐 하우스(Chicago Hull House), 1894년 그레이엄 테일러가 시작한 시카고 커먼즈(Chicago Commons), 1891년 로버트 우즈에 의해 설립된 보스턴 앤도버 하우스(Boston's Andover House), 1893년 릴리안 왈드가 설립한 뉴욕 헨리 거리 인보관(New York Henry Street Settlement)을 포함하여 미국 전역의 도시에 다른 많은 인보관이 설립되었다.

인보관 운동은 사회적 옹호와 사회서비스를 결합하여 광범위한 산업화와 도시화 및 세기 전환기 미국으로의 대규모 이민자 유입으로 인한 사회적 혼란에 대응했다. 인보관 운동의 활동가들은 개인들이 경험하는 비참한 사회적 조건에 관심이 있었고, 환경적으로 문제를 정의하고 개인의 사회·경제적 요구를 살폈다(Franklin, 1986). 집단사회사업과 지역주민 조직화 전략을 통해 인보관 활동자들은 인보관을 설립하고, 시민권 훈련, 성인 교육, 상담, 레크리에이션, 문화 교류, 주간보호 등의 서비스를 제공했다. 연구와 정치적 옹호를 통해 인보관 활동가들은 아동복지, 임대주택, 노동법, 공중보건 및 위생에 대한 입법 개혁을 지원했다.

일반적으로 인보관 운동의 활동가들은 시민 정신이 있고 부유한 가정에서 성장한 젊고 이상주의적인 대학 졸업자였다. 대부분의 경우 그들은 자원봉사자이자 지역사회 지도자였으므로 사회복지 전문직으로 고용되지는 않았다. 이 선의의 자원봉사자들은 가난한 사람들 사이에서 "정착자"로서 살았으며, 이민자들이 새로운 환경에 적응할 수 있는 기회를 제공하고, 가난한 사람들과 노동 계급이 삶의 질을 향상시킬 수 있는 기회를 제공함으로써 참여하는 그들을 좋은 이웃으로 여겼다 (Germain & Gitterman, 1980). 에디스 애벗, 제인 아담스, 소포니스바 브레킨리지, 메리 폴렛, 플로렌스 켈리, 줄리아 래트로프, 릴리안 왈드와 같은 백인 여성들이 활동가 중 많이 포함되어 있었다. 그들은 사회적 대의를 확대하고 인도주의적 입법을 형성하는 데 있어 전국적인 명성을 얻었다. 한 세기가 지난 후, 1912년에 설립되어 처음으로 연방 기관을 이끄는 여성인 줄리아 래트로프가 주도하는 아동청(Children's Burea)의 프로그램을 포함하여 사회변화에 대한 그들의 기여는 계속해서 영향력을 발휘하고 있다.

인보관 운동에 특별한 관심을 가진 제인 아담스(1860-1935)는 사회행동과 사회 개혁으로 저명했다. 그녀와 엘렌 스타는 시카고의 사우스 할스테드 거리에 있는 오래된 주택에서 헐 하우스를 시작했다. 인보관 운동 프로그램은 젊은 여성 기숙 클럽, 주간보호, 무료급식, 제본소, 예술을 장려하는 수많은 교육 프로그램과 활동을 포함하여 확장되었다. 거침없었던 활동가인 아담스는 정치 개혁을 통한 사회변화에 대한 책임을 맡았다. 1912년 그녀는 전미 자선과 교정 회의의 첫 여성 회장으로 선출되었다. 제1차 세계대전 중 평화주의 활동에 따라 정치적으로나 사회복지적으로나 그녀의 리더로서의 지위는 줄어들었다. 아담스는 1931년 노벨 평화상을 수상했다(Hoover, 1986; Lundblad, 1995; Quam, 2013a).

## 다양성과 사회복지의 역사

20세기 중반까지 인종 분리의 관행과 "분리 평등 정책"이라는 원칙은 사회정책의 맥락, 사회서비스의 전달 모델, 심지어 사회복지계획에 대한 역사적 기록의 틀까지 제공하였다. 그 결과 주류 사회복지 서비스와 교육에서 소수자들은 배제되었다. 불행히도 사회복지사 및 다른 인권 옹호자들을 포함한 아프리카계 미국인의 기여는 개혁 시대의 사회복지계획과 사회복지 전문직의 진화에 대한 대부분의 역사적 기록에서 간과되었다.

인종주의 문화에 기반한 체계적인 차별에 대응하여 "개인적이고 집단적인 형태의 역량강화는 아프리카계 미국인 사회의 요구를 해결하기 위해 사립 기관을 구축했다"(Carlton-LaNey & Alexander, 2001, p.69). 아프리카계 미국인 사회복지계획과 관련하여 버만-로시와 밀러(1994)는 다음과 같이 설명한다:

> 집단에 대해 스스로 돕는 전통에 의해 강화되고 백인들의 자선 활동으로부터의 체계적인 배제와 공공 사회서비스에 대한 접근 제한으로 인해 아프리카계 미국인들은 병원, 교육 프로그램, 경제 지원, 과부 및 고아를 대상으로 한 질병에 대한 원조, 고용 및 재활 서비스, 아동, 노인 및 병자 및 노숙자 여성을 위한 주택과 같은 주거 프로그램을 조직하기 위해 상호 지원 공동체를 형성했다(p.88).

본질적으로 아프리카계 미국인 사회의 구성원들은 원조, 네트워킹 및 지원의 원천으로서 사회복지 서비스의 대응 체계를 발전시켰다(Peebles-Wilkins, 1989).

이러한 계획을 조직, 개발 및 유지하기 위한 리더십은 배제되고 분리된 환경의 맥락에서 재능있는 10%로 불린 대학 학위를 마친 소수의 아프리카계 미국인들이었다(Carlton-LaNey, 2015). 정의로운 세상을 위한 그들의 지칠 줄 모르는 노력과 비전은 여성 단체 운동(Women's Club Movement)과 아프리카계 미국인 인보관 운동(African American Settlement House Movement), 그리고 국가 도시 연맹(National Urban League)과 같은 봉사 및 옹호 단체와 관련된 많은 프로그램과 서비스를 촉진했다. 또한 그들은 아프리카계 미국인 대학을 설립하고, 지역 및 전국적으로 개인 및 집단적 노력을 통해 변화를 옹호했다.

## 아프리카계 미국인 여성 클럽 운동

저명한 저널리스트이자 강경한 반폭력 활동가 아이다 웰스 바넷을 기리는 회의에서 행동 촉구에 대한 응답으로 시작된 여성 클럽 운동은 클럽, 여학생 클럽 및 기타 전문 및 봉사단체의 전국적인 네트워크로 성장했다(Carlton-LaNey, 2015). 이러한 조직을 통해 대학 교육을 받은 아프리카계 미국인 여성은 가족을 강화하고 지역사회 지원 네트워크를 구축하여 모든 연령대의 아프리카계 미국인이 직면한 문제의 인식과 대응에 대한 리더십 경험을 얻을 수 있었다.

클럽들은 교육, 건강, 지역 위생, 참정권, 인종차별에 대한 옹호 외에도 소녀들과 영유아의 교육 기회를 포함하여 병약한 노인을 위한 요양원, 저축 클럽 및 인보관과 같은 다양한 사회복지 프로그램을 후원했다. 유색 여성 클럽의 버지니아 연합(Virginia Federation of Colored Women's Clubs)의 초기 지도자 중 한 명인 제이니 포터 바렛(1865-1948)과 그녀의 동료들은 1915년 유색 인종 소녀들을 위한 버지니아 산업 학교(Virginia Industrial School)를 설립하여 범죄를 저지른 어린 소녀들에게 기회와 인센티브를 제공하는 것에 대한 우려에 대응했다. 다른 클럽들도 이 모델을 기반으로 청소년 사법 프로그램을 후원했다. 많은 아프리카계 미국인 지도자와 활동가는 클럽 운동에 참여함으로써 정치적 수완을 얻었다. 메리 엘리자 처치 테렐(1863-1954)은 1896년 전국 유색 여성 클럽 협회(National Association of Colored Women's Club)를 설립하여 지역 여성 클럽의 힘을 공고히 하기 위한 계획을 주도했으며 차별에 대해 끊임없이 반대하는 모습을 보여주었다(Peebles-Wilkins, 2013c). 인종과 성별의 교차점을 이해한 풀뿌리 조직가이자 정치 활동가인 엘리자베스 로스 레스터 그랜저(1883-1953)는 뉴욕시 YWCA에서의 지위와 아프리카계 미국인 여성을 위한 알파 카파 알파(Alpha Kappa Alpha) 여학생 클럽 참여를 통해 젊은 흑인 여성을 옹호했다(Carlton-LaNey, 2001; Wolcott, 2014). 투쟁의 영부인으로 알려진 평생 교육 활동가인 메리 맥러드 베순(1875-1955)은 청소년 행정청의 흑인 문제 부서의 책임자이자 프랭클린 델러노 루스벨트(FDR)의 비공식 "블랙 캐비닛(Eleanor Roosevelt 프로젝트 교육)"의 일원으로서 FDR에서 활동했다. 루제니아 번즈 호프(1871-1941)는 애틀랜타에 이웃 연합(Neighborhood Union)을 설립하고, 계급에 관계없이 애틀랜타에 거주하는 모든 흑인에게 다가가 민주적 참여와 상호 원조를 장려하는 구역별 정책을 이끌었다(Pierson, 2016).

## 아프리카계 미국인 인보관 운동

주로 흑인 지역에서 발전된 인보관은 워싱턴 DC, 뉴욕시, 시카고, 필라델피아, 미니애폴리스를 포함한 여러 도시 지역에 설립되었다(Carlton-LaNey, 2015). 미국 최초의 흑인 인보관은 사라 페르난디스(1863-1951)가 뉴욕 대학교에서 사회사업 석사학위를 취득한 후 워싱턴 DC에 설립하였다(Curah, 2001; Peebles-Wilkins, 2013a). 행동주의로 유명한 페르난디스는 부적절한 위생 시설과 같은 흑인 지역의 상황 변화를 옹호하는 단체인 여성 협동 시민 연맹(Women's Cooperative Civic League)을 창립하였다. 그녀의 시민 정신은 평생 동안 변치 않았고, 그녀는 이후에 볼티모어 보건국의 성병 클리닉에 고용되었다. 이 직책에서 그녀의 전문적인 업무는 볼티모어의 흑인 사회의 건강상태를 개선하는 데 중점을 두는 것이었다.

또 다른 아프리카계 미국인 인보관 운동의 지도자들로는 버지니아주 햄프턴에 있는 로커스트 거리 인보관(Locust Street Settlement)의 제이니 포터 바렛, 뉴욕시의 화이트 로즈 홈(White Rose Home)과 근로 여학생을 위한 산업 협회(Industrial Association for Working Girls)의 빅토리아 얼 매튜스(1861-1907), 시카고의 웬델 필립 인보관(Wendell Phillips Settlement) 과 뉴욕의 링컨 하우스 인보관(Lincoln House Settlement)의 버다이 헤인즈 (1886-1922), 그리고 앨라배마주 터스키기에 있는 엘리자베스 러셀 인 보관(Elizabeth Russell Settlement)의 마가렛 머리 워싱턴(1865-1925)이 있 다. 지역사회 강화를 강조하면서, 이들 인보관이 후원하는 프로그램과 서비스는 "안전, 문학, 문화적 지속, 임시 주택, 보건 서비스, 보육이 필 요한 아프리카계 미국인들의 복지에 필수적"이었다(Carlton-LaNey, 2015, p.12).

## 전국도시연맹

전국도시연맹과 같은 다른 조직들도 흑인의 사회복지 요구를 해결하 는 데 중요한 역할을 했다(Carlton-LaNey, 2015). 흑인의 도시 여건에 관 한 국가 연맹(National League on Urban Conditions among Negroes: NIUL)을 포함한 이전 조직들을 합병한 NUL은 더 나은 고용 기회와 차별 없는 희망을 약속하고 북쪽으로 이주한 많은 흑인 미국인들에 대응하여 1920년에 설립되었다(Carlton-LaNey, 2015; NUL, 2016). 1910년부터 1917 년까지 초대 감독을 역임한 공동 설립자 조지 에드먼드 레스터 그랜저 (1880-1960)의 지도 아래 NUL은 긍정적인 인종 간 상호작용의 상호 이 익에 대한 비전을 가지고 지역적 노력을 통합했다. NUL의 지역 지부가 후원하는 프로그램으로는 청소년들을 위한 클럽, 직업 기술 훈련 프로 그램, 도시 지역 생활에 적응하는 신규 이주자들을 돕는 프로그램, 도 시 공동체에서 중요한 일을 위한 아프리카계 미국인 사회복지사들을 준 비시키는 현장 훈련 등이 있었다. NUL과의 협력으로 유명한 다른 저명 한 아프리카계 미국인은 다음과 같다: 뉴욕시의 국가 도시 연맹(National Urban League)의 초기 리더였던 유진 킨클 존스(1885-1954)는 인종 불협

화음을 줄이고, "합리적인 설득"을 통해 고용 장벽을 제거하며, 아프리카계 미국인들을 위한 사회복지 전문직의 권위 있는 역할을 보장하기 위해 지칠 줄 모르고 활동했다(Armfield & Carlton-LaNey, 2001; NUL, 2016). 저명한 사회 운동가이자 인종 관계와 여성의 권리에 관한 국제적인 강사인 레스터 그랜저(1896-1976)는 조직 내에서 오랜 리더십을 유지하는 동안 시민 권리를 포함하도록 NUL의 사명을 다듬었다(NUL, 2016; Syers, 2013). 저명한 시민 권리 지도자인 휘트니 무어 영(1921-1971)은 연방 빈곤 전쟁 계획을 통한 빈곤 퇴치를 위한 긍정적 행동과 영향력 있는 목소리를 옹호했으며, 1961년부터 1971년까지 전국도시연맹의 이사와 1966년 전미사회복지사협회(NASW)의 회장을 역임했다(NUL, 2016; Peebles-Wilkins, 2013d).

## 사회복지사를 위한 고등교육과 훈련

분리 및 기타 차별 관행이 사회복지를 위한 고등교육 및 훈련에 대한 접근을 제한했기 때문에, 지역사회 지향적인 아프리카계 미국인들은 사회복지 분야에서 경력을 획득하고자 하는 학생들을 위한 사회과학대학과 훈련 기관이 있는 흑인 대학을 설립하는 장기적인 과정을 시작했다. 봉사를 위한 교육을 강조하는 사명과 함께 피스크 대학은 조지 헤인즈의 리더십을 통해 학생들이 사회적 조건을 해결하는 과정으로 가족들을 지원하기 위해 지역사회에서 일할 수 있도록 준비시키는 첫 번째 프로그램을 시작했다(Carlton-LaNey, 2015). 루제니아 번즈 호프에 의해 1919년 시작된 또 다른 사회사업 연구소는 애틀랜타 사회사업학교의 기초를 제공했으며, 이곳에서 흑인 가족에 대한 연구로 유명한 사회학자 에드워드 프랭클린 프레이저(1894-1962)는 중요한 리더의 역할을 수행했다(Peebles-Wilkins, 2013b). 이러한 교육 기회들은 아프리카계 미국인 사

회복지사를 준비하고 동기를 부여하며, 변화를 옹호하는 데 중요한 역
할을 했다.

## 아프리카계 미국인 사회복지계획의 유산

아프리카계 미국인 사회복지 공동체 지도자, 교육자 및 옹호자들의
리더십과 기여는 20세기의 마지막 수십 년 동안 미국의 사회정책 맥락
을 개혁하고 방향을 전환했으며, 21세기에도 계속되고 있다. 이들의 노
력을 통해 인권, 시민권, 소수집단의 시민권은 사회정책의 의제에서 더
욱 중요한 부분이 되었다. 사회복지의 역사에서 이들의 리더십에 의한
기여는 사회복지 전문직의 진화, 시민권 운동 및 다른 인권 계획 간의
관계에 대한 보다 포괄적인 청사진을 제공한다. 지역 및 국가 차원의
정책을 목표로 하는 사회복지 분야의 아프리카계 미국인 지도자들의 정
치 활동은 정책적 실천이 현대 사회복지에 통합된다는 것을 예시해 주
었다(Carlton-LaNey & Alexander, 2001).

---

## BOX 2.1

### 역량강화와 사회정의에 대한 성찰

#### 역량강화의 근원

사회복지에서 역량강화의 근원은 19세기 후반과 20세기 초의 인보관 운
동에서 발견된다. 미국 인보관 활동가들은 이웃들에게 나쁜 영향을 미치는
지역사회의 상황을 예리하게 인식하고 있었다. 산업화와 도시화 기간 동안
부적절한 공중보건 및 위생, 산업 안전에 대한 관심 부족, 비참한 주거 조
건, 이민자 간의 문화 충돌은 우려의 대상이었다. 인보관의 활동가들은 이

러한 사회적 조건을 해결하기 위해 이웃과 협력하면서 역량강화 전략을 사용하였다.

예를 들어, 1902년 시카고는 장티푸스 전염병을 경험했으며, 헐 하우스 인보관 구역의 사망률은 매우 높았다. 헐 하우스 거주자들과 이웃 사람들은 모두 위험에 처했다. 이 비극의 원인을 찾기 위해 헐 하우스 거주자들은 상황을 연구하고 두 가지 결론을 도출했다. "(1) 1897년 불법으로 추정되는 덮개가 없는 화장실은 일반 집파리에 의해 전염되는 질병의 근원이었다, (2) 보건국이 범죄로 인해 비효율적이거나 실제로 부패했다"는 것이었다(Breckinridge, 1936, p.63).

거주자들의 연구와 행동에 따른 변화는 지역의 생활환경을 개선했다. 그들의 노력은 새로운 배관 규정, 더 엄격한 건축 법령, 위생 검사와 강화된 집행 노력으로 이어졌다. 시카고 공무원위원회는 보건국 혐의에 대한 후속 조사를 통해 궁극적으로 보건국 책임자를 견책하고 위생국의 여러 검사관을 기소했다.

사회복지는 개인의 기능과 환경 조건에 모두 관여하는 전문직으로 부상하였다. 제인 아담스는 1910년 전미 자선과 교정 회의에서 전달된 의장 연설 "자선과 사회정의"에서 서로에 대해 자주 의심하고 때로는 실제 갈등했던 두 그룹의 사람들이 점진적으로 결합하였다고 인정했다. 전통적으로 "가난한 이들에 대한 연민"을 행동으로 옮겨온 한 그룹은 자선단체라고 일컬어진다. 다른 하나는 각 시대마다 차이는 있지만 항상 "불의에 대한 증오"에 의해 격발되는 사람들을 우리는 급진이라고 명명한다.

> 이 두 집단은 고통에 대한 인식이 증가하고, 그 원인에 대해 심화된 인식을 하게 된 결과로 마침내 더 정당한 사회적 조건에 대한 효과적인 필요로 통합된다. 자선단체는 그들이 지속적으로 다루어 온 빈곤과 범죄가 종종 비정상적인 산업 조건의 결과라는 확신을 통해 이러한 결합을 하게 되며, 급진주의자들은 그들이 대중에게 효과적으로 호소하기 위해서는 빈곤층과 범죄자들의 조건에 대해 치밀하게 수집한 자료를 활용해야만 한다는 결론에 도달하게 되었다. 그것은 마치 자선단체가 개인의 돌봄을 통해 사회적 원인에 대한 숙고로 이동한 것 같고, 급진주의자들은 실제 사람들에 대한 공감에 기반한 관찰을 통해 자신의 사회적 신조를 시험하도록 요구받은 것처럼 보인다(p.1).

인보관의 활동가들은 개인 적응과 사회 개혁의 필요성을 인식했다. 인보관 활동에 내재된 메시지는 환경 조건의 변화에 영향을 미치고 개인의 기회를 확대하기 위해서는 이웃과 행동을 "함께" 하는 것이었다. 이 메시지는 사회복지에서의 역량강화의 방향성을 명확하게 반영하고 있다.

# 전문직으로서의 사회복지 정의하기

전문 문헌에서 발견되는 사회복지에 대한 많은 정의들은 개인을 돕고 사회적 조건을 변화시키는 주제를 강조하여 되풀이하고 있다. 일부 정의는 사람을 강조하는 반면 다른 정의는 사람과 사회 환경 간의 호혜적 상호작용을 포함하고 있다. 실천의 정의에 영향을 준 역사적 경향 중에는 90년대 초에 방법론으로서 개별사회사업의 출현이 있다. 1920년대는 정신분석운동의 부상으로 인해 정신건강과 정신 위생 운동에 대한 강조가 증가했고, 1930년대의 공공복지 운동, 1930년대와 1950년대에서 집단사회사업과 지역사회조직 방법론의 수용, 1950년대의 이중 관점 출현, 1960년대 사회 개혁 활동, 1970년대와 1980년대의 사회체계와 생태학적 관점의 선호 증가, 1990년대의 역량강화, 사회정의, 인권 및 국제 사회 사업에 대한 강조 증가, 21세기까지의 증거 기반 실천과 역량 기반 사회 사업 교육에 대한 강조가 이루어졌다(표 2.1).

## 표 2.1 │ 영향력 있는 활동과 출판물

| | |
|---|---|
| 1915 | 플렉스너가 사회복지 전문직의 지위에 대해 평가했다.<br>Flexner, A.(1916). Is social work a profession? In *Proceedings of the National Conference of Charities and Correction*, 1915 (pp.576–590). Chicago, IL: Hildmann Printing. |
| 1929 | 밀포드 회의(Milford Conference)는 사회복지의 일반적인 특성을 고민했다.<br>American Association of Social Workers. (1929). *Social casework: Generic and specific: A report of the Milford Conference* (1974 재출판). 워싱턴, DC: National Association of Social Workers. |
| 1951 | 홀리스-테일러 보고서는 전문 실천에서 사회복지의 역할을 조사했다.<br>Hollis, E. V., & Taylor, A. L. (1951). *Social work education in the United States: The report of a study made for the National Council on Social Work Education*. New York: Columbia University Press. |
| 1957 | 그린우드는 사회복지 전문직의 지위를 재검토했다.<br>Greenwood, E. (1957). Attributes of a profession. *Social Work*, 2, 45–55. |
| 1958 | 사회복지사들이 사회복지실천에 대해 정의했다.<br>Working definition of social work practice. (1958). *Social Work*, 3(2), 5–9. |
| 1961 | 바넷은 실천 분야로서 사회복지를 분석했다.<br>Bartlett, H. M. (1961). *Analyzing Social work practice by fields*. Silver Spring, MD: National Association of Social Workers. |
| 1969 | 사회복지사들은 일반체계이론을 사회복지에 적용했다.<br>Hearn, G. (Ed.). (1969b). *The general systems approach: Contributions toward an holistic conception of social work*. New York: Council on Social Work Education. |
| 1970 | 바넷은 사회복지실천의 공통 기반을 설명했다.<br>Bartlett, H. M. (1970). *The common base of Social Work practice*. New York: National Association of Social Workers. |
| 1977 | 전문가들은 사회복지의 목적과 목표를 검토했다.<br>Special issue on conceptual frameworks. (1977). *Social Work*, 22(5). |
| 1981 | 전미사회복지사협회는 사회복지의 목적에 대한 실무보고서를 작성했다.<br>Conceptual frameworks II: Second special issue on conceptual frameworks. (1981). *Social Work*, 26(1). |
| 1999 | 국제 사회 사업 교육자 및 실무자는 역량강화 사회복지실천을 개념화했다.<br>Shera, W., & Wells, L. (Eds.). (1999). *Empowerment practice in social work. Developing richer conceptual foundations*. Toronto, Ontario: Canadian Scholar's Press. |

| 2000 | 사회복지에 대한 국제적 정의.<br>Adopted by the International Federation of Social Workers (2000).<br>IFSW (2000). *Definition of social work*. Geneva, Switzerland: Author. |
|------|---|
| 2002 | 사회복지의 증거 기반 실천이 정의되었다.<br>Gibbs, L., & Gambrill, E. (2002). Evidence-based practice: Counterarguments to objections. *Research on Social Work Practice*, 12, 452-476. |
| 2008 | 역량 기반의 사회복지 교육 모델이 채택되었다.<br>CSWE. (2008). *Educational policy and accreditation Standards*. 워싱턴, DC: Author. |
| 2014 | 사회복지의 세계적 정의가 IFSW에서 채택되었다.<br>IFSW. (2014). *Global definition of social work*. Geneva, Switzerland: Author. |
| 2015 | 역량 기반 사회복지 교육 개정안이 승인되었다.<br>CSWE. (2015). *Educational policy and accreditation standards*. 워싱턴, DC: Author. |

## 개별사회사업

메리 리치몬드는 "사회진단(1917)"과 "개별사회사업이란 무엇인가? (1922)"에서 개별사회사업 또는 개인을 대상으로 한 개입의 첫 번째 원칙, 이론 및 방법을 확인했다. "개별사회사업실천의 첫 번째 지침은 사회복지가 개인과 사회 간의 상호작용을 선도적으로 이끌어내는 역할을 하였다는 점을 반영했다"(Watkins, 1983, p.46).

리치몬드에 따르면, 개별사회사업은 "개인에 대한 통찰력, 사회적 환경에 대한 통찰력, '정신에 대한 직접 행동' 및 '사회환경을 통한 간접적 행동'"이라는 네 가지 프로세스를 통합했다(Lubove, 1965, p.48). 에디스 애보트는 리치몬드에게 자신의 입장을 명확히 설명하는 흥미로운 발언을 했다. "리치몬드 여사가 이야기하는 좋은 사회복지사는 배수로에서 사람들을 기계적으로 돕지 않는다. 얼마 지나지 않아 그녀는 배수로를 제거하기 위해 무엇을 해야 하는지 알아내기 시작한다"(Abbott, 1919, p.313). 중심적인 부분은 개인의 변화이지만 리치몬드는 환경이 개인의 기능에 미치는 영향을 간과하지 않았다.

밀포드 회의 보고서(American Association of Social Workers, 1929)에 제시된 사회복지의 관점은 사회복지 정체성의 일반적 성격을 배양하겠다는 결의를 반영하였으며, 이 과정에서 개인에 의한 적응에 더욱 중점을 두었다. 밀포드 회의 보고서는 장애인이나 일탈한 개인을 적응하게 하는 방법에 초점이 맞춰지는 전문 사회복지 교육을 촉진시켰다.

## 정신분석 운동

개인의 실패와 부적응 등 내적 요인을 고려한 개인에 대한 초점은 1920년대에 인기를 얻었던 정신분석학 운동에 영향을 받은 것이 분명하다. 지그문트 프로이트의 심리역동적 관점은 사회적 기능에 대한 환경적 조건의 영향보다는 사람들의 심리 내적 역학 관계를 강조했다. 트래트너(1999)는 "일단 무의식이 동기부여에 미치는 영향에 대해 주의를 기울인 정신의학의 개별사회사업가들은 사람들이 이성적이라는 가정에 근거해 환경결정론이 인간 행동의 역동적인 요소와 아무런 관련이 없다고 느꼈다"고 주장한다(p.261).

메리 크롬웰 자렛(1877-1961)은 정신의료 사회복지의 전문 분야를 시작하였고, 정신의학 훈련 커리큘럼을 개발하였으며, 미국 정신의료 사회복지사 협회(American Association of Psychiatric Social Workers)를 설립하였다. 정신의학에 대한 그녀의 강조는 사회복지의 초점을 환경적 관심에서 내적이고 개인적인 스트레스로 변화시켰다. 자렛은 내적 정신 작용이 행동의 주요 결정 요인이라고 주장했다(Edwards, 2008; Hartman, 1986a; Rubin, 2009).

두 가지 추가적인 요소인 정신 위생 운동의 명성과 제1차 세계대전 당시 미국 적십자사에 소속된 전문가들이 제공한 정신건강 서비스는 개

인 치료를 촉진시켰다. 정신 위생 운동에 관여한 전문가와 일반인들은
정신 병원의 상태 개선을 요구했다. "초기 옹호 운동은 병원 환경에서
돌봄과 치료에 대중의 관심을 집중시켰고, 병원 기반 프로그램은 종합
병원의 전문 병원 진료와 정신과를 포함하도록 확대되었다"(Lin, 1995,
p.1705). 미국 적십자사는 제1차 세계대전 참전용사와 그 가족들을 위해
전쟁의 심리적 여파를 해결하기 위한 개별사회사업을 제공하였다. 제1
차 세계대전 참전용사들과의 활동은 정신건강 분야에서 사회복지사들
의 선도적인 노력을 나타낸다(Austin, 1985). 이러한 운동은 좀 더 개인에
초점을 두고 사회 개혁을 간과하여 리치몬드의 초기 사회 사업 진단 기
반을 약화시켰다.

## 공공복지 운동

1930년대의 공공복지 운동은 사회기능의 사회문화적, 정치적, 경제적
차원을 강조하였다. 이러한 강조점은 대공황의 여파에서 비롯되었다.
광범위한 실업과 빈곤은 사회문제의 구조적 원인이 있음을 가리킨다.
그러나, 환경에 대한 개입 경향은 개인의 부적응과 심리적 변화의 의료
모델이 강조하는 보수적 정신분석운동에 의해 가려졌다.

해리 홉킨스와 프랜시스 퍼킨스는 공공복지 운동을 주도했던 사회복
지사들이다. 인보관 운동에 참여하기 위해 뉴욕으로 이주한 아이오와
출신의 사회복지사인 해리 홉킨스(1890-1946)는 대공황 시대에 사회정책
발전에 큰 역할을 했다. 뉴욕주 임시구호국(Temporary Emergency Relief
Administration)의 행정관으로서, 그는 실업자들을 위한 공공구호 시스템
을 개발했다. 1933년 루즈벨트의 연방 정부 프로그램에 참여하여 주정
부와 지역구호활동을 보완하고, 노동구호프로그램의 구성을 주창하였으
며, 1935년 사회보장법의 개발을 설계하였다(Bremer, 1986).

사회복지사이자 사회 개혁가인 프랜시스 퍼킨스(1880-1965)는 미국 대통령 내각의 일원이 된 최초의 여성이다. 프랭클린 델러노 루스벨트 행정부에서 노동부 장관으로 임명되기 전에 그녀는 위험한 노동조건을 개선하기 위한 뉴욕주의 입법 개혁을 옹호했다. 퍼킨스는 뉴욕에서 주 전체의 산업 위원으로 행정 경험을 쌓았고, 루스벨트 내각에서 국가 사회보장 정책을 개발하는 데 중요한 역할을 했다. 퍼킨스의 영향으로 모성 및 아동 건강에 대한 규정, 장애 아동, 아동복지 서비스, 직업 재활, 공중보건, 부양아동 원조, 시각장애 아동 지원이 이 법안에 포함되었다 (Cohen, 1986; Downey, 2009).

## 집단사회사업과 지역사회조직

집단사회사업과 지역사회조직 방법론은 1940년대와 1950년대에 사회사업 개입으로서 공식적으로 수용되고 인정되었다. 이 둘은 모두 행동 변화의 상황적 맥락을 강조한다. 사회복지 방법론으로 집단사회사업과 지역사회조직을 수용한 것은 사회복지 전문직의 중요한 변화를 의미하며, 개별사회사업 이상으로 사회복지의 정의를 확장시켰다.

### 집단사회사업

집단사회사업은 사회변화를 위한 매개체로 소그룹 상호작용을 사용한다. 집단사회사업의 역사 초기에는 YMCA와 YWCA, 스카우트, 복지관, 인보관, 유대인 센터, 구세군 등의 단체를 통한 교육, 여가, 인성 형성 활동에 중점을 두었다. 집단사회사업의 초점은 강화, 교육, 사회 개혁이 포함되었다. 사회복지의 방법으로서 집단사회사업은 공통의 목표를 다루는 협력적 집단활동 성취의 집단 과정으로 개인들의 상호작용을 활용한다.

그레이스 코일(1892-1962)은 집단사회사업의 초기 리더였다. 웰즐리대학교를 졸업한 후, 그녀는 뉴욕박애학교에서 경제학 석사, 콜럼비아대학교에서 사회학 박사학위를 받았다. 그녀는 처음에 인보관에서 일하다가 YWCA에서 활동했고, 케이스웨스턴리저브대학교의 교수가 되었다. 그녀의 책 "조직화된 집단에서의 사회 과정(Social Process in Organized Groups)"이 출판되면서, 그녀는 개인 및 집단과 함께 일하기 위한 사회복지의 사회과학적 기반을 발전시키기 시작했다. 코일은 창의적인 집단 경험을 변화의 매개체로 활용하는 것을 강조하며 그룹 구성원의 참여와 민주적 통제를 강조했다(Quam, 2013b; Reid, 1986).

### 지역사회조직

지역사회조직은 더 큰 집단과 조직 단위에서의 변화를 창출한다. 지역사회조직의 노력은 본질적으로 상황이나 환경에 변화를 일으키고, 이는 다시 개인의 행복에 영향을 미친다. 예를 들어, 초기 지역사회조직은 제2차 세계대전으로 인한 지역사회 문제를 해결하기 위해 군 가족을 위한 서비스 네트워크의 필요성과 어머니가 노동현장에서 일하게 된 아동들을 위한 보육 서비스의 필요성을 주장하였다.

한 지역사회조직의 리더였던 에듀아르드 린드만(1885-1853)은 1924년부터 1950년까지 뉴욕사회사업학교에서 교육을 담당했다. 사회복지에 대한 그의 비전은 정신분석적 방법의 파편적 기법을 넘어 사회복지의 사회적 맥락을 강조하는 철학을 접목시켰다. "사회복지사들이 이념적, 철학적, 이론적 노선에 따라 나뉘었을 때 인간 행동과 사회문제에 대한 통합적이고 전체론적이며 학제적 관점을 발전시켰다"(Davenport & Davenport, 1986, p.500).

## 이중 초점

1950년대 사회복지에 대한 정의는 전문직의 초기 역사의 한 부분이었던 개인과 사회 환경의 이중 초점을 다시 포착하기 시작했다. 이러한 관점의 기여자 중에는 베르타 레이놀즈의 아이디어, 홀리스-테일러의 보고서, 사회복지실천의 실무 정의 및 홀리스가 언급한 "환경 속의 인간" 개념이 있다.

### 레이놀즈의 기여

베르타 케이픈 레이놀즈(1885-1978)는 노동자 계층과 억압받는 집단을 위한 주목할 만한 사회적 옹호자였다. 사회복지와 상급 정신의학 훈련에서 자격증을 취득한 후 레이놀즈는 매사추세츠주의 한 병원에서 근무했다. 의료 모델과 전문가 치료 강조에 대한 그녀의 반대 의견은 그녀가 환경적 변화를 동원하는 데 중점을 두고, 클라이언트의 강점을 존중한다는 점에서 명확했다. 후에 그녀는 노조에서의 사회복지모델이 된 전국해양연합(National Maritime Union) 프로그램에서 일했다. 사회서비스에 대한 소비자의 참여를 강조하고, 사회복지 전문직이 사회적, 정치적 행동을 통해 클라이언트의 권리를 옹호하도록 도전한 것은 그녀의 사회서비스 제공 철학을 명확히 드러내었다(Freedberg & Goldstein, 1986; Hartman, 1986b; Quam, 2013).

레이놀즈는 사회복지사가 정치 활동을 통해 사회정의와 시민 권리 문제에 대한 이슈를 보여줄 필요성에 대해 광범위하게 주장하였다. 그녀는 개별사회사업을 "사람들이 자신의 현실, 신체적, 사회적, 정서적 요소를 테스트하고 이해하며, 그들 자신과 사회 환경에서 자원을 동원하여 현실을 충족시키거나 변화시키는 데 도움을 준다"고 묘사했다(Reynolds, 1951, p.131). 그녀는 "전문직이 전체 사람, 지역사회, 개혁에 대한 헌신을 망각하고 있다는 사실에 괴로움을 느꼈다"(Goldstein, 1990, p.34). 변화에 대한 개인의 책임은 명백하지만, 변화의 요소는 사람과 그 환경 모두에 있다.

## 홀리스-테일러 보고서

사회복지 교육에 관한 홀리스-테일러 보고서(1951)는 사회복지를 원조 활동, 사회활동, 연계 활동으로 묘사하고 있다. 사회복지실천의 국제적 차원에 관한 UN의 성명서는 포괄적으로 광범위하게 나타나고 있으며, 보고서는 사회복지를 다음과 같이 설명한다.

1. 개인, 가족, 집단이 최소한의 바람직한 사회·경제적 행복의 기준을 달성하지 못하게 하는 문제와 관련하여 지원을 제공하기 위한 "원조" 활동이다.
2. 민간 실천가 개인의 이익을 위한 활동이 아니라 정부나 비정부 또는 두 단체의 후원으로 이루어지는 "사회" 활동으로 도움이 필요한 지역사회 구성원의 이익을 위해 확립되었다.
3. 소외된 개인, 가족 및 집단이 지역사회에 있는 모든 자원을 활용하여 불만족스러운 욕구를 충족할 수 있는 "연계" 활동이다(pp.58-59).

## 사회복지실천의 실무 정의

해리엇 바틀렛이 의장을 맡고 있는 전미사회복지사협회(NASW)의 실천 위원회에서 작성한 사회복지실천의 실무 정의(1953)도 다음과 같은 이중적 초점을 강조했다.

사회복지실천의 방법은 개인이나 집단과의 관계에서 책임감 있고, 의식적이며, 훈련된 방식으로 자신을 활용하는 것이다. 이 관계를 통해 실천가는 개개인들 간의 상호작용을 지속적으로 인식하면서 개인과 사회 환경 사이의 상호작용을 촉진한다. 그것이 변화를 촉진한다: (1) 사회적 환경과 관련된 개인 내적 측면, (2) 개인에게 영향을 미치는 사회 환경, (3) 개인과 환경의 상호작용(p.7).

이 정의는 개인을 대상으로 개입하는 것에서 개인과 집단 모두에 개입하는 것으로 사회 사업의 초점을 확장한다. 또한 개인과 환경 간의 상호 관계에 대한 상호작용 차원을 변화의 대상으로 설명한다.

### 환경 속의 인간

저명한 사회복지 교육자인 플로렌스 홀리스(1964)는 "사람, 상황, 그들 사이의 상호작용으로 이루어진 구성"의 삼중 상호작용을 설명하기 위해 "자신의 상황 속에 있는 사람"이라는 용어를 만들었다. 홀리스의 심리학적 방법은 개인의 신체적, 사회적, 심리적 현실뿐만 아니라 개인의 발달과 기능에 있어서 외부 사회적 구성 요소들을 강조한다(Grinnell, 1973). 홀리스는 사회복지가 "성격과 사회적 상황 모두에 무게를 줄 필요가 있다"고 지적했다. 그녀의 관점은 개입이 주로 개인 수준에서 일어난다는 것을 암시했고, 개인의 기능을 향상시키기 위한 방법으로 환경 개입에 중점을 두었다.

### 사회 개혁

1960년대는 사회복지 전문직의 다른 전환기가 되었다. 여러 면에서 1960년대의 혼란은 사회 사업과 사회복지를 포함한 모든 사회제도에 영향을 미쳤다. 이 시기에 사회 운동가였던 레스터 그랜저 영(1921-1971)은 미네소타 대학교에서 MSW를 취득한 후 미네소타 도시 연맹(Minnesota Urban League)에서 전문 경력을 시작했다. 사망 당시 그는 전국도시연맹(National Urban League)의 전무이사였다. 사회복지 교육자로서, 그는 네브래스카 대학과 크레이턴 대학에서 교육을 담당했고, 애틀랜타 대학교 사회복지학부의 학장을 역임했다. 사회복지 분야의 리더로서, 영은 전미사회복지협의회(National Conference of Social Welfare)(1965년)와 NASW (1966년)의 회장을 역임했다. 1969년 린든 존슨 대통령이 그에게 자유 훈장을 수여했을 때, 모범적인 시민 권리 활동을 국가적으로 인정 받았다(Peebles-Wilkins, 2013d). 영은 전미사회복지협의회(NCSW)의 실무자들에게 사회복지가 전문직의 직위를 얻기 위해 언론에서 사회 개혁에 대한 열의를 상실했다고 말했다. 그는 "창립자들의 '잃어버린 유산'을 되찾는 직업"에 도전했다(Trattner, 1999, p.311).

> 이 10년 동안의 전문적 활동에 대한 조사는 공공 부문과 민간 부문 모두에서 서비스의 확장과 개선이 이루어지고, 전통적이고 혁신적인 사회복지 서비스가 확산되었음을 보여준다. 경제기회법(Economic Opportunity Act), 사회보험 및 공공복지서비스의 확대, 가족 서비스의 종류와 양적 확대, 정신 위생 클리닉과 주간치료 센터의 가용성 증대, 지역사회 행동, 빈곤프로그램 등이 사회복지 전문직이 담당하게 된 사업과 활동 배경이었다(Goldstein, 1973, p.47).

그럼에도 불구하고 풀뿌리 수준에서 사회문제를 다루기 위한 연방 프로그램에서 나온 "빈곤과의 전쟁" 활동 여러 면에서 사회복지 전문직에 비판적이었고, 심지어 방향성에 있어서도 반대였다. 정책입안자들은 전통적인 개별사회사업과 집단사회사업 접근법의 효과성에 대해 의문을 제기했다. 다시 한번, 사회복지 전문직은 초점을 재검토해야 하는 도전을 받았다(Brieland, 1995). 도전은 과정과 방법의 순서를 바꾼 사람들에 의해 해결되었다. 방법론으로부터 시작하여 상황 속의 인간을 조사하기보다는, 출발점이 상황 속의 인간이어야 한다고 제안했다. 즉, 클라이언트의 문제, 쟁점 및 욕구가 개입 방법을 선택하게 해야 한다는 것이다. 따라서 모든 사회복지 활동에 기초하는 일반적인 실천 기반이 주목을 받았다. 사회체계와 생태학적 관점을 강조하는 일반주의적 관점은 문제 중심적 사회복지실천에 대한 통합된 접근 방식을 제공했다.

## 생태체계적 접근

1970년대와 1980년대에, 사회복지 전문직은 생태체계적 접근의 용어를 도입한 사회복지의 정의를 수용했다. 이러한 정의는 생태학적 생활 모델에서의 저메인과 지터만(1980, 1996), 클라이언트 역량 모델에서의 말루치오(1981)와 같은 생태체계 접근방법에서 메이어(1988)에 의해 확고해진 생태학적 요소와 체계적 요소 모두에 초점을 두었다.

생태체계에 대한 메이어의 패러다임은 개인과 환경 변수의 상호적 특성을 고려했으며, 환경 개입을 독특한 사회복지의 전략으로 부각시켰다. 저메인(1979)은 사회복지의 상황 속의 인간 접근의 상호교환적 본질을 추가로 설명했다. 말루치오(1981)의 역량 기반 실천은 능력과 기술, 동기, 사람과 그들의 물리적, 사회적 환경 간 교류의 환경적 질 등 생태학적 역량에 초점을 두어야 할 필요가 있음을 주장하였다.

## 21세기의 새로운 경향

사회복지의 전문성을 높이기 위한 두 가지 경향인 증거 기반 실천과 역량 기반 사회복지 교육은 21세기 초에 등장했다. 첫 번째는 사회복지 실천 개입과 연구를 진전시키고, 두 번째는 사회복지사의 전문교육을 강화한다.

## 증거 기반 실천

2000년대 초 사회복지 전문직에서 두각을 나타낸 증거 기반 사회복지실천은 "클라이언트 돌봄에 관한 결정을 내릴 때 현재 최선의 증거를 양심적이고 명백하며 현명하게 사용하는 것"이다(Gibbs & Gambrill, 2002, p.452). 증거 기반 실천은 연구 문서화된 개입전략, 윤리적 고려 사항과 클라이언트 선호 사항을 결합하여 개별 치료에서 정책 실천에 이르는 모든 클라이언트 시스템 수준에서 실천 결정을 알리고 실천, 정책, 연구 간의 연결을 만든다. 사회사업실천에 대한 증거 기반 접근 방식은 특히 사회복지 전문직의 과학적 기반을 강화하고 실천 전략을 정당화함에 따라 사회복지 전문직에게 많은 이점을 제공한다.

증거 기반 실천 접근법은 건강 관리와 정신건강, 형사 사법, 아동복지 및 가족 서비스, 보훈 지원, 고령자 대상 서비스 등 사회복지실천의 모든 분야와 관련이 있다. 이 접근 방식은 개인, 가족, 집단, 조직과 지역사회와의 사회복지실천에도 적용된다. 증거 기반 실천을 채택하는 사회복지사는 의사결정 과정에 개입의 효율성에 대한 핵심 연구 결과를 고려한다(Jenson & Howard, 2013). 이러한 정보에 입각한 의사결정 프로세스는 (1) 실천의 필요성에 대한 답변 가능한 질문 구성하기, (2) 질문 해결을 위한 증거 수집, (3) 연구 증거의 타당성과 일반화 가능성 평가, (4) 실무자의 전문성과 클라이언트의 고유한 특성을 고려하여 증거 적용, (5) 증거 기반 의사결정 프로세스 효과 평가의 다섯 가지 구조화된 단계를 따른다(Straus, Richardson, Glasziou, & Haynes, 2011).

## 역량 기반 사회복지 교육

2008년, 사회복지교육협의회(CSWE)는 공인 학사 및 석사 사회복지 프로그램에서 교과과정 설계를 위한 역량 기반 모델을 채택했다. 교과과정 설계의 모델로서의 역량 기반 교육은 교과과정 내용과 구조보다는 학생 학습 결과에 초점을 맞춘다. 따라서, 학생 성과 달성 평가는 역량 기반 교과과정 설계 및 구현에 핵심이다.

CSWE(2015)에서 정의한 대로 "사회사업 역량은 인간과 지역사회의 안녕을 증진하기 위해 목적적, 의도적, 전문적인 방식에 있어서 실천 상황에 사회사업 지식, 가치, 기술을 통합하고 적용하는 능력이다"(p.6). 현재 CSWE 교육 정책에서 확인된 9가지 상호 관련된 역량과 행동 구성 요소는 일반주의 실천 수준에서 전문적인 사회복지실천을 입증하는 데 필요한 지식, 가치, 기술, 인지 및 정서적 과정으로 구성된다. 9가지 사회사업 역량은 (1) 윤리적이고 전문적인 행동의 구현, (2) 실천에 있어서 다양성과 차이 관여, (3) 인권과 사회, 경제, 환경적 정의의 증진, (4) 실천에 기반한 연구와 연구에 기반한 실천 관여, (5) 정책 실천 관여, (6) 개인, 가족, 집단, 조직 및 지역사회 관여, (7) 개인, 가족, 집단, 조직 및 지역사회 평가, (8) 개인, 가족, 집단, 조직 및 지역사회 개입, (9) 개인, 가족, 집단, 조직 및 지역사회를 통한 실천에 대한 평가이다.

## 진화하고 있는 사회복지에 대한 정의

처음부터 사회복지에 대한 정의들은 진화하는 전문성, 변화하는 이론적 관점, 그리고 새롭게 부상하는 실천의 경향을 반영해 왔다. 이 정의들은 사회사업의 사명과 목적에 대한 기술은 비슷하지만, 전문적인 활동의 성격을 어떻게 묘사하는가에 있어서 몇 가지 현저한 차이를 보인다. 모든 정의는 사회체계 내에서 사람들의 교환 관계에서 발생하는 문제, 쟁점, 그리고 욕구에 초점을 둔다. 환경에 대한 일부 제한된 관점을 가지고 개인을 주된 개입 대상으로 보기보다는 개인에 대한 개입과 사회 개혁을 모두 포함하는 이중 초점을 확인할 수 있는 경향이 주목할 만 하다.

전통적으로, 사회복지사들은 개인 클라이언트가 제시하는 개인적인 문제들을 다루어 왔다. 그러나 개인의 사적인 문제는 더 큰 사회문제의 맥락에서 검토되어야 한다. 상담과 심리치료적 개입을 통해 사람들을 "치료"하는 것은 그들의 대처능력과 적응 능력을 향상시킬 수 있지만, 개인의 상황에 관계되는 복잡한 사회적 문제들을 해결하지는 못한다. 광범위한 사회문제, 해로운 사회적 태도, 제한된 기회와 자원은 사람들의 잠재력을 극대화하기 위해 시정되어야 할 필요가 있다. 전문직은 사회복지사로 하여금 인간관계에서의 문제 해결과 사회 개혁의 두 가지 활동을 계속하게 하고 있다. 또한, 현대의 개념은 사회복지 전문직의 국제 인권과 사회정의의 본질과 함께 실천에 대한 증거 기반 접근 방식의 통합을 강조한다.

## 전문직 지위를 위한 과정

사회복지가 실제로 전문직인가에 대한 질문은 거의 한 세기 동안 사회복지사들에게 도전이 되었고, 전문직에 대한 정의의 진화와 병행되었다. 사회복지의 역사는 초기 개척자들이 전문직 지위를 획득하고, 전문직 조직을 통합하며, 교육 표준을 개발하려는 체계적인 노력을 반영한다.

## "사회사업은 전문직입니까?"

사회복지의 전문직 지위는 1915년 에이브러햄 플렉스너에 의해 평가되었고, 그의 결론은 그 이후 사회복지사들 사이에서 반향을 불러일으켰다. 1957년 어니스트 그린우드는 전문직 기준을 적용하여 사회복지가 전문직으로 자리매김하고 있다고 주장했다. 오늘날 사회복지 전문직은 전문가적 정당성 유지와 관련된 문제들에 계속해서 직면하고 있다.

### 플렉스너의 평가

1915년 볼티모어 자선과 교정 회의에서 플렉스너의 연설 "Social Work is a Professional?"은 조직화된 전문직으로서 사회복지의 기초적인 근거를 개발하는 과정에서 가장 중요한 사건이었다(Austin, 1983). 전문 직업 교육 전문가로 유명한 플렉스너(1916)는 "전문직의 특징"이라고 부르는 6가지 속성을 설명했다. 플렉스너에 따르면, "전문직은 근본적으로 개인의 책임이 큰 지적(intellectual) 활동을 포함하고, 과학과 학습에서 그들의 근본적 요소를 도출하며, 이를 통해 실용적이고 확실한 목적을 가지고 활동하고, 교육적으로 전달 가능한 기술을 확보하고 있으며, 자기 조직화 경향과 동기부여에 있어서 점차 이타적으로 변하고 있다"는 것이다(p.580). 이러한 특성들은 사회복지의 전문직 지위를 평가하는 틀을 제공했다.

플렉스너는 "전문직의 자기 인식"의 급속한 진화를 인정했고, 사회복지가 전문화 초기 단계임을 인정했으며, 사회복지사의 이타적 동기부여와 "잘 해내기" 위한 헌신을 높이 평가했다. 하지만 그는 1915년 시점에서 사회복지는 아직 전문직이 아니라고 결론지었다. 사회복지가 다른 직업들 사이에서 매개하는 역할을 하였기 때문에 진정한 전문직의 책임이나 권한이 없었다.

교육적 노력은 분명했지만, 사회복지를 목적으로 하는 특수성이 결여되어 고도로 전문화된 교육 체계에는 도움이 되지 않았다. 플렉스너는 사회복지가 연구소와 세미나에서 지식, 사실, 아이디어를 도출했지만 목적을 가지고 조직된 교육 체계에 기초하지 않았다고 보았다.

또한 당시 사회복지실천을 특징짓는 범위가 넓었기 때문에 사회복지에는 전문직 지위에 필요한 고도의 전문역량이 갖추어져 있지 않았다. 즉, 플렉스너는 다양한 사회복지 분야에 공통적으로 적용되는 어떠한 실천 방법도 확인하지 못했다. 이러한 모든 요소들을 고려해 볼 때, 플렉스너는 사회복지가 아직 전문직 지위에 도달하지 못했다고 결론지었다.

플렉스너가 사회복지가 진정한 전문직의 기준을 충족하지 못한다고 공개적으로 선언한 이후, 많은 사회복지사들이 전문직 지위를 획득하는 데 집착하여 열성적 노력을 기울였다(Greenwood, 1957; Hodson, 1925). 플렉스너의 체계를 모델로 사용하여 사회복지사들은 사회복지가 실제로 전문직임을 증명하기 시작했다(Austin, 1983). 그들의 활동은 전문직 지위를 주장하기 위해 이미 확인된 결함을 해결하는 데 중점을 두었다. 그 이후의 일련의 활동에는 사회복지학과 수의 확대, 전문 인증 기구 구성, 교육과정 표준화, 모든 사회복지사들을 위한 교육 옹호, 그리고 어떠한 환경에서도 적용 가능한 사회복지기술의 독특하고 일반적인 성격을 증명하기 위한 일련의 회의들이 있었다(Popple, 1985). 실천 방법론 개발, 사회복지사 교육 준비 강화, 사회복지 경험적 지식 기반 확대, 전문협회 통합·확립 등에서 상당한 발전을 거듭한 끝에 사회복지사들은 사회복지가 실제로 전문직 지위를 얻게 되었다고 주장하는 데 이르렀다.

### 그린우드의 재평가

어니스트 그린우드의 대표 논문인 "전문직의 속성"(1957)은 사회복지

의 전문직 지위를 평가하는 데 또 하나의 획기적인 이정표를 제공하였
다. 그린우드는 전문직과 비전문직 간의 차이에 초점을 두고 다음과 같
은 전문직 지표를 제시하였다.

- 전문직은 기본 지식이 있고 실천 기술을 지시하는 체계적인
  이론 체계를 개발한다. 교육 준비는 실용적일 뿐만 아니라 지
  적(intellectual)이어야 한다.
- 클라이언트와의 전문적 관계에서의 전문적 권위와 신뢰성은
  전문적 판단과 역량에 기반해야 한다.
- 전문직은 자신의 회원 자격, 전문적 실천, 교육 및 성과 표준
  을 규제하고 통제할 권한이 있다. 공동체는 규제 권한과 직업
  적 특권을 승인한다.
- 전문직은 구성원의 윤리적 행위를 강제하는 강제적이고 명시
  적이며 체계적이고 구속력이 있는 윤리강령이 있다.
- 전문직은 공식 및 비공식 집단의 조직적 네트워크 내에서 일
  종의 가치, 규범 및 상징을 가지고 있으며, 이를 통해 해당 전
  문직의 기능과 서비스를 수행한다.

그린우드는 이러한 지표를 활용하여 사회복지의 전문직 지위를 평가
하면서 사회복지야말로 전문직이라고 주장했다. 또한 그는 사회복지가
"전문직 구조에서 지위를 획득하려고 하고 있으며, 현재 몇 안 되는 최
고 전문직들이 가지고 있는 특권, 권위, 독점적 지위를 가지게 될지도
모른다"고 주장하였다(p.438).

## 현재의 전문직 지위

최근에는 그린우드가 언급한 사회복지 서비스 제공에 사회복지가 가진 "독점적 지위"가 어떠한지를 평가함으로써 사회복지 전문직 지위를 면밀히 검토하였다. 그러나 정당한 전문적 권위, 회원 연대, 승인된 서비스 제공의 독점적 지위 등의 요소를 포함하는 권한과 통제의 유무를 검토하기 위해서는 전문직 지위의 속성이나 프로세스 평가를 넘어설 필요가 있다는 주장도 있다(Lowe, Zimmerman, & Reid, 1989). 일부는 면허의 제한과 규제가 증가하면 스스로를 사회복지사로 규정할 수 있는 사람이 제한될 것이라는 주장도 있다. 그러나 면허는 전문적으로 준비된 사회복지사가 독점적으로 제공할 수 있는 서비스의 고유한 활동 영역인 사회복지의 고유한 영역을 확보하는 중요한 문제를 해결하지 못한다. 실제로, 면허에 대한 현재의 집착이 실천 전문가의 전문적 영역에 대한 정의 이슈를 전복시킨다고 주장하는 사람들도 있다. 사회복지 전문직이 필수 직업적 통제를 획득하려면, 먼저 고유의 전문직 영역 범위를 명확히 해야 한다.

## 전문 조직의 부상

1911년 졸업생들의 취업을 촉진하기 위해 몇몇 여자 대학들은 뉴욕에 대학 간 직업국(Intercollegiate Bureau of Occupations)이라는 전문 조직을 설립했다. 전문직의 기준에 특히 관심이 많았던 전국사회복지사배치사무국(National Social Worker 's Exchange)은 1921년에 미국사회복지사협회(American Association of Social Workers)를 설립하기 위한 운동을 주도했다(Austin, 1983). 전문 협회를 형성하기 위한 또 다른 원동력은 학계에서 인정을 받으려는 사회복지 교육자들로부터 만들어졌다. 이들은 "사회복지를 합법적인 전문 학위 프로그램으로 인정하고, 사회복지 교수를 학계의 합법적인 구성원으로 인정받으려면 사회복지의 전문직 직위가 필요하다"고 주장했다(p.361). 전문 분야가 형성되면서 미국의료사회복지사협회(American Association of Medical Social Workers, 1918), 전미학교사회복지사협회(National Association of School Social Workers, 1919), 미국정신의료사회복지사협회(American Association of Psychiatric Social Workers, 1926), 미국집단사회사업가협회(American Association of Group Worker, 1936), 지역사회조직연구협회(Association for the Study of Community Organization, 1946), 사회복지연구협회(Social Work Research Group, 1949) 등의 전문 협회가 결성되었다.

### 전미사회복지사협회(National Association of Social Workers)

전문직의 단결을 추구하기 위해 1955년 다양한 사회복지 단체들이 통합되어 전미사회복지사협회(National Association of Social Workers)를 결성하였다. 약 132,000명의 회원을 보유하고 있는 NASW는 현재 세계에서 가장 큰 사회복지 조직이다(NASW, 2016). NASW의 정회원 자격은 사회복지교육협의회(Council on Social Work Education)에서 인가한 사회복지 프로그램의 졸업생들에게 주어진다. 관련 학사 및 석사 과정에 등록한 학생도 회원 자격이 있다. NASW의 준회원 자격은 다른 휴먼서비스 실무자에게 주어진다. 전국 조직 외에도 각 주와 메트로 워싱턴 지역, 뉴욕, 푸에르토리코, 버진 아일랜드와 괌에 하나씩 총 55개의 지부가 있다. 회원제 조직으로서 NASW는 사회복지실천가들에게 지원과 자원을 제공하고, 전문성 개발을 지원하며, 실천 표준과 윤리강령을 제정하고, 건전한 사회정책과 사회복지의 인도주의적 이상과 가치를 장려한다.

## 다른 전문 조직들

NASW 외에도 특정 전문가 집단, 특수 이해관계, 옹호 문제 및 전문 분야를 대표하는 많은 특수 이해관계 전문 협회들이 결성되었다. 예를 들어 지역사회조직과 사회행정 협회(Association for Community Organization and Social Administration, ACOSA), 캐나다사회복지사협회(Canadian Association of Social Workers, CASW), 국제사회복지사연맹(International Federation of Social Workers, IFSW), 전미흑인사회복지사협회(National Association of Black Social Workers, NABSW), 법의학사회복지조직(National Organization of Forensic Social Work, NOFSW), 그리고 헬스케어사회사업리더협회(Society for Social Work Leadership in Health Care, SSWLHC)가 있다. 이러한 전문 협회는 변화와 안정성 모두에 영향을 준다. 또한 전문직의 정체성과 개선에 있어 중요한 원천이다.

## 전문교육의 발전

자선조직협회와 인보관 운동의 초기 지도자들은 정식 교육이 새로운 전문직의 성공에 필수불가결한 요소라는 것을 깨달았다. 그러나 "훈련"에 초점을 맞춰야 하는지 아니면 대학 기반 교육에 초점을 맞춰야 하는지에 대한 상당한 논쟁이 있었다(Pumphrey & Pumphrey, 1961).

메리 리치몬드는 자선기관과 직접적으로 연계된 훈련 학교를 설립하고 학문적 이론보다는 실용성을 강조하는 훈련 프로그램들을 개설할 것을 주장했다(Costin, 1983). 첫 번째 프로그램은 1898년 여름 뉴욕 자선조직협회를 위해 시작된 6주 훈련 과정이었다. 이 과정은 1904년 뉴욕 자선학교를 통해 1년간의 교육 프로그램으로 공식화되었다.

훈련된 사회복지사 수요에 부응하여 사회복지 프로그램은 다른 도시에서도 개발되었다. 시카고에서의 초기 교육 리더는 시카고 커먼스 인보관의 그레이엄 테일러와 헐 하우스의 줄리아 래트로프이었다. 시카고 시민박애학교(Chicago School of Civics and Philanthropy)가 시카고 대학교 부속 사회서비스 행정대학이 됨으로써 이 교육적 도전은 남녀공학 대학에 사회복지 교육이 처음으로 포함된 사례가 되었다(Costin, 1983). 대학 프로그램은 이론적 이해와 실천 경험 모두를 강조했다.

## BOX 2.2 현장의 목소리

### 이민자와 난민을 위한 서비스

학부 때 "사회복지개론" 과정에 등록하면서 사회복지학과와 진심 어린 인연이 시작되었다. 사회정의 의제 안에서 사회복지 역사와 사회복지사 역할에 대한 학습은, 내가 이민자와 난민 가족과의 실천하는 데 통합되었다. 사회복지는 내 마음이 있는 곳이고, 사회정의와 인권이 사회복지실천의 핵심이다.

나의 실천에 대한 철학의 기원은 사회복지 전문직의 전체 역사에 깊이 뿌리박고 있지만, 사회복지 역사의 두 가지 측면이 나에게는 두드러진다. 첫째는 제인 아담스가 주도한 인보관 운동이고, 둘째는 플렉스너의 유명한 질문인 "사회사업은 전문직입니까?"에서 촉발된 사회복지의 진화하는 의미이다. 제인 아담스와 동료들이 보여주었듯이, 인보관 운동은 이 나라에 새로 도착하여, 문화변용 스트레스, 열악한 사회적 조건, 경제적 어려움을 갖고 있는 이주민 지역에 사회복지사를 배치하였다. 나의 클라이언트들 역시 수많은 개인적, 문화적, 사회경제적 도전에 직면한 이 나라에 새로 온 사람들이기 때문에 인보관 실천가들과 특별한 "최전선"의 연대감을 느끼는 것 같다. 비록 1915년 볼티모어 자선과 교정 회의의 참석자들은 사회복지가 아직 전문직이 아니라는 플렉스너의 결론에 놀랐지만, 그의 비평은 사회복지의 초기 전문화에 기여하는 계획들을 촉진했다. 100여 년 전 플렉스너가 촉발한 전문적인 사회복지의 본질에 대한 의문은 오늘날까지도 계속되고 있다. 사회복지 전문직의 사회정의와 인권 의무에 대한 의도적 재확인은 거시적 차원에서 현대 사회복지실천의 정의와 역할을 확대한다.

이민자와 난민을 대상으로 서비스를 제공하는 기관에서 현재 나의 사회복지 직책은 일반사회복지사로서 지식과 가치, 기술을 적용하도록 도전한다. 내 시간의 대부분은 다양한 이유들과 상황들 때문에 세계 여러 곳에서 이 나라에 온 가족들과 직접적으로 활동하는 데 쓰인다. 그들의 다양한 배경과 환경은 매일 나에게 클라이언트가 누구인지에 대해 더 깊이 생각하게 한다. 그들 모두는 그들 자신의 역사, 문화적 전통, 세계관, 미래에 대한 기대와 희망을 가지고 온다. 그래서 가치관, 삶의 경험, 문화가 나와 매우 다른 사람들에게 열린 마음으로 반응할 필요가 있다. 가족 지지 집단에 가입을 희망하는 몇몇 가족 구성원들의 리더십을 바탕으로 그들과 함께 "가족 연합"을 결성할 수 있는 기쁨을 누렸다. 이 가족 모임은 정말 재미있다! 그리고 그들은 서로를 지원하고, 지역사회에 새로 온 사람들을 위한 놀라운 자원이다. 지지 집단의 사회적 측면은 이민자의 종교와 문화유산에 대한 지역사회 교육, 대응형 이민개혁 정책 옹호 등과 같은 거시적 차원의 활동에 참여자가 참여할 가능성을 갖게 한다.

## 사회복지교육협의회(Council on Social Work Education)

공통 기준이 교육 프로그램에 적용되어야 한다는 인식은 교과과정 개발과 병행되었다. 처음에 1919년에 조직된 미국사회사업학교협회(American Association of Schools of Social Work)가 교과과정 정책을 주도했다(Lowy, Bloksberg, & Walberg, 1971). 1952년 대학원 수준의 전문교육에 중점을 두었던 협회가 학부 사회복지 교육을 추진한 전미사회행정학교연합회(National Association of Schools of Social Administration)와 합병하여 사회복지교육협의회(CSWE)를 결성했다. CSWE는 사회복지 교육을 위한 표준을 설정하는 기관이 되었다. 처음에는 석사학위 프로그램 인증을 담당했지만, 1974년부터 CSWE는 사회복지 학사학위를 포함한 모든 수준의 사회복지 교육에 관심을 가졌다.

CSWE의 목적은 수준 높은 사회복지 교육을 촉진하는 것이다. 프로그램 인증, 교육자 회의 개최, 전문 개발 활동 주도, 교육 프로그램 관련 TF 발족, 저널 발간 등을 통해 목적을 달성한다. 인증은 특정 최소 표준이 충족되었음을 증명하는 품질 보증의 수단이다. 많은 주에서는 면허증이나 인증을 위한 자격시험을 치르기 위해 대상자들이 승인된 프로그램의 학위를 소지할 것을 요구한다. 또한 일부 공인된 사회복지 학사학위들은 석사학위 프로그램의 심화 과목 이수까지 포함하고 있는데, 이는 공인된 학부 수준의 사회복지 프로그램이 실무, 정책, 연구, 인간 행동의 전문적 핵심 기반을 제공한다는 것을 의미한다. 홀리스-테일러 (1951)의 보고서는 예술과 과학, 기초부터 전문적인 준비, 그리고 선진 사회복지 교육의 초석인 사회복지의 기본 개념에 대한 학습이 학부에서 이루어질 수 있다고 결론지었다.

## 사회복지의 현재

NASW와 CSWE는 모두 사회복지 전문직의 목적과 목표를 정의하고 다양한 수준의 실무에서 전문적인 활동의 적절성을 개선하는 데 중요한 역할을 수행해 왔다. 그러나 논쟁 없이 변화는 일어나지 않는다. 1970년 NASW에서 학사학위 사회복지사의 전문직 지위에 대한 인정과 1974년 CSWE에서 학사학위 프로그램을 인가한 것은 상당한 논의를 거친 후에야 이루어졌다. 실제로 학사과정 사회복지 프로그램 졸업자를 NASW에서 정회원으로 받아들이는 것은 공개적인 저항에 부딪혔고, 사회복지 학사(BSW) 사회복지사를 전문직으로 인정하는 것은 사회복지실천의 전문성을 저하시킨다는 비난도 받았다.

사회복지 학사학위와 사회복지 학사 실무자의 수용은 전문 직무와 활동의 차등 분류 개발과 모든 사회복지사가 갖춰야 할 실무 역량의 기준(지식, 기술 및 가치)에 대한 설명을 요구받았다. CSWE(2015)에 따르면 기준연도 이후 학사학위 CSWE 인증 프로그램과 사회복지 석사(MSW) 학위를 취득한 학생들은 지식과 가치, 기술의 통합적 기반에서 역량을 갖춰야 한다. 역량은 다음과 같다.

1. 윤리적이고 전문적인 행동: 사회복지사가 되기로 선택한 학생들은 자신의 활동과 행동을 통해 사회복지 문화를 수용하고 직업적 청렴을 유지하기 위해 노력하고 있다. 사회복지사의 전문직 정체성을 획득하는 것은 개인적 발전, 지속적인 교육, 그리고 실천 경험을 통해 달성되는 진화의 과정이다. 윤리적 의사결정은 가치와 윤리적 기준을 모두 고려해야 한다. 가치관은 실천을 뒷받침하는 신념이지만, 윤리는 실천가가 해야 할 일을 지시하는 지침이나 기준이다. 가치 체계가 충돌할 때, 두 개 이상의 사회복지 원칙이 적용될 때, 사회복지사가 상충하는 의무에 직면할 때, 그리고 윤리적 기준과 법적 요건이 충돌할 때 윤리적 딜레마가 발생한다. 윤리의 관점에서 실천하는 것은 바람직한 사회복지실천의 핵심이다.
2. 다양성과 차이: 사회복지사들은 다양한 연령, 인종, 문화적 배경, 민족적 유산, 종교적 선호, 성적 정체성을 가진 사람들을 대상으로 실천을 한다. 한편으로 다양성은 차별과 소외의 대상을 의미한다. 하지만 사회복지사는 다양성에 내재된 힘을 인식하고 있다. 사회복지사는 이러한 실천 역학을 이해하고 다양한 집단의 경험에 정서적이고 효과적으로 관계할 수 있는 기술을 활용할 필요가 있다.

3. 인권과 사회·경제·환경적 정의: 모든 사람은 적절한 생활 조건, 의료 및 교육을 사회적으로 보장받는 데 대한 기본권을 가지고 있다. 정의로운 사회는 한 사회가 제공하는 혜택과 자원을 사회의 구성원들이 공평하게 공유하고, 구성원들이 사회의 자원 형성에 기여할 수 기회를 갖는 사회이다. 이 핵심적 원리의 측면에서 사회복지는 사회정의의 전문직이다. 사회·경제·환경적 정의는 그것이 보장되지 않을 때 쉽게 드러난다. 사회적 불의는 억압, 차별 및 기타 불평등으로 나타난다. 사회·경제·환경적 정의를 보장하고 인권을 보호하기 위해 불의와 불평등을 근절하기 위해 사회복지사들은 행동을 요구받는다.

4. 실천에 기반한 연구 및 연구에 기반한 실천: 연구를 위한 기술은 실천 기술과 무관하다고 생각해서는 안 된다. 오히려, 연구자와 학자로서 사회복지사는 실천이 연구에 영향을 미치고, 연구가 실천에 영향을 미친다는 것을 인식한다. 연구는 사회복지실천에 필수적이다.

5. 정책 실천: 사회복지사는 공공정책의 영역에서 중요한 역할을 한다. 첫째, 사회복지사는 사회구조를 강화하고, 사회적 기능을 향상시키며, 지방정부와 중앙정부의 차원에서 사회·경제·환경적 정의를 보장하는 시민적 권리를 증진하기 위해 헌신하고, 노력해야 한다. 둘째, 직접 서비스 실천가들은 정책 입안자들이다. 사실, 정책입안은 직접 서비스에 대한 즉각적인 부산물은 아니다. 정책은 사회서비스를 제공하는 일상적 실천의 기초이다. 지역사회는 인간의 요구에 통합적으로 대응하는 포괄적이고 조정된 서비스 제공시스템이 필요하다. 최고의 사회서비스 제공시스템은 클라이언트 중심이며, 유연한 재원 조달이 가능하며, 자격을 확대하고, 예방에 초점을

맞추며, 사회적 공익사업으로서 서비스를 제공함으로써 인간 및 사회적 요구에 대응한다.

6. 관여: 사회복지사는 클라이언트, 지역주민, 기타 전문가를 효과적으로 참여시키기 위한 관계 구축 및 전문직 간 협업의 중요성을 인식한다. 관여를 위한 실천 전략은 개인, 가족, 집단, 조직 및 지역사회뿐만 아니라 다양한 클라이언트, 지역주민을 포함한 모든 클라이언트 체계에 적용된다.

7. 사정: 다양한 실천현장에서 활동하는 사회복지 전문가들은 인간 행동과 사회 환경에 대한 다양한 이론을 바탕으로 클라이언트 체계의 문제와 욕구를 사정한다. 생태체계적 관점은 인간 행동의 생물학적, 심리적, 사회적, 문화적, 영적, 정치적, 경제적 차원과 영향 관계를 갖는 사회 환경에 대한 이론적 관점을 구성하는 포괄적인 평가 체계를 제공한다.

8. 개입: 성찰, 분석 및 평가의 지속적인 과정을 수반하는 비판적 사고는 개인, 가족, 집단, 조직, 지역사회뿐만 아니라 다양한 클라이언트, 지역주민과 함께하는 사회복지실천에 있어 반영적 개입의 기본을 이룬다. 사회복지사들은 사회복지 개입의 이론적 토대를 평가하고, 특정 상황에 적용할 수 있는 기술을 선별하고, 서비스 우선순위를 정하는 가치와 신념체계를 검토한다.

9. 평가: 사회복지사들은 미시적, 중시적, 거시적 수준에서 개입 절차와 클라이언트의 성과를 평가하는 것의 중요성을 이해한다. 실무자들은 질적 방법과 양적 방법의 연구 결과를 적용하여 실천 효과성을 개선하고, 보다 뛰어난 대응력을 갖춘 사회서비스 전달 네트워크를 구축하며, 정책 계획에 정보를 제공한다.

# 사회복지실천의 공통 기반

해리엇 바틀렛(1970)이 기술한 사회복지실천의 공통 기반은 일반주의 사회복지실천의 개념화에서 형성되었다. 바틀렛은 사회복지의 중심 초점을 사람들이 삶의 상황에 대처하는 것을 돕고 그들이 사회 환경의 요구들을 균형 있게 조정하도록 돕는 것이라고 설명했다. 바틀렛에 따르면, 사회복지사들은 상황의 맥락 속에서 개인에 대한 관심을 반영하는 특정 방향을 가지고 있다. 이러한 지향에 따라 행동하기 위해 사회복지사들은 전문적 가치관에서 사람들에 대한 태도를 도출하고, 지식에 기반해 인간 행동과 환경적 반응에 대한 이해를 생성한다. 기술, 기법, 실천 방법은 이러한 가치와 지식 기반에서 파생된다.

일반주의 실천을 위한 토대는 모든 사회복지사들이 공유하는 목적, 가치, 지식, 기술의 일반적 또는 공통 기반을 가지고 있다. 이러한 공통 기반은 사회복지사들이 다양한 방법을 활용하고, 다른 현장에서 활동하며, 다양한 클라이언트를 만나고, 서로 다른 체계 수준의 클라이언트들과 함께 실천하더라도 전문직으로 통합된다. 전문직의 가치, 지식, 기술의 3요소는 사회복지의 존재 이유와 활동 내용, 방법을 설명한다(표 2.2).

## 전문직의 가치

전문직의 목적을 달성하기 위해서 사회복지사는 변화 과정의 책임 있는 파트너가 되어야 한다. 이들의 전문직 활동은 전문직의 가치를 내면화해야 하고, 사회복지의 목적에 기초해야 하며, 윤리적 실천의 전문직 기준을 따라야 한다. 기본적인 사회복지 가치는 사람에 대한 가치,

**표 2.2** | 사회복지의 가치, 지식, 기술

| 기본 가치 및 원칙 | |
| --- | --- |
| 다양성 존중 | 비심판적 태도 |
| 신뢰성 | 윤리적 행위 |
| 전문직의 행동방식 | 자원 접근 |
| 존엄성과 가치 | 자기결정 |
| 사회정의 | |

| 기초 지식 | |
| --- | --- |
| 사회사업의 철학 | 인간 체계 |
| 인간 행동 이론 | 사회복지정책 |
| 문화적 다양성 | 실무 현장 |
| 사회복지의 역사 | 자기 인식 |
| 가족 역동 | 조직론 |
| 집단역동 | 지역사회이론 |
| 서비스 전달체계 | |

| 필수 기술 | |
| --- | --- |
| 비판적 사고 | 문화적 역량 |
| 관계 형성 | 컴퓨터 활용 능력 |
| 역량강화 과정 | 연구 |
| 실천 방법 | 사회 계획 |
| 정책 분석 | 위기개입 |
| 효과적인 의사소통 | 시간 관리 |

사회와 관련된 사회복지에 대한 가치, 전문직의 행동에 영향을 주는 가치 등의 세 가지 일반적인 영역에 초점을 둔다.

### 사람에 대한 가치

전문직의 공통된 가치는 사회복지사가 인간의 본질과 변화의 본질에 대해 갖고 있는 기본 개념인 서비스의 가치, 사회적 정의, 인간 존엄성과 가치, 인간관계의 중요성, 진실성, 역량을 반영한다(NASW, 2018, p.5). 생활상의 지위, 문화유산, 생활방식, 신념에 상관없이 모든 사람들의 존엄성과 가치를 존중하는 것은 사회복지를 수행하는 데 필수적이다. 전문직 사회복지사들은 다양성을 존중하고 개인 생활방식의 다양성을 수용함으로써 다른 사람들에 대한 무조건적인 긍정적인 존중을 유지한다. 사회복지사는 클라이언트의 서비스 접근과 의사결정 참여 권리를 옹호한다. 그들은 자기결정, 비심판적 태도, 신뢰성의 원칙을 클라이언트와의 상호작용에 통합한다.

### 사회에 대한 가치

사회복지사들은 사회정의를 옹호하고 민주적 절차를 중시한다. 사회복지사는 불평등과 인권 침해, 사회적 불의에 맞서는 책임을 진다. 그들은 사회제도를 더 인간적이고 사람들의 요구에 부응하게 하는 데 전문적으로 헌신한다. 사회 프로그램을 개선하고 사회정책을 정비하는 것은 사회정의를 실현하는 방법으로 사회 조건을 개선하려는 실천가들의 헌신을 반영한다.

### 전문 직업적 행동에 대한 가치관

가치는 사회복지사들이 클라이언트 체계와 함께 노력하는 데 있어 사회복지사의 전문적 활동을 안내한다. 사회복지사는 클라이언트의 강점과 역량을 중시하고 클라이언트와 협력하여 창의적인 해결방안을 개발한다. 또한 사회복지사들은 그들의 실천의 질적 수준을 중요시하고 실천의 효과성을 지속적으로 검토한다. 추가적으로 그들은 윤리적인 행동과 지속적인 전문성 개발에 대한 책임을 진다.

## 사회복지의 지식 기반

사회복지의 지식 기반에는 인간 행동과 사회 환경을 이해하는 사고 방식과 이해의 수단이 포함된다. 이를 위해 사회복지 교육은 인문학적 관점과 전문직의 토대를 모두 포함한다. 교양과목은 인문학과 과학의 폭넓은 지식을 갖춘 학생들이 되게 하며, 비판적 사고와 분석을 위한 도구를 제공한다. 전문직의 토대는 사회복지의 역사와 철학, 사회복지 실천현장, 이론 구조 및 실천모델, 입법 및 사회정책, 문화적 영향, 연구, 자기 인식에 대한 강좌가 포함된다.

### 인문학적 토대

사회복지실천 교육은 대학을 기반으로 하고 있으며 광범위한 교양과목을 포함한다. 심리학, 사회학, 인류학, 경제학, 정치학, 사학 등 다양한 사회과학의 배경은 사회 환경과 인간 행동을 이해하는 데 필수적이다. 미술과 문학을 공부하는 것은 미학과 창의력에 대한 인식을 높인다. 철학은 사고의 방법과 지식의 구조를 검토할 기회를 제공한다. 과학은 인간의 생물학적 특성과 환경의 물리적 특성에 대한 통찰력을 제공한다. 강력한 인문학적 토대는 학부 및 대학원 수준의 모든 사회복지 교육의 핵심이다.

### 사회복지의 철학과 역사

사회복지와 사회복지의 철학적·역사적 기반이 전문직의 중추를 이루고 있다. 사회복지사는 사회복지실천의 역사적 맥락 속에서 현대 실천의 경향을 이해해야 한다. 역사적 관점은 사회복지 클라이언트에 대한 상충되는 태도와 사회복지사가 사회서비스를 제공하는 방식에 대한 통찰력을 제공한다.

### 실천현장

사회복지사는 특정 현장에서 실천을 수행하지만 소득보장, 가족 및 아동 서비스, 의료시설, 정신건강현장, 사업과 산업, 학교, 기업 등의 사회복지 주요 분야를 포괄적으로 이해해야 한다. 사회복지사들은 때때로 의뢰를 하고 클라이언트를 다른 서비스와 연결시키기 때문에 사회서비스 자원에 대해 지식이 필요한 것이다. 다양한 실천 분야를 이해함으로써 사회복지사의 사회 개발 활동 참여 능력도 향상된다.

### 이론적 구조와 실천모델

사회복지의 공식적 지식 기반에는 인간 행동과 사회 환경에 대한 이론과 실천 방법과 모델에 대한 이론이 포함된다. 사회복지사들은 생물학적, 사회적, 심리적, 문화적 체계가 인간 행동에 어떻게 영향을 미치며 영향을 받는지에 대한 이해를 제공하는 이론적 기반에서 실천을 수행한다. 많은 사회복지의 관점들은 사회과학 이론에서 파생되었다.

인간 행동, 대인관계 의사소통, 사회 시스템에 대한 이론뿐만 아니라 사회, 조직, 지역사회, 집단, 그리고 개별 변화 과정에 대한 이론도 사회복지 실무에 영향을 준다. 이론적 관점은 사회복지사들이 클라이언트를 어떻게 보고 그들과 소통하는 방식에 영향을 준다. 또한 이러한 관점은 사회복지사들이 평가, 개입계획, 해결방안 도출, 자원 접근, 성과평가를 어떻게 수행할 것인지에 영향을 미친다. 사회복지사들은 다양한 체계 수준에서 클라이언트와의 활동에 다양한 접근 방식을 활용한다.

### 입법과 사회정책

상당수의 보건과 휴먼서비스 프로그램은 연방과 주정부 및 지방정부의 입법 명령에서 비롯된다. 따라서 사회복지사는 1935년 사회보장법과 그 이후의 개정안뿐만 아니라 주거, 교통, 정신건강, 장애, 아동복지, 건강 관리 등에 관한 사회복지법을 숙지할 필요가 있다. 또한, 사회와 경제적 정의를 촉진하는 정책 변화에 영향을 미치기 위해 실천가들은 지방과 주 단위 및 국가 수준에서 이루어지는 정책 결정 과정에 대한 실무 지식을 가지고 있어야 한다.

### 문화적 영향

인종적으로 민감한 실천을 준비하기 위해 사회복지사들은 문화가 인간의 행동에 미치는 영향을 이해해야 한다. 사회복지사들은 민족적, 사회적, 문화적 다양성의 역학이 일상생활 속 다양한 문제들을 다루는 사람들의 독특한 방식을 이해하는 데 도움이 된다는 것을 인식해야 한다.

사회복지사들은 민족적 현실이 일상생활에 미치는 총체적인 영향을 인식할 필요가 있다. 여성, 소수 민족, 소수 인종, 장애인, 동성애자 등 차별과 억압을 겪는 사람들의 역할과 지위를 이해하는 것은 효과적인 사회복지실천에 매우 중요하다. 이러한 이해에는 집단 내 개별 차이뿐만 아니라 다양한 집단 간의 차이를 식별할 수 있는 능력이 포함되어야 한다. 문화적 민감성을 갖춘 사회복지사는 자신의 문화 집단적 배경이 자신과 타인에 대한 인식에 어떤 영향을 미치는지 인식하고 이해하는 과정을 경험한다. 사회복지사들은 특별한 인구집단의 고유한 욕구를 충족시킬 수 있도록 서비스 자원을 할당한다. 또한 사회복지사들은 소수자, 여성, 노인, 동성애자 등 사회복지 서비스의 전달과 사회복지정책 개발에서 내재된 불평등을 드러낸다.

## 연구

연구의 결과들은 사회복지사가 인간의 욕구, 사회적 기능, 적응 과정을 이해하도록 돕는다. 또한, 연구 방법에 대한 지식은 실천 방법과 프로그램의 효과를 평가하는 데 필수적이다. 사회복지사도 보고서를 제대로 읽고 적절한 결론을 도출하며, 증거 기반 연구 결과를 실천에 통합할 수 있도록 기초 연구 설계와 통계 분석 방법을 이해해야 한다.

### 자기 인식

전문가로서 효과적으로 기능하기 위해서 사회복지사들은 스스로에 대해 충분히 인식할 필요가 있다. 맥스 시포린(1985)은 "좋은 사회복지 임상가는 항상 자기 인식과 자기 인식의 필요성으로 돌아가야 한다"고 말했다(p.214). 따라서 사회복지사들은 자신의 생활방식, 윤리적 관점, 도덕 규범, 가치관, 문화적 배경을 탐구한다. 사회복지사들은 자신의 학습 방식, 변화에 대한 태도, 그리고 다양한 상황, 편견, 고정관념에 대한 인식을 증진하기 위해 노력한다. 자기 인식을 습득하는 것은 평생의 과정이다. "자기 인식과 자기 수용을 위한 평생의 여정이다. 또한 도움이 되는 사람이 중요한 도구인 자신을 활용하여 능숙하고 완전하며 최대의 결과를 얻을 수 있으려면 반드시 필요한 여정이다"(Johnson, 1998, p.110).

## 사회복지의 기술 기반

사회복지실천은 전문적인 가치와 지식 외에도 이론을 실천에 적용하고, 관계를 구축하며, 적절하게 의사소통하고, 문화적 역량을 입증하며, 소셜 미디어를 사용하고, 시간을 효율적으로 관리하는 등의 다양한 기술이 필요하다.

## 실무에 이론 적용

문제 해결을 위한 관계 형성에서부터 전문적 관계 종료에 이르기까지의 클라이언트를 대상으로 이루어지는 실천에서 사회복지사는 인간행동, 인간의 다양성과 사회기능에 대한 이론적 이해를 적용할 수 있어야 한다. 유능한 사회복지사는 의식적으로 이론을 실천에 적용하며, 사회복지 전문직의 윤리적 기준을 활용하여 실천을 평가한다.

## 계획된 변화

개입 과정의 초기 단계에서 사회복지사는 과제를 식별하고 문제에 대한 클라이언트의 인식을 계획에 통합하고, 클라이언트의 능력을 평가하며, 현실적인 목표를 설정하고, 해결책을 구성하며, 관련 정보를 수집하는 기술을 보여주어야 한다. 개입 계획을 수립하고 이행할 때 사회복지사는 다양한 계획을 수립하고, 클라이언트 체계를 협력적 파트너로 참여시키고, 목적과 목표를 개발할 수 있어야 하며, 지역사회 자원을 찾아 평가하고, 의뢰를 촉진하며, 클라이언트와 필요한 자원 사이의 다른 연계를 확립할 수 있어야 한다. 마지막으로, 클라이언트와의 실천을 마무리하기 위해 사회복지사는 효과적인 종결과 개입 방법 및 성과 평가를 촉진하는 기술이 필요하다.

## 모든 체계 수준에서의 개입

일반 사회복지사는 개인, 가족, 공식 집단, 복합 조직 및 지역사회 등의 다양한 체계 수준에서 클라이언트와 협력할 수 있는 실무 기술을 개발한다. 개인, 집단 활동, 학제 간 팀워크, 조직개발, 지역사회 실천, 사회 개혁에 대한 구체적인 기술은 다양한 클라이언트와 함께 활동하는 사회복지사의 능력을 향상시킨다.

### 인간관계 기술

클라이언트와 사회복지사 간의 전문적인 관계는 사회복지실천의 핵심이다. 사회복지사의 업무 관계 발전 능력은 대인관계 효과와 자기 인식에 달려있다. 사회복지사는 공감, 진실성, 신뢰성, 존중 및 지지를 전달하는 데 능숙해야 한다.

### 의사소통 기술

좋은 구두와 서면 의사소통 기술은 절대적으로 필수적이다. 사회복지의 기본 과정은 정보 교환이기 때문에 면접 기술은 필수적이다. 사회복지사는 이해를 기반으로 듣고, 목적을 가지고 대응할 수 있어야 한다. 구두 발표를 하는 능력은 실천가들이 집단, 조직 및 지역사회와 협력할 수 있는 능력을 강화한다. 명확하고 간결하게 글을 쓸 수 있게 되면 기록 보관, 보고서 작성, 보조금 신청 등에서 사회복지사의 효율성이 높아진다.

### 문화적 역량

문화적 유능성을 갖춘 사회복지사들은 기술을 활용하여 클라이언트와의 상호작용을 문화적으로 더 적절하게 형성한다. 사회복지사는 소수 민족의 문제점과 상황적 맥락을 문화적 관점에서 이끌어내는 민속지학적 인터뷰 기술 또는 문화적 관점을 보유해야 한다. 사회복지사는 클라이언트와의 실천에서 문화적 영향과 영향에 대한 민감성과 인식을 보여야 한다.

## 정책 분석

사회복지사는 사회정책을 분석하고 개인적 실천과 기관, 지방, 주, 국가 수준에서 정책 결정에 기여할 수 있는 기술이 필요하다. 사회복지사는 공개적인 증언을 제공하고, 클라이언트의 상황을 개선하는 입법적 입장을 옹호하며, 정책 결정 과정에 참여할 수 있어야 한다. 사회복지사는 빈곤층, 노인, 동성애자, 장애인과 같이 사회에서 억압받는 인구집단이 직면한 문제를 다루는 사회정책의 개발에 영향을 미칠 수 있는 유능한 옹호자여야 한다.

## 연구 기술

사회복지사는 연구를 활용하는 사람과 연구를 수행하는 사람으로서 능숙해야 한다. 사회복지사는 자신의 연구 기술을 이용하여 문헌 검토, 연구 설계 수립, 연구 프로젝트 지시, 정책 분석 및 실천 평가에 활용한다. 사회복지사들은 연구를 통해 증거 기반 결과 확인과 실천에 대한 지식으로부터 모범 사례를 알게 된다. 연구 기술에는 자료 수집과 분석, 결과 제시, 통계 분석 적용 능력이 포함된다. 사전동의와 개인정보보호 권리를 포함한 윤리적 기준은 연구 활동을 원활히 한다.

## 소셜 미디어의 활용

현대 사회복지사들은 특히 소셜 미디어의 사용에 대해 컴퓨터에 능숙해야 한다. 정보기술의 디지털 시대는 소셜 미디어를 사회복지실천에서 사용하게 만들었다. 소셜 미디어는 즉각적인 정보 공유, 교육, 클라이언트와 동료의 동원에 많은 혜택을 제공하지만, 윤리적인 딜레마에 휩싸이기도 한다. 윤리학자들은 사회복지사들에게 소셜 미디어 웹 사이트에 글을 올리기 전에 개인과 직업 간 경계가 교차되는 것을 피하고, 클라이언트의 비밀을 유지하며, 클라이언트의 동의를 구하도록 경고한다. NASW(2018) 윤리강령 및 자격 위원회는 클라이언트 정보의 엄격한 비밀 유지에 대해 윤리적 표준을 옹호하는 데 명확한 입장을 가지고 있으며, 이는 소셜 네트워킹 사이트에 올린 사회복지사의 온라인 게시물에 절대적으로 적용된다. 사회복지사가 해결해야 할 과업은 블로그, 게시판, 네트워킹 사이트와 같은 소셜 미디어를 윤리적이고 책임감 있게 사용하는 것이다.

### 시간 관리

사회복지실천의 엄격한 업무 수행은 질서정연함과 체계를 필요로 한다. 시간 관리 기술에는 시간을 효과적으로 사용하고, 주요 업무를 현실적으로 예약하고, 약속을 지키며, 마감일을 준수하고, 할당된 작업을 수행할 수 있는 능력이 포함된다.

## 사회복지 전문직을 위한 원칙

전문직의 목적, 가치, 지식, 그리고 기술이 어떻게 사회복지실천으로 전환되는가에 대해 우리는 사회복지 목적의 본질과 공통의 실천 기반의 핵심을 반영하는 12가지 전문직의 원칙으로 구분한다. 이러한 원칙은 일반주의 실천가들이 각자의 개입 방식을 통해 사회복지 목적을 수행하는 것을 돕는다. 각 원칙은 다음과 같다.

1. 사람들이 개인적으로나 집단적으로 자신의 문제 해결 및 대처능력을 보다 효과적으로 활용할 수 있도록 역량을 강화한

다. 사회복지는 클라이언트 체계와 사회복지사 사이의 협력
관계를 포함한다. 파트너십은 모든 소비자 체계는 해결책을
구축할 수 있는 강점을 가지고 있음을 의미한다. 역량강화는
사회체계의 잠재력과 강점을 알리고, 클라이언트의 문제, 쟁
점 및 욕구 해결에서 효과적인 사회적 기능을 촉진할 수 있
는 자원과 기회를 발견하고 형성하는 과정이다.

2. 개인과 사회의 문제 발생을 예방하기 위해 사회·경제 정책
개발에 대한 적극적인 입장을 지원한다. 사회복지사들은 문
제를 예상하고 어려움이 발생하는 것을 막는 정책을 만들어
시행할 필요가 있다. 적극적인 참여는 공정한 사회·경제 정
책을 개발하여 사회정의를 촉진하는 것이다.

3. 사회복지실천의 모든 측면에서 전문직의 진실성을 유지한다.
전문직의 가치와 윤리는 전문적 실천의 토대가 된다. 실제로
윤리강령은 클라이언트 체계, 고용주, 동료, 사회복지 전문직
과 사회 전반에 관한 전문 활동의 일반적인 지침을 제공한다.
전문직의 구성원이 된다는 것은 전문직의 진실성을 지키겠다
는 약속을 하고 삶의 질, 정의와 평등을 향상시키기 위한 전
문직의 의무를 이행하는 것을 의미한다.

4. 사회기능을 강화하고 삶의 질을 향상시키기 위해 사람과 사
회 자원을 연결한다. 사회복지사는 소비자 체계와 지역사회,
사회제도의 자원과 기회 사이의 연계를 보장한다. 사회복지
제도 내에서 이용할 수 있는 서비스에 정통한 사회복지사는
정보 및 추천을 제공하는 "자원 안내자"의 역할을 하며, 적절
한 자원을 활용하고 접근 장벽에 직면하는 "자원 옹호자" 역
할을 한다.

5. 기관 자원 체계 내에서 협력 네트워크를 개발한다. 모든 사

회 구성원의 복지를 증진하기 위해 제안된 사회서비스 프로
그램을 포함한 인적 자원은 경제, 정치, 보건, 사회복지, 교육
의 사회 기관 내에서 제공된다. 사회의 다양한 구성원들에게
혜택을 주는 사회서비스를 전달할 수 있는 일관되고 비차별
적이며 포괄적인 시스템을 갖추려면 서비스 제공자 간의 신
중한 계획과 협력에 대한 의지가 필요하다.

6. 보건과 휴먼서비스 욕구를 충족하기 위한 제도적 자원 체계
   의 대응성을 촉진한다. 미국 헌법의 "일반복지 명령" 의무에
   의해 보장되는 사회복지 조항은 모든 시민들이 이용할 수 있
   는 권리이다. 사회복지사는 교육활동을 통해 삶의 질의 문제
   를 해결하고 사회 개혁 활동을 통해 제도적 차별과 기타 불
   의를 바로잡아야 한다.

7. 사회에 대한 완전한 참여와 관련하여 사회정의와 모든 국민
   의 평등을 증진한다. 이상적으로 사회정의는 한 사회의 모든
   구성원들이 그 사회가 제공하는 권리와 기회, 그리고 책임과
   의무에서 동등하게 공유할 수 있는 사회적 조건이다. 사회의
   구성원으로 사회에 완전히 참여한다는 것은 개인이 자신의
   삶의 열망을 실현하기 위해 사회적 혜택에 접근할 수 있다는
   것을 의미하며, 결과적으로 사회적 복지에 기여한다는 것을
   의미한다.

8. 연구와 평가를 통해 사회복지 전문직의 지식개발에 기여한다.
   사회복지사들의 경험적 연구 노력과 실천 효과에 대한 평가
   를 통해 실천적 지식은 진화하고 실천 방법론이 개선된다.
   사회복지사들은 연구 결과를 활용하여 사회기능을 강화하고
   사회변화에 영향을 미치게 된다. 전문직은 전문지식 기반, 실
   천 기술 차원, 그리고 가치의 기초에 기여하기 위해 구성원

들의 참여를 유도한다.

9. 문제와 자원의 기회가 모두 발생하는 제도 체계에서 정보 교
환을 장려해야 한다. 모든 사회제도는 문제를 만들고 해결할
수 있는 잠재력을 가지고 있다. 사회구조가 문제를 일으키는
원인으로 비난받을 수 있지만 사회복지사와 클라이언트가 해
결책을 찾는 것은 동일한 구조 내에 있다. 사회복지사들은
역량강화의 과정을 활용하여 사회 기관이 스트레스 요인을
생성하고, 해결책 개발에 참여하는 역할을 인식하도록 한다.

10. 다양성의 인식과 인종적으로 민감하고 성차별적이지 않은
사회복지실천을 통해 의사소통능력을 강화한다. 사람과 환경
과의 상호작용에 대한 이해는 다양성의 영향에 대한 이해에
기초한다. 사회정의를 위해 일하는 실천가들은 다양성의 의
미에 민감하다. 전문직의 목적과 가치에서 나오는 민족성에
대한 민감성은 개입 방법의 적용에서부터 사회서비스 전달
네트워크의 구축에 이르기까지 사회복지의 모든 측면에 반영
되어야 한다.

11. 문제 예방 및 해결을 위한 교육전략을 채택한다. 사회복지
의 기능으로서 교육은 장기적으로 사회문제 예방에 기여하는
중요한 과정이다. 교육은 변화의 촉매제 역할을 하고, 미래의
문제 해결 노력을 일반화하는 데 기초가 될 수 있는 학습의
기회를 제공한다. 교육은 학습자와 교육자가 협력하여 정보
를 습득하고, 새로운 기술을 개발하며, 어떤 특성이나 상황에
대한 인식을 높이는 과정이며, 이 모든 것들이 적응적인 사
회기능에 기여한다.

12. 인간 문제 및 문제에 대한 해결책의 세계관을 포용한다. 우
리는 세계화된 사회 속에서 살고 상호작용한다. 비록 산업

사회와 농경 사회에서 경험하는 문제는 성격과 범위가 다를
지라도, 유사한 특성을 가지고 있다. 대륙과 국가의 정치적,
지리적 경계를 초월한 일반적인 인간의 욕구가 있다. 게다가,
세계 문제들은 세계적 차원의 해결책을 필요로 한다. 우리는
단일 사회의 시스템 맥락의 문제, 쟁점, 욕구와 그것의 영향
이 사회체계의 맥락에서 다른 세계에 미치는 영향을 인식해
야 한다. 이러한 관점은 세계적인 맥락에서 사회정의를 실현
하고 모든 사회의 인권을 보호하는 것을 지지한다.

이러한 원칙들은 오늘날의 사회에서 사회복지의 확대된 정의와 사회
복지의 진화 과정에서 형성되었다. 일부 사회복지사들은 이러한 주장이
너무 이상주의적이고, 너무 고상하며, 너무 급진적이라고 주장하면서
이를 비판할 수도 있다. 하지만 "역량강화된 사람들", "예방적 입장을
취하는 것", "세계적 관점의 수용", "협력적 동반자 관계의 참여", "사
회정의의 증진" 등의 문구는 새로운 것은 아니다. 그것들은 사회복지의
역사적 목적에 내재되어 있고 우리의 전문적 유산에서 입증된다.

## 복습과 예습

이 장에서는 사회복지 전문직의 진화를 살펴보기 위해 다음의 내용
에 중심으로 초점을 두었다.

- 자선조직협회, 인보관 운동, 전문직 초기 역사에서의 다양성

을 포함한 전문직으로서의 사회복지 출현
- 사회복지 정의가 어떻게 발전해 왔는가
- 전문직의 지위를 추구하는 사회복지와 전문 조직과 사회복지 교육의 부상
- 전문적 가치, 지식 기반 및 기술의 공통 기반에 토대를 둔 전문직 사회복지실천을 위한 원칙

실천의 역사적 뿌리를 탐구하는 것은 우리의 전문직 유산에 대한 이해를 제공하고 초기 개척자들이 남긴 유산을 엿볼 수 있게 해준다. 사회복지는 항상 개인과 사회 간의 상호 이익이 되는 상호작용을 촉진하고 회복함으로써 모든 사람들의 삶의 질을 향상시키려는 목적에 의해 추진되었다. 개인과 사회제도 사이의 관계는 사회복지의 중심 관심사가 되고 있다. 사회복지사는 사람과 그들의 사회 환경 사이의 상호작용이 사회적 기능을 방해하거나, 능력을 손상시키고, 기회를 제한하거나, 스트레스를 유발하거나, 개인과 사회적 목표 실현을 방해하는 상황을 다룬다.

현대사회 사회복지사들은 삶의 문제가 다양한 차원을 가지고 있으며 많은 대안적 해결책이 가능하다는 것을 인식하고 있다. 이러한 해결책에는 개인의 변화, 대인관계 적응, 사회 개혁 등이 포함된다. 문제의 원인과 해결책이 사회 시스템의 모든 수준에 있다는 것을 인식하면서, 사회복지사들은 개입에서 사회구조 간의 상호작용을 합리적으로 고려한다. 3장에서는 최근 사회복지에서 두각을 나타내고 있는 사회 시스템 구조와 생태학적 관점을 탐구하며 사회복지에서 다루어지는 소비자 체계를 살펴본다.

❶ 정책 실천: 사회복지 전문직의 뿌리는 19세기 후반의 두 개의 다른 특성을 가진 사회운동에 있다. 자선조직협회와 인보관 운동의 어떠한 정책적 기여가 현대 사회서비스 제공에서 계속 이어지고 있는가?

❷ 개입: 사회복지사들은 더 큰 사회적 이슈의 사회적 맥락 안에서 개인의 문제를 본다. 생태체계적 관점에서 볼 때, 사회복지사가 개인을 대상으로 한 치료적 개입과 사회 개혁을 모두 포함하는 개입을 선택하는 것이 왜 중요한가?

❸ 윤리적이고 전문적인 행동: NASW는 일반 대중의 관점에서 사회복지의 이미지를 제고하기 위해 "도움은 여기에서 시작(Help Starts Here)"이라는 교육 및 미디어 캠페인을 진행했다. 사회복지사와 사회복지 전문직에 대한 일반 대중의 긍정적인 인식을 향상시키기 위해 개인 임상가로서 무엇을 할 수 있는가?

❹ 윤리적이고 전문적인 행동: 전문직의 가치, 지식, 기술의 공통 기반은 모든 사회복지사가 공유하고 전문직을 결합한다. 당신이 사회복지 가치에 따라 실천하는 전문직 의무를 지키는 데 방해가 되는 개인적인 가치는 무엇입니까?

제3장

# 사회복지와 사회체계

★★★★★

학습목표

- 일반주의 사회복지실천을 위한 조작적 개념틀로서의 생태체계적 관점을 요약한다.
- 사회적 기능의 유형을 분류한다.
- 미시적, 중시적, 거시적 수준에서 클라이언트 체계에 대한 사회복지 개입을 구분한다.
- 개별사회사업, 집단사회사업, 지역사회조직과 일반주의 사회복지실천을 포함한 사회복지실천의 방법을 설명한다.

학습개요

- 생태체계적 관점
  - 사회체계 관점
  - 사회복지를 위한 개념틀로서의 일반체계이론
  - 생태도 활용을 통한 사회체계 이해
  - 생태학적 관점
  - 사회복지에 적용된 생태체계적 관점
- 사회적 기능
  - 사회적 기능의 유형
  - 환경적 압력
  - 사회문제와 사회적 기능
- 사회복지의 클라이언트 체계
  - 미시적 개입
  - 중시적 개입
  - 거시적 개입
  - 사회복지 전문직과의 활동
- 사회사업방법론
  - 개별사회사업
  - 집단사회사업
  - 지역사회조직
  - 일반주의 통합 모델

복습과 예습

생각해보기

하이츠 지역 초등학교의 시간제 사회복지사인 헬렌 워싱턴에게 알란다 모리슨의 이야기는 너무 익숙하게 들린다. 모리슨 가족은 1년 전에 아버지가 육류 가공 공장에 취업했을 때 우드랜드 지역으로 이사를 했다. 3개월 전까지만 해도 집안 형편이 꽤 좋았다. 모리슨씨가 가족을 떠났을 때 알란다의 어머니는 돈이 없었고, 4명의 아이를 두고 있었다. 집세를 내지 못하자, 그들은 생활할 공간을 잃었다. 지난 몇 주 동안 모리슨씨 아이들과 어머니는 대도시가 아닌 이 지역에서는 가족을 위한 저렴한 주택이나 쉼터 시설을 이용할 수 없기 때문에 친구들과 "여기저기"에서 머물고 있다.

헬렌 워싱턴은 알란다의 담임선생님의 초기 의뢰를 떠올린다. 그녀의 선생님은 알란다가 학업을 마치지 못하고 있고, 무기력하고, 때로는 눈물을 흘리며, 단체 활동에서 참여하지 않았다고 보고했다. 알란다의 학교 문제는 그녀가 말한 가족의 문제 맥락에서 보면 매우 다르다.

워싱턴은 알란다의 어머니를 방문하러 출발하면서 가족복지계획위원회의 밥 피터스에게 전화를 걸어 노숙자를 위한 그의 노력을 격려하기로 결심한다. 위원회는 지역사회의 주택 수요에 대응하려고 노력하고 있다. 위원회에 소속된 전문가들은 저렴한 주택을 마련하기 위한 지방자치단체의 자금을 촉구하고 있다. 위원회는 농촌 지역 노숙인 가정을 위한 지원 서비스를 개발하기 위해 시범사업 자금을 신청할 계획이다.

헬렌 워싱턴과 밥 피터스는 노숙자에 대해 비슷한 우려를 하고 있다. 헬렌은 대부분의 시간을 직접 서비스를 하며, 도움이 필요한 학생 및 가족들과 함께 활동한다. 직접 서비스는 클라이언트 체계에 제공되는 사회복지 활동이며, 상담, 자원, 교육, 정보 및 의뢰, 옹호 등을 포함한다. 알란다의 가족을 위해 헬렌은 위기 상담을 제공하고 그들이 즉시 필요로 하는 자원과 연결할 것이다. 일반주의 사회복지사인 헬렌은 이용 가능한 주택 부족에 대해 그녀의 우려를 표명하고 노숙 문제가 공공의 문제라는 것을 인식한다.

밥 피터스는 주로 개인과 가정에 간접적으로 영향을 미치는 사회복지 활동에 참여한다. 그의 전문 활동은 지역사회 문제 해결 수준에 집중되며 정책 수립, 사회 계획, 보조금 작성, 연구를 포함한다. 밥 피터스는 경제 상황, 가족 정책, 서비스 제공 또는 서비스 부족이 알란다 모리슨과 그녀의 가족의 사적 문제에 영향을 미친다는 것을 알고 있다. 헬렌과 밥의 사회복지 활동은 각각 미시적 영

역과 거시적 영역의 다른 측면에 초점을 맞추고 있지만, 많은 사회복지사들은
직·간접적 서비스를 모두 감당하고 있다.

　헬렌 워싱턴과 밥 피터스의 활동 장소나 맥락은 마을 공동체, 모리슨 가족,
그리고 알란다를 포함한다. 그러나 그들의 주요 관심사는 다르다. 헬렌의 클라
이언트는 알란다와 그녀의 가족이다. 밥은 우드랜드 지역에 초점을 맞춘다.

---

　이 사례는 일반주의 사회복지사들이 사회문제의 맥락적 특성, 사회
체계 간의 교류 및 잠재적 사회복지 개입의 폭을 시각화하기 위해 일반
적으로 사용하는 사회체계 관점을 극적으로 보여준다. 이 장에서는 사
회체계의 맥락에서 생태체계적 관점, 사회적 기능, 사회복지에서의 클
라이언트 체계와 사회복지방법론을 살펴본다. 사회체계 관점은 사회·
경제적 정의의 쟁점과 인권 문제가 사람과 환경 간의 상호작용에 미치
는 영향을 살펴보는 데 유용한 이론적 모델이다.

## 생태체계적 관점

　많은 사회복지사들은 생태체계적 관점에서 사람과 물리적·사회적 환
경 간의 상호작용을 이해한다(Germain, 1979, 1983; Gitterman & Germain,
2008; Siporin, 1980). 용어에서 알 수 있듯이 생태체계적 관점은 일반체계
이론과 생태학의 관점들을 통합한다.

　일반체계이론은 인간 행동과 사회 환경의 복잡성과 다양성을 이해하
는 데 도움이 되는 보편적인 개념틀을 제공한다(Shafer, 1969). 이 이론은
인간 체계가 어떻게 작동하고 상호작용하는지를 설명하는 원칙을 제공

한다. 대조적으로 생태학은 "사물이 어떻게 조화를 이루고, 어떻게 적응하는지에 초점을 맞추고 있다"(Greif, 1986, p.225). 생태학적 용어로, 적응은 "인간이 성장하는 과정에서 역량을 성취하고 다른 사람에게 기여하는 인간과 환경 사이의 역동적인 과정"(p.225)이다. 더불어 일반체계이론과 생태학은 인간 체계가 사회적·물리적 환경에서 상호작용하는 방식을 설명한다.

## 사회체계 관점

사회복지실천가들은 개인, 가족, 집단, 조직, 이웃, 지역사회와 같은 인간 체계 또는 사회체계를 활용한다. 그들은 인간 체계의 구성원들 사이에 존재하는 관계 및 체계와 충돌하는 환경과의 관계에 초점을 둔다. 사회체계 관점은 사람들 사이의 상호 관계와 다양한 사회구조를 상호관련 네트워크의 웹으로 시각화하는 방법을 제공한다. 시스템이 작동하는 방식은 하위 체계, 환경과 개방 및 폐쇄 경계 모두의 구조적 요소를 비롯한 특성과 상호교류와 관련된 상호작용 패턴에 의해 더욱 차이를 보인다.

### 사회체계의 정의

사회체계는 "다른 개체와의 상호작용과 구별되는 방식으로 상호작용하며, 일정 기간 동안 지속되는 요소로 구성된 조직화된 전체"이다(Anderson, Carter, & Lowe, 1999, p.294).

체계이론은 모든 형태의 생명과 무생물이 체계로 간주될 수 있으며, 체계로서 학습할 수 있는 특정 개별 속성을 갖는다는 가정에 기초한다. 사회복지가 일반적으로 관여하는 개인, 가족과 조직과 같은

소집단과 이웃 및 지역사회와 같은 기타 복잡한 인간 조직은 모두
특정 공통의 속성을 가진 체계로 간주될 수 있다(Hearn, 1969a,
p.2).

체계는 모든 형태와 크기를 이룰 수 있다. 가족, 팀, 직장 집단, 지역
사회조직, 서비스 클럽, 길거리 패거리, 이웃, 지역사회, 기업은 모두 체
계이다. 한 체계를 다른 체계와 구별하는 특성에는 관계 패턴, 목적, 구
성원의 공통 속성이 포함된다.

### 하위 체계와 환경

모든 체계는 더 큰 체계 또는 환경의 일부이며 동시에 더 작은 체계
또는 하위 체계로 구성된다. 즉, 체계는 다른 체계의 하위 체계이면서
동시에 구성 요소나 하위 체계를 갖고 있는 것이다. 즉, 인간 체계는 서
로 중첩되어 있다. 체계가 클수록 더 많은 구성 요소가 있다. 더 작은
단위로 구성된 각 체계는 더 큰 체계 네트워크의 일부이다.

체계를 하위 체계 또는 환경으로 식별할지는 기준 프레임에 따라 다
르다. 따라서 앞서 제시한 사례에서 모리슨 가족은 환경이자 하위 체계
이다. 우리가 알란다에 초점을 맞출 때 그녀의 가족은 그녀의 사회적
환경의 한 측면이다. 우리가 모리슨 가족에 초점을 맞출 때, 우리는 그
것이 지역사회의 환경적 맥락에서 하위 체계로 존재하고, 알란다 자신
이 모리슨 가족의 하위 체계가 된다.

대부분의 가족체계와 같이 고도로 조직화된 체계는 극도로 상호의존
적인 구성 요소의 부분들을 가지고 있다. 이웃 체계와 같이 덜 구조화
된 체계는 특징적으로 독립적이고 자율적인 구성 요소나 하위 요소를
가지고 있다. 어떤 체계든, 전체가 함께 상호작용하는 것이 하위 요소
가 독립적으로 작용하는 것보다 더 많은 것을 성취하거나 의미한다. 즉,

전체는 부분의 합보다 크다.

구조적으로 체계는 한 시스템과 다른 시스템을 구별하는 경계나 지점들에 의해 서로 분리된다. 경계는 자원 교환에 대해 수용적이거나 수용적이지 않을 수 있으며, 이는 개방적이거나 폐쇄적이 될 수 있음을 의미한다. 체계가 에너지를 교환할 때 과정은 실제로 각 시스템에서 사용할 수 있는 에너지를 증가시킨다. 에너지가 유입되지 않으면 체계는 자체 에너지 비축량을 고갈시키고 기능하는 능력을 궁극적으로 상실할 수 있다.

### 교류

인간 체계는 항상 다른 체계와 상호작용하고 자원을 교환한다. 체계는 교환의 과정을 통해 자신의 자원과 다른 체계의 자원을 대여 및 공유, 소비 및 처리, 수용 및 거부한다. 예를 들어, 어린이와 가족, 직원과 직장, 이웃 블록과 도시, 사회복지 서비스 소비자와 기관 간의 교류는 유지와 변화를 위한 에너지를 제공한다.

이러한 자원 교환을 교류 또는 체계가 정보와 에너지를 교환하는 과정이라고 한다(그림 3.1). 에너지는 한 인간 체계 내에서 또는 한 인간 체계와 다른 인간 체계 간에 송수신된다. 이러한 교환의 과정은 입력, 처리, 산출 및 피드백을 포함한다.

입력은 체계와 해당 환경에서 사용할 수 있는 자원이다. 예를 들어 물질적 자원, 대인관계, 의사소통, 외상 경험, 방어기제, 사회적 압력 등이 있다. 입력은 궁극적으로 체계를 유지하거나 변경한다. 처리는 체계가 수신하는 에너지 또는 정보에 대해 응답하는 것을 말한다. 여기에는 체계와 해당 환경 내의 자원을 선택, 분석, 합성, 활용하는 것이 포함된다. 처리는 반응 또는 산출을 생성한다. 결과 산출에는 산물과 체계가

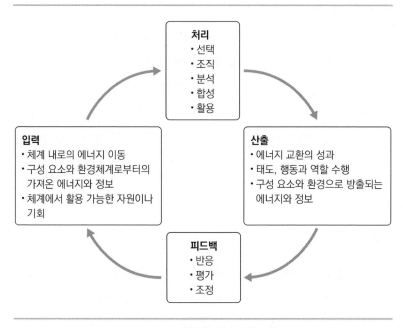

**그림 3.1** | 정보와 에너지의 교환

해당 환경에서 작동하는 방식이 모두 포함된다. 체계의 실제 산출은 원하는 산출 또는 다른 사람이 기대하는 산출과 다를 수 있다. 피드백은 추가 정보를 전송한다. 교류 과정으로서 피드백 체계는 체계의 상황을 평가하고 조정하거나 수정 조치를 취하는 데 도움이 된다. 피드백은 한 체계가 다른 체계에 미치는 영향을 극적으로 보여준다. 그것은 또한 정보와 에너지 교환의 고리를 형성한다.

상호작용으로서 교류는 "시간의 경과에 따라 사람들이 환경을 지속적으로 형성하고, 그 환경에 의해 형성되는 과정"이다(Germain, 1983, p.15). 다시 말해서 사람들은 자신 주위의 세계에 영향을 미치는 적극적인 참여자들이다. 사람들은 또한 환경의 산물이다. 사람과 환경은 상호적이고 상호작용적인 관계를 상징한다(Gitterman & Germain, 2008).

## 사회복지를 위한 개념틀로서의 일반체계이론

일반체계 접근 방식은 전문직의 초점이 인간과 사회 환경 사이에 존재하는 관계에 있다는 점에서 사회복지사에게 유용한 개념틀이다.

> 사회체계 관점에서 사회복지 활동은 인간과 환경에 대해 좋은 결과나 나쁜 결과가 모두 일치하거나 일치하지 않는 지점인 인간과 환경의 경계 또는 만나는 지점에 초점을 둔다. 이 접점에서 관심을 두는 현상은 인간과 환경의 교류이다. 교류는 행동과 활동의 맥락에서 교환된다. 이 행동 또는 활동은 사람-활동과 환경-활동의 혼합이다(Gordon, 1969, p.7).

클라이언트 체계는 일반적으로 가족, 이웃, 조직 또는 지역사회와 같은 개별 체계 수준의 경계에 속하지만, 일반주의 지향의 실천을 하는 사회복지사는 전체 사회 환경의 맥락에서 클라이언트를 살펴본다. 이러한 방식으로 사회복지사와 클라이언트는 클라이언트 체계, 하위 단위와 그 일부가 속한 단위에 대한 개입의 잠재적인 문제와 영향을 고려한다.

처음에는 하나의 체계 수준에서 변화가 발생하지만 상호 관련 체계의 전체 네트워크에 영향을 주게 된다. 예를 들어, 이 장의 앞부분에서 제시한 사례에서 알란다와 그녀의 가족과 함께한 헬렌 워싱턴의 활동은 궁극적으로 학교의 더 큰 사회구조에 영향을 미칠 수 있다. 밥 피터스의 옹호와 지역사회 계획 활동은 또한 그의 지역에 있는 개인과 가족들에게 파급 효과를 줄 것이다.

인간과 사회 사이의 관계와 다양한 사회체계 간의 상호 관계를 이해하는 것은 클라이언트와 사회복지의 접점을 이해하는 데 매우 중요하다. 체계론적 접근 방식의 심리사회적 차원은 인간 행동에 대한 환경적 영향을 인식하면서 환경 속의 인간을 평가하는 것을 강조한다. 또한,

이러한 일반주의적 관점은 문제의 다중 인과적 특성을 인식하고 다차원
적인 해결방안의 개발을 촉진한다. 체계론적 관점은 실천가와 클라이언
트 체계 간의 교류에서 협력적 관계의 개념을 포함한다. 사회복지사는
클라이언트의 고유한 강점과 잠재력을 인식하면서 클라이언트 체계의
환경 속 자원으로 들어가게 된다.

## 생태도(Eco-Map) 활용을 통한 사회체계 이해

이 장의 시작 부분에서 제시된 모리슨 가족과 함께한 사회복지사 헬
렌 워싱턴은 생태학적 맥락에 대한 가족의 생각을 표현하는 방법으로
모리슨 가족과의 대화를 통해 생태도를 작성하였다. 하트만(1978, 1995년
재출판, Hartman & Laird, 1983)이 처음 개발한 생태도는 사회복지사들이
클라이언트 체계와 클라이언트가 상호작용하는 다른 체계 간의 교류를
시각적으로 묘사하기 위해 클라이언트와의 협력하여 사용하는 중요한
사정 도구이다. 생태도는 체계 간의 관계 속성, 경계 투과성, 자원 가용
성, 사회복지 서비스 제공 체계와 기타 공식 또는 비공식 지원 네트워
크 요소와의 연결을 포함한 교류의 측면을 상세하게 보여준다.

모리슨 가족과의 생태도 작성을 위해 헬렌 워싱턴은 중앙에 알란다
모리슨 가족을 나타내는 원을 그려 지역사회 내의 상호작용에 대해 이
야기를 나누고, 함께 작성하는 지도에 가족과 충돌하는 체계(impinging
system)를 추가하도록 권한다. 체계 간의 상호 관계, "강한 또는 스트레
스를 받는"과 같은 체계 간의 상호 관계 또는 교류의 특성을 묘사하는
방식으로 모든 체계를 연결하는 선을 작성한다(그림 3.2).

클라이언트와의 협력을 통해 생태도를 작성할 때 얻을 수 있는 이점
에 대해 긍정적으로 평가하고 있는 헬렌 워싱턴은 생태도가 활용 가능
한 자원을 정확히 파악하고, 제약 조건들을 확인하며, 잠재적 연결 가

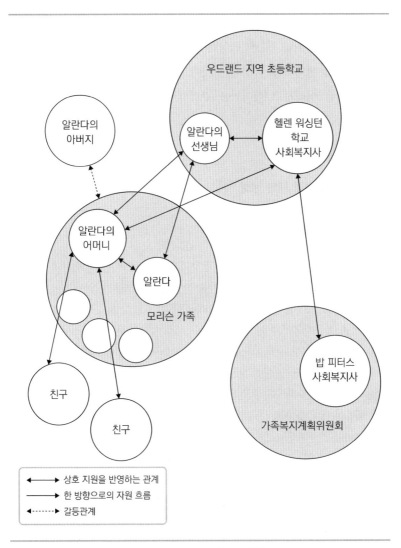

그림 3.2 ｜ 모리슨 가족의 생태도

능성을 강조하는 데 유용하다는 것을 알게 되었다. 본질적으로 그녀가 모리슨 가족과 함께 작성한 생태도는 알란다 모리슨이 가족이 노숙자가 된 것이 학교에서 직면하는 문제를 해결하는 기초가 되고, 또한 "노숙

이전"과 "노숙 이후" 생태도를 비교함으로써 체계 간의 관계 변화를 추적하는 원천이 된다. 헬렌 워싱턴에 따르면, 가장 중요한 것은 모리슨 가족과 함께 생태도를 작성하는 것이 그녀가 그들의 관점과 그들의 독특한 상황을 이해하고 싶어함을 강력하게 보여줄 수 있다는 점이다.

---

## BOX 3.1 ♥

### 다양성과 인권에 대한 성찰

#### 문화, 특권, 인권

사회의 모든 구성원은 그들이 속한 사회의 문화적 관습을 경험한다. 사회의 문화는 사회의 지배적인 가치, 신념, 전통, 언어, 제도를 반영한다. 또한 규정된 집단의 구성원은 특정 인종, 민족적 배경, 직업, 성별, 연령 집단, 조직, 소속 종교, 사회경제계층, 지리적 위치와 성적 지향의 문화에 따라 구별된다. 예를 들어, 중서부 사람, 히스패닉, 노동조합회원, 농부, 프리메이슨, 게이 남성 또는 레즈비언, 청소년, 운동선수, 사회주의자 또는 사회복지사에 수반되는 문화들을 생각해보자. 사람들은 그들 문화의 산물인 동시에 반영이다.

문화는 우리를 사로잡고, 교육 및 경제적 기회와 자원에 대한 접근을 포함하여 우리 존재의 모든 측면에 강력한 영향을 준다. 우리의 문화적 구성원 자격은 우리에게 개인적인 정체성을 제공하지만 다른 사람들이 우리를 대하는 방식에도 영향을 준다. 한 사람이 속한 문화 범주에 따라 사회가 부여하는 지위와 특권이 결정된다. 남성, 백인, 이성애의 문화 정체성을 가진 사람은 여성, 흑인, 레즈비언의 문화 집단 구성원 자격을 가진 사람보다 더 많은 기회를 갖는다. 문화 집단의 구성원 자격은 고정관념과 차별의 기반이 된다.

인권의 맥락에서 모든 국민은 경제적, 사회적, 문화적 권리를 보장받아야 한다. 이러한 권리는 인종, 성별, 소수 민족 지위, 출신 국가, 종교 및 정치적 충성도에 기초한 차별을 금지한다. 게다가 교육, 주택, 의료, 소득보장, 그리고 보육에 대한 모든 시민의 권리를 강조한다. 특히, UN(1948)은 음식, 주거

지, 의복과 같은 인간의 기본적인 욕구, 보건 및 사회복지 서비스의 이용, 사
회보장과 같은 지표를 포함하여, "모든 사람은 건강과 안녕에 적합한 생활 수
준에 대한 권리를 가진다"(제 25조 1항)고 선언한다. 경제적·사회적 및 문화
적 권리에 관한 국제규약(International Covenant on Economic, Social,
and Cultural Rights, UN, 1966)은 이러한 권리에 대한 보다 포괄적인 목
록을 제공한다. 미국은 경제, 사회, 문화적 안보에 대한 모든 시민의 권리를
보호하는 사회법 제정에 대한 책무나 결여에 대해 의문을 제기하며 이 협정
을 비준하지 않았다.

## 생태학적 관점

체계론적 관점에서 이러한 아이디어들은 일반주의 사회복지실천에
대한 생태학적 관점을 보완한다. 생태학이라는 용어는 생물학에서 유래
되었다. 그것은 살아 있는 유기체와 그들의 물리적·생물학적 환경 간의
상호 관계를 나타낸다. 사회과학자들은 생태학의 원리를 인간과 사회 환
경의 관계로 해석하면서 인간 기능의 환경적 맥락과 이 사이에서 발생
하는 교류적 관계를 강조한다(Holahan, Wilcox, Spearly, & Campbell, 1979).

생태학적 관점은 사회복지의 모델 중 저메인과 지터만의 생활모델
(1980, 1996)에 대한 기초를 제공한다. 이 모델은 인간과 환경 간의 교류
속성이 인간의 욕구와 사회문제의 근원이라고 제시한다. 인간은 지속적
인 상호적응 과정을 통해 물리적·사회적 환경과 영향을 주고받는다. 사
회복지의 목적은 사람들의 적응 능력과 환경의 속성을 일치시킴으로써
성장과 발전을 극대화하는 교류를 강화하는 것이다. 이 관점에서 스트
레스는 개인의 욕구와 능력이 환경적 특성과의 불일치로 인해 발생한
다. 다시 말해서, 개인과 그들의 환경 사이의 "적합성"이 부족한 것이
다. 저메인과 지터만에 따르면 스트레스는 세 가지 상호 관련 현상인

삶의 전환, 환경 압력, 대인관계 과정으로부터 발생한다. 사회복지사와 클라이언트는 객관적이고 주관적인 사실을 평가하고, 클라이언트는 원조 과정을 통해 보다 효과적으로 기능할 수 있는 기술을 향상시키기 위해 노력한다. 그러나 때로는 더 적합한 환경을 만들기 위해 환경의 측면에서 변화가 있어야 한다.

## 사회복지에 적용된 생태체계적 관점

일반체계이론과 생태학적 관점의 조합은 1970년대에 등장하고, 1980년대에 전문직의 수용을 획득한 많은 실천모델의 기초를 형성한다(Bartlett, 1970; Goldstein, 1973; Meyer, 1983; Pincus & Minahan, 1973; Siporin, 1975).

생태체계적 관점은 사례라는 현상을 볼 수 있는 렌즈를 제공한다. 이 관점은 실천 지향적이지만 개입에 초점을 맞춘 실천의 원칙을 제공하지는 않는다.

생태학적 개념의 사용을 통해 생태체계적 관점은 인간과 환경 간의 적응 가능성을 확인한다. 일반체계이론은 행위자와 상황 요소들을 연결하는 방식을 강조한다. 그것은 사람들이 살고 있는 환경적 맥락을 조사하여 사회복지실천의 본질적인 초점인 환경 속의 인간에 초점을 다루려고 시도한다. 실천 상황 주변의 복잡성을 조직화하고 적절한 경계를 설정하는 데 관심을 두고 있기 때문에 선형론적 관점과 대조적으로 체계적 또는 순환론적 구조를 선호한다. 관점은 단지 클라이언트의 복잡한 현실을 포괄하기 위해 전문적인 견해를 활용하는 하나의 방식이다(Meyer, 1987, p.414).

역량강화 기반 사회복지실천과 관련하여 생태체계적 관점을 채택한다는 것은 단순히 사람들이 환경에 적응하도록 돕는 것을 의미하지 않는다. 사회복지사와 클라이언트는 효과적으로 기능할 수 있는 능력을 향상시키기 위해 클라이언트의 사회적·물리적 환경에 유리한 변화를 창출하는 행동을 고려한다. 앞선 사례에서 밥 피터스가 가족복지계획위원회와 함께한 활동은 환경 변화의 개념을 잘 보여준다. 지역사회에서 공공주택의 이용가능성을 높이는 것은 모리슨 가족과 같은 어려움을 겪고 있는 가족들이 적절하고 저렴한 주택을 확보하고 노숙자가 될 위험을 감소시키는 데 도움을 준다. 또한, 맥락에 대한 강조와 인간을 둘러싼 상황을 바라보는 생태체계적 관점은 사회복지사로 하여금 사회적 불의와 인권 침해를 다루도록 한다.

# 사회적 기능

사람들은 모두 기본적인 욕구를 공통적으로 가지고 있지만, 그들 자신의 고유한 욕구도 가지고 있다. 마찬가지로, 이러한 욕구를 충족할 수 있는 능력과 기회에 대한 접근성에도 상당한 차이가 있다. 이러한 차이가 있는 이유가 무엇일까? 심리학자들은 이러한 차이가 개인차 때문이라고 주장한다. 사회학자들은 사회구조와 그것이 개인에게 미치는 영향을 살펴본다. 사회복지이론은 그 해답이 개인과 환경 사이의 접점과 교류에 있다고 본다.

인간과 환경의 관점에서 사회적 기능은 "개인이 합리적인 수준의 성취를 달성하고 생산적이고 사회에 기여하는 구성원으로 기능할 수 있도록 하는 역할 수행에 영향을 미치는 모든 요소"와 관련이 있다(Ashford & LeCroy, 2010, p.667). 개인적 차원에서 사회적 기능은 기본적인 욕구를 충족시키는 삶의 방식을 향한 노력, 긍정적인 관계 형성, 개인적인 성장과 적응을 강조한다. 예를 들어, 알란다 모리슨의 어머니는 자신의 고용 상태를 개선하기 위해 활용할 수 있는 개인적인 능력과 함께 지지적인 친구들과 같은 대인관계 자원도 가지고 있다. 많은 사람들이 사회적 기능을 향상시키기 위해 사회복지 전달체계로부터의 지원을 요청한다. 집단, 조직, 지역사회와 같은 다른 인간 체계는 자원 개발, 구성원 간의 조화 촉진, 성장과 변화의 역동적인 기회 창출을 통해 사회적 기능을 강화한다. 우드랜드 지역과 관련하여 지역사회 개발에 대한 공무원들의 노력은 노숙자 가족에게 주거바우처를 제공하는 프로그램을 지원하는 것에서 분명히 드러난다. 모든 인간 체계에서 사회적 기능 향상의 원천은 체계 자체에 있을 수도 있고, 다른 사회구조의 변화를 만드는 데 있을 수도 있다.

## 사회적 기능의 유형

효과적이고 위험하며 어려운 다양한 유형의 사회적 기능은 사람과 그들의 사회적·물리적 환경 간의 상호작용에서 비롯된다. 각기 다른 유형들은 서로 다른 사회복지 서비스 대응을 요구한다.

### 효과적인 사회적 기능

당연스럽게도 유능성을 갖춘 체계는 문제, 쟁점과 욕구를 해결하기 위해 개인적, 대인관계적, 제도적 자원을 활성화한다. 또한, 이러한 자원은 비교적 활용 가능하고 사회구조에서 이러한 체계에 접근도 가능하다. 적응적인 체계는 자신의 문제를 인식하고 이를 해결하기 위해 필요한 조치를 취한다. 예를 들어, 결혼과 이혼, 육아, 사랑하는 사람의 죽음 또는 은퇴와 같은 삶의 전환에서 비롯되는 스트레스에 성공적으로 적응할 수 있다. 문제가 발생하면 이러한 사람들은 문제와 관련된 스트레스에 대처하고, 변화에 적응할 수 있으며, 그들의 당면한 환경에서 조정할 수 있다. 이들은 필요 여부와 자원 이용가능성 여부에 따라 사회복지 서비스에 접근할 수도 있고 그렇지 않을 수도 있다.

### 위험 상황의 사회적 기능

일부 사람들이나 사회체계는 사회적 기능에 어려움을 겪을 위험이 있다. 이는 아직 드러나지는 않았지만 특정 문제에 취약하다는 것을 의미한다. 즉, 부정적 영향을 미칠 수 있는 확인 가능한 조건이 존재한다.

예를 들어, 연구에서 제시하고 있는 실업, 알코올이나 물질 남용, 질병과 같은 특정한 조건들은 아동을 학대하고 방임할 위험에 처하게 한다. 장애인들은 취업의 어려움이라는 위험에 처해 있다. 노인들은 조기의 그리고 불필요한 시설입소에 취약하다. 일부 도심 지역은 교육 및 경제적 기회가 감소할 위험이 있다.

사례 발굴을 통해 사회복지 전달체계의 전문가들은 실제 문제가 발생하기 전에 어려움을 경험할 수 있는 집단을 파악하고 서비스를 제공하려고 한다. 전문가들은 예방책으로써 아웃리치 서비스를 개발한다. 예방 활동은 대개 정보제공, 지지와 교육이다. 또한 사회복지 활동은 위험 조건을 조성하는 체계를 대상으로 할 수 있다. 그러나 특정 집단을 위험에 처한 것으로 판단하면 윤리적 딜레마가 발생한다. 이 구분 과정 자체가 위험에 처한 것으로 확인된 집단 내에서 적응적인 개인을 낙인하는 문제를 야기할 수 있다.

### 사회적 기능의 어려움

마지막으로 일부 인간 체계는 문제가 너무 악화되어 대처능력이 저

하되거나 체계가 고정되어 변화 과정을 진행할 수 없다. 어떤 상황에서
는 체계 스스로 기능적인 능력에 제약이 있는 심각한 문제를 인식할 수
도 있다. 개인은 우울증과 외로움을 경험할 수도 있고, 가족은 의사소
통 문제나 가족 내 갈등을 확인할 수 있으며, 산업계는 생산성을 위협
하는 높은 수준의 노동 스트레스를 인식할 수도 있다.

다른 상황에서, 사회는 체계의 행동을 비정상적이거나 기능 장애로
분류할 수 있다. 범죄자나 아동학대 가해자, 시민권을 침해하는 기관의
경우도 마찬가지이다. 사회는 법과 사회적 규범을 위반하는 모든 체계
에 제재를 가한다.

## 환경적 압력

환경적 압력의 개념은 사회적 기능에 대한 우리의 이해를 확장하고,
일반주의 사회복지에 대한 개인과 환경 간의 교류 관계의 의미를 보여
준다(Lawton, 1980; Lawton & Nahemow, 1973). 환경적인 힘은 개인에게 부
정적인 영향 또는 긍정적인 영향을 미치는 압력을 가한다. 빈곤, 열악
한 의료, 부적절한 교육, 실업, 차별, 시민권 침해, 양질의 교육 부족,
건축물상의 장애물, 과밀 주택 및 환경 위험과 같은 환경적 스트레스
요인은 개인들을 압박하고 장애, 문제 또는 기능상의 어려움을 발생시
킨다. 어떤 이유로든 체계의 역량 수준이 낮아지면, 환경적 압력으로부
터 역경을 견디는 체계의 한계치도 낮아진다. 예를 들어, 심각한 시력
손상이 있는 성인에게 환경이 미치는 영향을 생각해 보라. 무질서한 환
경은 불가능을 초래할 수 있다. 내부 스트레스를 유발하는 상당한 환경
적 압력의 원천이 되기 때문이다.

반면에, 의료에 대한 접근성, 시민권과 시민의 자유 확보, 일자리 창
출, 적절한 주택 공급, 그리고 접근가능성을 높이기 위한 건물 보완과

같은 활동은 개인이 자신의 사회적 기능을 개선하고 복지를 증진시키기
위해 활용할 수 있는 자원이다. 예를 들어, 시력 손상이 있는 사람들에
게 점자로 된 청각 신호, 난간 및 표지판을 제공하는 점자표찰이 있고
질서 있고 예측 가능한 물리적 환경의 긍정적인 영향을 생각해 보라.
강화된 환경은 불가능보다는 "가능화"를 형성한다.

환경 조건의 압력은 개인의 능력과 그들의 사회적 기능 수준에 영향
을 미친다. 그러나 사람들은 삶의 환경적 압력과 스트레스에 다르게 반
응한다. 압력은 방해하거나 강화되거나 가시적인 영향을 미치지 않을
수 있다. 압력이 부정적인 영향을 미칠 때 사람들은 종종 내적 고통이
나 스트레스를 경험한다. 서로 다른 반응을 가져오는 하나의 요인은 스
트레스가 누적되는 경향이 있기 때문에 현재의 스트레스 수준이 될 수
있다. 따라서, 반응은 사람들이 경험하는 스트레스 요인의 조합에 따라
달라진다. 또한 어떤 요인은 이중 위험의 영향을 미칠 수 있다. 예를 들
어 여성이라는 조건을 갖는 것은 특정한 사회적 압력을 유발한다. 흑인
여성이라는 것은 잠재적으로 복합적인 차원을 추가한다.

더 나아가서 한 사람이나 지역사회에서 문제가 있다고 묘사되는 것
을 다른 사람은 간과할 수 있고, 한 사람에게는 별것 아닌 것이 다른
사람에게는 엄청난 것이 될 수 있다. 클라이언트가 상황을 문제가 있는
것으로 보면 그것을 해결하는 경향이 있는 반면, 클라이언트가 어떤 상
황을 문제로 인식하지 않으면, 그것을 가지고 사는 경향이 있다. 환경
스트레스 요인이 미치는 영향을 이해하는 출발점은 반드시 클라이언트
의 관점이다.

압력은 스트레스를 발생시킨다. 이러한 스트레스에 대응하여 사람들
은 개별적으로 적응하거나 집단적으로 반응하여 환경 변화를 위해 압력
을 행사할 수 있다. 구성원들의 압력에 대응하여 사회는 자원과 기회를
수정하고, 개선하고, 새롭게 생성한다. 예를 들어 사회복지나 사회사업

에서 사회정의 대응은 사회가 시민의 의료 요구에 대해 의료 혜택을 제 공하고, 가족 문제와 아동학대에 대응하여 가족과 아동 대상의 서비스 를 제공하고, 변화하는 기술에 대한 교육 기회를 확대하며, 낙인과 구 조적 차별을 줄이기 위한 대중 인식개선 활동을 개발하는 것이다.

## 사회문제와 사회적 기능

사회문제는 신체적·정신적 건강, 고용과 교육, 재정적 안정, 주거, 여 가, 가족과 지역사회의 통합을 포함한 개인 생활의 여러 측면에서 사회적 기능에 영향을 미친다. 사회적 기능의 한 영역에서 문제가 발생하면 다른 생활 영역에도 복합적인 영향을 미친다(Teare & McPeeters, 1970). 예를 들 어 적합한 수준의 교육을 받지 못하는 것은 고용 기회에 영향을 미치고, 개인적인 문제는 가족생활에 영향을 미치며, 의료에 대한 접근 제한은 잠 재적으로 사회적 기능의 모든 다른 영역에 부정적인 영향을 준다.

사회복지사들은 클라이언트 체계의 사회적 기능을 회복하는 것과 사 회 조건들을 개혁함으로써 기회를 재조정하는 데 동시에 개입한다. 일 반주의 사회복지사들은 문제와 해결책이 모두 사회구조에 있을 수 있으 므로 더 큰 사회구조의 맥락에서 사회적 기능을 고려한다. 너무나도 빈 번하게 사회문제의 피해자들은 문제와 해결책에 대해 비난받고 책임을 져야 한다. 그러나 사람들이 하나의 인간 체계에서 부적응이라고 부르 는 것은 실제로 더 큰 사회구조의 사회문제에 대한 반응일 수 있다.

사회문제의 피해자들은 미국 사회에서 "이탈자"로 표적이 된 사 람들이다. 그들은 알코올 중독이라는 사회적 문제에 있어서 술꾼들 이다. 그들은 아동학대의 사회적 문제에 있어서 학대자들이다. 그 들은 성차별과 인종차별이라는 사회적 문제에서 우울하거나 분노 하는 여성들과 소수자들이다. 그들은 사회문제에 있어서 가장 접근하기 용이하고 쉽게 분류되는 대상자이며, 사회는 사회복지사들이 사회문제의 다른 구성 요소보다 이러한 희생자들과 함께 일하기를 더 바란다(Parsons, Hernandez, & Jorgensen, 1988, p.417).

헬렌 워싱턴과 밥 피터스는 모두 모리슨 가족의 효과적인 기능 회복을 위해 노력한다. 그러나 그들의 접근 방식은 다르다. 헬렌은 모리슨 가족과 직접 활동하며, 밥은 우드랜드 지역의 모든 가족을 대표하여 일한다. 헬렌은 모리슨 부인을 도와 재정지원을 받을 수 있도록 돕고, 학교에서 알란다를 상담한다. 밥 피터스는 취업 기회와 주거를 보장하기 위해 지역 경제개발을 옹호한다.

## BOX 3.2

### 역량강화와 사회정의에 대한 성찰

**당신의 꼬리표는 사람이 아니라 항아리에 보관하세요.**

실천가가 클라이언트를 지칭하는 방법으로 클라이언트에게 부여하는 명칭(꼬리표)은 클라이언트의 역량을 강화하거나 약화시킬 수 있다. 명칭은 우리 자신과 타인에 대한 인식에 영향을 준다. 명칭은 행동을 형성하고, 타인에 대한 반응에 영향을 주며, 실제로 상호작용과 개입전략을 위한 전문적인 역할을 규정한다. 더욱이 명칭을 정하는 것은 고정관념으로 이어지고, 고정관념은 완전한 사회정의를 거부하는 첫 번째 단계이다.

한때 사회복지 역사에서 클라이언트는 우애방문자들로부터 자선적인 도움과 도덕적 조언을 받은 "탄원자(supplicants)"라고 일컬어졌다. 정신분석학적 접근법과 의학 모델이 유행하면서 클라이언트들은 일반적으로 치료를 받는 "환자(patients)"라고 불렸다. 더 최근에는 "도움을 받는 것(receiving help)"이라는 용어로 사회복지사와 클라이언트의 관계를 표현한다. 이 명명법은 클라이언트를 무력하거나 개선이 필요한 사람으로 특성화하는 경향이 있다.

명칭은 전문가가 치료 또는 처치에 필요한 모든 지식, 권력, 권한을 가지고 있으며, 서비스를 받는 사람은 수동적으로 공급, 치료 또는 처치를 받는 "갖고 있지 않는 사람"임을 의미한다.

오늘날에는 사회복지의 클라이언트들이 사회복지 서비스의 소비자로 간주된다. 소비자는 비용, 바우처 또는 시민의 권리를 통해 서비스를 선택하고, 상품을 계약하거나 구입한다. 사회복지 서비스 소비자는 공공 또는 민간 조직이나 기업으로부터 정보를 찾고, 선택하며, 계약을 맺는다. "소비자"는 삶의 질 향상에 필요한 것으로 인식되는 서비스를 찾는 개인이나 다른 사회체계의 생각을 전달한다. 우리는 보통 소비자를 자발적으로 선택해서 소비하는 사람으로 생각하지만, 서비스를 찾는 사람 중 보호 상황에 있거나 사회복지 서비스 전달체계의 서비스가 비자발적으로 또는 동의 없이 시작되는 사람들도 역시 소비자로 간주된다. 소비자로서 클라이언트의 개념은 문제 해결, 자원 접근, 학습을 목적으로 사회복지사와의 파트너십을 증진한다.

## 사회복지의 클라이언트 체계

일반주의 사회복지사들은 인간과 환경의 교류 맥락에서 클라이언트 체계의 어려움을 정의한다. 마찬가지로, 행동 계획은 다양한 체계 차원에서 변화에 대한 전략을 잠재적으로 통합한다. 사회복지사들은 어떤 체계든 변화를 위한 옵션을 포함하는 것으로 간주하고 한 체계에서 다른 체계의 변화를 가져온다는 것을 인식한다. 상황에 따라 일반주의 사회복지사들은 환경 제약이나 압력에 대처하는 개인의 역량을 촉진하는 개인 지향적 해결방안에 초점을 집중할 수 있다. 다른 상황에서 일반주의자들은 환경 변화와 개혁을 요구하는 환경 지향적인 개입을 계획한

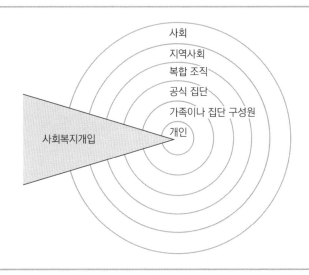

**그림 3.3** | **체계 수준 개입**

다. 방법만이 아니라 문제, 쟁점, 욕구의 정의가 사회복지사와 클라이언
트가 선택하는 전략을 결정한다.

~~계획적인 사회복지실천의~~ 초점은 사회체계 연속체인 개인, 가족, 집
단의 미시적 수준, 공식 집단과 조직의 중시적 수준, 지역사회, 사회,
세계공동체의 거시적 수준과 심지어 사회복지 전문가 체계에도 있을 수
있다(그림 3.3).

## 미시적 개입

미시적 개입은 개인의 행동이나 관계 변화를 촉진하기 위해 가족 또
는 소규모 집단 내의 개인에게 개별적으로 개입하는 것을 말한다. 개인
은 개인적 적응, 대인관계 또는 환경적 스트레스로 인해 어려움을 경험
하기 때문에 사회복지 서비스를 찾는 경우가 많다(표 3.1).

**표 3.1 │ 개인, 가족 및 집단의 사회적 기능 결정 요인**

| 개인 | | 가족과 집단 | |
|---|---|---|---|
| 유전 | 산전건강 | 규모 | 관계 패턴 |
| 영양 | 발달 장애 | 결속력 | 사회경제적 수준 |
| 정신건강 | 장애 발생 상태 | 규칙 | 친족 관계 |
| 건강 | 성격 | 가치 | |
| 대처능력 | 생활 경험 | 자연적 지지체계 | |
| 소득/자산 | 자기개념 | 기능 역량 | |
| 삶의 방식 | 연령 | 다세대 패턴 | |
| 민족 | 문화유산 | 구성 | |
| 동기 | 발달 단계 | 의사소통 | |
| 인지 수준 | | 역할 | |

　　미시적 수준에서의 변화는 개인의 기능 변화를 만드는 데 초점을 둔다. 그러나 체계이론의 맥락에서 변화의 역학을 고려할 때 사회복지사와 미시적 수준의 클라이언트는 다양한 선택지를 갖고 있다. 또한 미시적 수준에서 변화를 달성하기 위해 클라이언트의 사회적·물리적 환경 변화에 대한 계획을 수립할 수도 있다. 사회복지실천이 개별 클라이언트에 초점을 두는 오랜 전통으로 인해 사회복지사들은 개인의 욕구에 더 잘 대응하기 위해 환경을 변화시키기보다는 환경에 적응하면서 개인의 변화를 가져오는 것에 더 노력을 기울일 수 있다. 사회복지사들이 환경적인 역동에 대해 지식이 부족하다면 환경 변화의 가능성을 간과할 수 있다(Kemp, 2001, 2000; Kemp, Whittaker, & Tracy, 2002). 이것은 사회복지사들이 사회 환경 그 자체를 변화 대상이 아니라 개인의 삶의 맥락으로 보는 경향이 있다는 것을 의미한다.

　　미시적 수준의 클라이언트와 협력하기 위해서 사회복지사는 개인, 대인관계, 가족, 집단 역동뿐만 아니라 인간 발달, 사회심리학과 개인에 대한 환경의 영향에 대해 잘 알아야 한다. 이 수준에서 개입하려면 위기개입과 상담 같은 임상 기술을 갖춘 시설이 필요하다.

**사회복지 사례**

    배우자 학대를 경험한 루신다는 개별 상담, 배우자와 자녀를 포함한 가족 상담, 가정폭력의 다른 피해자와의 집단상담 등에 참여할 수 있다. 이런 상담을 통해 루신다는 자신의 삶에서 가정폭력의 순환적 특성을 이해하고 광범위한 사회문제의 관점에서 폭력을 볼 수 있다. 이러한 이해를 바탕으로 루신다는 자신의 상황에 맞서고, 자존감을 높이며, 자신의 삶을 통제할 수 있게 된다.

## 중시적 개입

    중시적 수준의 사회복지 개입은 공식 집단과 복합 조직과의 상호작용을 의미한다. 복합 조직의 예로는 사회복지기관, 의료기관, 교육기관이나 교정시설이 있다. 공식 집단과의 실천에는 팀, 개입 집단, 학제 간 TF, 과업 중심 집단, 지역 봉사 클럽, 자조 모임이 포함된다.

    중시적 수준의 개입을 통한 변화의 초점은 집단이나 조직 자체에 있다. 집단 또는 조직의 기능, 구조, 역할, 의사결정 패턴, 상호작용 방식과 같은 요소들이 변화의 과정에 영향을 주게 된다. 중시적 수준의 개입에서 클라이언트 체계는 말 그대로 집단 또는 조직이다. 중시적 수준에서 개입하려면 공식 집단과 조직 구조의 역학 관계를 이해해야 한다. 효과적인 중시적 수준의 개입에는 조직 계획, 의사결정 및 갈등 협상 기술이 필요하다(표 3.2).

    관료주의적 구조는 복합 조직의 특징이다. 여기에는 상품과 서비스를 제공하기 위해 인력과 자원을 조정하는 것이 목적인 공공 및 민간 조직이 포함된다. 복합 조직에서 정보를 사용하는 방법은 조직 크기, 구조 및 권한 유형에 따라 달라진다. 조직 관리자가 직원의 동기와 욕구를 어떻

**표 3.2 | 공식 집단과 복합 조직의 사회적 기능 결정 요인**

| 집단 | 조직 |
|---|---|
| 규모 | 관료주의 |
| 초점/목적 | 인사 관리 |
| 함께한 과거의 역사 | 구성원의 역할 |
| 발달 단계 | 관리방식 |
| 개별 구성원의 특성 | 조직적 행동 |
| 의사소통 패턴 | 관리 기능 |
| 의사결정 방식 | 일상적인 작업 |
| 갈등 관리 방법 | 의사결정 과정 |
| 공개된/숨겨진 목표 | 충돌 해결 방식 |
| 개인 목표와 집단 목표의 차이 | 집단응집력 |
| 대인관계 | 사회화 |
| 그룹의 규범/가치 | 위원회 구조 |
| 지도자의 역할 | 사명 또는 목적 |
| 집단 회합 시간 | |
| 집단 회합의 환경 | |

**사회복지 사례**

레스큐 미션(Rescue Mission)에 고용된 사회복지사인 데이브 퍼킨스는 노숙자들의 욕구를 해결하기 위해 결성된 연합의 목표설정 활동을 촉진해 달라는 요청을 받았다. 데이브는 휴먼서비스 제공자와 소비자 모두를 포함하는 이 과업집단과 협력하여 욕구를 파악하고 지역사회 행동에 대한 목표와 우선순위를 정한다.

게 인지하고 업무 자체의 본질을 어떻게 인지하는가는 그 조직만의 특별한 관점에 영향을 받는다. 사회복지사는 복합 조직에 조직개발, 교육, 인적 자원 개발, 평가 등의 자문서비스를 제공한다. 사회복지사는 일반적으로 조직 환경에서 근무하기 때문에 중시적 수준의 변화를 촉진하는 방법을 아는 것은 양질의 프로그램과 서비스를 개발하는 데 중요하다.

**사회복지 사례**

　아동학대와 방임 관련법이 변경되자 키디랜드 주간보호소(Kiddie Land Day Care) 책임자는 아동서비스국의 아동복지 전문가인 리 윙에게 어린이집 보육교사에 대한 교육을 요청한다. 리는 법을 검토하여 직원들에게 아동학대나 방임 신고를 위한 적절한 절차를 가르쳐준다.

## 거시적 개입

　거시적 개입은 사회변화를 달성하기 위해 이웃, 지역사회, 사회와 협력하는 것을 말한다. 거시체계 실천은 삶의 질을 향상시키기 위해 사회변화를 추구해 온 사회복지의 사회 개혁 전통을 반영한다.

　전통적으로 사회복지사들은 억압받거나, 권리를 박탈당하거나, 권력이 없는 사람들을 대신하여 활동하기 위해 사회 개혁에 참여했다. 1960년대 빈곤에 대한 전문가들의 관심 재개와 주거 개방,[1] 시민권 및 평화를 위한 사회운동을 통해 사회복지사는 다시 활동가가 되었다. 이러한 행동주의(activism)의 재개는 억압받고 권리를 박탈당한 사람들과 협력하는 새로운 접근 방식을 반영한다.

　사회 계획 이론가들은 이 새로운 접근 방식을 설명하기 위해 시민 참여라는 명칭을 활용하여 사람들이 자신의 삶에 영향을 미치는 문제에 대해 알고, 선택하고, 결정을 내리는 것에 참여하도록 도움을 주었다. 또한, 제품 안전 문제와 관련된 운동은 시민의 참여를 강조했다. 소비자 보호 법안들은 제품의 안전에 관한 정보, 보호, 법정 대리를 제공하는 다양한 소비자 권리 단체의 결성을 이끌어내었다.

---

1　역자 주: 주택 매매에 있어서의 인종·종교에 의한 차별을 금지하는 것

사회 옹호에 대한 역사적 추진력은 지역사회와 사회변화를 통해 사회정의를 증진하려는 노력에 계속 활력을 불어넣고 있다. 이러한 수준의 개입에서 클라이언트 체계는 지역사회 또는 사회이다. 거시적 클라이언트의 예로는 이웃, 도시, 농촌, 2개 주에 걸쳐 있는 지역사회, 지방정부, 주정부, 중앙정부가 있다. 변화의 주요 목표는 지역사회와 사회 자체이지만, 변화의 교류적 특성 때문에 거시적 수준의 변화는 다른 모든 체계 수준의 변화에도 영향을 미친다.

거시적 수준에서 활동에서 사회복지사는 사회 행동과 사회변화를 시작함으로써 집단 간 긴장과 지역사회 문제를 해결하는 데 도움을 준다. 대인관계의 의사소통과 관계 형성을 위한 기술 외에도 이들의 활동은 공동체 조직, 경제개발, 입법 조치, 정책 수립과 같은 활동들을 포함한다.

거시적 실천은 지역사회의 기준과 가치에 대한 지식을 필요로 하며, 문제 해결 법안을 위해서는 지역사회를 동원하는 기술이 필요하다. 사회적 차원의 개입과 관련하여, 사회복지는 "행동하는 사회의 양심"이다. 사회복지사는 시민의 사회적 기능에 영향을 미치거나 삶의 질을 저하시키며, 사회구조를 약화시키는 사회적 문제를 제거하기 위해 노력한다. 사회복지사는 1차, 2차 사회제도2와 사회적으로 취약하고 억압받는 사람들에 대한 사회학적, 문화적 이해를 가져야 한다. 또한, 법적 권리, 시민권 및 인권을 보장하기 위해 개선 조치를 취할 수 있는 기술을 가지고 있어야 한다.

문제가 국경을 초월한다는 인식이 커지면서 사회복지에서 국제적 시각이 대두되고 있다. 인권, 건강, 세계 빈곤, 사회 및 경제개발, 환경, 인구 팽창에 대한 공통된 우려는 선진국과 개발도상국 모두에서 국제

---

2 역자 주: 종교, 가족, 결혼 등은 1차 사회제도로 자연적으로 형성된 것, 2차 사회제도는 교육, 법, 사업 등 사람의 욕구 충족을 위해 의도적으로 형성된 것

연맹을 통한 국제 협력을 필요로 한다. 세계적 관점의 접근에 대한 지식 기반을 확장하기 위해 사회복지사들은 국제 보건 및 서비스 조직, 세계 문제, 정치 및 문화적 다양성, 어쩌면 더 근본적으로는 세계 지리에 대한 정보를 필요로 한다. 표 3.3을 참조하라.

---

**사회복지 사례**

　페니 셔먼은 만성 정신질환자들을 위한 고용 프로그램 서비스를 계획하는 지역사회 포럼의 구성원으로 활동하고 있다. 장애인을 위한 지원 고용 프로그램의 전통적인 방향은 직업 배치를 위한 훈련과 교육 기술을 포함한다. 만성 정신질환자들을 위한 기관인 트랜지션(Transitions)의 직원들은 정신질환자가 직무교육을 받으면 성공할 확률이 높다고 판단했다. 현재 이 포럼은 해당 인구집단의 고유한 욕구를 더 잘 반영할 수 있도록 만성 정신질환자들을 위한 지원 고용 서비스에 대한 주정부의 재정지원 정책 변화를 촉구하고 있다.

---

**표 3.3 ┊ 지역사회, 사회, 세계 사회의 사회적 기능 결정 요인**

| 지역사회 | 사회 | 세계공동체 |
|---|---|---|
| 주택 | 과학기술 | 세계적 빈곤 |
| 교통 | 사회적 가치 | 기아 |
| 경제 | 사회계층 | 식량 비축 |
| 일자리 가용성 | 계층화 | 생태학 |
| 교육자원 | 기관 | 세계 보건 |
| 생활 표준 | 이질성 | 우주 탐사 |
| 도시/농촌 | 경기 순환 | 인권 |
| 문화 다양성 | 사회정책 | 인구 기반 |
| 생활방식의 다양성 | 정부 | 정치 풍토 |
| 환경적인 스트레스 | "주의" | 에너지 |
| 자원 가용성 | 편견 | 권력과 권위 기반 |
| 지원 네트워크 | 대중문화 | 전쟁의 위협 |
| 상대적인 사회 계급 | 인구 통계학적 경향 | 국제법 |
| | 법과 법률 | |

## 사회복지 전문직과의 활동

마지막으로 사회복지실천가들은 사회복지 전문직의 체계 내에서 변화를 위해 활동한다. 사회복지사는 사회복지 전문가 협회와의 연계를 통해 전문직의 정체성을 형성하고, 그 결과 진화하는 전문직의 정체성과 활동에 기여한다. 윤리적인 사회복지사는 사회복지 전문직을 갱신하고 재정의하는 전문적 활동에 열심히 참여한다.

여러 가지 이유로 인해 사회복지 전문직과 구성원들의 조직을 변화의 대상으로 고려하는 것이 중요하다. 사회복지 전문직은 실무자를 교육하고, 윤리원칙에 따라 전문성 형성을 위한 기반을 제공하며, 다양한 분야의 실천기준을 수립하고, 모든 수준의 실천가를 감독하며, 개인과 집단의 행동을 모니터링하고 평가하며, 실천 지식과 기술의 토대에 기여한다(Tracy & DuBois, 1987). 역사적으로 사회복지는 사회복지실천의 품질을 향상시키는 것뿐만 아니라 사회정의를 위해 일하고 일반복지를 증진하고자 하는 두 가지 책무를 유지해 왔다.

전문성 함양은 사회복지 전문직의 교육과 발전에 있어 중심적인 부분이다. 전문성 함양이란 클라이언트와의 관계에서 개인적, 전문적 성실성을 유지하고, 동료들을 존중하는 사회복지실천가를 만드는 과정이다. 동료 검토 과정은 품질을 보장한다. 사회복지사들은 지역사회 서비스를 강화해야 할 윤리적 책임이 있다. 이러한 책임은 차별을 없애기 위해 노력하고, 자원과 기회 제공의 평등에 관심을 가지며, 억압받는 사람들을 돕고, 세계 사회의 다양성에 대한 이해와 수용을 촉진함으로써 성취될 수 있다. 책임에는 사회, 경제 정책 및 관련 법률에 관한 전문적인 지식과 경험도 포함된다. 또한 계획된 변화를 위해서는 다른 분야 전문가와 서로 존중하는 관계 형성도 필요하다.

사회복지 전문직의 강점과 실행력은 의미 있는 연구에 참여하고, 전문직과 사회의 지식 기반에 기여하는 능력과 관련이 있다. 지식 형성은 소수의 영역이 아니다. 과학적 방법을 적용함으로써 모든 사회복지사는 필요한 연구에 기여할 수 있다. 모든 사회복지사는 또한 실천 지혜를 모으고 전달할 수 있다. 학문과 연구의 논리에 따르는 집단적인 노력은 현재의 소비자와 잠재적 소비자들에게 사회복지실천의 질과 사회복지에 대한 이미지를 향상시키게 될 것이다.

### 사회복지 사례

에스더 메이필드와 카를로스 라미레즈는 정보 기반 실천을 위한 기술과 전략을 교환하기 위한 전문 포럼인 지역 전미사회복지사협회(NASW) 심포지엄에서 발표할 논문에 대한 요청을 받았다. 에스더와 카를로스는 히스패닉계 10대 부모들과 함께한 세대통합 접근법에 대한 시범 프로젝트의 주요 결과 보고서를 작성하였다.

### BOX 3.3 현장의 목소리

#### 행동 건강

나는 사회복지사이자 대도시 지역에 위치한 지역정신건강센터의 수석 수퍼바이저다. 이 센터는 매년 6,000명의 소비자들에게 서비스를 제공하며, 그들 중 상당수는 지속적인 정신질환을 앓고 있다. 여러 가지 면에서 이 센터는 소비자들에게 서비스를 제공하기에 적합한 도심지에 위치하고 있다. 카운티 교도소와 시내버스 터미널, 그리고 우리 지역에서 가장 큰 노숙인센터가 모두 정신건강센터 근처에 있다. 우리 지역에서 추출한 통계 자료에 따르면, 노숙자 1/3과 형사사법제도 대상자 1/3이 심각하고 지속적인 정신질환을 앓고 있는 것으로 나타나고 있다. 센터에는 약물 및 재활서비스 제공 이외에도 사례관리 프로그램, 주거지원, 취업 알선 및 지원 서비스가 마련되어 있다. 우리 기관이 지난 10년 동안 주택 개발과 직업소개소를 포함하도록 서비스의 연속성을 확장하지 않았다면, 기관은 그저 큰 위기 센터가 되었을 것이다. 최근 우리는 시내 도서관에서 정보를 제공하고 의뢰 서비스를 하는 아웃리치 활동을 확대하였다. 우리는 도서관과 정신건강센터 간의 혁신적인 협업 모델을 구축하여, 도서관 전문가가 확인한 욕구에 대응하는 서비스를 시작하였다.

나는 정신건강 서비스 제공에 대해 "손상" 모델보다는 "회복" 모델을 선호한다. 의료 모델에서 파생된 손상 모델은 정신질환을 치료가 필요한 문제로 간주한다. 정신질환의 낙인 효과는 정신질환의 당사자가 자신의 치료나 삶에 대한 결정을 내리는 데 관여할 수 없거나 관여해서는 안 된다는 결론을 내리게 함으로써 문제를 심화시킨다. 이와는 대조적으로 강점과 역량강화의 관점을 통합한 회복모델은 정신질환을 앓고 있는 사람들이 지역사회에서 완전히 참여할 수 있도록 지원한다. 회복 모델은 소비자를 치료가 필요한 "환자"라기보다는 강점과 가능성을 가진 사람으로 간주할 때 정신건강 전문가가 가장 도움이 된다는 소비자의 믿음을 인증한다. 우리 센터는 소비자들에게 서비스의 어떤 측면이 그들에게 영향을 미치는지에 대해 설문조사를 했다. 예상대로 소비자들은 기관 직원들의 개인적 자질이 그들의 성과에 영향을 주었다고 생각한다고 밝혔다. 좀 더 공식적인 연구 조사 결과와 유사하게 소비자들은 따뜻함, 진실성, 효과적이고 정중한 의사소통, 강점에 집중하는 것과 같은 특성을 확인해 주었다. 결과적으로 나는 새로운 직원을 고용할 때 클라이언트를 정직하게 돌볼 줄 아는 사람들을 찾는다. 정신건강 실천가로서 사회복지사들은 일련의 고유한 보살핌 행동과 원조 기술을 회복 모델 실천에 적용한다.

일반적으로 나는 오늘날 사회복지사들이 모든 실천 분야에서 공공정책 문제에 관여하는 것에서 퇴보했다고 생각한다. 그러나 지금은 어느 때보다 정신건강 전문가들이 공공정책에서 목소리를 내야 할 절박한 필요성이 대두되고 있다. 정신건강 서비스와 관련하여 주요 정책의 쟁점들은 심각하고 지속적인 정신질환을 가진 사람들에게 서비스를 제공하는 분리 접근 방식에 대한 것이다. 현행 정책은 국가 서비스를 정신건강, 공적 지원, 교육, 공공주택, 물질 남용 프로그램 및 장애 서비스와 같은 개별 부서 또는 부서로 구분한다. 현재 정신건강과 기타 관련 사회복지 서비스에서 세분화된 돌봄체계는 너무 복잡해서 소비자들이 이 제도를 통해 길을 찾기 어렵다. 소비자가 필요한 지원에 쉽게 접근할 수 있도록 포괄적인 서비스 제공 방식이 필요하다. 나는 이를 위해서는 제도를 개혁하는 것이 아니라 다시 만들어야 한다고 생각한다.

　나는 또한 교정시설에 예방 및 조기 개입 서비스와 정신건강 서비스에 자금을 지원하는 공공정책을 지지하는 목소리를 내고 있다. 특히 아이들을 위한 서비스 부족이 걱정이다. 종종, 우리는 "손상자"가 될 때까지 정신건강 서비스를 받지 못한 아이들을 만나게 된다. 나는 친구와 직업을 가져야 하는 삶의 단계에 요양원에 수용된 심각한 정신질환을 앓고 있는 젊은 성인들을 알고 있다. 또 다른 우려는 적절한 정신건강 서비스를 받지 못하고 교도소에 수감되는 정신질환자들의 수가 증가하고 있다는 것이다. 내가 제기한 문제에 대한 간단한 해답은 없다. 하지만 한 가지는 분명하다. 우리 사회복지사들이 관여할 필요가 있다!

## 사회사업방법론

　사회복지사들은 개별사회사업, 집단사회사업, 지역사회조직의 전통적인 사회사업방법론을 활용하여 클라이언트의 인적 역량 개발, 가족 강화, 이웃과 지역사회 조직화, 관료 조직의 인간화, 문제에 대응하는 사회제도 개발을 목표로 변화를 시도해 왔다. 사회복지사가 활용하는 개별사회사업, 집단사회사업, 지역사회조직과 같은 특정 방법은 변화의 과정을 이끌었다. 현재 개인과 가족, 집단과 조직, 지역사회와의 활동을 통합한 일반주의 통합방법론이 주목받고 있다.

## 개별사회사업

개별사회사업은 1960년대까지 그리고 1960년대 동안 지배적인 사회사업방법론이었다. 개별사회사업은 개인과의 직접적인 활동을 강조한다. 전통적인 심리사회, 기능, 문제 해결, 정신행동, 위기개입의 다섯 가지 영향력 있는 방향은 개별사회사업 개입의 특징이다(Pinderhughes, 1995). 각 모델들은 개인의 적응에 초점을 맞춘다. 어떤 모델은 상대적으로 개인의 변화에 더 중점을 두는 반면, 다른 모델은 개인과 환경 간의 교류 변화에 더 중점을 둔다는 점에서 차이가 있다. 1960년대와 1970년대에는 단기 개입, 위기개입, 과업 중심, 절충적 모델에 대한 구체적인 접근 방식이 등장했다.

가족을 대상으로 하는 사회사업은 사회과학 체계이론을 포함한 학제 간 이론적 관점에서 도출되어 1960년대에 사회복지실천의 한 분야가 되었다(Pinderhughes, 1995). 가족체계론적 접근법은 사람과 그 환경 사이의 역동적 상호작용을 다루기 위한 개념틀을 제공한다. 가족 개입의 출현과 함께 실천가들은 개인 발달, 역할기대와 의사소통 패턴에 대한 가족의 영향을 인식했다. 초기의 가족 개입은 가족의 맥락에서 개인의 병리를 다루었지만, 초기 가족 이론가들은 또한 가족의 병리에도 초점을 맞추기 시작했다.

## 집단사회사업

집단사회사업 방법론은 1930년대에 전문사회복지실천에 도입되었고, 집단사회사업에 대한 이론은 1940년대 후반에 개발되었다. 집단사회사업은 성장과 변화를 촉진하기 위해 집단 과정과 상호작용을 활용하는 사회사업방법론이다. 집단은 그 자체로 변화의 수단이며, 변화는 여러 차원에서 발생한다. 즉, 사회복지사들은 집단 구조와 과정을 활용하여 변화를 촉진한다(Drumm, 2006; Parsons & East, 2013). 소집단은 사회적 유능성을 개발해야 하는 사람들, 특히 차별과 억압을 경험하는 사람들에게 중요한 자원이다(Breton, 2006; Lee, 2001). 사회사업방법론으로서 집단 사회사업은 개인과 변화를 위해 협력적으로 작업하기 위한 역량강화 지향적 전략이며, 조직과 지역사회 집단과의 활동으로 그 적용 범위를 확장한다.

## 팀

팀은 대부분의 실천 분야에서 두각을 나타내고 있다. 팀은 소집단의 역동성을 반영하는 진정한 작은 집단이다. 집단 구성원들은 자신의 전문지식과 활동 및 관계 패턴을 통해 팀 과정에 영향을 미친다. 효과적으로 기능하는 팀에는 자발적으로 토론과 의사결정에 고유한 기술과 관점을 활용하고, 명확하게 의사소통하며, 공동의 목적을 달성하기 위해 협력하는 구성원들이 있다(Abramson & Bronstein, 2013). 연구 결과에 따르면 존중하는 상호작용, 명확한 의사소통, 그리고 기관의 지원은 모두 효과적인 팀 기능에 도움이 된다(Lewandowski & Glenmaye, 2002).

## 지역사회조직

지역사회실천에는 지역사회조직, 조직개발, 사회 개혁을 포괄하는 다양한 활동이 포함된다. 오늘날 지역사회조직과 지역사회 변화는 새롭게 강조되고 있다(Brady & O'Connor, 2014; Hardina, 2004; McBeath, 2016; Pritzker & Applewhite, 2015; Rothman & Mizrahi, 2014; Reisch, 2016; Staples, 2012). 거시체계 실천에는 지역사회조직, 근린 개발, 조직 맥락에서의 활동, 사회정책의 수립 및 관리를 위한 모델이 포함된다. 지역사회실천은 20세기 초에 진행된 인보관 운동의 개혁 노력과 자선조직협회의 지역사회 조정 노력에 그 뿌리를 두고 있지만, 1960년대 빈곤과의 전쟁 기간 동안 미국에서 전문적인 사회복지실천의 한 방법으로 두각을 나타냈다.

지역사회 문제 해결 계획은 정부 부문, 기업 위원회, 노조, 재단 및 기타 기금 기관, 민족 및 종교 단체, 전문가, 소비자 및 시민 단체의 참여를 필요로 한다. 지역사회 변화에 참여하는 사람들은 지역사회 행동을 통해 해결하고자 하는 특정 문제가 무엇이냐에 따라 지역사회에 따라 달라진다.

## 일반주의 통합 모델

개별사회사업, 집단사회사업, 지역사회조직의 세 가지 사회사업방법론을 통합하려는 전문직의 요구로 인해 실천의 공통 기반을 모색하게 되었다. 1950년 홀리스-테일러가 보고서를 발표한 이후 다중방법론과 결합된 방법론에 대한 선호가 증가하였다. 1970년대와 1980년대에 일반주의 실천은 승인과 인가를 획득했다. 마이어(1970), 골드스타인(1973), 핀커스와 미나한(1973), 미들맨과 골드버그(1974), 시포린(1975)의 초기 연구들은 하나의 방법론에 얽매이지 않고 오히려 상황적 또는 환경적 변수에 따라 형성되는 통합 관점에 초점을 두었다.

현대의 일반주의 접근법은 전통적인 방법론을 하나의 통일된 개념틀로 통합한다. 이것은 환경 영역의 모든 사회체계를 포함하도록 클라이언트의 개념을 확장한다. 즉 사회복지사와 상담을 하는 인간 체계의 클라이언트는 지역사회, 이웃, 협력체계, 집단 또는 개인이 될 수 있다. 사람들은 모든 사회체계를 구성한다. 따라서, 체계적인 변화를 위해서는 체계 구성원의 태도와 행동을 변화시켜야 한다.

일부에서는 개별사회사업, 집단사회사업, 지역사회조직의 전문화된 방법론의 효과가 포괄 지향으로 인해 상실된다고 주장한다. 그러나 일반주의 접근법의 지지자들은 통합된 관점이 잠재적 개입의 폭을 확대한다고 믿는다. 사회복지실천의 일반주의 접근법은 문제와 과제에 대한 해결책을 찾는 것을 지향한다. 특정 방법보다는 쟁점을 제시하여 일반주의 실천가들의 활동을 이끌어간다. 이것은 일반론자들이 모든 것을 잘하는 사람이나 아무것에도 전문가가 아니라는 뜻이 아니라 오히려 문제 해결의 전문가라는 것이다. 사회복지사들은 많은 사회구조에서 해결책을 찾는다. 따라서 일반주의 실천에서도 사회복지 개입은 개인, 가족, 그룹, 조직, 지역사회 및 사회체계의 수준에서 동시에 이루어지는 경우가 많다.

전형적으로 전문직의 기초나 입문 수준에서 오늘날의 사회복지사들은 일반주의 실천가들이다. 일반주의자들은 다양한 문제와 욕구를 제시하고, 광범위한 사회복지 서비스 환경에서 실천하며, 다양한 모델과 방법을 적용하는 클라이언트 체계와 직접 활동한다. 일반론자로서 사회복지사는 인간 환경을 구성하는 관계의 네트워크 안에서 인간과 자원 사이의 상호작용에 대한 통합된 관점을 가지고 있다. 따라서 일반주의자들은 입법 옹호와 정책 형성 활동에 간접적으로 또는 클라이언트를 대신하여 개입한다.

**복습과 예습**

효과적인 일반주의 사회복지실천의 기본 요소로서 사회체계의 본질과 역학을 탐구하기 위해 3장은 다음의 내용에 초점을 두었다.

- 일반주의 사회복지실천을 위한 구조화된 개념틀로서의 생태체계적 관점
- 사회적 기능의 유형
- 미시적, 중시적, 거시적 수준에서의 클라이언트 체계에 대한 사회복지 개입
- 개별사회사업, 집단사회사업, 지역사회조직 및 일반주의 사회복지실천을 포함하는 사회복지실천 방법

일련의 개입 수준에 따라 일반주의 사회복지실천을 구성하는 것은 창의적인 방법으로 실천을 검토할 수 있는 도구를 제공한다. 일반주의 사회복지사들은 개입의 협소한 관점에 의해 제한되고 제약되는 대신 실천에 대한 전체적인 개념에 의해 활력을 얻는다. 생태학적 관점으로 개입하는 것은 사회복지 전문직의 가치와 윤리, 그리고 목적에 따라 이루어진다.

사회복지 서비스는 전달체계의 맥락에서 제공된다. 이상적으로 전달체계는 모든 수준에서 개인적인 필요와 사회적 문제에 대응하도록 구성된다. 실제로, 전달체계의 구조에 내재된 취약성은 문제에 신속하게 대응하는 사회복지의 역량을 약화시키고, 서비스를 받는 사람들을 제한하며, 실제 서비스 제공을 파편화한다. 제4장에서는 분야, 인력, 서비스

제공 및 자금 출처 등 사회복지 서비스 제공 체계의 구성 요소를 비판적으로 검토하고, 현대 사회복지실천과 사회복지 서비스 소비자 모두에게 상당한 영향을 미치는 여러 가지 이슈를 제기한다.

## 생각해보기

❶ 사정: 일반주의 사회복지실천가들은 전체 사회 환경의 맥락에서 클라이언트의 상황을 조사한다. 사회 환경에서 문제와 해결책을 모두 발견할 수 있다는 것은 일반주의자들의 사정 접근 방식에 어떻게 영향을 미치는가?

❷ 사정: 사회적 기능은 사회에서 효과적으로 상호작용하는 사람들의 능력으로 정의되는 사회적 안녕의 지표이다. 클라이언트의 상황을 사정함에 있어서 어떤 개인적, 대인관계적, 환경적 요인이 사회적 기능을 강화하거나 저해하는가?

❸ 관여: 사회복지실천의 클라이언트는 개인, 가족, 그룹, 조직, 이웃 및 커뮤니티와 같은 사회체계 연속체의 모든 수준에 있을 수 있다. 사회복지사가 이러한 각 클라이언트 체계에 관여하기 위해 필요한 전문지식과 기술은 무엇인가?

❹ 개입: 상호 합의된 목표는 클라이언트 체계 개입의 중요한 측면이다. 사회복지사는 상호 합의된 목표를 달성의 방안으로 교류를 촉진하기 위해 어떤 개입 전략을 사용하는가?

제4장

# 사회복지 전달체계

★ ★ ★ ★ ★

학습목표

- 지리적 위치의 영향을 포함하여 사회복지현장의 유형 및 특성을 구분한다.
- 다양한 사회복지 재원을 파악한다.
- 사회복지 서비스 제공에 있어서 사회복지 전문가, 전문 자격, 준전문가, 자원봉사자의 역할을 설명한다.
- 사회복지 서비스의 전달과 관련된 자원과 과제를 평가한다.

학습개요

- 사회복지현장
  - 기관과 협회
  - 공공 지원과 민간 지원
  - 1차 현장과 2차 현장
  - 종교와 비종교
  - 비영리와 영리
  - 개업 실천
- 지리적 위치
  - 정치관할권           - 도시 현장
  - 농촌 현장
- 서비스 재원
  - 연방 및 주정부 기금
  - 보조금
  - 지역 기금
  - 영구 기금 및 특별 기금
  - 서비스 비용
  - 보험 급여
  - 서비스 구매 계약
- 인력 유형
  - 전문사회복지사           - 준전문가
  - 자원봉사자
- 서비스 전달 자원과 과제
  - 서비스 전달 자원으로서의 자조 모임
  - 서비스 전달에 있어서의 컴퓨터와 기술
  - 소비자 참여
  - 정책 축소로 인한 서비스 감소
  - 재정 축소로 인한 서비스 한계
  - 서비스 파편화
  - 최적의 사회복지 전달체계

복습과 예습

생각해보기

크리스 앳우드는 하루 종일 컴퓨터를 사용할 것이라는 것을 알기에 코트를 걸면서 컴퓨터 스위치에 자동으로 손을 뻗는다. 그녀의 컴퓨터는 약속 일정을 표시하고, 사회서비스 디렉토리(Directory of Social Services) 네트워크에 접속하여, 기록 보관을 돕고, 데이터 분석과 다른 유형의 평가 조사를 지원한다.

오늘 아침 크리스는 그녀가 일하고 있는 정보제공과 의뢰(Information & Referral: I&R) 기관인 자원과 의뢰(Resource and Referral)의 당직이다. 크리스는 당직일 때 전화응대를 하고, 약속 없이 방문하는 클라이언트들을 만나는 일을 맡고 있다. 크리스는 다양한 클라이언트와의 활동을 통해 광범위한 문제를 사정하고, 활용 가능한 자원을 결정하며, 실행 계획을 수립하고, 의뢰를 처리해야 하기 때문에 어려움을 갖고 있다. 평상시 크리스는 노인을 위한 서비스, 가족 상담, 한부모를 위한 자원, 주간보호, 푸드뱅크, 응급구호에 대한 문의를 처리한다. 어떤 요청은 상당히 일반적인 사안인 반면, 어떤 요청은 세밀한 위기개입 기술을 필요로 한다. 크리스는 가족 기회(Family Opportunities)의 찰스 그린과의 늦은 오후 만남을 고대하고 있다. 찰스는 기관의 새로운 가족 연락 프로그램(Reach Out to Families program)에 대한 자세한 내용을 사전검토할 것이다. 크리스는 서비스 전달 방법에 대한 최신 정보를 필요로 하기 때문에, 지역사회의 다른 사회복지사들과 정기적으로 만난다. 크리스는 양방향 정보 공유가 상호 협력과 기관 간 협력을 구축한다는 사실을 알고 있기에 찰스에게 자원와 의뢰(Resource and Referral)의 새로운 동향 연구 자료를 제공할 계획이다. 지역사회 경제 동향에 관한 이 연구는 크리스와 자원과 의뢰(Resource and Referral)의 동료들이 함께 한 공동 작업이다.

I&R 현장에서의 크리스 앳우드가 보여준 활동은 일반주의 사회복지사의 업무를 잘 보여주고 있으며, 이러한 활동은 크리스를 고유의 조직 구조, 재원, 인력 특성 및 수급 요건을 지닌 다양한 사회서비스 기관과 연결해준다. 기술적으로 최신 상태를 유지하고, 사회복지 전달체계에서 가능 자원에 대해 아는 것은 필수적이다. 크리스는 또한 사회복지 전달의 격차와 장벽을 확인할 수 있는 위치에 있다. 그녀는 자신의 기관과 지역사회 서비스 네트워크에 있는 다른 사람들과 협력하여 문제를 해결하기 위한 계획을 세운다.

서비스 전달체계에 대한 지식은 모든 현장에서 효과적인 사회복지실천을 위한 필수요건이다. 모든 사회복지사는 사회복지 전달체계의 일반적인 특징과 자신의 지역사회 서비스 네트워크의 고유한 특성을 이해해야 한다. 사회복지 전달체계에 대한 배경지식을 제공하기 위해 이 장에서는 사회복지현장, 재원, 인력 및 효과적인 서비스 제공을 위한 과제에 중점을 둔다.

대응력이 뛰어난 사회복지 전달체계는 클라이언트가 삶의 질과 안녕에 효과적으로 기여할 수 있는 적정하고 포괄적인 보건 및 휴먼서비스를 이용할 수 있는 권리를 제공한다.

## 사회복지현장

사회복지실천가들은 기관이나 협회와 같은 조직을 포함하여 다양한 유형의 실천현장에서 활동한다. 이러한 현장은 공공 또는 민간, 1차 현장 또는 2차 현장, 종교 또는 비종교, 비영리 또는 영리나 개업 실천일수 있다. 관할 구역과 지리적 위치도 현장의 특징이다.

### 기관과 협회

사회복지 서비스의 두 가지 유형은 기관과 협회다. 기관은 실제로 사회복지 서비스를 제공하는 조직이다. 협회는 회원들의 공통된 목적을 발전시키기 위해 함께 모인 사람들의 집단이다.

두 가지 유형 중 사회복지사들이 가장 많이 일하는 곳은 기관이다. 기관의 사명 선언문은 프로그램과 서비스의 방향을 구상한다. 구조적인 절차는 이를 구현하기 위한 지침을 제공한다. 일반적으로 대형 기관은 특정 사회복지 서비스 분야 내에서 더 광범위한 서비스를 제공한다. 대형 기관의 직원들은 종종 전문 분야를 개발한다. 앞선 사례에서 찰스 그린은 가족 기회(Family Opportunities)에서 활동한다. 이 대규모의 다목적 기관은 상담, 가족생활교육 프로그램, 입양, 가정위탁 및 특화된 주거 프로그램에 이르는 광범위한 가족 기반 서비스를 제공한다. 소규모 기관들은 종종 단일 프로그램에 중점을 둔다. 크리스 앳우드가 일하는 비교적 작은 기관인 자원과 의뢰(Resource and Referral)는 자원봉사자 코디네이터를 포함하여 크리스 외에 3명의 다른 전문가를 고용하고 있다. 필요에 따라 소규모 기관의 사회복지사들은 프로그램의 한계 내에서 다양한 기능을 수행한다. 기관의 크기에 상관없이 사회복지사는 클라이언트의 목표를 달성하기 위해 관료적 구조 내에서 창의적으로 업무를 수행해야 한다.

협회는 주로 회원들을 위한 서비스를 제공한다. 기관, 전문가 및 특수 이익집단은 종종 전문 조직, 연합 노력, 연맹 및 지역사회 협의회와 같은 협회에 가입한다(표 4.1). 협회의 공동 노력에는 사회복지 전문직의 정체성, 응집력, 문화 구축, 표준 구현, 공공사회정책 옹호, 사회복지 연

---

**표 4.1 ┃ 협회 예시**

---

- 아동가족연합(Alliance for Children and Families)
- 미국 공공 인력 서비스 기구(American Public Human Service Organization)
- 지역사회조직과 사회행정협회(Association of Community Organization and Social Administration, ACOSA)
- 캐나다사회복지사협회(Canadian Association of Social Workers, CASW)
- 미국아동복지연맹(Child Welfare League of America, CWLA)
- 사회복지교육협의회(Council on Social Work Education, CSWE)
- 국제사회복지연맹(International Federation of Social Workers, IFSW)
- 전미사회복지사협회(National Association of Social Workers, NASW)

---

구 선도 등이 있다(Tourse, 1995). 협회는 전문가를 고용하여 지역의 요청을 수행한다.

## 공공 지원과 민간 지원

사회복지 서비스는 정책 및 재원 출처에 따라 공공과 민간으로 분류된다(표 4.2). 일반적으로, 정부 기관은 공공 사회복지 서비스를 지원하고 재원을 조성한다. 민간 사회복지 서비스는 비정부기구로서 자발적, 비영리, 영리 부문에서의 서비스 제공 모두가 해당된다.

### 공공 사회복지 서비스

미국에서는 연방, 주 및 지방정부가 법령을 통해 공공 사회복지 서비스 기관을 만든다. 법률은 공공 사회복지 서비스를 정의하고, 안내하고, 자금을 지원하고, 제재를 가한다. 세금의 배분을 통해 이러한 정부 지원 프로그램의 수입이 충당된다. 주정부의 휴먼서비스 부서는 주를 기반으로 하는 공공 프로그램의 사례이다. 주의 법에 의해 규정된 기관들은 소득보장, 아동 보호 및 가족복지, 정신건강과 재활 프로그램뿐만 아니라, 노인, 장애인 및 퇴역군인을 위한 서비스를 제공하는 연방 프로그램을 제공한다(표 4.3). 공공 부문의 기관과 조직을 코드 기관(code agencies) 또는 연방 조직(commonweal organization)이라고 부른다.

### 민간 사회복지 서비스

민간, 비영리 부문, 지역사회, 국가 또는 국제 특수 이익집단들은 사회복지 서비스를 제공하는 단체를 설립한다. 이사회는 정책을 개발한다. 정관이나 조직의 헌장과 세칙은 이러한 정책을 성문화한다. 일반적

**표 4.2** | **공공과 민간 사회복지 서비스의 비교**

|  | 공공 사회복지 서비스 | 민간 사회복지 서비스 |
|---|---|---|
| 권한 | 지방, 주 또는 연방 법률 | 정관 및 내규 |
| 범위 | 법률에 의해 프로그램의 정확한 의도와 범위 지정 | 기관 사명은 유연한 프로그래밍 방향을 제공 |
| 소속 | 지방, 주 또는 중앙정부의 일부 | 상대적으로 자율적이지만 기관이 지방 또는 국가 조직과 제휴할 수 있음 |
| 구조 | 관료적 계층 | 위계적부터 공동 관리까지 규모에 따라 다름 |
| 재원 | 세금 | 기부금, 수수료, 보조금 및 기타 민간 재원 |
| 채용 형태 | 전형적으로 공무원 채용방식 | 기관 표준과 관례 |

**표 4.3** | **자원 및 의뢰 서비스 영역 내 공공 및 민간 사회서비스의 사례**

| 공공 사회복지 서비스 | 민간 사회복지 서비스 |
|---|---|
| • 사회보장국(Social Security Administration)<br>• Township 청소년 서비스(Township Youth Services)<br>• 퇴역군인 건강 관리 사회 복지부(Veterans Health Administration Social Work Department)<br>• 카운티 요양원 및 가정 건강 사회서비스(County Nursing Home and Home Health Social Services)<br>• 주정부 아동 서비스부(State Department of Children's Services)<br>• 아동복지 서비스를 위한 지역 계획(Regional Planning for Child Welfare Services) | • 자원과 의뢰(Resource and Referral)<br>• 가족 기회(Family Opportunities)<br>• 유대인 연합 다목적 노인 센터(Jewish Federation Multipurpose Senior Center)<br>• 교회 연합 무료급식소(United Ecumenical Food Pantry)<br>• 임상 사회복지 서비스 주식회사(Clinical Social Work Services, Inc)<br>• 지역 병원의 사회복지 부서(Local hospital's social work department) |

으로 비정부기구는 민간 기부, 연계기관의 기부금, 후원금, 재단 보조금, 통합 조성 기금의 할당, 계약, 서비스 수수료를 포함한 다양한 출처로부터 수입을 확보한다. 사회복지사는 가족 서비스 센터, 옹호 기관,

의료 시설, 사업 기관, 개업 실천을 포함한 다양한 민간 부문에서 업무를 수행한다.

기관에 적용되는 것처럼 자발적이라는 용어는 전문 직원들이 그들의 서비스 제공을 자원봉사로 한다는 것을 의미하지는 않는다. 실제 자발적 기관들은 직원들에게 급여를 지급한다. 오히려 자발적이라는 것은 정부의 명령과는 무관하게 자발적인 계획으로 기관을 설립하는 것을 의미한다. 예를 들어 특정 종교 집단, 공제조합, 그리고 노동, 문화, 사회 관련 기관과 시민단체들이 자발적 기관을 설립한다. 일부 자발적 기관들은 자원 서비스 기관과 같은 전통적인 서비스를 제공한다. 또 다른 기관들은 동성애자, 노인, 장애인, 난민, 이민자와 같은 특수 이해 단체들의 새로운 이슈에 대응하는 옹호 활동을 지향한다.

사회복지 서비스의 영리 부문에는 개업 실천을 위한 현장, 사회복지 서비스 제공을 전문으로 하는 기업, 사회복지 서비스 제공에 대한 투자를 통해 수익을 실현하는 규모가 큰 기업이 포함된다(Stoesz, 2013). 기업이 운영하는 대표적인 실천 분야는 요양원이나 버클리 앤 골든 리빙 센터(Beverly and Golden Living Centers)와 같은 유료 노인 주거시설, 마젤란과 보건·행동보건 관리 기관, GEO와 같은 교정 기관, 근로 연계 복지, 메디케이드와 메디케어와 같은 공공복지 프로그램이다. 기업의 사회복지에 대한 투자는 큰 규모의 사업으로 제시된다. 예를 들어, 2011년 교정 산업의 수입은 30억 달러에 달했다(Hartney & Glesmann, 2012).

### 공공–민간 혼합

개념적으로 민간 사회복지 서비스와 공공 사회복지 서비스는 분리되어 있지만, 현재의 경향은 이러한 구분을 모호하게 한다. 예를 들어, 정부 프로그램은 종종 특정 서비스를 제공을 위해 자발적 또는 상업적 민

간 기관과 계약을 맺는다. 비록 이 계약은 민간 부문의 모든 측면에서
서비스를 확대하지만, 민간 기관에 정부의 규칙과 규제를 적용한다. 또
한 정부 기관은 민간 부문 서비스에 대한 표준을 설정하거나, 통제한다.
예를 들어, 정부 기관은 입양 기관, 어린이집, 약물 재활 프로그램을 규
제한다. 사례나 서비스 중인 프로그램 및 계획에 대한 기관 간 참여를
위한 협력적 개입 방식은 공공 기관과 민간 부문 기관 간의 추가적인
연결을 만들게 된다. 사회복지 서비스 전달체계의 복잡성에 있어 또 다
른 중요한 역할을 하는 기업 사회복지 서비스 조직은 자금 지원과 제공
서비스의 효과와 관련된 규정을 통해 기업의 영향력을 활용하여 전통적
인 사회복지기관 및 개업 실천가들과 계약을 체결한다.

## 1차 현장과 2차 현장

일부 현장의 주요 목적은 사회복지 서비스를 제공하는 것이지만 다
른 현장은 그렇지 않다. 1차 현장은 주로 사회복지 서비스를 제공한다.
1차 현장에서 사회복지 서비스는 조직의 사명과 직접적으로 관련되어
있다. 이 장에서 제시한 사례와 같이 자원과 의뢰(Resource and Referral)
와 가족 기회(Family Opportunities) 모두는 1차 현장이다. 각각 다른 서비
스를 제공하지만, 각각의 주요 목적은 사회복지 서비스를 주요 목적으
로 한다.

2차 현장은 사회복지 서비스를 조직 목적에 부수적으로 제공한다. 2차
현장에서 사회복지 서비스의 구성 요소는 2차 기관의 임무를 보완, 지
원 또는 향상시킨다. 사회복지사들은 학교, 병원, 법원 서비스, 그리고
기업과 같은 2차 환경에서 오랫동안 활동해 왔다. 현재 종합건강관리기
관(HMOs), 방문보건 서비스 기관, 학교, 근로자 지원 프로그램(RAP), 국
제비정부기구(NGO) 등에서 사회복지 서비스 기회가 확대되고 있다.

**사회복지 사례** 🏃

지역사회 자원 전문가로서의 역할을 담당하고 있는 크리스 앳우드는 다양한 2차 현장의 환경에서 고용된 사회복지사들과 대화를 나눈다. 예를 들어, 그녀는 지역 병원의 의료사회복지사인 로즈 헤르난데스, 학교사회복지사인 헬렌 워싱턴, 소년법원 직원 클라크 스튜어트, 그리고 농업 회사 EAI 사회복지사인 킴 리의 전화에 응답한다. 그녀가 이러한 환경에서 실무자로부터 받는 전화는 종종 의뢰 자원에 관한 정보 요청, 서비스 제공의 격차와 장벽에 대한 보고, 그리고 기관과 조직의 혁신적인 지역사회 기반 프로그램을 위한 재원을 찾는 데 도움을 주는 것과 관련이 있다. 일반적으로 중앙집중적 특성을 지닌 I&R 기관들은 2차 환경의 사회복지사를 다양한 사회복지 공동체와 연결시켜 준다.

**BOX 4.1** 💚

### 다양성과 인권에 대한 성찰

#### 기관 분위기: 다양성과 인간의 존엄성

나는 다른 무엇보다 사회복지는 클라이언트의 인간 존엄성을 존중하고, 그들의 가치를 소중히 여기며, 그들의 권리를 보호하는 것으로 생각한다. 사회복지 서비스에 처음 진입한 시점부터 클라이언트는 자신의 존엄성, 가치 또는 권리를 인정하거나 그렇지 않은 기관의 분위기에 적응한다. 기관의 분위기에 클라이언트의 첫인상은 서비스 참여에 차이를 만든다.

직원들이 클라이언트를 맞이하는 방법, 대기실, 안내 책자, 심지어 서비스 절차 안내 서식의 일반적인 모습은 수용과 존중 또는 거부감과 난색을 전달한다. 클라이언트의 존엄성과 권리에 대한 긍정적 관심을 전달하는 다양성에 대한 기관 차원의 문화적 대응성 평가를 위한 질문은 다음과 같다.

- 다국어 표지, 안내 책자 및 서식을 사용할 수 있는가?
- 사무실, 회의 장소, 화장실 시설을 이용할 수 있는가?
- 기관이 대중교통 노선에 편리하게 위치해 있는가? 또는 프로그램 및 서비스가 참가자 인근 지역에서 제공되는가?
- 기관의 정책은 다양한 문화에 대해 민감성을 보여주고 있는가?
- 직원은 지역사회에서 대표되는 다양성의 범위를 반영하고 있는가?
- 다양성 문제에 대한 직무개발교육을 제공하고 있는가?
- 기관의 실천 지향이 사회적, 문화적 맥락을 고려하고 있는가?
- 기관의 정책은 환경 변화와 사회적 행동으로 이어지는 활동을 지원하고 있는가?
- 소비자는 프로그램 평가, 정책 개발 및 의사결정 활동에 참여하고 있는가?
- 기관은 지역사회의 본래의 자원들과 연계를 형성하고 있는가?
- 기관은 사회변화를 촉구하는 지역사회 연대에 참여하고 있는가?

## 종교와 비종교

종교와 비종교에 따른 분류는 기관, 조직, 협회를 다시 한번 구별한다. 종교에 소속된 기관은 종교 기관으로 지정된다. 비종교는 일반 대중의 후원을 나타낸다.

교회와 주정부는 헌법상으로 분리되어 있기 때문에 미국의 모든 공공 부문 조직은 비종교적이다. 일부 민간단체들도 비종교적이다. 이 장의 사례에 제시된 자원과 의뢰(Resource and Referral), 가족 기회(Family Opportunities), 지역 병원의 사회복지 부서, 임상 사회복지 서비스 주식회사와 모든 공공 기관은 비종교 분류에 속한다.

신앙 기반 조직이라 불리는 종교 기관들은 사회복지 서비스의 전달체계에서 항상 중요한 역할을 해왔다(Boddie, 2013; Cnaan, Wineburg, & Boddie, 1999). 교회는 식사 제공, 정원 프로젝트, 방과 후 프로그램, 성인 주간보호센터와 같은 지역 프로그램을 후원할 수 있다. 대규모 종교 조직으로는 병원, 보육시설, 아동복지 및 가족 서비스 기관, 지역복지센터와 급식소, 어린이집, 주거시설 등의 노인 대상 프로그램이 있다. 다양한 서비스를 제공하는 미국의 대규모 종교 조직의 예로는 유대인 연맹(Jewish Federation), 가톨릭 자선 조직(Catholic Charities), 루터 사회 봉사 단체(Lutheran Social Service) 등이 있다. 유명한 종교 사회복지 서비스 제공기관에는 기아, 빈곤, 인권, 사회 및 경제발전과 같은 문제들을 해결하기 위한 교회 세계 봉사(Church World Services)의 국제적인 노력과 같은 전 기독교적인 사업도 포함된다. 표 4.3의 두 가지 종교 기관의 사례는 유대인 연맹의 다목적 노인 센터(Jewish Federation's Multipurpose Senior Center)와 교회 연합 무료급식소(United Ecumenical Food Pantry)이다. 종교 기관의 종교적 성향은 의심할 여지없이 그들의 사명과 프로그램에 영향을 미치지만, 프로그램들은 대개 다양한 종교적, 문화적 배경을 가진 클라이언트들에게 서비스를 제공한다.

## 비영리와 영리

민간 부문의 사회복지기관은 비영리 또는 영리를 목적으로 할 수 있다. 비영리는 기관이 수익 창출을 동기로 하는 것이 아니라 봉사의 동기가 있다는 것을 의미한다. 그러나 비영리라는 용어는 오해의 소지가 있다. 비영리 단체는 세금 상태를 의미하는 것으로 소득 창출과 투자 축적을 배제하지는 않는다. 기관들이 수입으로 무엇을 하느냐에 따라 비영리인지 또는 영리 상태인지가 결정된다. 일반적으로 비영리 기관은 수익금을 프로그램과 서비스에 사용한다. 이 장에서 제시한 사례 중 자원과 의뢰(Resource and Referral), 가족 기회(Family Opportunities)는 모두 비영리 기관이다.

민간 부문의 일부 조직은 이익 창출을 지향한다. 영리 기관에서는 수입의 일부를 투자자나 주주에게 돌려주거나 조직의 기금을 늘리는 데 사용한다. 사회복지 서비스를 제공하는 영리 지향 사업에는 영리 기관, 사회복지 서비스 분야에서 활동하는 기업, 개업 실천의 실천가 등이 포함된다. 이 장에서 제시된 사례에서 자원 전문가인 크리스 앳우드는 지역 병원의 사회복지사 및 영리 단체인 임상 사회복지 서비스 주식회사와 상호작용한다.

사회복지 서비스 제공에 있어 사업적 형태의 기원은 1960년대 메디케어와 메디케이드가 사회복지 서비스의 제공을 위해 독점적 사업에 대해 자금 지급을 제도화했던 때로 거슬러 올라간다. 눈에 띄는 기업적 형태에는 요양원, 병원 관리, 정신건강 유지, 보육, 가정간호, 유료 양로원, 청소년과 성인 대상 교정 프로그램이 포함된다. 1992년까지 영리기업은 주간보호, 가정 의료 서비스 분야에서 시장을 장악하고, 최근에는 직업 훈련 및 사례관리 서비스 분야로 활동을 확대하고 있다. 게다가, 이러한 대규모 기업들은 대규모 운영, 투자 자원, 그리고 자유로운 로비활동이라는 뚜렷한 경쟁우위를 가지고 있다. 영리 기업들이 그들의 수백만 달러 규모의 사업장을 전통적인 비영리 휴먼서비스 기관들이 제공하는 여러 서비스 분야로 확장하고 있다는 것은 명백하다. 스토에즈(2013)는 다양한 유형의 사회복지 서비스에 대해 서비스 주체에 따른 영향을 평가한 결과, 이익 창출이 기업 비즈니스의 궁극적인 목표라고 경고하였다.

## 개업 실천

사회복지의 개업 실천은 또 다른 확장된 기업 형태이다. 개인이나 집단의 형태로 실천을 하는 사회복지사는 업무 관리, 서비스 비용 징수,

서비스, 보험 및 책임 보장 계약에 대한 책임을 진다.

개업 실천의 범위는 국가 인허가 확대, 법규, 사회복지 서비스 제공자의 권리를 확립하기 위한 로비활동을 통해 확대되었다. 개업 실천은 단독, 다른 사회복지사 또는 학제 간 동료와의 파트너십을 비롯하여 의료 기관, 기업의 근로자 지원, 건강관리 기관, 보험회사와 같은 2차 현장에서의 서비스 계약까지 포함된다.

개업 실천에 종사하는 사회복지사는 독립적인 실천을 규제하는 주정부의 법에 따라 정식으로 인허가 또는 등록을 해야 한다. 민간 사회복지 실천의 선택은 석사학위 이상의 적절한 경험을 가진 적합한 자격의 전문가에 한해서 가능하다.

개업 실천은 많은 사업의 세부사항에 주의를 기울여야 한다. 개업 실천가는 사무실 공간을 마련하고, 의뢰를 확보하고, 컨설턴트 계약을 체결해야 한다. 그들은 자신이나 타인에게 해를 끼치겠다고 위협하거나 정신질환으로 입원을 필요로 하는 클라이언트들에 대한 위기 대응 계획을 세워야 한다. 또한 개입 실천가는 과실 소송의 가능성을 고려해야 한다.

개업 실천가는 자신의 실천 효과 측정방법과 공동 지원 네트워크를 개발해야 한다. 개업 실천가는 기관 동료 및 슈퍼바이저의 지도를 포함하여 기관의 후원하에서 제공되는 지원 네트워크 및 "안전망"을 활용할 수 없다. 다른 전문가와 격리되거나 지나친 초과 예약은 실천가의 소진 위험을 증가시킨다.

개업 실천에 대해 찬성하거나 반대하는 주장들이 많다. 찬성론자들은 개업 실천이 소비자의 선택권을 증가시키고, 유연한 운영 시간을 제공하며, 전문가의 자율성과 소득 증대를 보장한다고 주장한다. 반대론자들은 개업 실천이 엘리트주의적이고, 미시적 개입에 초점을 맞추게 되며, 비용을 지불할 수 있는 사람만이 이용할 수 있다고 비판한다.

# 지리적 위치

사회복지 전달체계 네트워크는 다양한 정치관할권과 지리적 영역을 포함한다. 최근 대도시와 농촌의 비도시 현장 간 비교가 주목받고 있다.

## 정치관할권

정치관할권은 도시, 거주구, 자치주 관할구역과 같은 지방 차원과 주, 지역, 국가 또는 국제 차원의 서비스를 포함한 서비스 제공의 경계를 말한다. 다른 유형의 관할구역에는 대도시 지역, 복합도시 및 자치주 간 지구, 주나 지역 간의 구역이 포함된다. 일반적으로 일반 정책과 자금 지원은 관료적 관할 행정체계를 따른다. 미국에서 이것을 종종 연방관할권이 주 및 지역 수준에서 공공 사회복지 서비스의 설계와 구현을 형성한다는 것을 의미한다. 유럽에서는 정책관할권이 유럽 연합(EU), 국가 및 지방의회와 같은 수준을 포함한다는 것을 의미한다.

지리적 경계는 효율적인 계획과 효과적인 자금 조달을 위해 필요하지만 단점도 나타날 수 있다. 예를 들어 특정 도시, 자치주, 거주구, 주 또는 지역에 거주하면 클라이언트의 자격을 획득하는 경우가 많다. 그러나 경계는 서비스 지역과 지리적으로 가깝지만 행정적으로 외부에 거주하는 클라이언트의 접근을 제한한다. 또한 여러 행정 영역에서 프로그램과 서비스를 제공하는 기관의 회계 문제도 발생시킨다.

**사회복지 사례**

이 장에서 제시한 사례에서 크리스 앳우드는 가족을 종종 지역 청소년 서비스(Township Youth Services: TYS)에 의뢰한다. TYS는 서비스 지역의 자치주 경계 내에 거주하는 청소년과 그 가족을 위해 무료 상담서비스를 제공한다. 크리스는 TYS 서비스를 활용하면 도움이 될 수 있지만 기관의 서비스 지역 밖에 있는 가족들을 볼 때마다 딜레마에 빠진다. 크리스는 적격성을 결정하는 데 지리적 경계가 필요하다는 것을 인정하지만, 지리적 경계가 클라이언트의 서비스 제공자 선택을 제한한다는 것도 알고 있다.

## 도시 현장

미국 인구의 대다수(84%)는 대도시 공동체에서 살고 있지만, 인구밀도가 높은 지역은 국토의 25%에 불과하다(U.S. Census Bureau, 2012). 2010년 인구조사에 따르면 5대 대도시 지역은 뉴욕, 로스앤젤레스, 시카고, 댈러스-포트워스, 필라델피아이다. 미국 인구의 약 10%가 뉴욕이나 로스앤젤레스에서 살고 있다.

많은 인구가 나타내는 욕구의 크기는 의심할 여지없이 도시 지역 사회복지 전달체계에 영향을 준다. 인구 과밀, 물리적 여건의 악화, 가시적인 실업, 명백한 빈곤과 끊임없이 변화하는 인구 기반 등 이질적인 인구로 인해 야기되는 공공적인 문제는 많은 도시 지역사회를 위협한다. 사회문제의 폭과 깊이, 그리고 서비스 수요의 기하급수적인 확대로 인해 대도시 지역에서는 광범위한 서비스 대응이 이루어진다.

역사적으로, 미국 대도시 지역의 지역사회 행동(community action) 기관은 부적절한 교육, 실업 및 낮은 취업, 열악한 건강, 저렴한 주택의 부족과 같은 빈곤의 근본 원인을 해결하기 위해 개발되었다. 그러나 이러한 분야에 개입해야 하는 의무를 고려하더라도 계획된 노력은 제한된 인구 또는 서비스 영역에 집중되었고, 전체 지역사회의 욕구와 관련된 것은 아니었다. 범주별 자금 지원은 서비스 제공을 위한 범주별 계획으로 이어졌다. 더욱이 1960년대 후반 빈곤과의 전쟁이 쇠퇴하고, 1980년대 사회복지 서비스를 위한 연방 정부의 사회복지기금 감소가 감지되면서 계획 전문가의 고용이 감소했다. 공공 계획에 대한 연방 정부의 지원이 감소함에 따라 많은 사회 계획 활동과 전문화된 계획 지위가 사라졌다.

도시 지역에서 조정되고 포괄적인 사회복지 서비스 전달체계를 설계하기 위해서는 효과적인 계획 노력이 필요하다. 1960년대와 1970년대 초 미국의 사회 계획 활동은 사회복지사들이 조직적으로 빈곤과의 전쟁을 벌였기 때문에 사회복지의 전문성을 크게 드러내었다. 지역사회 정신건강서비스, 산모 및 아동보건서비스, 경제 기획법(Economic Opportunity Act, EOA) 관련 프로그램, 종합고용훈련법(Comprehensive Employment and Training Act, CETA), 직업훈련협력법(Job Training and Partnership Act, JTPA) 등의 프로그램이 계획에 통합되어야 한다는 요구 때문에 계획 전문가의 수요가 증가했다.

오늘날 계획에 대한 재정지원 부족은 사회복지 전달체계를 약화시키고, 조정되고 포괄적인 서비스의 가능성을 감소시킨다. 포괄적인 계획 과정이 없으면 사회복지 서비스 제공자들은 새로운 욕구에 체계적으로 대응하고 지역사회 문제 해결을 감당하지 못하게 된다. 사회 계획에 대한 자금 지원 및 입법 권한 없이 지역사회는 협력 계획과 조정된 리더십을 발휘하는 개인 실무자의 헌신에 의존해야 한다. 사회복지 전문가들은 계획을 위한 공적 자금 상태와 관계없이 연대를 구축하고 협력적으로 일하는 책임을 계속 가져야 한다.

현재 계획과 실행에 풀뿌리 참여를 강조하는 혁신적 프로그램 및 서비스 개발에 대한 관심이 새롭게 높아지고 있다. 지역사회 서비스 대응

의 혁신에는 지역 활성화, 경제개발, 공중보건 시책, 녹색 운동, 청소년
지역사회 참여, 고령 친화 사회, 통합 교통 서비스, 식량 안보 프로그램
과 같은 거시적 수준의 협력 시책이 포함된다.

## 농촌 현장

농촌 지역의 사회복지사들은 도시 지역의 동료들이 직면하는 것과는
다른 일련의 욕구에 직면한다. 농촌 현장의 고유한 특징과 전문가들이
자신이 일하는 지역사회의 일원이라는 사실은 사회복지실천에 영향을
미친다(NASW, 2011a). 인구의 45%가 농촌 지역에 거주하던 1940년대의
미국과 매우 대조적으로 현재 미국 인구의 약 16%가 농촌(6%)과 소도
시(10%) 지역에 살고 있다(U.S. Census Bureau, 2012; USDA, 2016). 교육 수
준이 낮고, 경제개발을 위한 시책이 부족하며, 산업과 기업의 다양성이
적고, 보육, 의료, 대중교통 및 저렴한 주택에 대한 부적절한 기반시설
의 지원은 경제발전에 장벽이 된다(Ginsberg, 2014; Jensen, 2005).

농촌 지역의 생활방식에는 강한 공동체 의식, 친구와 친척이 얽혀있는
관계망, 자연적 원조 관계망의 만연, 깊이 내재된 비공식적인 자원, 비
공식적 의사소통방식과 보수주의가 포함된다(Gumpert, Saltman, & Sauer−
Jones, 2000; Mackie, 2012; Waltman, 2011). 비록 큰 규모로 인해 도시에서
더 눈에 띄긴 하지만 빈곤, 노숙자, 아동학대, 부적절한 건강 관리, 젠
트리피케이션, 저렴한 주택 부족, 불안정한 농업 경제와 같은 사회문제
들이 작은 마을과 농촌 사회에 지속적으로 악영향을 주고 있다. 또한
이민자와 난민 유입으로 비수도권 지역은 점점 더 다양해지고 있으며,
이미 미국 농촌 지역에 거주하는 인종과 민족적으로 다양성을 지닌 시
민은 20%를 차지할 정도로 저변을 확대하고 있다.

명백하게 농촌과 기타 비수도권 지역의 사회복지 서비스 전달체계는

독특한 과제를 제시하고 있다(Brownlee, Halverson, & Chassie, 2012; CWIG, 2012b; Daley & Hickman, 2011; Humble, Lewis, Scott, & Herzog, 2013; Mackie, 2012; Piche, Brownlee, & Halverson, 2015; Smalley et al., 2010). 예를 들어, 농촌 지역의 서비스는 자치 정부 소재지와 같이 한곳에 집결하는 경향이 있다. 자원 분배의 불평등, 전문 인력의 부족, 한정된 프로그램의 범위는 서비스의 가용 가능성을 제한한다. 접근성은 농촌 지역의 경우에는 대중교통 체계가 사실상 존재하지 않기 때문에 매우 어려운 상황에 놓여 있다. "서로가 서로를 모두 다 아는" 문화로 인해 사람들은 익명성의 결여와 프로그램 및 서비스 참여에 대한 잠재적인 낙인 때문에 도움 요청을 꺼릴 수 있다. 농촌 지역의 사회복지 전문가들은 지리적 고립, 제한된 수의 전문 동료, 그리고 공식적인 자원의 부족과 관련된 문제들을 시인한다. 자신이 일하는 지역사회에 사는 사람들은 반드시 공동의 네트워크를 구축하고, 개인적 시간을 보존하며, 개인적인 관계와 직업적인 관계를 분리하는 방법을 찾아야 한다.

농촌 지역에서 활동할지 말지와 관계없이 농촌 사회복지를 준비하는 것이 중요한 몇 가지 이유가 있다. 미국의 사회복지사는 농촌 사회복지 서비스에서 두드러진 역할을 하고 있으며, 국제적으로 사회복지사는 농촌 지역에서 활동하는 경우가 더 많다. 그러나, 농촌 사회복지는 지리적 위치를 넘어 확장된다. 대도시 지역에 고용된 사회복지사는 농촌 문화를 가진 소수 민족 거주지를 마주할 가능성이 높기 때문에 농촌의 전통과 문화가 도시 지역사회 거주자들에게 지속적으로 미치는 영향을 이해하는 것이 문화적으로 유능한 실천의 기본이다. 실제로 농촌과 도시 문화의 영향력을 고려한 일반주의 관점을 채택해 농촌과 도시의 이분법을 넘어서는 것이 농촌과 도시 지역 모두에서 효과적으로 사회복지실천을 하는 데 필수적이라고 주장하는 사람들도 있다(Daley, 2010).

제2차 세계대전 이전 농촌 사회복지의 리더였던 조세핀 브라운과 에

듀아르드 린드만은 농촌의 욕구에 대한 농촌 계획, 즉 지역사회기반참여의 중요성을 제시했다. "농촌 지역사회와 사회복지(The Rural Community and Social Work)"에서 브라운(1933)은 다음과 같이 주장했다.

> 도시 사회복지의 전문화되고 복잡한 조직은 결코 농촌 사회에 성공적으로 이식될 수 없다. 아마도 현재 농촌 사회복지의 리더들이 직면하고 있는 두드러진 문제는 사회복지의 독특한 도시적 특성을 피하고 농촌 사회에 완전히 동화될 수 있는 필수 요소만을 사용하는 방식으로 농촌 지역사회 내에서 사회화의 "창조적 과정"을 펼치는 것이다(pp.24-25).

또한 브라운은 농촌 지역 사회복지사들이 협력적으로 욕구를 파악하고, 지역사회 리더십을 배양하며, 자원봉사자를 활용하고, 자치주 행정 단위와 협력함으로써 농촌 지역사회와 협력적 관계를 발전시켜야 한다고 강조했다. 현대 농촌 사회복지실천은 풀뿌리 조직, 경제개발, 환경정의 시책, 사회 계획 및 옹호와 같은 지역사회를 강화하기 위한 다양한 거시적 수준의 전략을 포함한다. 분명히 80년 전 브라운에 의해 제기된 과제는 오늘날에도 여전히 유효하다.

---

### BOX 4.2 ♥

#### 역량강화와 사회정의에 대한 성찰

**직장에서의 소진: 사회정의의 문제**

직장은 역량강화를 촉진하거나 소진의 원인이 될 수 있다. 소진은 업무와 관련된 스트레스로 인한 정서적 피로를 말한다. 소진은 종종 작업 환경에 의해 촉진되거나 악화된다. 이런 일이 발생할 때 소진은 에너지를 고갈시키고

그들의 직업적 안녕감을 해치는 조직적 관행에 의해 일종의 "튀겨진" 사회
복지로부터 발생한다. 직무 스트레스, 관료적 제약, 그리고 어려운 실천의 문
제는 종종 서비스를 가장 필요로 하는 사람들에게 질이 나쁜 사회서비스를
제공하는 결과를 초래한다. 사회복지사와 고용 기관은 소진의 사회적 정의
의 의미에 주의를 기울여야 한다. 소진의 한 가지 원인은 프로그램 자원과
인력 부족을 초래하는 자금 삭감에 기인한다. 심신을 쇠약하게 하는 직장 스
트레스와 에너지를 고갈시키는 조직 풍토도 원인으로 포함된다. 사회복지
전달체계에 영향을 미치는 조직적이고 정치적인 영향과 관련된 스트레스는
궁극적으로 클라이언트의 품격을 저하시키고, 서비스를 보류하게 할 수 있
으며, 이는 소진과 사회적 불의의 분명한 징후이다.

　사회복지사는 의사결정에 영향을 미칠 수 있는 기회를 제한하고, 성과를 평
가절하하며, 동료나 클라이언트와의 협력 업무에 대한 권한을 부여하지 않은
환경에서 직무 스트레스와 소진을 경험할 가능성이 더 높다(Kim, Ji, & Kao,
2011; Maslach & Leiter, 2008; Newell & MacNeil, 2010; Smullens,
2015). 수요가 급증할 때 소진의 신체적, 정서적 영향을 경험할 가능성은
기하급수적으로 증가한다. 소진된 전문가는 더 부정적이고, 냉소적이며, 다
른 사람들을 비난하고, 다른 사람들과 거리를 두는 경향을 보인다.

　본질적으로 소진은 직원들의 사기 저하, 생산성 저하, 결근율 증가, 약물
사용과 남용 및 스트레스와 관련 질병 증가와 같은 조직의 혼란과 인적 피
해를 모두 초래한다. 역량강화를 지향하는 조직 환경은 강점을 강조하고, 의
사결정 프로세스 및 프로그램 개발에 협력적 방식을 통합하며, 직원 성과를
확증하고, 역량을 촉진한다. 조직적 차원에서 슈퍼바이저는 사회복지사가 관
리 가능한 작업량을 할당하고, 대인관계를 촉진하며, 의사결정 참여 프로세
스를 보장하고, 희망을 북돋을 때 스트레스와 소진을 감소시킬 수 있다(Cox
& Steiner, 2013; Lee & Miller, 2013; Turner & Shera, 2005). 탄력성을
촉진하는 직장은 사회적 지지 요소를 포함하고, 참여적 의사결정을 촉진하
며, 조직 공동체 의식을 구축하고, 명확한 의사소통 채널을 구축한다(Van
Breda, 2011).

　사회복지사는 클라이언트와의 작업에서 역량강화 프로세스를 사용할 수

있는 권한을 스스로 경험해야 한다. 개인 치원에서 사회복지사는 스트레스 관리 기술을 적용하고, 스트레스를 받는 사건에 대한 인식을 새롭게 하고, 낙관적인 전망과 유머 감각을 유지할 수 있다. 연구 결과에 따르면 개인의 효능감, 사회적 지지에 대한 접근, 목적 의식, 성취에 대한 인식과 같은 요소들도 회복력을 촉진하고 소진의 영향을 막아준다(Brohl, 2004). 소진에서 연민 만족(compassion satisfaction)으로 패러다임이 변화하면서 자기 관리와 직장 지원의 긍정적인 결과가 강조되고 있다(Radey & Figley, 2007).

# 서비스 재원

사회복지 전달체계 네트워크는 여러 출처에서 자금을 조달한다. 미국에서는 연방 정부와 주정부가 공공 부문과 민간 부문 사회복지 서비스에 대한 자금을 지원한다. 지역사회는 통합 기금모금과 같은 세금 및 기금 마련 노력을 통해 기여한다. 개별 기관은 출연금, 서비스 비용, 보험 급여, 서비스 구매 계약, 용역계약의 구매, 기부금 및 보조금을 포함하는 자체 수입원을 가지고 있다(표 4.4).

## 연방 및 주정부 기금

연방 및 주 법령은 일반 조세와 사회보장기금 모두에서 사회복지 서비스를 세출로 명시하고 있다. 종종 미국 연방 정부는 주정부와 지방정부를 통해 배분을 한다. 기관은 보조금을 신청하고 제안요청서(requests for proposals, RFPs)에 대한 대응으로 이러한 기금에 접근할 수 있다. 많은

**표 4.4 │ 자원과 의뢰(Resource & Referral)의 재원**

| 재원 | 설명 |
|---|---|
| 공동 모금(Community Chest) | 연간 할당 지원<br>새로운 프로그램 할당 |
| 긴급 수해 구호(Emergency Flood Relief) | 특별 연간 기금 |
| Williams Foundation | RFP에 대한 대응(2년 자금 지원) |
| Computer Technology, Inc. | 현물 컴퓨터 하드웨어 및 소프트웨어 |
| Mollie Barker Trust | 자본 향상 프로젝트 |
| Travelers' Aid Society | 연간 할당 |
| Community Block Grant | 연간 교부금 신청 |
| Riverboat Authority Grant | 창업 자금-시범사업 |
| Friends of Resource and Referral | 연례 모집-모금 행사 |
| Henley's Department Store | 기금모금을 위한 인센티브 매칭 |
| Gifts and memorials | 기부자 기부 |

연방법 조항들은 주정부에 대한 보조금을 요구한다. 예를 들어, 주정부는 빈곤가정일시부조제도(Temporary Assistance for Needy Families, TANF)와 보충적 소득보장(Supplemental Security Income, SSI)과 같은 공공복지 후생 계획에 대한 기금을 매칭한다.

사회복지 서비스 자금에 대한 수많은 입법 명령과 행정 명령은 서로 다른 연방 행정 기관에 속해 있다. 사회보장법은 다양한 정부 차원에서 관리되고 여러 출처에서 자금을 지원하는 다양한 형태의 프로그램을 규정한 훌륭한 입법 사례이다. 주요 연방 프로그램의 다른 예로는 미국 농무부(USDA)가 관리하던 식품 구입권 제도(SNAP), 미국주택도시개발부 (HUD)의 통한 주택 보조 기금, 교육부의 헤드스타트 프로젝트(Project Head Start) 등이 있다.

## 보조금

보조금은 특정 프로그램과 서비스에 자금 조달을 위해 신청서를 제출하는 사회복지기관에 주어지는 자금을 의미한다. 보조금 평가자는 신청자들에게 경쟁적인 검토 프로세스를 통과하게 한다. 사회복지기관은 국가 단위와 지역 단위의 재단, 기업 및 정부 기관을 포함한 많은 외부 자원으로부터 보조금을 확보한다. 보조금은 대개 시설 보강이나 프로그램 운영에 사용할 수 있다. 벤처 보조금은 일회성 보조금이다. 이 보조금은 주로 새로운 프로그램이나 시범사업 착수 비용에 사용된다. 때때로 할당된 자금을 받기 위한 대응 자금이 규정되어 있기도 하다. 이는 보조금 신청자가 보조금을 지원받을 자격을 획득하기 위해 프로그램에 현물 출자나 자기부담금 약정을 하는 것을 의미한다.

자금 지원 신청자는 보조금 신청서를 제출한다. 보조금 신청에는 일반적으로 문제 관련 보고서, 욕구 평가, 타당성 조사 결과, 측정 가능한 목표, 제안된 실행 전략, 결과평가 계획 및 추천서 등이 포함된다. 기관은 종종 보조금 신청 기관이 발행한 제안서(RFP) 요청에 질의를 한다. RFP는 제안에 대한 지침을 지정하고 서비스 제공에 대한 자금 가용성, 시간제한 및 목표에 대한 제한을 명시하고 있다. 본질적으로 자금 조달 기구는 프로그램과 서비스에 대한 한계를 규정한다. 일반적으로 자금 조달 기구는 보조금 수령자에게 특정 프로그램 결과에 대한 책임을 부여하고, 보조금 신청 시 구체적인 성과 평가 계획을 포함하도록 기관에 압력을 가한다.

## 지역 기금

세금과 기부자의 기부는 지역사회 내에서 사회복지 서비스를 위한 두 가지 주요 자금원이다. 자치주, 도시 및 거주구와 같은 지방정부는 사회복지 전달체계 네트워크에 세금을 전달한다. 예를 들어 지방정부는 주와 연방 정부가 자금을 지원하는 범주형 지원 프로그램에 해당되지 않는 사람들을 위한 프로그램에 일반 부조(general assistance)를 위해 기금을 지원한다. 일반 부조는 종종 빈곤하거나 노숙자, 단기 체류자, 그리고 장애나 만성 정신질환을 가진 사람들과 같은 특수 인구집단에 서비스를 제공한다. 또한 일부 지역에서는 요양원, 청소년 서비스 프로그램, 공공 의료 서비스에 대해 특수세를 부과한다. 최근 지역사회 참여 규정으로 지역·주·국가 자원에서 지역사회로 송출되는 자금을 배분하는 의사결정에 대한 지역책임이 증가하고 있다.

지역 유나이티드 웨이(United Way) 조직은 전 세계 약 1,800개 지역에서 사회복지 서비스를 위한 지역사회 기금모금을 실시하고 있다(United Way of America, 2016). 이러한 조직은 일반적으로 지역사회에서 확인된 욕구에 대응하는 포괄적인 지역사회 캠페인을 매년 1회 개최한다. 그런 다음 유나이티드 웨이(United Way)는 관계 기관이나 기부자가 지정한 기관에 자금을 분배한다. 일부 지역사회에서 콜렉티브 헬스1가 건강 관련 특정 기관이나 단체에 분배하기 위한 기부를 요청하기도 한다.

## 영구 기금 및 특별 기금

영구 기금은 재원을 창출하려는 금전적 또는 재산투자를 말한다. 일부 기관은 유산 기증, 개인 기부자의 선물 또는 봉사단체가 후원하는 특별 기금모금을 통해 영구 기금을 확보한다. 기관들은 영구 기금에서 창출된 수입을 활용하여 특정 활동에 자금을 지원함으로써 그들의 임무

---

1  역자 주: collective health, 근로자 건강보험 대체 기관

를 강화한다. 때때로 사회복지 단체들은 기관의 "친구"이거나 "유지 회원"인 개인들에게 재정 및 프로그램 지원을 요청한다. 연회원 모집을 통해 기관에 추가 기금을 제공하기도 한다.

## 서비스 비용

기관이 수입을 창출하는 또 다른 방법은 서비스별 비용을 통해서이다. 클라이언트는 종종 지급 능력에 따라 제공되는 서비스에 대한 비용을 지불한다. 일반적으로 서비스 비용은 서비스 단위로 계산되고 청구된다. 개인에 대한 서비스 단위에는 상담 1시간이나 주간보호 1일 등이 있다. 조직 수준에서 서비스 단위에 대한 과금의 사례는 제공기관이 근로자 지원 프로그램에 대해 민간 기업에 부과하는 직원당 비용이다.

사회복지 서비스의 비용 부과의 효용성에 대해서는 의견이 분분하다. 비용 부과를 선호하는 사람들은 개인적으로 서비스에 대한 비용을 지불하는 것이 사회복지 제공의 관계에서 클라이언트의 약속 이행을 증가시킨다고 주장한다. 서비스 비용에 반대하는 사람들은 요금을 결제할 수 있는 사람들과 그렇지 못한 사람들에게 다른 수준의 서비스 시스템을 만드는 것이라고 주장한다.

## 보험 급여

많은 전통적인 기금 출처에서 강조하는 바와 같이, 비영리 단체들은 재정적으로 보다 자립할 수 있는 방법을 모색해야 했다. 기관의 생존은 종종 보험 급여나 종합건강관리기관(HMOs)과 같은 대체 지불 시스템을 통해 소득을 창출하는 서비스 옵션을 확대하는 것에 달려 있다.

제공기관은 빈곤층과 차상위계층을 넘어 의료보험 가입자와 HMO 회원에게까지 닿을 수 있는 서비스를 설계해야 한다는 압박을 느끼고 있다. 제3자 지급 방식을 통해 보험사는 의료 및 정신건강 영역에서 사회복지 서비스에 대한 보장을 제공한다. 제3자 지급은 기관과 개업 실천에서도 임상 지향의 다른 서비스로 확대되고 있다. 보험 조항에 대한 규정은 주마다 다르다. 일반적으로 보험 급여를 받는 실무자는 적절한 자격 증명을 보유해야 한다. 많은 보험회사들과 HMO들은 비용 억제 목표를 가지고 있기 때문에, 서비스 제공자들은 개입에 관한 전문적인 결정과 비용을 억제하려는 관리형 의료 시스템 사이에서 타협해야 한다.

## 서비스 구매 계약

많은 공공 사회복지기관은 서비스 의무를 이행하기 위해 서비스 구매 계약(purchase of service contracts, POSCs)을 통해 비영리 및 영리 민간 기관과 계약을 체결한다. POSC는 정부 기관이 민간 계약 기관으로부터 정해진 비용으로 특정 서비스를 구매하는 계약을 의미한다. 본질적으로 POSC에서는 한 서비스 제공기관이 클라이언트의 욕구에 대응해야 하는 법적 의무를 이행하기 위해 다른 전문가의 서비스를 구입한다. 계약 상 합의에는 서비스 유형, 서비스 단위, 서비스 제공 자격 기준 및 예상 결과가 포함된다. 일반적으로 계약은 미리 결정된 서비스 단위 수에 대해 고정 가격을 지정한다. 대안적으로 POSC는 원가분담약정을 할 수 있다. 원가분담에서는 POSC를 받는 기관이 서비스 비용을 자체 자금과 매칭한다. 또 다른 대안인 성과 기반 계약은 특정 성과 수준에서 서비스 목표의 성과에 대한 인센티브를 지정한다.

## BOX 4.3 현장의 목소리

### 공공 사회복지 서비스

나는 핵심적인 사회복지 지식, 가치, 기술을 한 분야의 실무에서 다른 분야로 어떻게 전환할 수 있는지를 보여주는 좋은 사례이다. 사회복지사지사로 경력을 쌓는 동안 나는 비행 예방 서비스, 아동복지, 가족 상담, 학교사회복지, 공중보건, 그리고 지금은 지역사회복지 서비스에서 일하고 있다. 모든 실무 현장이 내가 종합적으로 커리어를 쌓아온 길이었다. 하지만 나의 독특한 경험의 조합은 현재 복합 서비스 조정 기관의 총괄 대표로서의 직책을 갖게 했다. 처음 나를 사회복지로 이끌었고 지금은 내가 관심을 두고 있는 공공 부문에서 일한다는 것은 다양한 서비스 기회를 제공해준다.

나는 지방정부와 협력하여 주정부의 재정지원 대상 가족, 정신질환 클라이언트, 발달 및 지적 장애자, 노숙 퇴역군인을 위한 돌봄 계획을 수립하고 관리하는 데 적극적으로 참여하고 있다. 또한 내 직책은 아동복지, 정신건강, 주거 및 노숙자 서비스를 포함한 많은 실천 분야의 서비스 전달체계 개혁을 해결하기 위해 다른 휴먼서비스 전문가들과 협력할 수 있는 기회를 제공한다.

인간존중과 적합한 사회정책 및 서비스의 제공으로 해석되는 인간 존엄성과 사회정의의 핵심 가치들, 효과적인 의사소통과 비판적 사고를 위한 기술에 관해 배웠던 사회복지 교육을 통해 인간 체계에 대한 지식과 인간 행동에 대한 맥락적 영향에 대한 폭넓은 이해를 할 수 있었다. 사회복지 교육은 내가 일했던 모든 실천 분야를 뛰어넘는 철학적이고 전문적 기반을 제공했다. 각 실천현장에서의 현장 교육을 통해 기관 전문 용어와 각 기관 현장의 전문 요건을 배울 수 있었다.

신임 사회복지사들에게 전하는 나의 주요 메시지는 사회복지사들이 정치와 재정 환경에서 실천하고 있다는 현실이다. 나는 수립된 모든 공공정책들이 재정적인 우려 속에서 "실행의 좁은 복도"를 따라 안내되었다는 것을 알게 되었다. 사회복지사들이 회계사가 관리하는 시스템에서 일하기를 원하지 않는 한 경영 문제, 재정 현실, 정책 개발, 예산 책정 능력에 대해 알아야 하고, 재정과 자금에 대한 전문지식을 어느 정도 갖춰야 한다. 확실히 주정부 예산의 위기는 지역 차원에서 가용할 수 있는 자금에 영향을 미치며, 이는 지역 공공 부문의 안전망에서 빈곤하거나 장애가 있거나 노숙자이거나 또는 위험에 처한 사람들이 이용할 수 있는 서비스에 다시 영향을 미친다.

나는 옳은 일을 하는 편이 되고 싶어서 사회복지사가 되었다. 나에게 옳은 일을 한다는 것은 사회정책을 수립하고 발전시키는 데 참여하는 것을 의미한다. 이 과정에서 나는 정치적으로 실현 가능한 것과 실제로 도움이 되는 것이 다르다는 것을 인정해야 한다는 도전을 매일 받고 있다. 공공정책의 관점에서 "한 가지 사이즈가 모두에 들어맞지 않는 경우가 많다"는 것을 배웠다. 연방 및 주정부 수준과 같이 더 큰 시스템 수준에서 설계된 정책은 지역 수준에 적용할 수 있는 내재된 유연성을 가질 필요가 있다. 정책이 행정 지침에서 너무 구체적이면 지역사회 차원의 서비스 제공이 평범하다는 결과가 나온다. 내가 가장 흥미롭게 생각하는 것은 공공정책 개발에 소비자들이 점점 더 많이 참여하고 있다는 것이다. 소비자와 다른 지역사회 이해관계자들의 적극적인 참여는 보다 인도적이고 대응력이 높은 사회정책으로 이어진다.

# 인력 유형

프로그램과 서비스의 목적과 범위, 사회복지기관 또는 단체의 규모에 따라 직원은 전문역량, 교육 및 경험 수준에 따라 구분되는 전문사회복지사, 준전문가, 자원봉사자를 포함할 수 있다. 예를 들어 협소한 범위의 서비스를 제공하는 소규모 기관이나 단체는 광범위한 책임을 맡는 직원을 적게 고용한다. 반면에, 대도시 기관들이 제공하는 복잡한 프로그램들과 서비스들은 전문지식을 가진 수많은 직원이 필요할 가능성이

크다. 환경에 상관없이 양질의 프로그램과 서비스를 제공하기 위해서는
자격을 갖춘 전문가와 준전문가, 자원봉사자가 필수적이다.

## 전문사회복지사

사회복지 전문직은 자격 증명에 대한 표준을 설정하여 실천 수준을
차별화하고 구성원을 규제한다. 자격 증명은 사회복지를 별도의 직업으
로 확립하고 클라이언트의 규제 및 보호를 위한 기반을 제공한다. 공인
된 사회복지실천가들은 CSWE 인증 학부 및 대학원 프로그램을 통해
교육 및 훈련을 받는다. NASW는 회원들 간의 다양한 수준의 실천 기
준을 결정한다. 주 규제위원회는 각 주에서 사회복지실천에 대한 법적
요건을 정의한다.

미국 및 미국 영토의 모든 주의 법률은 전문적인 사회복지실천을 승
인하고 규제한다. 주법은 그들이 규정하는 법적 규제의 유형에 따라 다
르다. 주 면허법은 사회복지실천을 위한 교육, 훈련, 경험, 시험, 감독
요건을 규정한다. 면허증은 가장 높은 형태의 법적 규제이다. 일반 대
중을 보호하는 조치로서 이 법률은 면허법에 규정된 법적 구속력이 있
는 전문적 기준을 위반하는 전문직 종사자를 제재할 권리를 주에 부여
한다. 사회복지사들은 면허시험에 대한 성과와 지속적인 교육 요건을
문서화하여 역량을 확립한다. 자발적 등록은 일부 주에서 학사학위 수
준의 사회복지사를 위한 또 다른 형태의 규제이다. 주 등록제도는 사회
복지사들의 명부를 제공하며, 등록하지 않아 놓고 등록했다고 주장하는
실천가들을 단속할 수 있다.

주마다 등록 또는 면허의 요건이 다르다. 일부 주는 사회복지사의 실
천을 학사학위와 석사학위로 규제한다. 다른 주에서는 임상 전문가를
위한 추가 자격 증명을 제공한다. 또한 주법에 따라 명칭이 다르다. 예

를 들어, 특정 주의 법에 따라 명칭이 등록 사회복지사(Registered social worker, RSW), 면허 사회복지사(Licensed social worker, LSW), 면허 임상사회복지사(Licensed clinical social worker, LCSW), 면허 개업 사회복지사(Licensed Independent social worker, LISW)와 같이 다양하다.

면허를 관할하는 주법은 각 업무 수준에서 승인된 사회복지사의 서비스 유형에 대한 한계를 지정한다.

법적 규제는 전문사회복지사에 대한 신뢰도를 확립하고 소비자를 위한 법적 보호를 제공한다(Barker & Branson, 2000). 이 규정은 최소한의 교육 및 실무 역량 요건을 명시하고 전문교육을 받은 사회복지사에게 명칭 보호를 보장한다. 사회복지 전문성을 규제하는 법률에는 직무 과실에 대한 고발 절차와 면허 취소 조건이 규정돼 있다.

CSWE와 NASW를 포함한 여러 민간 조직은 자격 증명을 다룬다. CSWE는 학사 및 석사학위 수준에서 사회복지프로그램을 평가하며 CSWE의 지침을 충족하는 교육 프로그램에 대한 인증을 부여한다. 공인 프로그램을 졸업하면 NASW 회원 자격이 주어지며, 많은 주에서 면허를 취득하기 위한 전제 조건이 된다.

NASW는 공인사회복지사 아카데미 회원 자격, 임상 실습 자격을 갖춘 사회복지사 등록부 포함, 노인학, 의료, 약물 남용, 사례관리, 학교사회복지 등의 분야에서 전문 인증을 받은 자격을 갖춘 회원을 인증한다. 이러한 인증을 받기 위해서는 NASW의 회원 자격을 보유하고, 감독된 임상 실습 기준을 충족하며, 표준화된 시험을 통과해야 한다. NASW는 구성원이 NASW(2018) 윤리강령에 명시된 실천 표준을 준수하도록 요구하여 품질을 보장한다. 더 나아가 법원은 전문사회복지 윤리와 관련된 소송을 판결할 때 NASW 회원과 다른 사회복지실천가들에게 모두 이 윤리강령 기준을 사용한다.

다른 민간단체에서 제공하는 자격증은 결혼 및 가족 상담 또는 학교

사회복지와 같은 특정 사회복지 분야를 규정한다. 개인 자격 증명은 법적 구속력을 갖는 공공 권한을 갖지는 않지만, 사회복지실천에 대한 전문적인 기준이 된다.

## 준전문가

준전문가는 전문지식과 기술 교육을 받지만 전문직에 필요한 공식적인 교육은 받지 않은 경우이다. 현재 추정치에 따르면 2014년과 2024년 사이에 휴먼서비스에 고용된 준전문가의 수는 미국의 평균 직업 증가율보다 더 빠른 수치인 약 11%가량 증가할 것으로 나타나고 있다(BLS, 2015a). 준전문가들은 사례관리 보조원, 사회복지사 보조원, 주거 상담원, 사회복지 서비스 보조원, 아웃리치 활동가, 정신건강 보조원 등과 같은 다양한 분야의 실무 업무를 수행한다.

준전문가의 활용과 사회복지 서비스에 대한 소비자 참여에 대한 법령은 1960년대에 두각을 나타냈다. 1964년 경제기회법(EOA)의 지역사회 행동 규정은 빈곤층이 사회서비스 프로그램과 정책의 기획, 설계, 전달에 "최대한 실현 가능한 참여"를 해야 한다고 강조했다. 인근 상점가에 전문가와 준전문가로 구성된 서비스 센터를 배치함으로써 필요한 보건 및 휴먼서비스에 대한 접근이 용이해졌다.

1966년 EOA의 "새로운 직업" 개정안은 빈곤과의 전쟁에 대한 지역민, 풀뿌리 개입을 증가시키기 위한 효과적인 전략이었다. 시범사업의 시책으로 시작한 새로운 직업은 불이익을 받은 사람들에게 건강 및 휴먼서비스 분야에서 초보 수준의 전문직 일자리를 확보할 수 있는 기회를 제공하였다. 풀뿌리의 강점을 바탕으로 개선 교육 및 직업 훈련을 위한 조항은 최대한의 발전 기회를 보장했다.

# 자원봉사자

역사적으로 사회복지 서비스 전달체계에서 자원봉사자, 즉 서비스를 제공하는 비임금 노동자는 중요한 역할을 했다. 20세기 초 자선조직협회에서 온 우애방문자들과 인보관 운동을 하는 사회개혁가들은 사회복지 전문직 출현의 핵심 인물들이었다. 공공 부문 기관이 사회복지 서비스 제공에 더 많이 참여하게 됨에 따라 자원봉사자의 활용은 크게 감소했다.

현재 연방 정부와 주정부의 자금 지원 삭감으로 인해 자원봉사자들은 사회복지 전달체계에서 다시 점점 중요성을 더하고 있다. 전통적으로 여성들은 자원봉사자의 중추였다. 분명히 여성들은 무급 여성 노동력을 구성해 왔다. 하지만 가정 밖에서 더 많은 여성들이 고용되면서 자원봉사자들에 대한 수요는 계속 확대되고 있지만 자원봉사자의 이용 가능 인력은 줄어들고 있다.

## 자원봉사활동

자원봉사자들은 다양한 종류의 지원을 제공한다. 자원봉사자의 유형은 다음과 같다.

- 정책 결정 자원봉사자는 TF, 검토 패널, 위원회 및 이사회에서 봉사한다.
- 행정 자원봉사자는 문서 작업, 일정 조정 및 우편 발송과 같은 활동을 통해 사무지원을 제공한다.
- 옹호 자원봉사자는 모금 활동, 입법자 대상 서한 작성 및 전화하기, 공청회 증언 제공, 지역사회 지원 구성 및 홍보활동을 통해 봉사한다.
- 직접 서비스 자원봉사자는 상담, 여가, 위기 전화, 개인 지도

와 같은 활동에 참여할 수 있다. 현재의 경향은 사회적 지지 관계망이 부족한 클라이언트를 훈련된 자원봉사자들과 연결하는 것이다(Mitchell, 1986).

이러한 역할 외에도 기관 자원봉사자들은 지역사회 발표를 하고, 워크숍과 스터디그룹을 이끈다. 또한 자원봉사자들은 클라이언트 이동, 보육 및 임시 간호 서비스 제공, 멘토링, 집단 촉진, 모금, 행정 및 사무 활동, 이사회 및 TF 활동에도 참여하고 있다.

효과적인 자원봉사 프로그램은 적극적으로 자원봉사자를 모집·훈련하고, 업무를 명확히 정의하고, 자원봉사자의 활동을 조정하며, 감독 지원을 제공하며, 기여도를 존중하는 것이다. 특정 유형의 자원봉사자 직책에 대해서는 지문 감식을 포함한 참고사항들을 철저히 검토할 필요가 있다. 신중하게 설계된 선별 과정은 자원봉사자들의 재능과 기관의 요구를 일치시킨다.

**사회복지 사례**

크리스 앳우드는 건강한 가족 아메리카(Healthy Families America) 프로그램을 실행하기 위한 지역 시책을 위한 자문위원회에서 일하고 있다. 이 프로그램은 일반자원봉사자와 전문 간호사, 사회복지사를 결합하여 새로운 부모를 위한 가정 내 지원과 교육 프로그램을 제공한다. 크리스는 아동복지 예방 프로그램에 있어서 자원봉사자들의 기여를 높게 평가한다. 이 프로그램들은 가족 관계를 강화하고, 육아상담소에 대한 참여를 증진하며, 부모들에게 아동 발달에 대해 교육하기 위해 고안되었다. 자원봉사자들은 정규 일정에 따라 신규 부모들을 방문한다. 제공자팀의 일원으로서 자원봉사자들은 가족들의 건강한 기능을 증진시키기 위해 전문가들과 함께 협력한다.

# 서비스 전달의 자원과 과제

사회복지 전달체계는 네트워크 내에서 수많은 자원과 과제를 안고 있다. 다양한 전통적이고 혁신적인 자조 모임은 기관 기반 사회복지 서비스를 보완하는 귀중한 지원을 제공한다. 정보기술 인프라의 정교함은 크게 다를 수 있지만, 컴퓨터 기술과 웹 기반 도구 및 자원은 효과적인 통신 및 조직 운영을 위한 21세기의 필수 요소이다. 정책 개발, 기관 및 조직의 의사결정, 연구와 교육에 대한 소비자의 참여에 대한 강조는 의미 있고, 정중하며, 대응적인 프로그램과 서비스에 이바지하고 실제로 역량 강화의 역할을 한다. 사회복지 전달체계 네트워크에 대한 비판적 검토를 통해 여러 가지 심각한 문제를 드러났지만, 사회복지 전문가들은 포괄적으로 조정된 서비스 네트워크를 지원하고, 재정 및 정책 축소에 의해 악화되는 서비스의 파편화에 따른 불평등에 맞서는 개혁을 옹호한다.

## 서비스 전달 자원으로서의 자조 모임

상호원조의 장으로서 자조 모임은 상당수의 사람들을 위한 전문적인 서비스와 별개로 그리고 더불어서 귀중한 지역사회 자원을 제공한다. 참여 규모, 다루어지는 문제 유형, 제공되는 지원 유형을 고려해 볼 때 자조 모임은 사회복지 전달체계 네트워크에서 영향력 있는 자원이다.

전국 무작위 표본조사에 따르면, 미국에서 2,500만 명 이상의 사람들이 평생 동안 한 번 이상 자조 모임에 참여한 것으로 나타났다(Kessler, Mickelson, & Zhao, 1997). 이 설문조사에서는 매년 최소 천만 명의 사람들이 자조 모임 활동에 참여하는 것으로 추정했다. 자조 모임 활동에 참여했다고 보고한 응답자 중 약 3분의 1이 약물 남용 관련 집단에 참여했다고 밝혔다. 이들은 장애인과 부모지지집단 참여자들과 마찬가지로 자조 모임에 장기적으로 참여할 의사를 나타내는 것으로 판단된다. 또한 조사 결과에 따르면 낮은 수준의 가족 지지를 나타내는 사람들이 자조 모임에 참여할 가능성이 더 높은 것으로 나타났다.

자조 또는 상호원조 모임의 수와 다양성은 특히 온라인으로 제공되는 자조 활동의 확산과 함께 급격히 증가하고 있다. 일반적으로 집단은 물질 남용, 생애전환, 사별, 장애와 질병, 부양자 지지, 생활방식 차이, 육아와 같은 문제들을 다룬다. 미국 자조집단 소스 온라인(American Self-Help Group Sourcebook Online)을 통해 온라인으로 제공되는 자조 소스북(Self-Help Sourcebook, White & Madara, 2002)에는 1,200개가 넘는 자조 모임이 나열되어 있다. 많은 국가나 지역 기반을 둔 모임들은 현재 모임의 목적과 활동에 대한 정보를 상세히 제공하는 웹사이트를 후원한다.

자조 모임의 형식은 모임마다 상당히 다르다. 처음에는 자조 모임이 비공식적인 경향을 가졌지만 이후에는 공식적인 조직 구조로 발달시킬 수도 있다. 일부는 클럽이나 협회와 같을 수도 있다. 다른 경우에는 연맹, 연합 또는 심지어 전국적인 조직 구조를 형성하기도 한다. 그리고 어떤 경우에는 전문성과 관료주의를 무시하고, 어떤 종류의 위계 구조도 피한다.

자조 모임의 기초에는 "역량강화, 수용, 비위계적 의사결정, 책임 공유, 사람들의 문화적, 경제적, 사회적 욕구에 대한 통합적인 접근"이 포함된다(Finn, 1999, p.221). 공통적인 요소가 많은 동료들 간의 정보 교환과 공유는 고립을 감소시키고 상호원조의 강력한 경험을 제공한다. 자조는 강점에 초점을 맞추고, 도움을 주고받는 동시에 참여를 강조하며, 공유되는 공동체를 통해 사회적 지지를 제공하고, 사용 가능한 자원을 기하급수적으로 확대시킨다. 상호원조는 종종 일대일 대화, 교육 프로그램, 사회활동, 집단 토론, 개인적 요소의 공유, 상담 전화, 홍보활동 및 입법 옹호와 같은 활동을 포함한다(Segal, 2013).

수많은 연구에 따르면 전통적인 자조 모임은 참여자들을 위한 효과적인 지원의 원천이다(Abramowitz, Ore, Braddock, & Harrington, 2009; Clare, Rowlands, & Quinn, 2008; DeCoster & George, 2005; Donovan, Ingalsbe, Benbow, & Daley, 2013; Rash, Weinnnnnnnnstock, & Van Patten, 2016; Wells, Kristman-Valente, Peavy, & Jackson, 2013). 장애를 가진 사람들을 위한 온라인 자조 모임에 대한 연구는 온라인 상호작용에 존재하는 도움의 과정이 대면 모임에서 발견되는 것과 유사하다는 것을 보여준다(Finn, 1999). 핀에 따르면 온라인 자조 모임은 접근성을 높이고 익명성을 보장하며 의사소통 응답 시간의 다양성을 허용하고, 전 세계의 유사한 사람들과의 네트워킹 가능성을 잠재적으로 보유할 수 있다. 반면에 참가자들은 악의적인 교류에 의해 피해를 입거나, 잘못된 정보가 넘쳐나고, 잠재적으로 중독성 있는 활동의 참여에 유인될 수 있다.

전문적으로 주도하는 집단과 자조 모임의 차별적 이익을 파악하기 위해서는 추가 연구가 필요하다. 상호원조 집단과 전문가들은 이들의 관계를 명확하게 정의함으로써 서비스 전달체계에서 서로 경쟁하기보다는 상호 보완을 할 수 있다고 본다. 혜택을 극대화하기 위해 사회복지사는 단계를 밟아나갈 수 있다. 즉, 사회복지사는 지역 자조 모임의 자원을 파악하고, 연락처, 회의 시간 및 회의 장소의 최신 정보를 유지하며, 문화적으로 민감한 지원을 제공하는 데 있어 자조 모임이 가지는 잠재력을 이해할 수 있다. 간단히 말해서, 자조 모임과의 제휴를 통해 가용 자원의 기반이 확장된다.


## 서비스 전달에 있어서의 컴퓨터와 기술

컴퓨터가 프로그램 개발과 서비스 제공에 있어 사회복지사의 노력을 증대시키는 기술적 지원 역할을 하기 때문에 컴퓨터와 사회복지 사이의 협력관계는 자연스러운 것이다. 서비스 제공기관은 일상적인 기관 운영, 평가 활동, 교육 프로그램, 옹호, 프로그램 평가와 연구를 비롯한 다양한 업무에서 컴퓨터 기술에 의존한다. 전자 네트워크는 기관 간뿐만 아니라 기관 내 의사소통을 향상시킬 수 있는 여러 가지 가능성을 제공한다. 이메일, 웹 기반 토론 집단, 기타 전자 게시판 서비스는 말 그대로 전 세계의 사회복지 서비스 전문가를 연결한다. 인터넷은 인구통계학적 데이터, 사실 자료, 법률, 참고 목록, 온라인 저널, 조직자원을 포함한 놀라운 범위의 정보에 대한 링크를 제공한다.

컴퓨터 기술을 서비스 제공에 통합하는 것은 어려움이 없는 것은 아니다. 예를 들어, 정보화 시대에 기술 접근은 부유한 사람과 가난한 사람의 격차를 더 크게 만들었다. 이것은 또한 기술을 감당할 수 있는 기관과 그렇지 못한 기관 사이의 격차를 더 크게 만들어 자원 부족 상태에서의 운영에 더 많은 어려움을 야기하고, 잠재적으로 소비자 선택의 범위를 좁힐 수 있다. 둘째로, 컴퓨터에 익숙하지 않은 클라이언트들에게 서식을 작성하기 위해 컴퓨터를 사용하는 것은 위협적이고 그들을 위축시킬 수 있다. 세 번째 쟁점은 정보 보안의 허점에 관한 것이다. 예를 들어, 비밀보장의 문제는 데이터베이스 시스템, 전자 파일 전송, 이메일 통신에서 쉽게 발생할 수 있다. 마지막으로, 소셜 네트워킹 현상과 개인 프로필 웹사이트, 위키 사이트, 채팅 룸 화상 회의, 블로그를 포함한 웹 2.0 기술과 온라인 환경의 등장과 함께 새로운 과제가 대두된다. 이러한 온라인 커뮤니티는 사회적 지지와 정보 교환을 확장할 수 있는 잠재력이 있지만, 동시에 이해 상충과 경계의 문제를 포함한 윤리적 문제를 발생시킨다(Giffords, 2009; Judd & Johnston, 2012; Martin, 2010). 사회복지사가 사용하는 모든 정보기술의 방법은 윤리강령의 기준을 충족해야 한다.

## 소비자 참여

소비자 또는 서비스 사용자 운동의 구성원들은 서비스를 이용하는 사람들의 참여가 서비스 제공에서 권력 불평등을 해소하고 역량강화가 사회복지실천의 모든 측면에서 충분히 이루어지는 데 절대적으로 필수적이라고 주장한다. 예를 들어 정신건강 시스템 생존자, 노인, 학습장애가 있는 사람, 장애인과 같은 집단을 포함하여 역량강화 지향 서비스 사용자 운동의 주요 목표는 의사결정에 있어 서비스 사용자의 자율성을 보장하는 것이다(Cantley, Woodhouse, & Smith, 2005; Hodge, S., 2005; Linhorst, Eckert, & Hamiltom, 2006; Taylor, 2006). 개인의 통제 가능성을 높이는 데 많은 에너지가 할애되기는 하지만, 서비스 제공 및 사회정책의 변화를 통한 사용자 참여와 연구 및 사회복지 교육에서의 사용자 관여를 옹호한다(Gupta & Blewett, 2008; Tew, 2008; Warren & Boxall, 2009).

사용자 참여에 관한 책 제목인 "우리 없는 우리에 관한 것(Nothing about Us without Us)"(Charlton, 1998)은 장애인 권리 운동의 진언이 된 문구를 담아냈다. 또한 실천에 관한 연구는 "정책과 실천의 발전에서 사용자를 위한 적극적이고 두드러지는 역할 확립"을 지원한다(Fisher, 1994, p.289). 이 명백한 참여 요구는 서비스 사용자 운동의 근간이 되며 협력적 파트너십의 실천적 중요성을 강조한다. 더욱이 서비스 사용자의 참여는 자기결정권을 보장하는 것 이상을 포함해야 한다. 이론 구축, 연구, 프로그램 평가, 직무교육, 정책 개발 등 모든 범위의 활동으로 사용자 참여를 확대하는 것이 필수적이다.

가부장적 조직문화가 내재된 사회복지 전달체계는 클라이언트와의 협력 활동을 방해한다. 이러한 영향에 대처하기 위해 사회복지사는 전문지식과 클라이언트의 의존을 선호하는 권력 불균형을 해결하고, 클라이언트를 착취하고 사회 통제를 강화하는 전문 용어와 명칭을 비판하며, 포용성과 협력의 분류체계를 받아들여야 한다(Holmes & Saleebey, 1993). 역량강화 원칙을 자체 조직 구조와 절차에 적용하는 휴먼서비스 조직은 클라이언트와 협력하여 참여하려는 사회복지사의 노력을 지원 한다(Latting, 2004; Shera & Page, 1995; Turner & Shera, 2005).

## 정책 축소로 인한 서비스 감소

연방 정부와 주정부가 사회복지 지원에 대한 책무를 줄이고 그에 따 라 사회복지 전달체계 네트워크를 축소하는 하나의 방법은 사회정책 축 소이다. 행정적 자격 박탈(bureaucratic disentitlement)은 법률이 아닌 사회 정책의 변화를 통해 프로그램과 서비스를 은밀하게 축소한다(Lipsky, 1984). 립스키의 행정적 자격박탈에 대한 기존 설명은 30년 전처럼 오늘 날에도 적용된다. 행정적 자격박탈의 측면은 다음과 같다.

- 서비스 접근을 제한하는 규제 부과
- 자원 제한
- 프로그램 확대를 피하기 위한 의사결정 연기
- 일선 사회복지사의 재량권을 줄이기 위한 행정적 책임 확대
- 공정한 청문회 및 이의신청에 대한 제재
- 시민자문위원회의 제안에 주의를 기울이지 않음
- 서비스 제공의 파편화
- 정부 기금에 의존하는 서비스 제공기관 선택

선출직 공무원들은 "삶의 질" 서비스를 위한 예산의 명백한 삭감을 지지하기를 꺼릴 수도 있다. 많은 경우에 프로그램 수준에서의 정책 축 소를 통해 동일한 감소 목표가 은밀하게 달성될 수도 있다. 불행하게도

정책 축소는 "그들과 그들의 감시견 동맹들을 자극하지 않고 상대적으로 무력한 집단의 입장을 잠식한다"(Lipsky, p.20).

크리스 앳우드는 이번 주정부 노인 서비스국(State Division of Aging Services)의 변화된 행정규칙에 걸린 사람들로부터 여덟 번째 전화를 받았다. 주 전체의 예산 조정 전략으로 인한 규칙 변화는 클라이언트의 적격성 확인을 위해 금융자산에 더 큰 제한을 두어 잠재적 클라이언트 대상자를 제한하고 프로그램 비용을 절감하였다. 크리스에게 걸려온 전화는 새로운 지침에 따라 더이상 서비스를 받을 수 없는 노인 관련 지역 기관의 이전 클라이언트들로부터 걸려온 것이었다. 크리스는 자신의 주에 있는 다른 I&R 사회복지사들과 네트워크를 구축하여 다른 지역사회가 노인들을 위한 서비스의 격차와 장벽에 어떻게 대응하고 있는지 알아보려고 한다.

## 재정 축소로 인한 서비스 한계

사회복지 재원의 기반을 살펴보는 것은 사회복지 재원에 대해서 다음과 같은 수많은 질문을 하게 한다. 사회복지 재원은 공공이어야 하는가 아니면 민간이어야 하는가? 보조금, POSC, 공급 업체 지불, 대출 보조금에서 공공과 민간서비스의 차이가 어떻게 모호한가? 보험금 지급에 대한 의존도가 증가하면 클라이언트를 위한 선택권이 확장 혹은 제한되는가?

특별히 그램-러드맨-홀링스 빌(1986)[2]과 같은 국가 재정 적자를 줄

---

2  역자 주: 연방 적자를 줄이기 위한 법안으로 적자 감소 목표를 설정하여 집행하는 방식으로 운영됨

이기 위한 재정 축소 노력은 휴먼서비스에 대한 재정 안정성을 크게 떨어뜨렸다. 예산 삭감은 재정 배분을 현저히 감소시킨다. 민영화, 자금조달 경쟁의 영향, 기관의 영역 문제, 사회적 선별 결정과 같은 구체적 문제들이 나타난다.

### 민영화

민영화는 정부가 자체적인 정부 기반 공공서비스를 확대하기보다는 민간 비영리 또는 영리 사회복지 서비스를 지원할 때 발생한다. 서비스 계약, 소득보장 공급자 지급, 저비용 대출 등의 구매를 통해 다양한 수준에서 정부가 자발적·영리 기관의 재정지원 기반을 추가한다. 이러한 재정적 인센티브는 민간 기업과 산업이 사회복지 서비스의 주요 제공자로서 사회복지 전달체계 네트워크로 유입되도록 유도한다. 민영화를 선호하는 정책입안자들은 이익 지향적 사업이 정부보다 더 비용효율적인 사회복지 서비스를 제공할 수 있다고 주장한다. 그들은 민영화를 소위 말하는 "복지가 급증하는 국가"를 축소하기 위한 하나의 방법으로 보고 있다.

사회복지 서비스에 대한 연방 정부의 개입을 감소시키는 것을 더 강조하면서 아동보호서비스, 가정위탁, 입양, 보건 및 정신건강 서비스, 청소년을 위한 주거시설, 노인 서비스, 형사 사법 분야의 서비스에서 다양한 유형의 프로그램과 서비스 등 수많은 실천 분야에서 민영화가 일어나고 있다. 민영화는 "더 큰 공공의 사회적 목표를 달성하기 위해 민간 조직의 능력에 대한 공공의 이용 증가"를 나타낸다(Dobelstein, 2013, p.7).

사회복지 전문가들은 민영화에 대해 엇갈린 평가를 내리고 있다. 일부 사회복지사들은 민영화를 수용한다. 그들은 새로운 고용 기회, 높은 급여, 위생적인 근무 조건, 더 선호되는 클라이언트, 그리고 명성에 대

한 가능성을 본다. 또 다른 사람들은 민영화를 빈곤층에게 서비스를 제
공해야 한다는 사회복지의 의무를 약화시키는 또 다른 정책이라고 생각
한다. 이들은 사회복지사들이 사회 구성원의 복지에 관한 것에 대하여
"저렴한 것이 더 좋다"는 전제의 오류를 인식해야 한다고 믿는다. 또
일부에서는 민영화가 사회복지 서비스 제공에 있어 정부의 존재감을 모
호하게 하고, 서비스를 더욱 파편화하며, 공공복지의 안전망을 무너트
리고 있다고 생각한다(Dobelstein, 2013).

### 경쟁적 자금 조달

기관 간 협력보다는 재원을 두고 경쟁이 발생한다. 경쟁적인 자금 조
달과 관련하여 몇 가지 문제가 발생한다. 때로는 수익 창출 기관 프로
그램만이 적절한 자금을 지원받아서, 덜 부유한 기관들을 위한 자원이
부족하다. 게다가, 재원 경쟁은 전문직 직원들을 대상을 하는 경쟁과
직결된다. 더 많은 자원을 가진 기관은 더 경쟁력 있는 급여로 자격을
갖춘 전문가를 끌어들일 수 있다. 결국 빈곤층을 위한 서비스가 혁신적
프로그램에 대한 보조금을 받을 수 있는 능력과 숙련된 실무자를 고용
할 수 있는 능력 모두에서 어려움을 겪을 수 있다는 것이다.

### 기관의 영역 갈등

기관의 자기 이익이나 기관 영역의 보호는 종종 어떤 기관이 특정 유
형의 서비스를 제공하거나 특정 유형의 클라이언트와 협력하기 위해 자
금을 확보해야 하는지에 대한 논쟁의 밑바닥에 놓여있다. 어떤 기관은
광범위하게 사명을 제시하고 포괄적인 서비스를 제공하는 반면, 다른
기관은 제공하는 서비스 유형이나 서비스하는 클라이언트 유형을 제한
하는 단일 초점 접근법을 사용한다. 실제로 기관들은 그들의 사명과 일

치해서가 아니라, 자금이 사용 가능할 때만 새로운 프로그램을 개발할 수 있다. 재정의 파이가 여러 가지 방법으로 쪼개질 수 있다는 것을 인식하는 양심적인 사회복지사들은 어떤 프로그램의 더 큰 파이를 위해 다른 프로그램의 예산을 삭감하는 것을 옹호할 때 종종 윤리적 딜레마에 시달린다.

### 사회적 선별

사회적 선별은 클라이언트를 "치료 가능"이나 "치료 불가능", "가치 있는"이나 "가치 없는" 클라이언트로 분류하는 과정이다. 사회복지사들은 위기 상황에서 응급실 직원의 의사결정 개념과 유사한 개념을 활용해 클라이언트의 서비스를 선별한다. 가장 호의적인 해석을 한다면, 사회적 선별은 제한된 자원의 제약에 대한 대응이며, 성공 가능성이 있는 사람들에게 우선권을 주고 더 많은 일을 할 수 있는 방법을 나타낸다. 젠킨스(1983)는 사회적 선별의 의도치 않은 영향을 지적한다. 그것은 사회복지사가 "우리가 할 수 있는 것은 아무것도 없어!"라는 거절과 함께 클라이언트를 배제하고, 전달체계는 클라이언트에게 "할 수 있는 것은 없어!"라고 하여 궁극적으로 클라이언트의 무력감을 강화하는 것이다. 사회복지사들은 "도와줄 수 있는 사람들을 계속 돕고, 더 효과적이고 적절한 서비스를 찾는 것을 포함하여 가장 도움이 필요한 사람들에게 더 큰 노력을 기울이기 위해" 사회적 선별을 사용할 사회적 책임이 있다(p.824).

### 서비스의 파편화

파편화되고 제한된 서비스 옵션으로 가득 찬 시스템은 범주화된 재원과 엄격한 자격 요건에 의해 제약을 받는 프로그램이 많다. 궁극적으로 클라이언트는 당면한 문제를 해결하기 위해 제한된 이용 가능한 서비스를 수용해야 한다. 사용 가능한 서비스는 자주 제한적이거나 너무 과중한 부담을 발생시키기 때문에 적절한 서비스 선택권을 갖기 위해 클라이언트는 대기자 명단에 이름을 올려야 한다. 클라이언트는 서비스 제공의 균열을 경험하게 된다.

다음과 같은 여러 가지 요인으로 인해 파편화되고 제한적인 사회복지 전달체계가 구축된다.

- 사회복지사가 클라이언트의 자격에 대해 객관적이고 공정한 지침이 아닌 클라이언트의 "가치" 또는 "동기"를 기준으로 주관적인 판단을 하여 불공정하고 차별적인 실천으로 이어진다.
- 관료주의적 책임에 대한 압력은 자금을 범주 기반 프로그램에 종속시킨다. 사회적 효과를 저하시키는 비용-효과는 서비스 단위당 비용과 관련하여 서비스되는 클라이언트의 수를 강조한다.
- 서비스 전달체계의 격차에 대응하여 선의의 옹호자들은 인간의 욕구에 대한 일반적인 대응을 촉진하는 대신 특정 사회 집단의 충족되지 않은 욕구나 특정 문제에 초점을 맞춘다. 특정 클라이언트 집단의 특정 욕구를 대상으로 하는 수많은 프로그램을 이미 단편화된 체계에 추가한다. 결과적으로, 점점 더 많은 서비스들이 공익사업으로서 제공되기보다는 특정 집단에 대한 자격 요건을 제한하게 된다.
- 자금 지원 기관은 종종 기관의 서비스 중복 제거 또는 축소를 요구한다. 자금 출처의 변화에 따라 기관들은 서로 서비스 제공을 위한 자금, 클라이언트 및 독점권을 놓고 경쟁한다. 전체적인 효과는 클라이언트의 선택을 제한하는 것이 된다.

- 정치와 경제적 환경의 변화로 인해 프로그램이나 사회문제가 말 그대로 1년 동안 유행하다가 다음 해에는 인기가 감소한다. 이러한 사회복지 개혁은 서비스의 확대 또는 축소를 초래하여 결국 프로그램의 안정성에 영향을 미치게 된다.
- 정책입안자가 재정적으로 또는 원칙적으로 사회 계획을 지원하지 않을 경우 사회복지 서비스 제공자 간의 포괄적이고 조정된 조치에 어려움을 겪는다.
- 관리형 의료 비용 책임 강조가 시간이 지남에 따라 원가의식에서 비용 효율성, 비용 억제, 가장 저렴한 서비스 제공으로 전환됨에 따라 클라이언트의 서비스에 대한 접근성이 감소한다.

이러한 각 요소는 합법적으로 문제를 해결하지만 서비스를 파편화시킨다.

## 최적의 사회복지 전달체계

대조적으로 이상적인 사회복지체계는 모든 사람들의 삶의 질을 다루는 조정된 서비스를 특징으로 한다. 여기에는 클라이언트의 고유한 욕구를 충족하기 위한 유연한 자격 기준과 창의적인 서비스 조정이 포함된다. 포괄적인 서비스 제공 모델은 적절한 수준의 개입으로 즉각적인 대응을 제공한다. 또한 그것은 사회적 기능을 강화하고 사회정책 변화를 위한 길을 만들기 위한 조항도 포함한다. 이상적인 사회복지 서비스 공급은 다음과 같다.

- 클라이언트의 단기와 장기 욕구를 모두 해결하도록 설계된 공공 및 민간 프로그램과 서비스로 포괄적이고 보편적이다.

- 클라이언트의 참여, 선택 및 의사결정이 가능하다.
- 정책 형성에 있어 소비자, 공급자 및 전체 지역사회 등 광범위한 대표자를 포함한다.
- 소비자, 재원 제공자, 관리자 및 정책입안자를 포함한 모든 영역에 대한 서비스 품질과 효율성을 보장하기 위해 평가를 수행한다.
- 절차를 간소화하여 효율성과 효과성을 보장한다.
- 적절한 자금을 할당한다(NASW, 2011b).

## 복습과 예습

사회복지 전달체계와 관련된 다양한 요소들에 대한 기본적인 이해는 클라이언트와 성공적으로 일하고 전문 동료들과 효과적으로 상호작용하는 데 중요하다. 이 필수적인 지식의 기초를 제공하기 위해, 이 장에는 다음의 내용에 초점을 두었다.

- 지리적 위치의 영향을 포함하여 사회복지 서비스 환경 유형과 특성 차이 구별
- 다양한 사회복지 서비스의 자금 출처 확인
- 사회복지 서비스 제공과 관련하여 사회복지 전문직의 역할, 전문 자격, 준전문가와 자원봉사자의 역할 설명
- 서비스 제공과 관련된 자원과 과제에 대한 평가

이후에는 효과적인 실천을 위한 추가적 배경지식을 학습한다. 사회복지의 가치와 윤리, 사회정의의 쟁점, 다양성과 문화적 역량을 비판적으로 검토하게 될 것이다. 5장에서는 전문직의 철학, 이념, 가치를 살펴본다. 전문직 행동에 대한 기대를 반영한 실천과 사회화 방향을 제시하기 위해 전문 가치와 윤리강령을 설명한다. 6장에서는 사회정의와 사회복지에서의 불의에 대한 함의를 살펴봄으로써 사회적 정의 문제를 고찰한다. 7장은 강점과 역량강화의 관점에서부터 다양성과 문화적 역량 관점까지 살펴본다.

## 생각해보기

❶ 정책 실천: 사회복지 서비스는 일반적으로 공공 또는 민간으로 분류된다. 공공과 민간서비스 모두를 기반으로 구축된 사회복지 전달체계 네트워크의 이점은 무엇인가?

❷ 정책 실천: 지리적 영역과 관할구역은 사회복지 서비스 전달에 영향을 미친다. 도시와 농촌 지역의 서비스 접근성과 가용성과 관련하여 발생하는 문제는 무엇인가?

❸ 윤리적이고 전문적인 행동: 많은 휴먼서비스 실천가들은 사회복지 자격이 부족하더라도 "사회복지를 하는 것"으로 자각한다. 전문사회복지의 보호, 면허 및 법적 규제는 어떻게 클라이언트를 보호하고 윤리적 실천을 장려하는가?

❹ 정책 실천: 경제 위기와 예산 적자가 발생할 때 연방 정부가 지원하는 많은 복지 프로그램들은 재정 삭감이나 자격 규정의 변경의 위험

에 처하게 된다. 사회복지사가 정책 실천 영역에서 필요한 사람의 이익이 침해되지 않도록 이러한 새로운 자금 문제를 해결하기 위해 예방적으로 취할 수 있는 조치는 무엇인가?

# 사회복지실천 관점

## 제2부

사회복지실천: 역량강화 전문직의 관점과 역할

제5장

# 사회복지실천 가치와 윤리

★ ★ ★ ★ ★

**학습목표**

- 전문사회복지실천의 일반 가치에 대해 설명할 수 있다.
- 클라이언트 가치 체계, 기관 가치, 사회복지실천가의 전문적 가치를 포함한 사회복지실천의 가치 맥락을 분석할 수 있다.
- 윤리, 윤리강령의 목적과 전문적 실천의 기준을 설명할 수 있다.
- 사회복지실천의 윤리적 원칙과 우선순위에 대한 비판적 시각을 기를 수 있다.

**학습개요**

- 가치와 전문사회복지실천
  - 가치의 정의
  - 전문사회복지실천 가치의 기반
  - 사회복지실천의 핵심 가치
- 사회복지실천의 가치 맥락
  - 사회문화적 환경과 가치
  - 가치와 사회복지 전문직
  - 기관과 가치
  - 클라이언트 체계와 가치의 다양성
  - 표출된 문제와 가치
  - 사회복지사의 개인적 가치
- 윤리와 사회복지실천
  - 윤리의 정의
  - 윤리강령
  - 전미사회복지사협회 윤리강령
  - 윤리적 원칙에 대한 국제 조항
  - 급진적 윤리강령
- 사회복지실천의 윤리적 원칙과 윤리적 선호
  - 수용                    － 개별화
  - 의도적 감정 표현          － 비심판적 태도
  - 객관성                  － 통제된 정서적 관여
  - 자기결정                － 자원접근성
  - 비밀보장                － 책무성
  - 역량강화 사회복지실천에 대한 윤리적 선호

복습과 예습

생각해보기

전문직 가치 기반에서부터 클라이언트가 가지고 있는 이슈의 가치 판단적 특성, 사회복지실천의 윤리 기준까지, 가치와 윤리는 사회복지 실천에서 중요하다. 인간의 존엄성과 사회정의는 전미사회복지사협회와 국제사회복지사연맹의 윤리강령에 내재된 핵심 가치이다. 사회복지가치와 윤리적 기준은 전문직에게 요구되는 인권과 사회경제적 정의를 통합한 것이다. 사회복지 전문직의 가치와 윤리 기반에 대해 이야기하기 위해서, 이 장에서는 가치, 전문사회복지실천 가치에 대해 설명하고, 사회복지실천의 가치 맥락을 분석하고 윤리, 윤리적 행동, 윤리강령을 설명하고, 사회복지실천의 윤리적 원칙과 우선순위에 대해 살펴볼 것이다.

의료사회복지사인 로즈 헤르난데스가 받은 퇴원계획의뢰 양식에는 브라운 박사가 최근 엉덩이를 다친 80세인 이마 더글라스 부인을 요양원으로 전원시키기를 원한다는 내용이 있었다. 의뢰서 내용에 따르면, 더글라스 부인은 브라운 박사의 요청을 "따르기"를 거절하였다. 그녀는 "상냥한 할머니"에서 화나고, 공격적이고, 비순응적이고, 비협조적인 사람으로 변하였다고 묘사되었다. 로즈가 더글라스를 처음 만났을 때 그녀는 엄청난 불만을 쏟아내었다.

"나는 당신이 나에게 무슨 말을 할지 알고 있어. 다른 사람들과 비슷하겠지, 잠자코 있으라구! 난 집으로 돌아가기로 결정했어. 난 늙은이들이 있는 요양원에는 가고 싶지 않아. 여기 병원에 오래 붙잡혀 있었던 것만으로도 충분하다고!"

"엉덩이뼈가 부러진 후로 모든 것이 엉망진창이 되었지요, 더글라스 부인?"이라고 로즈는 물었다.

"정확히 맞아.", "난 그만하라고 소리치고 싶어, 난 이 미칠 것 같은 회전목마에서 내리고 싶어."라고 작디작은 더글라스 부인은 소리쳤다.

로즈는 대답했다. "부인은 스스로의 삶을 살기 위해 돌아가고 싶은 거군요."

더글라스 부인은 "난 병원과 사람들이 이래라저래라 하는 데에 지쳤어. 그리고 소위 친구들이라고 하는 사람들은 내가 고마워해야 한다고도 말하더군. 맙소사! 또 다른 사람들은 '불쌍한 이마, 얼마나 안됐는지'라는 눈빛을 보내고, 어떤 사람은 심지어 내가 잘못했다고 말하기도 했어. '이 잔소리쟁이야, 당신을 비난할 수 있는 사람은 당신 자신뿐이야.' 나는 그녀가 떠나기를 바라면서 자는 척했어. 그렇지만 그 사람들이 맞을 수도 있어. 내가 기대를 너무 많이 하는 늙은이일 수도 있지."

더글라스 부인은 계속해서 말했다. "난 그저 차가운 병원 이불보다는 내 집의 온기를 느끼고 싶을 뿐이야. 나는 병원 냄새가 아니라 내 정원에 핀 꽃 향기를 맡고 싶어. 난 여기서 던져주는 맛없는 음식이 아니라 내가 직접 만든 빵과 잼을 먹고 싶어. 난 그저 집에 가고 싶을 뿐이야. 지금 당장 집에 가지 않으면 난 다시는 집으로 가지 못할 것 같아!"

대화는 계속되었고, 로즈가 물었다. "다시 희망이 있다는 건 어떻게 알게 될까요?"

더글라스 부인은 잠시 멈추었다 대답했다. "내가 걸을 수 있을 때, 내가 나 자신에 대해 결정을 내릴 수 있을 때야." 그러고 나서 더글라스 부인은 일어나서 로즈의 손을 잡고 말했다. "나는 뭘 할지 계획이 있어. 어떤 건 힘든 결정이지. 그리고 난 그걸 할 수 있을 정도로 강해!"

이 예는 가치와 윤리와 관련된 질문들을 불러일으킨다. 예를 들어, 노인에 대해 사회가 갖는 관점이 가져오는 결과는 무엇인가? 더글라스 부인의 가치는 그녀 자신과 다른 사람들을 바라보는 관점에 어떤 영향을 미쳤는가? 사회복지사가 노인들은 스스로 결정을 내릴 수 없다고 본다면, 결과는 어떻게 달라질까? 만약 더글라스 부인이 더 젊었다면, 논의는 다른 방향으로 흘러갔을 것인가? 안전이 위협받더라도 더글라스 부인이 계속 집으로 가기를 원한다면, 로즈는 어떤 갈등에 직면할 것인가?

# 가치와 전문사회복지실천

이 사례 연구에 대한 질문은 일상적 사회복지실천에서의 가치와 윤리의 중요성을 보여준다. 가치의 역할을 탐구하기 위해, 여기서는 가치와 가치 체계 그리고 개인적 도덕성에서 전문직의 도덕적 의무까지, 시간이 지남에 따라 변화한 가치 기반의 초점, 사회복지 전문직의 핵심 가치에 대해 살펴본다.

## 가치의 정의

가치는 우리가 이상적으로 혹은 선호하는 것에 대한 내재적 혹은 외재적 생각이다. 결과적으로 가치는 우리가 "좋다"라고 평가하는 목표와 행위를 결정한다. 우리의 가치는 우리의 신념, 정서, 태도를 형성한다. 반대로, 우리의 신념, 정서, 태도는 우리의 가치를 형성한다. 가치는 행동에 대한 규범 혹은 지침으로 정의된다.

사회복지실천이 가치 기반 전문직이기 때문에, 가치는 태생적으로 사회복지실천의 모든 측면에 관련된다. 더글라스 부인의 예를 생각해보자. 그녀가 가치를 두고 있는 것은 무엇인가? 그녀의 가치는 어떻게 그녀의 행동에 영향을 미치는가? 더글라스 부인은 독립성에 가치를 두고 있음이 명백하다. 그녀의 사고는 일상적인 생활방식을 깨뜨렸지만, 독립성에 대한 열망을 변화시키지 못했다. 실제로, 직원들이 명명한 소위 "비순응적이고 비협조적인" 그녀의 행동은 그녀 스스로 자신을 통제하는 방식이었다. 그녀가 독립성에 우선순위를 둔 행위는 감정이 북받친 행위로 해석되었다.

가치 체계는 사람들이 개별적 혹은 집단적으로 발전시키는 복잡한 가치 네트워크이다. 이상적으로는 이러한 체계들 간에서 가치는 유사하고, 또는 내적 일관성을 지닌다. 그러나 십중팔구 이러한 가치 체계들 안에 갈등은 존재한다. 예를 들어, 사람들은 "모든 사람은 평등하다"고 믿으면서, 동시에 "생산적으로 일하는 사람만이 가치있다"고 믿기도 한다. 이러한 가치는 서로 일관되지 않음에도 불구하고.

### 가치를 행위로 전환하기

사람들의 가치 지향은 동기부여와 행동의 방향성을 제시한다. 가치 체계 내에서 개별 가치는 위계적으로 배치되는 경향이 있다. 상황에 따라, 어떤 가치는 다른 가치보다 우선하는 것이다.

기초단계에서 사람들은 그들의 가치를 추상적인 용어로 표현한다. 그러나 다음 단계에서는 구체적인 행위로 전환한다. 일반적으로 사람들은 추상적인 가치에는 쉽게 동의하지만, 구체적인 행위에 내포된 가치에는 동의하지 않는다. 예를 들어, 대부분의 사람들은 삶의 존엄성에는 동의하지만, 삶의 존엄성을 낙태와 관련된 행위로 전환하였을 때는 달라진다. 합법적인 낙태에 찬성 혹은 반대하는 사람들은 모두 삶에 대한 가치를 지지한다. 사람들은 일반적으로 동일한 가치를 지지하지만 행위로 전환되면 상반된 가치를 보인다.

## 전문사회복지실천 가치의 기반

가치는 역사적인 뿌리를 가지고 있으면서도 현대 사회복지실천의 모습을 띤다. 현대 사회복지실천의 일반적 가치에 좀 더 예민한 초점을 만들어 낸 가치 변화(shift)에 좀 더 주목할 필요가 있다. 이러한 변화는 개인적 도덕성에 대한 초점에서 전문직의 도덕적 규범으로 초점이 변화한 것을 말한다.

### 개인의 도덕성에 대한 초점

19세기 후반 영국의 가난한 사람들에 대한 태도는 다음과 같은 신념을 반영하였다.

> 가난한 사람들은 그들의 상황을 개선할 수 있는 차고 넘치는 기회를 거부한 사람들이다. 절약과 미덕, 낭비와 비도덕성은 각각 같은 말이다. 구호품을 요구하는 극빈자들은 성격상 결함을 가진 사람들이다. 즉, "개조"가 필요한 사람들이다(de Schweinitz, 1961, p.143).

19세기 후반 미국에서의 사회복지활동 역시 유사한 태도를 보여준다. 예를 들어, 빈곤환경개선협회의 리더였던 로버트 하틀리는 가난한 사람들이 무절제, 게으름, 나태함에서 벗어날 수 있도록 이끌어주어야 한다고 보았다(Lubove, 1965).

보스턴 자선협회 지역 활동가의 활동에서도 이들이 분쟁 조사, 청취, 조언 활동에 대부분의 시간을 보낸 것으로 나타난다. 활동가들은 사회개혁을 통해 사회적 불의를 드러내기보다는 개인을 개조시키는 데 초점을 두었다. 예를 들어, "어떤 활동가의 하루는 이른바 무절제 때문에 병든 여성에 대한 구호를 거절하는 것으로 시작하였다(Lubove, 1965)". 이것은 그 당시 사회복지의 초점이 개인의 도덕성에 있었다는 것을 나타낸다. 이러한 관점은 클라이언트의 성격과 도덕성을 강조하고 "가치 있는" 혹은 "가치 없는" 빈자를 명백히 구별하였다.

## 전문직의 도덕적 규범

오늘날 도덕성에 대한 사회복지 전문직의 관심은 클라이언트의 도덕성에서 사회복지실천, 실천가의 행동, 사회복지 전문직 행위의 도덕성으로 초점이 변화하였다(Reamer, 2013a). 20세기 초반에 미국의 인보관 운동은 개인적 개조보다는 사회적 개혁에 초점을 두는 변화에 대한 동기를 제공했다. 1930년대 대공황을 겪으면서 사회적·경제적 문제가 인간의 욕구에 영향을 미친다는 사실은 보다 명확해졌다.

1920년대에 사회복지실천의 공통 특성을 확인하기 위해 개최된 밀포드 회의에서는 사회복지실천의 철학과 수많은 가치 지향의 질문들이 제기되었다. 회의록에서 발췌된 바에 따르면, 회의 참석자들은 다음과 같이 가치의 중요성을 강조하였다.

> 사회복지사는 사회적 진보 이론의 방향으로 이끌어주고 실천 목적을 명확히 해줄 뿐만 아니라 모든 전문적 접촉에 지침이 될 수 있는 일련의 사회적 가치 체계를 필요로 한다. 다음의 실천적 질문들은 철학을 필요로 한다.
>
> - 한 개인으로서 클라이언트의 권리는 무엇인가?
> - 가족에 대한 클라이언트의 의무는 무엇인가?
> - 어떤 환경에서는 가족을 깨지지 않도록 유지하는 것이 좋은가?
> - 어떤 환경에서는 가족을 깨뜨리는 것이 좋은가?(어떤 가치가 개인, 집단, 사회와 관련되는가?)
> - 강요는 어떤 사례에서 정당화되는가?
> - 개인의 의존성은 언제 공공의 책임 혹은 사적 책임이 되는가? 혹은 개인의 의존성은 공공의 책임 혹은 사적 책임과 얼마나 먼가?
> - 최저생활을 넘어선 사회적 욕구는 공공의 책임인가?: 교육, 건강 검진, 정신검사, 취업지도, 여가 등
> - 아프거나 불리한 사람을 위해 사회적 환경은 얼마나 변화되어야

하는가?

- 어떤 환경에서 클라이언트의 신뢰는 사회복지사에 의해 침해당
  할 수 있는가?
- 사회복지사는 법 집행에 책임이 있는가?

(미국사회복지사협회(American Association of Social Workers),
1929, p.28)

밀포드 회의는 사회복지 전문직 내의 다양한 분파를 만들어 내고, 전
문직 가치 기반에 대한 질문을 제기하는 데 중추적인 역할을 했다. 근
본적으로, 밀포드 회의는 전문직의 도덕성에 초점을 두었다. 100년 전
에 제기되었다 하더라도, 이러한 질문들은 오늘날 사회복지실천에서 가
치의 역할을 이해하는 데 중요한 질문으로 남아있다.

## 사회복지실천의 핵심 가치

사회복지 전문직의 핵심 가치는 인류의 본성, 변화, 고유의 가치를
지닌 자질에 대한 근본적 신념을 반영한다.

> 인간다움과 인간성 발달에 주요 관심을 둔 이래로, 사회복지실천
> 가치는 철저히 인도적이어야 한다. ─사회복지실천 가치는 인간이
> 처한 조건(human condition)의 근간을 뒤흔들고 끌어올려야 한다.
> 적어도, 사회복지실천 가치는 평등, 사회적 정의, 생활양식의 자유,
> 사회적 자원에 대한 적합한 접근, 자기동력(self-powers)의 해방
> 을 포함해야 한다. 이러한 가치를 지키기 위해 사회복지사는 제한
> 적이고, 완고하고, 억압적인 사회적 상황으로부터 인간 존재를 해
> 방시키는 역할을 해야 한다(Hynter & Saleebey, 1977, p.62).

사회복지실천 가치 기반의 주요 요소는 전문직 발전의 과정으로서

사회복지실천 안에서 이어져 왔다. 사회정의와 인간의 존엄성, 이 두 가지 핵심 가치에 대한 사회복지 전문직의 헌신은 전문직 초창기부터 명백하며, 오늘날까지 이어지고 있다(Reamer, 2013b). 예를 들어, NASW (2018), IFSW(2012c), CSWE(2015)에서 출간된 자료들은 모두 사회복지 전문직의 핵심 가치를 반영하고 있다. 이러한 사회복지조직들은 인간적 그리고 사회적 복리를 증진시키는 데 동시 또는 이중 초점을 두고 있다. 사회복지실천의 목적은 사회적 그리고 경제적 정의를 증진시키고 인간의 권리를 보호하는 데 초점을 둠으로써 이러한 사람 : 환경 개념을 실현하는 데 있다.

### 추상적 아이디어를 행위로 조작화하기(operationalizing)

일반적으로, 가치 진술은 모든 전문직 구성원들이 받아들일 수 있는 추상적인 생각을 표현한다. 구체적으로, 행위는 가치를 조작화한다. 예를 들어, 사회복지사가 모든 사람들의 존엄성과 가치를 믿는다면, 어떻게 그 신념을 행위화할 것인가? 만약 사회복지사가 사람들이 자원에 접근해야 한다고 믿는다면, 옹호에 대한 사회복지사의 신념은 어떻게 표현되는가? 만약 사회복지사가 사람들이 자기결정의 권리를 가지고 있다고 믿는다면, 이러한 변화는 실천 접근에서 어떻게 나타나는가? 전문 사회복지실천가가 된다는 것은 전문직의 가치를 가지는 것뿐만 아니라 행위로 그것을 나타낼 수 있어야 하는 것을 의미한다. 실제로 펄만(1976)은 "가치는 믿는 것에서 하는 것, 말로 확인하는 것에서 행하는 것으로 변화하지 않으면, 미미할 뿐이다"라고 말했다. 구체적인 행위 선택은 사회복지사가 가치를 행위로 전환하는 방법에 대한 다양한 해석을 나타낸다.

# 사회복지실천의 가치 맥락

각각의 독특한 가치 지향을 지니고 있는 많은 체계들은 사회복지실
천 안에서 모여 긴장을 불러일으킨다—사회문화적 환경, 기관 환경, 클
라이언트, 표출된 문제, 사회복지사. 체계들이 뒤섞이면서, 이러한 상호
작용은 경쟁하는 가치와 서로 충돌하는 충성심으로 만들어진 독특한 형
태를 띠게 된다(그림 5.1). 예를 들어, 가치는 클라이언트와 사회복지사
가 표출된 이슈나 문제를 정의하는 방식에 영향을 미친다. 사회문제를
해결하는 방식은 대립하는 집단들과 전문적 우선순위를 반영한다. 기관
정책에 의해 지정된 개입 방법은 주어진 클라이언트에게 적절한 개입전
략에 대한 사회복지사의 전문적 의견과 다를 수 있다. "적절한" 해결책

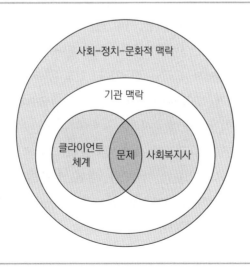

**그림 5.1** | **사회복지실천의 가치 맥락**

에 대해 가족 구성원들이 동의하지 않으면, 사회복지사는 클라이언트의
자기결정 이슈의 딜레마에 빠질 수 있다.

## 사회문화적 환경과 가치

가장 거시적인 차원에서, 사회적 그리고 문화적 가치는 클라이언트
체계와 사회복지사 간에 상호작용을 이해하는 광범위한 맥락을 제공한
다. 사회적 그리고 문화적 가치는 일반적으로 신념과 전통에 뚜렷하게
드러난다. 예를 들어, 미국 사회에서는 인간 존엄성과 가치, "이웃에 대
한" 공동의 책임성에 관한 유대교와 크리스천의 종교적 전통이 지배적
인 가치로 확인된다. 청교도에서는 일에 대한 도덕성, 노동의 산물로 사
람을 평가하는 것을 강조한다. 민주주의의 이상을 해석하는 데 있어서는
개인의 취향, 경쟁, 자율성에 중점을 둔다. 어떤 사회에서는 지배적 가치
가 시민의 가치를 측정하는 기준이 된다. 그 기준을 충족하지 못하는 사
람들은 모욕적인 평가나 편견, 차별적인 행동을 경험하게 된다.

덧붙여, 사회적 이데올로기는 서비스를 받는 사람들에 대한 태도와
서비스 제공 규정에도 영향을 미친다. 예를 들어, 두 가지 뚜렷한 입장
이 사회복지 역사에서 드러난 바 있다. 인도주의적 접근(humanitarian
approach)과 징벌적 접근(punitive approach)이다. 인도주의적 이상은 사회
적 조건이 개인이 욕구를 충족시키는 능력에 영향을 준다고 본다. 인도
주의적 접근은 시민의 권리인 서비스를 통해, 그리고 사회적, 경제적
개혁을 추구함으로써 인류를 지지한다. 반면, 징벌주의적 접근은 개인
을 직접적으로 비난하고, 서비스를 받는 것을 가능한 한 참을 수 없고
견딜 수 없는 것으로 만든다.

## 가치와 사회복지 전문직

지금까지의 논의는 사회가 사회복지실천에 미치는 영향에 대한 것이 었다. 사회적 가치도 개인과 집단, 지역사회, 기관, 사회복지사, 그리고 사회복지 전문직에 영향을 미친다. 또 이러한 요소는 사회에 의해 지지 되는 가치에 영향을 미친다. 버사 카펜 레이놀즈(1951)는 사회복지실천 과 사회 간의 떼려야 뗄 수 없는 관계에 대해 묘사한 바 있다.

> 우리의 실천은 사회가 진정 관심을 두고 있는 사람들의 복리에 뿌리를 두고 있고, 그 기회를 찾고자 한다. 그래서 사회복지사가 사 람들에 대해 믿는 바는 사회가 우리에게 원하는 바에 의해 영향을 받지 않을 수 없다. 우리가 지지하는 가치도, 실제 행하는 사회복지 실천도 우리 시대의 사회에 각인되어 있다(p.163).

역사적으로, 사회와 사회복지실천의 관계는 상호호혜적인 것으로 그 려졌다. 그러나 사회와 사회복지실천 간의 잠재적 관계는 흥미로운 추 측을 불러일으킬 수 있다. 우리는 사회가 사회복지 전문직에게 억압받 고, 가난하고, 권리가 박탈된 사람들과 함께 일하여, 사회악을 바로잡도 록 주문한 것으로 결론지을 수도 있다. 아니면, 사회가 사회복지사에게 다른 사람들은 하지 못할 "궂은일(dirty work)"을 하도록 주문한 것으로 보아야 할 것인가?

비판적인 논의는 징벌적 노동 윤리, 민주주의적 이상, 개인주의의 함 의, 그리고 사회복지정책과 프로그램 개발, 클라이언트 자신과 다른 사 람들에 대한 태도, 사회복지실천 가치의 진화에 대한 다양한 "주의"가 영향을 미치는 것까지 포함한다. 사회복지사가 직면하는 도전 중에는 클라이언트의 권리와 사회적 통제 간의 균형, 교육과 옹호를 통해 사회 개혁과 사회변화를 꾀하는 것도 있다.

## BOX 5.1

# 다양성과 인권에 대한 성찰

## 다양성과 다름을 존중하기

사회복지사들은 인간의 다양성을 인정하고 이해하고, 모든 사람은 성격, 삶의 경험, 신념체계에서 유사성과 차이점이 있다는 것을 알 필요가 있다. 사람들은 인종, 민족, 문화적 유산, 연령, 성별, 종교적 소속, 성적 지향, 성 정체성과 성표현, 계급, 정치적 이데올로기, 종족 주권, 이민자 지위, 신체적·정신적 능력이 다양하다. 모든 사람들은 그들에게 주어진 다양성의 분류 중 한 개 이상에 속해 있기 마련이다. 따라서 "누가 다양한가"라고 했을 때 답은 "모든 사람"이다.

사회복지실천에서 다양성 이슈는 실천가가 다양한 사람들과 일한다는 의미뿐 아니라 차별, 경제적 박탈, 억압, 인권 침해로 고통받는 다양한 사람들과 일한다는 것도 포함한다. 위험에 처한 사람들은 여성, 소수 유색 인종, 게이와 레즈비언, 장애인, 노인, 가난한 사람들을 포함한다. 다양한 방식으로 권리 박탈을 경험한 모든 사람들을 말한다. 이들은 시민권을 부여받지 못하고, 정치적 보상이 부족하며, 기회와 자원에 대한 접근성도 제한적이다.

개인주의와 자기결정, 자유 선택, 사회적 책무성이라는 민주적 이상은 사회복지실천 가치의 근간을 형성한다. 럼(2004)은 사회복지사는 다양한 집단의 가치를 고려하여 -가족, 교회, 자연과 같은 집합적 실체의 맥락에서 가족, 영성, 민족적 정체성에 초점을 두고- 이러한 전문적 가치를 검토해야 한다고 보았다. 사회복지실천 가치를 다양한 클라이언트와 함께하는 행동으로 전환할 때는 클라이언트의 신념체계와 삶의 경험에 대한 인정과 민감성이 요구된다.

가치, 이슈, 그리고 문화적, 민족적으로 다양한 사람들의 욕구를 이해하는 것은 사회복지 교육에서 중요한 주제이다. 실천가들은 이론적 구성 요소를 위험에 처한 사람들에게 단지 적용하는 것뿐만 아니라 문화적, 민족적 적절한지 비판적으로 평가해야 한다. 사회복지사는 다양성에 가치를 두고 다양성의 강점과 자원을 수용하는 실천 이론을 선택해야 한다. 문화적으로 유능한 사회복지사는 문화, 인종, 연령, 젠더, 성적 지향은 물론이고 차별, 억압, 시민권 박탈의 결과까지 포함한 역동을 고려한 사정, 개입, 평가 기술을 활용한다.

### 사회적 승인

사회는 전문직에게 합법적 전문직의 맥락에서 기능을 수행하도록 권위를 부여한다. 어떤 사회든 사회복지 전문직에게 부여하는 권위는 전문적 활동을 승인하고 지원하고자 하는 의지를 기반으로 한다. 반대로, 사회복지실천 활동에 의해 위협받는 사회는 그 기능을 저지한다. 예를 들어, 최근 열린 IFSW 회의에서, 많은 국가의 사회복지사들이 비민주적 국가에서 역량강화 기반의 사회정의 접근을 적용하는 데 위험에 처해 있다고 보고하였다. 이러한 환경에서는 사회 행동과 사회변화를 추구하는 것이 심각한 결과를 초래할 수 있다. 사회복지사는 사회서비스 전달체계에서 그들의 자리를 잃을 수도 있고, 심하면 그들의 자유와 생명까지도 잃을 수 있다.

### 기관과 가치

사회복지실천의 주고받음이 일어나는 조직의 가치 체계를 포함한 전체 가치 범위는 사회복지실천 과정에 영향을 미친다. 조직 가치 체계는 기관의 철학, 미션, 정책, 절차, 수급우선순위 등을 포함한다.

기관의 미션은 그 기관이 기반으로 하는 가치를 함축적으로 반영하고 기관의 목적을 명시적으로 나타낸다. 가치는 일상적인 프로그램과 서비스의 성공 여부를 측정할 수 있는 하나의 기준이다. 만약 한 기관이 인간의 존엄성과 가치의 중요성을 명시했다면, 기관 내, 기관 간 관계에서 또, 클라이언트와의 관계에서 의사소통이 중요하게 다루어져야 할 것이다. 만약 기관이 다양성에 가치를 둔다면, 인력구조, 프로그램과 서비스, 조직 스타일에서 다문화주의에 내재된 다양성을 반영해야 한다. 만약 어떤 기관이 역량강화를 강조한다면, 강점과 협력적 파트너십, 사회 행동 활동에 대한 지지와 함께 계획, 정책 개발, 인력개발, 프로그램 평가, 연구에서 소비자 참여에 명확히 초점을 두어야 한다. 효과적인 기관은 계속해서 그들의 가치 비전에서의 이상과 일상의 서비스 전달에서의 실체를 조화롭게 추구해야 한다.

나아가, 사회복지기관은 전문직의 가치를 따라야 한다. 기관들은 책무성의 체계를 확립하고, 동료 검토 과정을 도입하고, 사회복지실천에서의 윤리적 이슈에 초점을 둔 현직훈련과 컨설팅을 받고, 항소절차를 마련하고, "결정 내리기 곤란한" 딜레마에 대해 컨설팅을 할 수 있는 사회복지윤리위원회를 조직하여야 한다(Dolgoff, Loewenberg, & Harrington, 2012). 전미사회복지사협회는 인사선발, 직원교육, 평가, 승진, 수당, 해고 등을 포함한 인사관행에 대한 전문직 기준을 개발했다. 여기에는 보건, 장기요양시설, 아동보호시설, 임상사회복지실천, 사례관리, 학교사회복지 분야 등 특정 분야에 대한 기준도 포함되었다. 기관이 전문직에 대해 규정된 기준을 지키지 않을 때는 선고 절차에 따라 전미사회복지사협회 윤리위원회의 견책을 받게 된다.

프로그램과 프로그램 개발의 우선순위, 누가 서비스를 받고 받지 않을 것인가에 대한 결정, 기관의 정책 및 실천과 전문직 가치 및 윤리강령을 일치시키는 것은 중요한 영역이다. 사회복지사뿐 아니라 클라이언트를 역량강화시키는 실천 환경을 만들고, 정책 및 프로그램 개발에 클라이언트 또는 일반인이 참여하게 하는 방향으로의 도전이 이루어지고 있다. 가치에 민감한 이사회와 입법가가 정책 이슈로 고민할 때, "좀 더 나은 선(the greater good)" 또는 "좀 덜한 악(lesser evil)"을 결정하도록 노력하는 데 초점을 두는 것 역시 또 하나의 도전이다.

## 클라이언트 체계와 가치의 다양성

모든 사람들은 그들 자신의 독특한 가치들을 가지고 있다. 가치에 영향을 미치는 요인은 인종적 또는 민족적 유산, 젠더, 교육 수준, 사회경제적 지위 등을 포함한다. 우리는 민족적, 문화적 집단의 가치 선호를 일반화하는 경향이 있다. 그러나 많은 변수들이 각각의 집단 내에도 존재한다는 사실을 기억할 필요가 있다. 솔로몬(1983)은 억압받는 사람들에 대한 논의에서 집단 내 차이를 강조하였다.

> 억압받는 소수자 집단이 다수자 집단보다 친족구조, 종교, 1차 집단 관계에 높은 가치를 두는 경향이 있다는 사실 때문에 억압받는 소수자 집단에 속한 한 개인이 동일한 가치 우선순위를 두고 있다고 바로 추론해서는 안 된다. 예를 들어, 억압받는 소수자 집단에 속한 사람들 중 40%, 다수자 집단의 단지 10%가 전통적 종교 가치를 지지하는 것을 서로 비교한다면, 그 차이는 유의미하다. 그러나 개별 사례에서 따져보면, 대부분의 구성원들은 그러한 가치를 지지하지 않는다(p.868).

표면적으로, 민족적 혹은 문화적 집단의 집단 구성원들은 유사해 보인다. 그러나 좀 더 깊이 들어가면, 각 집단의 개별 구성원들은 가치와 우선순위를 확실히 다르게 두고 있다는 것을 발견하게 된다. 예를 들어, 모든 여성들이 공유하고 있는 어떤 특성이 있을지는 모르지만, 그렇다고 여성들이 모두 같지는 않다. 비슷한 교육 수준의 사람들이 가치에 대한 특정 시각을 공유하고 있다 해도, 그들의 각각의 가치는 완전히 다를 수 있다. 여러 지역사회 안에 유사한 구조와 정치 조직이 공통적으로 있다 해도, 각 지역사회의 우선순위와 기대는 다를 수 있다. 전 세계적 맥락에서, 모든 산업화된 혹은 개발도상국들이 유사성을 보인다는 일반화는 역사, 자연자원의 활용성, 인간성에 대한 관점, 정치 이데올로기와 같은 요소에 의해 만들어진 개별 차이를 무시하는 것이다.

더구나, 집단 간 비교는 잘못된 편가르기를 만들어 낸다. 예를 들어, 선행 연구 결과에 따르면, 여성과 남성 사이에는 시각적·공간적 추론과 언어 능력에 통계적으로 유의미한 차이가 있는 것으로 나타난다. 그러나 자료를 면밀히 검토해 보면, 이러한 집단 간 차이를 무의미하게 만드는 개별 남성 혹은 여성들이 갖고 있는 능력의 연속체를 발견하게 된다. 집단 차이는 통계적으로는 유의미할 수 있다. 이러한 차이는 개별 집단 구성원의 특성을 유사하게 만들어 버린다. 사회복지사는 일반화를 하지만, 특정 환경에서 작동하는 특별한 체계를 이해하기 위해서는 클라이언트의 상황을 개별화해야 한다.

효과적인 사회복지실천은 개별 클라이언트 체계의 독특한 가치 체계를 고려해야 한다. 때로는 사회복지사와 클라이언트가 클라이언트의 가치 틀 안에서 해결책을 찾기도 한다. 그러나 클라이언트의 가치가 다른 사람들의 복지와 갈등을 불러일으킬 때는 변화의 대상이 되기도 한다.

## 표출된 문제와 가치

클라이언트의 문제는 가치판단적인 경우가 많다. 클라이언트의 문제는 가치갈등과 윤리적 딜레마가 스며들어 태생적으로 도덕적 혹은 윤리적인 특성을 지니고 있다. 문제에 대한 감정, 문제에 대한 해결책을 찾는 것과 관련된 도덕적 딜레마, 특정 행동이 비도덕적이라고 보는 사회의 판단 등을 포함한 가치 이슈는 클라이언트가 표출한 문제에 아주 많이 담겨 있다.

"내가 무엇을 해야 하는가"와 같은 질문은 도덕적 딜레마의 존재를 상징한다. 골드스테인(1987)은 외적 체계(intersystem) 가치갈등과 내적 체계(intrasystem) 가치갈등을 구분하였다. 클라이언트의 어려움은 종종 외적 체계 갈등 즉, 다른 사람들과 자신 사이의 갈등과 관련된다. 예를 들어, 부모는 자녀에 대한 행동 기대가 어때야 하는지에 대해 서로 동의하지 않을 수 있다. 직원들은 기금모금 우선순위에 대해 서로 동의하지 않을 수 있다. 여러 지역사회들이 공통적으로 가지고 있는 사회문제에 대해 어떤 식으로 접근할 것인지에 대한 의견도 다를 수 있다. 또, 사람들은 내적 체계 갈등, 즉 그들 내부의 도덕적 딜레마를 경험하기도 한다. 예를 들어, 파트너 관계에 있는 사람은 결혼을 할 것인지 말 것인지에 대해서 고민을 할 수 있다. 또 어떤 집단은 "적합한" 프로그램 선택에 대해 회원 내부의 갈등이 있을 수 있다.

어떤 갈등의 형태건 클라이언트의 결정은 단순하고 명확한 선택이라기보다는 복잡하고 모호하다. 클라이언트는 그들이 두 가지 "맞는 선택"이라고 생각하는 것 혹은 두 가지 "나쁜 선택"이라고 생각하는 것 사이에서 고민하게 된다. 클라이언트는 옳고 그름의 복잡한 조합을 경험할지도 모른다. 개입은 종종 "선한 일을 하고 바르고 정당하게 행동하는 것과 같은, 사람들이 윤리적 원칙에 따라 삶의 방식을 선택하는 것과 관련된다(Siporin, 1985, p.210)". 가치에 민감한 사회복지사는 표출된 문제의 잠재적인 가치 특성을 이해하고 클라이언트에게 가치를 강요하기보다는 클라이언트와 함께 협력적으로 일한다.

## 사회복지사의 개인적 가치

사회복지사는 확립된 가치망(networks of values)을 가진 개인으로서 전문직에 입문한다. 그럼에도 불구하고 종종 은밀하게, 가족, 동료, 영성,

역사적, 문화적 배경, 개인 경험과 같은 요소들이 개인적 가치에 영향을 미친다.

전문직이 된다는 것은 사회복지사에게 그들의 가치를 탐구하고 그들의 편견에 직면할 것을 요구한다. 그러나 전문직이 되는 것이 개인적 가치를 포기하라는 의미는 아니다. 그보다 사회복지사는 개인적 관점이 전문적 기능수행에 어떻게 영향을 주는지를 이해할 필요가 있다. 중요한 것은 개인적 가치가 장애물을 만들어 내는지에 대한 질문이다. 클라이언트와 실천가의 가치가 유사할 때, 사회복지사는 그들의 관점과 클라이언트의 관점이 일치한다고 보고 미묘하고 확실한 차이를 놓칠 수 있다. 반면, 클라이언트와 사회복지사의 가치가 유사하지 않을 때, 사회복지사는 클라이언트 고유의 환경 맥락보다는 사회복지사의 편견에 따라 클라이언트의 관점을 해석할 수 있다.

### 자기 인식과 가치

자기 인식을 한다는 것은 유능한 전문가가 되기 위한 주요 요소이다. 어떤 사람들은 가치와 관련되어 스스로 "빈 종이"가 될 수 있다는 착각을 한다. 즉, 그들이 어떤 선택도 할 수 있는 가치 중립적인 중재자가 될 수 있다고 생각하는 것이다. 유능한 실천가는 스스로 걸어다니는 가치 체계라는 것을 인식하고, 그러한 가치를 의식하고, 합리적으로 평가하고, 변할 필요가 있을 때는 변화시킬 수도 있어야 한다. 즉, 사람들이 특정 편견을 인정할 자유가 있다면, 그들은 그러한 편견을 극복할 수 있는 자리에 있는 것이다. 훌륭한 사회복지사는 "클라이언트에게 효과적인 도움을 주기 위해서 뿐만 아니라 클라이언트와의 진실한(authentic) 대화, 클라이언트를 진정으로 이해하기 위해 항상 자기 인식적이고 자각할 필요성으로 되돌아간다(Siporin, 1985, p.214)".

일반적으로 사회복지실천 영역으로 입문하는 사람들은 전문직의 추상적 가치에 동의하는 사람들이다. 그러나 사회복지 전문직이 동일한 일반 가치를 옹호한다고 할지라도, 전문직 가치를 그들의 실천에 적용하는 방식에 대한 해석에는 많은 차이가 있다(Freud & Krug, 2002; Reamer, 2013b; Weinberg, 2005).

## 윤리와 사회복지실천

가치는 사람들이 선하다고 보는 것에 대한 내재적 혹은 외재적 믿음인 반면, 윤리는 사람들이 옳고 그르다고 보는 것과 관련된다. 윤리는 사람들의 행동을 감독하는 기준을 만들어 낸다. 사회복지실천에서 중요 요소로서 윤리를 다루기 위해서 이번 장에서는 미시윤리(microethics)와 거시윤리(macroethics)를 구분하여 윤리를 정의하도록 한다. 윤리강령의 본질에 대해 설명하고, 몇 가지 윤리강령 – 전미사회복지사협회(NASW)의 윤리강령, 국제사회복지사연맹(IFSW)의 윤리적 원칙 조항, 진보사회서비스의 강령 – 의 기본 요소를 소개한다.

### 윤리의 정의

전문직 윤리와 가치와 관련하여, 윤리는 "행동화된 가치(values in action)"(Levy, 1976, p.233)로 표현된다. 특히, "사회복지윤리는 사회복지실천 책무성과 관련된 행동적 기대 혹은 선호를 나타낸다"(p.79). 윤리는 다음과 같이 정의된다.

실현할 가치가 있는 것으로 증명된 정도뿐 아니라 실현할 가치가 있어 보이는 정도까지의 선호를 말한다. 이러한 선호는 사회변화에 대응하여 지식과 기술이 축적됨에 따라 계속 편집되고, 수정되고, 확고해진다. 이러한 진화적 본질에도 불구하고 사회복지사는 전문직 출현 이후로 변치 않고 지켜온 근본적인 가치에 기반을 두고 있다(pp.79-80).

### 미시윤리와 거시윤리

미시윤리는 직접적 실천의 원칙과 기준을 다룬다. 거시윤리 혹은 사회적 윤리는 "사회정책에 내재된 윤리적 원칙뿐 아니라 조직적 구성 및 가치와 관련된다"(Conrad, 1988, p.604). 이 장을 시작할 때 나왔던 예-더글라스 부인과 일하는 로즈가 따르는 미시윤리-를 생각해보자. 윤리에 대한 미시적 시각에 따른 질문은 다음과 같다. 자기결정은 안전 이슈에 있어서도 우선적으로 고려되는가? 의료팀들과 더글라스 부인에 대한 정보를 공유하는 것은 비밀보장을 위반하는 것인가? 더글라스 부인이 가족이 있다면, 의사결정의 과정에 얼마나 포함시켜야 하는가? 다른 한편으로 거시윤리는 로즈를 고용한 병원의 조직구성 맥락과 보건의료 사회정책과 관련된다. 거시윤리는 제한된 보건의료 자원을 평등하게 분배하는 방식, 보건의료가 모든 시민을 포함할 수 있는 범위, 사전진료지시서를 어떻게 언제 고려해야 할 것인가 등과 관련된다.

### 윤리강령

윤리강령은 전문직의 주요 가치와 철학을 반영하여, 적절한 행동을 일반적인 용어로 명문화한 것이다. 강령은 의사결정의 방향을 제시해주고, 전문적 행동을 규제하고, 전문직을 평가하는 기준을 세운다. 강령은 좋고

나쁜 결정 간에 선택을 해야 할 상황에서 전문직에게 가장 명확한 지침을
제공한다. 강령은 두 가지 좋은 결정 혹은 두 가지 나쁜 결정 중에서 선
택을 해야 하는 상황에서는 다소 명확하지 않다(Dolgoff, Loewenberg, &
Harrington, 2012). 전문직에게 윤리적 행동은 윤리강령에 규정된 실천 기
준에 따르고 윤리강령의 도덕적 규제를 지키는 행동을 말한다.

전문직 승인 기준, 면허, 계속교육 조항들은 모두 전문직 윤리강령을
알고 이해하고 적용할 것을 강조한다. 예를 들어, CSWE의 기준은 윤리
적, 전문적 행동과 관련된 지식, 가치, 기술을 교육과정에 포함시킨 승
인된 프로그램을 요구한다. 사회복지실천 면허자격시험은 전문직 행동
의 기준과 전문직 윤리강령에 대한 질문을 포함하고 있다. 계속교육 조
항에서는 사회복지사가 면허를 갱신하기 위해서는 전문직 윤리에 초점
을 둔 교육 시간을 준수할 것을 요구한다.

## 전미사회복지사협회 윤리강령

전미사회복지사협회(2018)의 윤리강령은 윤리적 실천에 대한 지침을
제공한다. 이러한 윤리적 지침은 사회복지 전문직의 기본 가치－서비스,
사회정의, 인간존엄성과 가치, 인간관계의 중요성, 진실성, 유능함－에
기반한 윤리적 원칙에서 나온 것이다. 기본 윤리적 원칙은 다음과 같은
것들을 포함한다.

- 사회복지사의 주요 목표는 곤궁에 처한 사람들을 돕고 사회문
  제를 제기하는 것이다.
- 사회복지사는 사회 불의에 도전한다.
- 사회복지사는 태생적으로 인간존엄성과 가치를 존중한다.
- 사회복지사는 인간관계의 핵심적 중요성을 인지하고 있다.

- 사회복지사는 진실한 방식으로 행동한다.
- 사회복지사는 유능함을 갖추고 실천하며 전문적 사명을 발전시키고 드높인다(pp.5-6).

윤리강령은 사회복지사의 전문적 행위를 인도하고, 어떤 사회복지사의 행위가 전문직 기준에 위배된다는 주장이 제기되었을 때 윤리적 이슈의 판결 기준으로 작용한다. 윤리강령은 윤리적 판단을 행하고, 실천현장에서 전문가로서 클라이언트, 동료, 사회복지 전문직에게 그리고 사회에게, 전문적 책무성을 충족시키도록 하는 일반적 원칙을 명시하고 있다. 전미사회복지사협회(2018)의 윤리강령은 여섯 가지 목적을 드러내고 있다.

1. 윤리강령은 사회복지실천의 미션이 근거로 하는 핵심 가치를 확인한다.
2. 윤리강령은 전문직의 핵심 가치를 반영하는 광범위한 윤리적 원칙을 요약하고, 사회복지실천에 지침이 필요한 특정 영역의 윤리적 기준을 확립한다.
3. 윤리강령은 사회복지사들이 전문적 의무가 갈등을 일으키거나 윤리적 불명확성이 제기될 때 관련된 사항을 고려할 수 있도록 돕는다.
4. 윤리강령은 일반 대중이 사회복지 전문직의 책임이라고 주장할 수 있는 윤리적 기준을 제공한다.
5. 윤리강령은 신임 실천가들에게 미션, 가치, 윤리적 원칙, 윤리적 기준을 사회화시킨다.
6. 윤리강령은 사회복지 전문직이 자체적으로 사회복지사들이 비윤리적인 행위에 관련되었는지를 사정하는 데 사용될 수 있는 기준이 된다(p.2).

## 윤리적 원칙에 대한 국제 조항

국제사회복지사연맹(IFSW)의 윤리적 원칙 조항은 모든 사람들의 고유한 가치와 존엄성, 사회정의라는 핵심 가치를 표방한다. 인권으로 천명된 바에 따라, 모든 사람들의 고유한 가치와 존엄성을 존중한다는 것은 자기결정과 의사결정에 참여할 권리를 지지하며, 사회적, 물리적 환경 맥락 내에서 전체적(whole) 인간으로 간주되며, 강점을 인지하고 증진시키는 것을 의미한다. 사회정의에 대한 의무에 따라, 사회복지사는 차별을 시정하고, 다양성을 인지하고 존중하며, 자원의 평등한 분배를 보장하고, 차별적 정책과 실천에 도전하고, 다른 사람들과 연대하여 포괄적 사회를 이루도록 노력해야 한다.

나아가 국제사회복지사연맹은 전문적 행위에 대한 일반적 기준을 구체적으로 제시하고, 사회복지사들이 각국에서 사회복지 전문직에 의해 승인된 지침을 따를 의무가 있음을 강조하였다. 국제사회복지사연맹이 제시한 전문적 행위의 기준은 다음과 같다.

1. 사회복지사는 직무 수행을 위해 요구되는 기술과 능력을 개발하고 유지해야 한다.
2. 사회복지사는 고문이나 테러리즘과 같은 비인도적인 목적으로 기술을 사용해서는 안된다.
3. 사회복지사는 진실성을 가지고 행동해야 한다. 이것은 서비스를 이용하는 사람들과의 신뢰 관계를 남용하지 않고, 개인적 삶과 전문적 삶의 경계를 인지하고 개인적 이득을 위해 자리를 이용해서는 안된다는 것을 포함한다.
4. 사회복지사는 배려, 공감, 돌봄 의식을 가지고 서비스를 이용하는 사람들과 일해야 한다.

5. 사회복지사는 자신의 이득을 취하려고 서비스를 이용하는 사람들의 욕구와 이익에 종속되어서는 안된다.

6. 사회복지사는 적절한 서비스를 제공하기 위해 일터와 사회에서 전문적으로 그리고 개인적으로 자신을 돌볼 의무가 있다.

7. 사회복지사는 서비스를 이용하는 사람들의 정보와 관련하여 비밀보장을 유지해야 한다. 예외는 오직 윤리적 요구(생명보호와 같은)에 의해서만 정당화된다.

8. 사회복지사는 서비스 이용자, 그들과 함께 일하는 사람들, 동료, 고용주, 전문직 협회, 법에 이르기까지 이들에 대한 행위에 책임이 있고, 이러한 책임은 서로 갈등을 일으킬 수 있다는 것을 인정할 필요가 있다.

9. 사회복지사는 사회복지를 공부하는 학생들이 실제적 지식과 양질의 훈련을 받을 수 있도록 기꺼이 사회복지학계와 협력관계를 취해야 한다.

10. 사회복지사는 동료들, 고용주들과의 윤리적 논쟁에 참여하고 이를 발전시켜야 하며, 윤리적으로 고지된 결정에 대한 책임을 져야 한다.

11. 사회복지사는 그들의 결정이 윤리적 고려에 근거했음에 대한 이유를 진술하고, 선택과 행동에 책임을 질 준비가 되어 있어야 한다.

12. 사회복지사는 고용된 기관과 소속된 국가에서 이러한 윤리적 원칙과 각 국가의 윤리강령이 논의되고 평가되고, 유지될 수 있는 환경을 만들어야 한다(IFSW, 2012c, 전문적 행동, 2).

## 급진적 윤리강령

사회적 행동주의와 사회복지에 대한 사회정의를 주장하는 쪽에서 사회복지실천은 급진적 전문직으로 간주된다. 진보적 관점에 찬성하는 버사 레이놀즈와 제프리 갈퍼는 "사회복지 가치와 이상은 정치적 급진주의와 양립 가능하며, 나아가 혁명적 열의를 지닌다. 왜냐하면 이득보다는 사람을 우선순위에 두고, 가난하고 짓밟히고 차별받는 사람들을 역량강화하여 사회변화를 위해 싸우게 하기 때문이다"라고 말했다(Wagner, 1990, p.7).

사회 환경에 진보적 변화를 추구하는 급진적 사회복지 활동은 1930년대 집단시위운동과 시민권 운동, 종전 운동, 여성운동, 복지인권운동과 같은 1960년대 사회운동과 유사하다. 진보적 사회복지활동이 이러한 운동의 성쇠와 함께 흥망을 계속하긴 했지만, 급진적 시각은 사회복지 전문직에 유의미한 영향을 미쳤다. 사회복지는 1970년대와 1980년대에 좌편향되어, 평등주의 입장을 사회서비스 소비자들에 접목시켰고, 사회계층, 인종관계, 성적 차별에 대한 의식을 받아들였다(Wagner, 1990).

제프리 갈퍼(1975)는 현재의 전미사회복지사협회 윤리강령 안에 있는 전통적 실천 목표가 보수적인 편견에 빠져 있다고 보고, 급진적 사회서비스의 윤리강령을 개발하였다. 갈퍼의 윤리강령은 급진적 사회서비스 실천가들의 목표와 이데올로기를 보여준다. 급진적 시각은 사회주의 시각에 따른 사회복지 변혁과 비자본주의 복지국가를 만들기 위한 사회 내 개혁적 변화에 대한 요구를 담고 있다.

# 사회복지실천의 윤리적 원칙과 윤리적 선호

사회복지사들은 추상적인 전문직 가치를 실천원칙으로 변형시킨다. 그리고 나서 이러한 원칙을 특정 상황에서의 구체적인 행위로 전환한다. 가치는 추상적으로 사회복지사의 사고방식을 형성하고, 사회복지실천원칙을 통해서 구체적으로 행위를 감독한다. 이러한 실천원칙에는 수용, 개별화, 의도적 감정 표현, 비심판적 태도, 객관성, 통제된 정서적 관여, 자기결정, 자원접근성, 비밀보장, 책무성이 포함된다. 사회복지사가 이러한 원칙을 조작화하지 못하면, 클라이언트를 피해자화(victimize)하고 그들의 역량을 약화시킨다. 반대로 이러한 실천원칙을 준수하면 역량강화를 촉진시킨다(표 5.1).

## 수용

클라이언트를 수용하는 사회복지사는 그들을 인간적으로 그리고 사려 깊게 대하고 존엄성을 지닌 가치 있는 존재로 대우한다(Biestek, 1957). 사회복지사는 진실한 관심을 표현하고, 적극적으로 경청하고, 다른 사람의 관점을 인정하고, 상호존경의 분위기를 만들어냄으로써 수용을 전달한다. 수용은 사회복지사가 클라이언트의 관점을 이해하고 그들의 관점을 환영한다는 것을 뜻한다(Plant, 1970). 수용은 또한 사회복지사가 클라이언트의 강점을 키워나가도록 하고, 성장과 변화를 위한 클라이언트의 잠재력을 인지하도록 한다.

다양한 구성 요소들이 사회복지사의 수용을 저해할 수 있다. 자기 인식의 부족, 인간 행동에 대한 불충분한 지식, 클라이언트의 상황에 개인적

**표 5.1 │ 사회복지 가치와 행위 원칙의 결과**

| 역량강화 | | 사회복지 가치와 원칙 | 피해자화 | |
|---|---|---|---|---|
| • 잠재적 효과 | • 긍정적 징후 | **사회복지 가치와 원칙** | • 장애물 | • 잠재적 효과 |
| • 개성 존중 | • 개별성 긍정<br>• 다양성 인정 | **독특함과 가치 옹호** | • 고정관념화<br>• 폄하<br>• 이름붙이기 | • 무력<br>• 자기충족적 예언 |
| • 효능감<br>• 유능감<br>• 파트너십 | • 대안 개발<br>• 역할 기술 | **자기결정 증진** | • 통제<br>• 조언<br>• 조종<br>• 가부장주의 | • 무능<br>• 변화 실패<br>• 의존성 |
| • 개방성<br>• 낮아진 방어기제 | • 강점 관점<br>• 적극적 경청<br>• 공감 | **비심판적으로, 수용성을 가지고 의사소통하기** | • 비난<br>• 동정과 연민<br>• 결함에 초점 | • 방어적임<br>• 무기력 |
| • 합리성 존중 | • 관점 획득 | **객관성 획득** | • 과잉 동일화<br>• 냉정함<br>• 거리두기 | • 편견<br>• 왜곡 |
| • 신뢰 | • 사생활 보장 | **비밀보장 보증** | • 부적절한 의사소통 | • 비밀보장 저해<br>• 불신 |
| • 기회 증가 | • 관계 쌓기<br>• 정책과 프로그램 개발<br>• 서비스 조정 | **자원접근성 제공** | • 관료적 규칙과 규제<br>• 차별 | • 낙인<br>• 기회 부족 |
| • 권위 | • 과정 평가 | **책무성 획득** | • 평가 결여 | • 중도 포기 |

관점을 투사하는 것, 편견에 사로잡힌 태도, 부적절한 보증(unwarranted reassurance), 동의와 수용을 헷갈리는 것 등(Biestek, 1957). 역설적으로 수용은 또한 위협의 원천이 될 수 있다. 예를 들어, 수용은 부족한 관계나 소외 경험이 있는 사람들에게 불안을 불러일으킬 수 있다(Goldstein, 1973).

　존재주의적 이론가인 틸리히(1962)는 사회복지 철학에 대한 그의 글에서 수용의 어원에 대해 말한 바 있다. 틸리히는 수용의 어원은 사랑과 관련된다고 하였다-그리스어로 agape, 라틴어로 caritas. "올라가기 위해 재앙과 추함, 죄를 줄이는 것이 사랑이다. 이 사랑은 수용적이면서도 비판적이다. 그리고 그것이 사랑의 의미를 바꿀 수 있다(p.15). 그러나 이 사랑은 자비가 아니다. 자비는 단지 명분에 빠져 비판적 사랑의 요구로부터 도피하는 것이다." 틸리히의 관점에서 수용은 다른 사람의 내면에서 함께하면서 그들의 인간성을 긍정하는 행동으로 표현된다.

## 개별화

모든 사람들은 독특하고 구별되는 능력을 가지고 있다. 사회복지사가 클라이언트의 개별성에 동의한다는 것은, 클라이언트의 독특한 자질과 개별적 차이를 인지하고 인정한다는 것이다. 사회복지사는 클라이언트를 목적, "사례" 또는 "또 다른 만날 약속"으로 보기보다는 권리와 욕구를 가진 사람으로 대한다. 클라이언트를 개별화하는 사회복지사는 스스로 편견과 선입견에서 벗어나, 다양성의 잠재력을 인정하고 낙인과 고정관념을 피한다. 그들은 클라이언트를 "개인이 될 수 있는 권리를 가지고 있다고 보고, 그저 한 인간으로서가 아니라 개별적 차이를 가진 사람으로 대한다(Biestek, 1957, p.25)".

사회복지사는 어쩔 수 없이 사람들의 상황에 관해 일반화된 정보를 추론한다. 그러나 사회복지사는 각각의 클라이언트가 처한 상황에 이러한 일반적 도식을 응용할 필요가 있다. 사회복지실천가들은 이(this) 특별한 상황에 있는 이(this) 특별한 클라이언트와 함께 일한다. 개별화의 원칙은 "클라이언트가 있는 곳에서 시작하기"라는 행동으로 표현된다.

## 의도적 감정 표현

정서는 인간 삶의 필수불가결한 부분이다. 사람들은 다양한 감정을 경험한다. 클라이언트는 그들의 감정을 자유롭게 표현할 기회를 가질 필요가 있다(Biestek, 1957). 클라이언트가 분노나 부정적인 감정을 감당하기 어려울 정도로 억제하거나 감상을 과도하게 쏟아내도록 할 정도는 아니지만, 사회복지사는 클라이언트에게 의도적으로 감정을 표현하도록 말해줄 필요가 있다. 사회복지사는 "그저 사실"의 내용을 넘어서 이러한 사실에 내재된 감정까지 밝혀내야 한다. 주의 깊게 경청함으로써, 관련되는 질문을 함으로써, 관용과 비심판주의를 드러냄으로써, 사회복지사는 클라이언트가 사실과 감정을 공유하도록 격려한다.

감정을 표현하는 것이 바람직하기는 해도, 클라이언트의 감정 표현은 의도적이어야 한다. 해결책을 찾는 과정에서 의도를 품고 있어야 한다. 의도는 클라이언트를 긍정적인 혹은 건설적인 행동을 하는 데서 발생하는 압력이나 긴장을 경감시킨다. 감정은 문제에 대한 클라이언트의 이해의 깊이를 드러낼 수 있다. 또는 감정 그 자체가 문제일 수 있다. 어떤 클라이언트에게는 사려 깊은 대상에게 그들의 감정을 표현하는 것이 카타르시스이자, 정화를 의미하고, 그들의 상황을 제대로 이해할 수 있게 하는 경험이 될 수 있다.

감정을 표현하는 것은 관계를 굳건히 한다. 의도적인 감정 표현은 감정을 공개하여 건설적으로 다룰 수 있도록 하고, 상황에 대한 정서적, 감정적 요소를 보다 정확히 이해하고, 심리적 지지를 보여줄 기회를 제공한다.

## 비심판적 태도

비심판적 태도는 효과적인 작업 관계에 필수적이다. 모든 사람들이 존엄성과 가치를 가지고 있다는 전제는 비심판적 태도의 근거를 형성한다. 비심판주의는 수용을 전제한다.

클라이언트는 때로는 그들 자신과 그들의 상황을 비판적으로 바라봐
야 한다. 그러나 클라이언트가 심판받는다고 느낄 때는 하고 싶어 하지
않는다는 위험 부담이 있다. 비심판적 사회복지는 "유죄인지 무죄인지
정하는 것 또는 그 문제나 욕구의 원인에 대한 클라이언트의 책임성의
정도를 정하는 것을 배제한다. 대신 클라이언트의 태도, 기준, 행위를
평가하는 판단은 포함한다(Biestek, 1957, p.90)".

비심판주의는 모든 사회복지과정에 적용된다. 그러나 어떤 환경—클
라이언트가 비도덕적이고, 오명을 쓰고, 비난받아 마땅한 경우—에서는
특별히 민감한 비심판주의가 요구된다. 비난과 판단에 대한 클라이언트
자신의 감정이 고조되어 있을 때, 클라이언트는 비난과 판단이라는 여
과장치를 통해 다른 사람들의 행동을 해석하는 경향이 있다. 예를 들어,
자녀에 대한 갈등을 해결하는 기술을 습득하기 위한 서비스를 받고자
하는 부부는 아마도 그들에 대한 실천가의 태도를 알고 있을 것이다.
그러나 자녀에 대한 성적 학대 문제가 있다면, 그들은 사회복지사가 아
주 작은 심판적 모습만 보여도 예민하게 받아들일 것이다.

비심판적이라는 용어는 혼란스럽기도 하다. 비심판주의는 사회복지
사가 비난하지 않는 태도와 행동을 보이는 것이다. 사회복지사는 다른
사람을 좋다 혹은 나쁘다, 또는 가치있다 혹은 무가치하다고 판단하지
않는다. 그러나 사회복지사는 다양한 이슈에 대해 대안적 접근과 적절
한 해결책에 대해 매일 전문적 판단이나 결정을 내린다. 비심판주의는
원조 과정에서 중요하지만, 초기 단계에 특히 중요하다. 첫인상이 중요
하다! 첫인상은 지속적 효과를 가진다. 사람들이 이후 이어지는 상호작
용을 걸러내는 선별도구로 작용한다. 초기 만남에서 비심판적 태도는
지속적이고 효과적인 작업 관계를 발전시키는 데 기반이 된다.

비심판주의는 보편적으로 적용되어야 할 원칙이지만 실천가의 개인
적 편견이 훼방을 놓을 수 있다. 사회복지사는 판단과 비난을 부추기는

환경을 스스로 인지할 필요가 있다. 전문적 기준은 사회복지사로 하여 금 클라이언트와의 상호작용에서 해로운 효과를 가질 수 있는 개인적 가치와 신념에 직면하도록 요구한다.

---

## BOX 5.2

### 역량강화와 사회정의에 대한 성찰

#### 자율성과 사회정의: 노인복지실천에서의 윤리적 이슈

방문건강지원(Aligning home health supports)은 노인 대상 서비스를 제공하는 사례관리자들이 집에 거주하는 노인들을 역량강화하는 전략 중의 하나이다. 편안하고 안전한 집에 머물고 있는 노인 클라이언트에게 배달 식사, 방문 간호사, 가사도우미, 주간보호와 같은 지역사회 자원들이 제공된다. 잘 계획되고 조정된 방문 돌봄은 불필요한 요양원 입소를 감소시킨다.

역량강화 지향의 사례관리자들은 연약한 노인에 대한 방문 돌봄과 관련한 결정에서 윤리적 딜레마에 직면한다. 윤리적 이슈는 사례관리자가 클라이언트가 내린 결정이 옳고 적절한지에 대해 의문을 가지는 상황에서 발생한다. 윤리적 질문은 클라이언트의 이득과 가족 구성원의 이득 간에, 클라이언트의 바람과 클라이언트 욕구에 대한 사례관리자의 전문적 의견 간에, 클라이언트가 특정 서비스를 선호하는 것과 이러한 서비스의 가용성 간의 갈등에서 제기된다(Egan & Kadushin, 2002; Kadushin & Egan, 2001; Linzer, 2002).

연약한 성인과 함께 일하는 사례관리자들은 다음과 같은 윤리적 질문에 대해 해결하려고 노력한다.

- 클라이언트의 자기결정과 의사결정 권리는 건강상 위험과 안전 이슈와 언제 맞부딪히는가?
- 독립 주거에 대한 옹호는 요양원 입소의 필요성과 언제 대치되는가?
- 사례관리자는 클라이언트 자율성과 클라이언트 보호 간 이슈에서 어떻게 균형을 맞추어야 하는가?

- 누가 최종적으로 결정을 내리는가?
- 클라이언트가 스스로 결정을 내릴 수 있는 능력이 있음에도 불구하고, 위험 상황에서 클라이언트의 선택은 어떤 제한점이 있는가?

이러한 윤리적 질문에 답하기는 쉽지 않다. 개별적 환경, 클라이언트의 환경, 능력의 차이가 고려되어야 한다. 그럼에도 불구하고 자율성에 대한 윤리적 원칙은 클라이언트의 자기결정 사회복지실천 원칙과 밀접하게 관련되어 있다. 클라이언트가 스스로 결정을 내릴 권리는 실천가가 클라이언트의 최선의 이익이 무엇이라고 생각하는지와 갈등을 일으킬 수 있다. 자기결정이 이루어지기 위해서는 클라이언트는 결정을 내릴 수 있는 능력이 있어야 하고, 이러한 결정과 관련된 위험이 충분히 고지되어야 한다. 사례관리자들은 적절한 돌봄 계획을 만들기 위해 기관의 윤리위원회를 통해 슈퍼비전과 사례 검토를 받아야 할 수도 있다.

사회복지실천의 임상 영역에서 제기되는 윤리적 질문과 함께 정책 실천의 맥락에서, 사회복지 사례관리자들은 다음과 같은 사회정책의 사회정의적 함의와 관련하여 윤리적 딜레마에 직면한다.

- 의료 정책과 경제 정책은 노인에게 가능한 선택지에 어떤 영향을 미치는가?
- 사례관리는 클라이언트의 선택과 서비스 접근성을 어느 정도까지 제한하는가?
- 사용 가능한 재정, 프로그램 자원의 양이 한정적이라면, 사회복지사는 클라이언트와 배급 서비스에서 어떻게 공평하게 우선순위를 정할 수 있는가?
- 노인을 위한 사회정책은 소수자, 이민자, 장애나 정신장애를 갖고 있는 사람과 같은 위험에 처하고 취약한 사람들을 지지하는가? 아니면 오히려 권리를 박탈하는가?

## 객관성

객관성의 실천원칙은 편견 없이 상황을 바라보는 것이며, 비심판주의
와 밀접하게 관련되어 있다. 객관적이기 위해서 실천가는 클라이언트와
의 관계에 개인적 감정과 편견을 주입하지 말아야 한다. 심하게 개인화
된 또는 불합리한 판단은 실천가가 클라이언트와 클라이언트의 상황을
사정하는 데 영향을 미친다. 편파적인 판단은 사회복지사가 부적절하게
어떤 성과를 선택하거나 독려하도록 만들 수 있다. 실천가의 교육 경험,
사회 세계에 대한 이해, 인생 경험, 신념, 다양한 특권적 지위, 가치, 물
리적 소인, 이 모든 것이 객관성에 영향을 미친다.

## 통제된 정서적 관여

클라이언트에 대한 정서적 관여를 통제하는 사회복지사는 인간 행동
에 대한 이해로부터 관점을 취하고, 사회복지 전문직의 일반적 목적으로
부터 관계의 방향성을 추구하고, 클라이언트의 감정에 민감하게 대응한
다(Biestek, 1957). 통제되지 않은 정서적 반응은 클라이언트에 대한 투자
부족에서부터 클라이언트의 관점에 대한 과잉동일화까지 광범위하다.

투자가 부족한 사회복지사는 스스로 클라이언트로부터 분리되어 클
라이언트와 그들의 상황에 대해 고려하지 못한다. 냉정하게 객관적인
사회복지사는 클라이언트를 대상(연구하고, 조종하고, 변화시켜야 할 사람들)
으로 대한다. 전문직의 무심함은 클라이언트로 하여금 조급하게 작업
관계를 끝내게 만든다. 그것은 클라이언트에 대한 실천가의 관심이 부
족하다는 신호이며, 클라이언트에게 절망, 무가치함, 분노의 감정을 더
얹어줄 수 있다.

클라이언트에 대한 과잉동일화는 사회복지사가 문제 해결에 있어 그

들 자신의 책임성과 클라이언트의 책임성을 구분할 수 없다는 것을 의미한다. 또는 사회복지사가 클라이언트의 상황에 대한 자신의 관점을 혼란스러워한다는 것을 의미한다. 과잉동일화는 객관성과 중립성을 침해한다. 실천가들이 클라이언트를 그들 자신과 지나치게 유사하게 혹은 지나치게 다르게 인지할 때 과잉동일화는 발생한다. 과한 유사성에 대한 위험은 이러하다. 처음에 도움은 줄 수 있다. 그러나 "문제를 성공적으로 해결하고, 그 공을 인정받고, 그것을 극복하는 데 어떤 대가를 치렀는지를 잊어버린 사람보다 더 해로운 원조제공자는 없다(Keith-Lucas, 1972, p.60)". 클라이언트의 상황이 극도로 슬프고, 외롭고, 암울해 보일 때, 자선적 박애가 전문적 판단을 넘어설 수 있다. 혹은 클라이언트가 혐오스럽거나 혹은 그들의 문제가 극도로 믿기 힘들거나 일탈적일 때, 판단을 통제하는 것이 어려울지도 모른다.

정서적 반응을 통제하는 것은 실천 경험을 계속해 나가면서 배울 수 있다. "주관성은 경험과 함께 줄어든다 … 이것은 결코 '단단해지는' 과정이 아니다. 오히려 우리 자신을 포함한 인간들 사이의 차이에 대한 지식과 수용, 우리의 전문적 목적과 능력에 대한 안도감이 우리의 정서적 반응을 안정화시키고 완화시키는 연화과정(mellowing process)이다"(Perlman, 1957, p.83).

사회복지사들은 공감이라는 표현으로 통제된 정서적 관여를 취한다. 사회복지사는 다른 사람들과 "함께 느낀다", 즉 그들은 다른 사람들의 감정을 느끼고 반응한다. "공감은 [클라이언트의] 형벌을 끝낼 수 있는 것이다. 그렇지만 공감을 한다는 것이 그 형벌을 끝내는 것은 아니다"(Book, 1988, p.423). 공감은 "비난"과 정반대이다. 공감은 비난에 대한 치료 연고이다.

공감은 동정(sympathy)이나 연민(pity)과는 다른 역동을 제공한다. 실천가의 반응이 연민을 품고 있다면, 클라이언트 체계는 황폐화되고 건설적인 해결책을 찾을 방법이 없다. 연민은 자기결정을 잠식한다. 연민을 느낀 클라이언트는 스스로 변화를 위해 일할 수 있는 능력이 없다고 결론짓게 되기 때문이다. 실천가의 반응이 동정을 품고 있다면 클라이언트 체계와 "동일하게 느끼는 것" 혹은 클라이언트와 동일시하여 클라이언트의 독특성을 개별화하는 데 실패하게 된다. 유능한 사회복지사는 클라이언트를 수용하고 부적절한 행동에 직면하는 것 사이에서 균형을 잡는다. 공감은 클라이언트가 그들의 행동에 대한 책임을 지고 목표를 향해 나아가고 변화를 위한 계획을 세우도록 역량강화한다.

## 자기결정

자기결정의 원칙에 따라 사회복지사는 "클라이언트가 그들 자신의 선택과 결정을 할 자유에 대한 권리와 욕구"에 대해 알고 있다(Biestek, 1957, p.103). 자기결정 원칙에서 건전한 성장은 다음과 같은 환경에서 이루어진다고 본다. 홀리스(1967)는 다음과 같이 말했다.

> 이러한 성장은 반드시 자유-생각할 자유, 선택할 자유, 비난으로부터의 자유, 강요로부터의 자유, 지혜롭게 행동할 자유뿐 아니라 실수를 저지를 자유-가 있을 때 발생한다. 이해하고 이해에 근거한 행동을 할 수 있으려면 실제로 행동하고 자기 자신의 생각과 행동을 결정지을 자유가 있어야 한다. 그것이 바로 우리가 말하는 자기결정이다(p.26).

어떤 의미로, 자기결정은 강요받거나 조종당하지 않는다는 것을 의미한다. 다른 의미로, 자기결정은 선택할 수 있는 자유를 의미한다. 선택은 대안이 있다는 것이다. 그러나 자기결정에는 제한이 있다. 비어스텍(1957)에 따르면, 법적 규제, 기관 규칙, 기준, 자격요구조건과 클라이언트가 결정을 내릴 수 있는 능력이 있는지가 선택의 범위를 제한한다.

책임감 있는 사회복지사는 클라이언트가 선택을 할 수 있는 작업 관계를 만들어 낸다. 해결책을 강요하고, 클라이언트를 하급자로 대하고, 클라이언트의 결정을 조정하는 것은 모두 클라이언트의 자기결정을 제한하는 강요 행위이다. "클라이언트의 역량강화와 그들의 희생자적 지위를 변화시키는 것은 우리의 후원자로서의 지위를 포기하는 것을 의미한다(Pinderhughes, 1983, p.337)".

사회복지사는 클라이언트를 조종하기보다는 원조 관계로 인도한다. 클라이언트는 지시적인 여행 책임자가 아니라, 여행 가이드가 필요하다! 레이놀즈(1951)는 이것을 다음과 같이 유창하게 표현했다: "원조는 자기존중의 감소가 아니라 자기존중의 증가와 반드시 관련되어 있어야 한다. 또한 수혜자와 기부자 둘 다 될 수 있는 한 집단 내에서 상호호혜적인 공유 관계의 가능성을 가지고 있어야 한다"(pp.162-163).

## 자원접근성

자원에 대한 접근성을 가지는 것은 해결책을 개발하기 위한 선결조건이다. 제한된 자원은 해결책에 대한 선택지를 줄이고, 선택지가 없으면 사람들은 대안들 중에서 고를 수가 없다. 모든 사람은 그들의 도전을 충족시키고 잠재력을 실현할 수 있는 자원에 의존하고 있다.

전미사회복지사협회의 윤리강령(2018)은 사회복지사가 자원 개발을 옹호할 의무를 매우 구체적으로 규정하고 있다. 윤리강령에서 사회복지사는 모든 사람이 그들이 필요로 하는 자원, 서비스, 기회를 가지는 것을 보장하도록, 억압받고 빈곤한 사람들을 위한 선택과 기회를 확장하도록, 법률 개정을 옹호함으로써 사회정의를 증진시키고 사회 환경을 개선하도록 규정하고 있다.

## 비밀보장

비밀보장 혹은 사생활 권리는 클라이언트의 정체성, 전문가와 말한 내용, 클라이언트에 대한 전문적 의견, 클라이언트의 기록과 같은 정보를 공개하는 데 클라이언트의 동의가 반드시 필요하다는 것을 의미한다 (Polowy, Morgan, Bailey, & Gorenberg, 2013). 클라이언트는 민감하고 개인적인 소재를 사회복지사와 공유하고, 비밀보장 혹은 사생활을 보장하는 것은 신뢰를 쌓는 데 필수적이며, 효과적인 협력관계를 만들기 위한 핵심요소이다.

비밀보장과 사회복지사의 면책특권은 정보의 공개를 요구하는 구체적인 환경에 따라 주마다 다양하다. 아동학대나 폭력 위협과 같은 것들이 의심되는 문제를 둘러싸고 있는 환경은 모호할 수 있고, 정보 공개에 대한 윤리적 난관에 빠질 수 있다. 비밀보장이 명백한 경우는 희박하다. 그보다는 구체적인 상황 조건과 관련되어 있다. 좋은 실천을 하는 사회복지사는 클라이언트와 비밀보장의 한계에 대해 터놓고 이야기한다.

비밀보장에 대한 위협은 기록 보존에도 내재해 있다. 사회복지사는 오직 기관의 정책과 주법에 따라 허용된 지점까지만 클라이언트의 기록 정보에 대한 사생활을 보호할 수 있다. 또한 팀 컨퍼런스에서 또는 몇몇 클라이언트에 대해서 다양한 (서비스) 제공자들 사이에서 논의가 이루어질 때, 비밀보장에 대한 질문은 제기될 수 있다. 사회복지사는 또한 불안을 야기하거나 특별히 역동적인 상황에 대한 이야기를 공유함으로써 비밀보장을 지키지 못하는 유혹에 빠질 수도 있다. 사회복지사는 비밀보장을 다루는 법과 실천 상황에서 법이 적용되는 바, 비밀보장과 관련된 전문가의 의무와 제한에 대해 친숙해질 필요가 있다.

## 책무성

전미사회복지사협회(2018)의 윤리강령에서는 전문적 사회복지사는 개인적, 전문적 행동과 처신에 대한 책무가 있다고 규정하고 있다. 책무성은 사회복지사가 그들의 전문적 실천에서 사용되는 방법과 기술에 대해 유능해야 한다는 것을 의미한다. 또한 사회복지사는 차별적이고 비인도적인 실천을 시정하고, 의심할 여지가 없는 전문적 진실성을 가지고 행동하며, 바람직한 실천과 연구 절차를 수행할 의무를 무겁게 받아들여야 한다는 것을 의미한다. 책무성은 클라이언트뿐 아니라, 동료, 소속기관, 사회, 사회복지 전문직에 대한 사회복지사의 윤리적 책임성까지 그 의미가 확장된다.

## 역량강화 사회복지실천에 대한 윤리적 선호

역량강화 사회복지실천(empowerment social work)의 목적은 모든 구성원들이 사회에 참여하고 법에 의해 보호받고, 발전할 기회를 가지고, 사회적 이득을 취할 수 있는 동등한 권리, 즉 모든 구성원들이 사회의 자원 목록에 포함되는 정의로운 사회를 만들어나가는 것이다(DuBois & Miley, 2004). 사회복지사를 역량강화하는 것은 임상적인 차원과 정치적인 차원 둘 다에서 인간의 기능과 관계를 강화하고, 사람들과 사회의 복리에 우호적인 사회적 조건을 만들어 내기 위한 노력을 기울이는 것이다. 역량강화에 대한 임상적, 정치적 차원을 모두 고려하는 일련의 윤리적 선호는 실천가들에게 지침을 제공한다(Miley & DuBois, 2007a, 2007b).

임상적 실천에서 사회복지사는 돌봄 윤리, 자율성 윤리, 힘의 윤리, 변화의 윤리를 포함하는 사고방식과 존중 윤리, 비판적 사고 윤리, 실천지식 윤리, 담론 윤리를 포함하는 실천 지향을 적용한다. 정치적 실

천에서 사회복지사는 비판 윤리, 정의 윤리, 맥락실천 윤리, 참여 윤리
에 초점을 둔 실천을 해야 한다. 거시적 개입에서의 윤리적 선호는 반
억압적실천 윤리, 옹호 윤리, 협력 윤리, 정치화된 실천 윤리를 포함한
다. 이러한 선호는 역량강화 지향의 사회복지사가 다음과 같이 하도록
요구한다.

- 개별적 돌봄과 사회 행동에 있어서 사회적 돌봄 수행 역할을
  강조하기(돌봄 윤리 Ethic of Care)
- 자율성에 대한 두 가지 차원에 초점을 둔다—다른 사람에 의
  해 지나친 영향 또는 통제를 받는 데서 독립성을 보장하는 것
  뿐만 아니라 능력(capability)에 대한 감각을 증진시키기(자율성
  윤리 Ethic of Autonomy)
- 사회적 권리와 사회적 정의를 달성하는 데 힘을 비판적으로
  사용하기(힘의 윤리 Ethic of Power)
- 장기적이고 맥락적이며, 다체계적으로 지속가능하고, 통합적
  인 변화를 가져오기(변화 윤리 Ethic of Change)
- 사람들의 능력과 재능을 발견하고 존중하는 데 있어 문화적
  순수성(naiveté) 전략을 사용하기(존중 윤리 Ethic of Respect)
- 상자 바깥에서 사고함으로써 다차원적 분석으로부터 유래된
  고지된 행위(informed action) 절차를 사용하기(비판적 사고 윤리
  Ethic of Critical Thinking)
- 사회적 변화 노력을 통해 반성적(reflective) 담론과 행위, 반영,
  행위의 연속된 순환과정(loop)에 참여하기(실천지식 윤리 Ethic of
  Praxis)
- 경험에 관한 의미를 만들어 내고 경험에 있어서 장소와 가치
  를 정의할 때 언어의 사용, 맥락의 영향을 강조하기(담론 윤리

Ethic of Discourse)

- 사회·정치·경제적 조건과 그것이 인간의 정체성, 신념, 상호 작용을 정의하는 데 있어 미치는 영향을 비판적으로 조사하고 이해하기(비판 윤리 Ethic of Critique)
- 서비스와 사회적, 경제적 특권을 경험할 기회에 대한 접근성, 정책 형성에 있어 적절한 절차와 목소리를 낼 수 있는 권리, 자원 분배에 대한 클라이언트의 영향력을 보장하기(정의 윤리 Ethic of Justice)
- 물리적, 사회적 환경의 맥락과 함께 그리고 맥락 내에서 실천 하기(맥락적 실천 윤리 Ethic of Contextual Practice)
- 실천, 정책, 연구의 모든 측면에서 클라이언트와 함께 협력적 으로 일함으로써 실천과정에서 배제의 이슈를 바로잡기(참여 윤리 Ethic of Inclusion)
- 취약하고 억압받는 인구집단에 대한 자유, 해방, 참정권부여 를 통해 억압과 사회적 배제를 바로잡기(반억압적실천 윤리 Ethic of Anti-Oppressive Practice)
- 전문적 자원을 개별 사례의 권리 또는 어떤 명분을 옹호하는 도구로 사용하기(옹호 윤리 Ethic of Advocacy)
- 계획된 변화 노력에 힘 있는 자원을 가져올 수 있는 동맹을 만들어내기(협력 윤리 Ethic of Collaboration)
- 사회복지실천이 태생적으로 정치적이며, 사회복지사는 사회 적, 정치적 행동에 대한 책임성을 가지고 있음을 강조하기(정 치화된 실천 윤리 Ethic of Politicized Practice)

## BOX 5.3 현장의 목소리

### 가정 건강관리(home health)와 호스피스

비록 내가 일하는 도중에 뒤늦게 사회복지 학위를 취득하긴 했지만, 나는 항상 마음속으로는 사회복지사였다. 나는 학부에서 사회적 권력과 사회문제에 초점을 둔 학문인 사회학을 전공하였다. 학부학위를 가지고 나는 소년법원 서비스, 정신보건, 아동복지와 같은 대인 서비스 기관에서 일했다. 아동복지에서의 경험을 통해 나는 사회복지 석사학위를 받을 수 있었다. 사회복지 석사학위를 받은 후에, 나는 정신보건 서비스에서 일하였고, 가정 건강관리와 호스피스 서비스를 제공하는 현재 직책으로 옮기기 전까지 병원에서 근무하였다.

현재 직책에서, 나는 말기 질환 환자들이나 다양한 재활 혹은 지지적 돌봄을 필요로 하는, 사고나 질병을 경험한 사람들과 일하고 있다. 모든 이슈들은 개인적 의미와 희망과 관련된다. 어떤 사회복지사들은 우울해진다고 생각하여 이러한 현장을 꺼린다. 그러나 내 경험상 그렇지 않다. 전문적으로, 나는 내 클라이언트의 삶의 질에 의미 있는 공헌을 한다고 믿는다. 개인적으로, 나는 클라이언트로부터 비록 신체적 조건은 약화되고 있다 하더라도 용기와 희망을 가지고 삶을 살아가는 방식에 대해서 많은 것을 배운다. 나는 이러한 실천현장에서 일하려면 전문가들이 기꺼이 자신의 죽음에 직면하고 다른 사람을 진실하게 돌보아야 한다고 생각하게 되었다. 나는 까다로운 상황에서의 나의 반응을 통해 내 자신의 정서적 건강을 판단한다. 만약 내가 경계를 흐리게 할 정도로 나 자신을 돌보거나 혹은 돌보지 않는다면, 나는 내 자신을 돌볼 수 있는 방법(재충전)을 찾을 필요가 있다고 결론을 내렸다.

나는 기존에 병원 입원실에서 만난 환자들과는 다르게, 이제 집을 방문한다. 이러한 방식이 클라이언트와 나와의 관계에서 힘의 분배에 있어 엄청난 차이를 만들어 낸다는 사실이 재미있다. 병원에서는 내가 공평하게 하려고 시도를 해보아도, 환자복을 입고 침대에 누워있는 환자들은 나를 포함한 사회복지사의 의료적 권위에 따를 수밖에 없다. 지금은 내가 초대된 손님으로 클라이언트에게 가게 되면, 그들은 누워있을 때조차 좀 더 책임감을 가지는 것 같다.

나는 항상 다양성에 마음이 끌렸고, 그래서 내 일에서 같은 날은 하나도 없다는 사실을 즐긴다. 나는 다양한 연령과 환경의 사람들-호스피스 서비스, 만성질환, 장기요양에 대한 개인적이고 가족적인 의미에 의해 복잡해진 삶을 살아가는 사람들-과 함께 일한다. 내 일은 접수 사정, 상담, 요양원 입소 권유, 지역사회 서비스 의뢰, 임시 간호 서비스 배정, 정서적 지지와 애도 상담 제공, 가족 및 집단상담과 같은 일들이다. 세 개 주에 걸친 지역에서 일하기 때문에, 나는 세 개 주에서 제공되는 서비스의 특수성과 프로그램 수급 조건 및 제한 조건의 차이점에 대해 배워왔다. 또한, 학제 간 노인학대 조사 팀과 같은 프로젝트에서 다른 지역사회의 전문가들과 협력해서 일할 기회도 있었다.

보건 영역에서는 현재 진행 중인 많은 변화들이 있다. 예산지출을 감축하기 위한 사례관리 압력으로 인해, 모든 의료 전문직들이 전달체계를 재점검하여 접근성과 경제성을 유지하고 있다. 동시에, 우리는 보건 서비스가 모든 지역사회 구성원들의 욕구를 해결할 수 있는 방법을 찾아야 한다. 보건의료 개혁조차도 어떤 것은 변화시키지 못했다. 환자들은 여전히 자신들의 말을 듣고, 자신들이 무엇을 말하고 있는지를 듣는 누군가를 필요로 할 것이다. 그들은 여전히 그들의 선택지에 대한 정보, 선택의 결과를 통해 생각할 기회, 그들이 하는 선택에 대한 지지를 필요로 할 것이다. 여전히 자원을 연결해 주고, 의료적, 사회적 서비스 행정체계를 통해 안내해주고, 그들의 명분을 옹호해줄 누군가를 필요로 할 것이다. 의료사회복지사는 보건 서비스에서 핵심적인 역할을 수행하게 될 것이다!

# 복습과 예습

사회복지 전문직의 가치와 윤리와 관련된 개념을 소개하기 위해, 이 장에서는 다음과 같은 것들을 논의하였다.

- 전문적 사회복지의 일반 가치
- 클라이언트의 가치 체계, 기관 가치, 사회복지실천가의 개인 적 가치를 포함한 사회복지실천 가치 맥락
- 윤리, 윤리강령의 목적, 전문적 실천의 기준
- 사회복지실천 윤리적 원칙과 선호

이 장에서 논의된 전문적 가치와 원칙은 사회복지실천의 모든 클라이언트 시스템에 보편적으로 적용되어야 한다. 나아가 실천 활동이 사람들에 대해 이러한 기본적인 신념과 자세를 보일 때, 개인적 그리고 시스템의 효능성과 유능성은 발전된다. 그러나 사회복지사는 일을 이어가는 동안 가치와 윤리적 딜레마에 의해 자주 도전을 받는다. 어떤 경우에는 판단을 내리거나 편견 없이 행동하기가 어렵다. 사회복지사도 결국에는 사람이다. 그러나 또한 전문가이기도 하다. 그래서 사회복지실천 가치를 스스로의 존재 안에 내면화하도록 노력해야 한다. 동일한 가치가 정의로운 사회 안에도 반영될 필요가 있다. 전문가는 사회정의를 증진시킬 의무가 있고 전문직의 이상을 구현해야 한다. 우리는 빈번히 불의, 피해자화, 억압의 결과를 다루도록 요구받는다. 사회적 불의의 영향, 사회적 정의에 대한 요구에 관한 우리의 이해를 넓히기 위해, 이 이슈들은 6장에서 다루게 된다.

# 생각해보기

❶ 정책 실천: 21세기에서조차, 많은 사람들은 곤궁한 삶의 조건들을 가지고 있는 사람들을 개인적으로 비난하고, 도움을 받을 가치가 없다고 본다. 개인의 도덕성에 대한 이러한 초점은 사회복지정책의 발전과 실행에 어떻게 영향을 주고 있는가?

❷ 실천에서의 다양성과 차이: 사회서비스 기관의 가치 체계는 기관의 미션, 인사 관행, 구조, 물리적 환경, 기금모금, 자격 요건 등에 반영된다. 사회복지사는 다양한 클라이언트 및 지역과 함께 일하면서 문화적으로 반응적인 실천이 되기 위해 기관 가치의 영향을 어떻게 다루어야 하는가?

❸ 윤리적, 전문적 행동: 사회복지사는 과학기술의 사용을 포함한 모든 영역에서 윤리적 행동에 대한 의무를 가지고 있다. 사회복지사는 어떻게 과학기술을 책임 있고 윤리적으로 사용할 수 있는가?

❹ 윤리적, 전문적 행동: 사회복지실천 원칙은 수용, 개별화, 의도적 감정 표현, 비심판적 태도, 객관성, 통제된 정서적 관여, 자기결정, 자원접근성, 비밀보장, 책무성을 포함한다. 이러한 사회복지실천 원칙과 관련된 잠재적인 윤리적 딜레마는 무엇인가?

제6장

# 인권과 사회정의

★★★★★

**학습목표**

- 시민권, 시민 자유, 사회복지권 등 인권의 개념을 분석할 수 있다.
- 인종차별주의, 성차별주의, 엘리트주의, 연령차별주의, 이성애주의, 장애차별주의 등과 같은 사회적 불의들을 비교하고 대비시킬 수 있다.
- 사회적 불의의 철학적, 사회학적, 심리학적 기반을 요약할 수 있다.
- 사회복지실천에 있어서 불의의 함의를 평가할 수 있다.

**학습개요**

이번 월요일은 메리 베스 캐논에게는 기념할 만한 날이다. 그녀는 푸른 핀에 새겨진 "메리 베스 캐논" 이름표를 어루만지며 거울 속 자신에게 웃음을 짓는다. 그녀는 푸른 작업복을 입은 자신의 모습이 얼마나 멋진지 알고 있다. 사람들은 그녀가 잘 차려입고 세세하게 신경 써서 옷을 입었다고 칭찬할지도 모른다. 그러나 그것은 메리 베스가 작업복에 대해 생각하는 바가 아니다. 메리 베스는 오늘 수습생이 아니라 허트랜드 보험회사의 복사실에서 근무하는 어엿한 고용인으로 작업복을 입은 것이다.

메리 베스는 두 달 전에 장애인 보호작업장에서 직업 준비 프로그램을 성공적으로 마쳤다. 그녀는 동료, 상사들과 관계를 맺는 방법과 좋은 작업 습관을 배우기 위해 열심히 일했다. 직원들은 그녀를 성취를 칭찬했고, 그녀를 믿음직스러워 했다. 메리 베스가 훈련 프로그램을 마친 후 허트랜드사 매니저는 그녀를 복사실 직원으로 고용했다. 그녀는 일을 배우는 동안 옆에서 일하는 직업 코치의 도움을 받았다. 오늘 메리 베스는 능숙하게 복사기를 돌리고, 종이를 채우고, 인쇄 용지 크기를 바꾸었다. 그러나 종이가 걸렸을 때 문제를 잘 해결하는 것을 돕기 위해 슈퍼바이저가 항상 옆에 있다.

허트랜드사에서는, 비서와 영업사원이 복사실로 복사할 서류를 가져온다. 그들은 복사가 필요한 매수를 작업지시서에 써서 주거나 서류 정렬, 스테이플러로 찍기, 접기와 같은 다른 요구사항들을 복사기의 컬러 키패드와 유사한 작은 컬러 메모지의 해당 부분에 동그라미를 쳐서 준다. 이러한 컬러 메모지를 쓰는 이유는 메리 베스가 글을 읽지 못하기 때문이다-메리 베스는 지적 장애가 있다. 그녀는 각 지시 사항들을 완수하여 그것을 담당자에게 갖다 준다. 그는 언제나 웃으며, "고마워요, 캐논 양"이라고 말한다.

메리 베스의 거실 창에서는 폴리가 밖에서 기다리는 것을 볼 수 있다. 허트랜드사 우편실에서 일하는 폴리도 역시 지적 장애가 있고, 메리 베스와 같은 관리형 아파트에 산다. 그들은 같이 버스를 타고 직장에 간다. 폴리는 메리 베스의 남자친구이다. 폴리는 메리 베스에게 손을 흔들고 그들의 시티버스 카드를 가리킨다. 그녀는 웃으며 생각한다. "그는 나를 좋아해. 아마도 폴리와 나는 언젠가 결혼할 거야!"

메리 베스는 유급으로 고용되었고, 세금을 내고, 아파트 관리비를 내고, 친구와 사회생활을 즐긴다. 그녀는 자신의 삶의 방향성을 스스로 통제하고 있다. 그러나 이러한 자급자족성과 독립성을 얻기 위해서 많은 노력을 기울였다. 장애를 가지고 있는 많은 사람들처럼, 메리 베스는 장애와 관련된 낙인들을 견뎌내 왔다. 운 좋게도, 메리 베스는 고용과 주거에 있어서 기회의 문을 여는 데 필요한 지지체계에 접근할 수 있었다.

사회복지사는 메리 베스가 유능하고 가치 있는 사람으로 훈련될 수 있도록 직업 준비 프로그램, 현장실습, 관리형 주거 아파트, 지역사회 적응 프로그램에 개입하였다. 메리 베스가 받은 서비스들이 역량강화 과정을 통한 개별화된 지지를 필요로 하기는 하였으나, 그녀는 자신의 자급자족성을 최대화하고 지역사회에 통합하는 데 성공하였다. 메리 베스는 스스로에게 만족하고, 그녀의 성취를 자랑스러워한다.

---

이러한 예는 메리 베스 캐논이 유능한 인간 세상(competent human system)에서 자신이 갖고 있는 부족한 점을 충족시킬 수 있는 방법을 보여준다. 그녀는 지역사회의 모든 분야에 완벽히 참여하고 자신의 자원을 기여한다. 서로 다른 능력을 가지고 있는 사람들의 잠재성을 극대화시킬 수 있는 사회의 대응방법은 모든 사람의 가치와 존엄성을 존중하고 사회정의를 증진시키는 것이다.

사회복지사는 사회 구성원의 일반복지를 옹호하고 사회정의를 달성하는 데 대한 책임성을 공유해야 한다. 평등과 정의는 사회의 모든 구성원들이 사회가 제공하는 이득을 공유하고 그들의 공헌에 대해 대가를 받을 기회를 가질 수 있도록 보장해준다. 공정한 사회질서는 모든 사회 구성원들에게 똑같은 기본적 사회적 권리, 기회, 이득을 부여한다.

# 인권과 사회정의

인권, 시민권, 사회복지에 대한 시민의 권리는 사회정의를 증진시킨다. 인권과 사회정의를 더 탐구하기 위해, 이 장에서는 시민권, 시민 자유, 시민권, 사회복지권, 사회정의 이론, 사회복지와 사회정의 간의 필요불가결한(integral) 상호 관계에 대해 기술한다.

## 인권

인권, 시민권, 사회복지에 대한 시민의 권리는 사회정의를 증진시킨다. 인권은 인간의 삶을 보호하고, 자유를 보장하며, 개인 자유를 수호하는 고유한 권리이다. 시민권은 사회 집단에 의한 통제나 사회의 억압으로부터 시민을 보호한다. 시민의 권리는 시민이 사회적 자원에 정당하게 접근하도록 함으로써 삶의 질을 증진시킨다.

UN은 인권을 "천부적으로 타고난 권리로서 그것이 없이는 인간으로서 살 수 없는 권리"라고 정의하였다. 인권과 자유는 인간의 자질, 지능, 재능, 양심을 완벽하게 발전시키고 사용하도록 하며, 우리의 영적 욕구와 그 외 다른 욕구를 만족시키도록 해준다(UN, 1987; Reichert, 2003, p.4에서 재인용). 이러한 기본 인권은 타고난 것이기 때문에, 인권은 누군가에 의해 부여되지도 또, 누군가가 가져갈 수도 없다. 인권은 오직 침해당할 수만 있는 것이다. UN의 세계인권선언(1948)이 채택된 지 10주년을 맞아, 엘리노어 루스벨트(1958)는 보편적 인권에 대한 경험은 우리 주변―우리의 이웃, 학교, 사업장, 지역사회―에서 시작된다고 언급하였다. 이러한 곳들은 모든 사람들이 차별 없이 정의와 동등한 기회를 원하는 장소이다. 그녀는 우리가 집에서 가까운 곳에서 인권을 보장받지 못한다면, 더 넓은 세상에서 모든 사람들의 인권을 지지하려는 노력 역시 실패로 돌아갈 것으로 보았다.

인권은 세 가지 범주로 나눌 수 있다—시민/정치권, 사회/경제권, 집합적 권리(Lightfoot, 2004; Reichert, 2003; Wronka, 2013). 시민/정치권(Civil and political right: CP)은 1세대 권리라고도 불리며, 〈UN 경제적, 사회적, 문화적 권리에 관한 국제 규약〉에 정의되어 있다. 미국 헌법과 권리 장전에 보장된 권리와 다르지 않으며, 시민/정치권은 사회 구성원의 정치적 지위와 관련하여 정부의 역할을 규제하는 권리이다. 시민/정치권은 절차적 권리, 공정한 재판을 받을 권리, 종교와 언론의 자유, 집회의 자유, 차별·속박·고문 받지 않을 권리를 포함한다. 사회/문화/경제권 (Social, Cultural, and Economic rights: SEC)은 2세대 권리라고도 하며, 삶의 질 권리이다. 〈UN 경제적, 사회적, 문화적 권리에 관한 국제 규약〉에 규정되어 있는 대로, 의식주, 의료, 사회적 안전, 교육, 사회서비스와 같은 기본적 인간 욕구를 충족시킬 수 있는 것을 포함한 건강과 복지를 보장할 수 있는 적절한 삶의 기준과 관련된다. 집합적 권리는 3세대 권리로, 환경 보호, 사회경제적 개발, 구호, 국제 안전과 평화와 같은 정부 간의 협력과 국가 간 연대와 관련된 권리이다.

인권은 개인의 발전과 인간 잠재력에 필수적인 근본 요건이다. 실제로 "인권은 사회정의의 기반이다(Wronka, 2013, p.4)". 기본적 인권은 자기결정권과 생명, 사생활, 사상, 언론의 자유 및 출생, 성별, 성적 지향, 인종, 피부색, 언어, 국적과 출신, 재산, 지적 능력, 이데올로기, 정치적 조건에 따른 차별 없이 개인의 안전을 보장받을 권리이다. 이러한 천부적인 자격을 부정하는 행위는 인권을 침해하는 것이다.

## 시민권과 시민 자유

시민권과 시민 자유는 차별과 억압으로부터 시민을 보호하는 것이다 (Pollard, 2013; Stein, 2013). 영국법에 근거하여 만들어진 시민권과 시민 자유는 지난 두 세기에 걸쳐서 미국 법체계에서 개선을 거듭해 왔다. 20세기 후반에는 개혁 운동들을 통해 시민권 법령이 통과되었다. 고용 관행, 교육과 주거 접근권, 다른 평등한 기회 부여와 관련된 사안들에 대한 법이 만들어져 더 많은 권리를 보장하고 차별적 행위를 금지하는 조항으로 구체화되었다.

시민권은 정부와 개별 시민 간에, 또 시민들 간에 공정하고 정의롭고 공평한 거래에 대한 것이다. 시민 자유는 사회변화를 이끄는 활동에 참여하고, 문제를 제기할 수 있는 시민의 권리를 포함한 헌법에 보장된 자유를 말한다. 시민권과 시민 자유는 모두, 사회에서의 조화와 질서, 개별 시민의 존엄성과 자유를 보장한다. 차별은 사람들을 분리시키고 사회의 기회와 자원에 대한 접근성을 제한하는 시민권 이슈이다.

사회복지사는 지난 수년간 시민권 운동의 선봉에 서서, 차별철폐 법안을 옹호하고 시민권이 사회복지실천의 주요 관심사가 되는 데 이바지하였다. 역사적으로 사회에서 차별을 당한 사람들이, 소위 사회적 복리를 보호하고 증진시키는 것을 목적으로 두고 있는 전문직으로부터 모욕을 당해서는 안 된다! 사회복지 전문직은 다양한 인구집단의 독특한 욕구에 민감하게 대처할 수 있는 정책을 지지하고 프로그램 전달체계를 개선하여 시민권을 보장할 수 있도록 노력해야 할 것이다.

## 사회복지권

사회복지의 발전은 미국 내의 산업화와 흐름을 같이 해왔다. 산업혁

명의 기술적 혁신은 사회적, 경제적 혁명을 만들어 냈다. 이러한 변화는 경제적 조건, 가족생활, 개인의 복지와 건강에 중요한 함의를 가진다. 역사적으로, 정부는 경제적 불안정성을 감소시키는 사회복지 프로그램을 고안해냄으로써 이러한 변화에 대응했다. 현대에는 20세기 초 사회복지에 대한 급진주의적 시각에서 20세기 말부터 보수적인 관점으로 변화가 진행되면서, 복지를 권리로 보는 일반적 관점에서 어떤 복지는 일종의 특권으로 보는 시각도 나타나게 되었다(Stoesz, 2015).

근본적으로 교육, 일, 건강에 대한 평등한 권리 보장 원칙은 모든 시민들에게 사회자원과 기회에 대한 접근성을 제공하는 것이다. UN의 세계인권선언(1948)은 이러한 권리를 다음과 같이 구체화하고 있다.[1]

> **조항 22.**
> 모든 사람은 사회의 일원으로서 사회보장을 받을 권리를 가지며, 국가적 노력과 국제적 협력을 통하여, 그리고 각 국가의 조직과 자원에 따라서 자신의 존엄과 인격의 자유로운 발전에 불가결한 경제적, 사회적 및 문화적 권리들을 실현할 권리를 가진다.
>
> **조항 23.**
> 1. 모든 사람은 일, 직업의 자유로운 선택, 정당하고 유리한 노동조건, 그리고 실업에 대한 보호의 권리를 가진다.
> 2. 모든 사람은 아무런 차별 없이 동일한 노동에 대하여 동등한 보수를 받을 권리를 가진다.
> 3. 노동을 하는 모든 사람은 자신과 가족에게 인간의 존엄에 부합하는 생존을 보장받으며, 필요한 경우에 다른 사회보장방식으로 보조되는 정당하고 유리한 보수에 대한 권리를 가진다.

---

1 역자 주: 대한민국 국가인권위원회(www.humanrights.go.kr)에서 제공한 세계인권선언 번역 내용을 참고함

4. 모든 사람은 자신의 이익을 보호하기 위하여 노동조합을 결성하고, 가입할 권리를 가진다.

**조항 24.**

모든 사람은 노동 시간의 합리적 제한과 정기적인 유급휴가 등 휴식과 여가의 권리를 가진다.

**조항 25.**

1. 모든 사람은 의식주, 의료 및 필수적 사회복지를 비롯하여, 자신과 가족의 건강과 안녕에 적합한 생활 수준을 누릴 권리와 실업, 질병, 장애, 배우자 사망, 노령 또는 기타 불가항력의 상황으로 인한 생계 결핍의 경우에 보장을 받을 권리를 가진다.
2. 모성기(motherhood)와 아동기(childhood)에는 특별한 보호와 지원을 받을 권리가 있다. 모든 아동은 적서(wedlock)에 관계없이 동일한 사회적 보호를 누린다.

**조항 26.**

1. 모든 사람은 교육을 받을 권리를 가진다. 교육은 최소한 초등 및 기초단계에서는 무상이어야 한다. 초등교육은 의무적이어야 한다. 기술 및 직업 교육은 일반적으로 접근이 가능하여야 하며, 고등교육은 모든 사람에게 실력에 근거하여 동등하게 접근 가능하여야 한다.
2. 교육은 인격의 완전한 발전과 인권과 기본적 자유에 대한 존중의 강화를 목표로 한다. 교육은 모든 국가, 인종 또는 종교 집단 간에 이해, 관용 및 우의를 증진하며, 평화 유지를 위한 UN의 활동을 발전시켜야 한다.
3. 부모는 자녀에게 제공되는 교육의 종류를 선택할 우선권을 가진다.

세계인권선언에 명시된 시민의 사회적 권리에 따라, 사회복지 전문직은 적절한 주거, 음식, 의복, 건강, 고용, 교육에 대한 권리와 인종, 연령, 성별, 성적 지향, 신체적·정신적 제한의 결과로 요구되는 모든 특

별한 보호 조치를 지지한다. 정부의 보조금과 실업급여, 장애수당, 가족
수당, 군인연금 수혜 및 프로그램 참여에 대한 클라이언트의 시민권을
보호하기 위해서는 자원의 개발과 분배에 대한 옹호 기술(advocacy)이
필요할 수 있다.

## 사회정의 이론

사회정의가 사회복지 전문직의 근본 가치이기는 하지만, 사회정의는
학자들과 사회복지실천가들 사이에서 합의된 하나의 정의가 없다. 더 큰
선을 위해 사회정의를 사회 집합적으로 적용해야 할지, 오직 개인에게
적용해야 할지에 대한 질문들이 논란의 핵심이다. 정의는 공정성 원칙
에 근거해야 하는가? 만약 사회정의가 공정성에 기반한다면, 무엇이 공
정하고 정의로운 것으로 간주되어야 하는가?

사회정의, 사회복지실천, 사회정책 옹호의 원칙 간의 상호 관계를 탐
구하기 위해서는 공정의 원칙으로 사회정의를 바라보는 이론적 입장들
에 대한 일반적인 이해가 필요하다. 사회 및 정치 철학을 바탕으로 사
회정의 이론을 크게 3가지로 분류해 볼 수 있는데, 자유의지론, 공리주
의, 평등주의로 나눌 수 있다. 각 이론은 개인적 권리와 집합적 권리,
사회자원의 분배와 재분배에 대한 관점이 다르다.

자유의지론의 대표적 학자는 로버트 노직이다. 자유의지론은 사회정
의의 단 하나의 관심은 오직 개인의 자유 혹은 방임에 있다고 강조한
다. 다른 사람으로부터의 간섭 없이 자기 자신의 삶에서 추구하는 바를
선택할 수 있는 개인의 권리를 부여하고 보호하는 것이 자유의지론의
핵심이다. 자유의지론자들은 소유권은 천부적으로 주어진 자유이며, 개
인이 재산과 부를 획득하는 것은 제한되어서도 안 되고 재분배되어서도
안 된다고 주장한다. 통제 없는 자본주의 경제에 대해 지지하고 재분배

정의에 대해 거부하는 자유의지론자들은, 복지 체제와 박탈된 집단에 대한 우선권 부여를 통해 공평성을 증진시키려는 적극적 차별 철폐 조치에 대해 반대한다.

공리주의는 존 스튜어트 밀과 제레미 벤담에 의해서 주창되었으며, 유용성의 원칙, 즉 최대다수의 최대행복을 추구한다. 공리주의의 원칙은 최대다수의 최대이익이라는 사회적 진화주의를 반영한다. 공리주의 관점에서는 사회적 자원의 재분배는 정부의 제도를 통해 이루어지고, 법은 공공선의 이익을 증진시켜야 한다. 그래야 가능한 한 많은 사람들이 기본적인 욕구나 희망하는 삶을 충족시킬 수 있는 수단과 기회를 가지게 된다. 결과적으로 공리주의 관점에서의 사회정의는 대부분의 사람들이 자신의 욕구를 충족하기는 하지만, 어떤 사람들이 자신의 필요보다 더 많이 가지는 반면, 어떤 사람은 그렇지 않다는 점을 수용한다.

평등주의 혹은 공정성으로서의 정의는 존 롤즈에 의해 개발되었으며, 모든 사람들이 자원 접근성과 기회에 있어 공평한 평등성을 가져야 한다고 주장하며, 빈곤한 사람들에게 사회자원을 재분배하는 데 찬성한다. 공리주의와 자유의지론과는 달리 극빈자들에게 우선권을 주는 것은 사회자원의 분배/재분배를 정당화하는 공정성과 정의에 대한 평등주의적 원칙에 적합하다. 요약하면, 평등주의적 입장에서 사회정의는 모든 시민들이 권리, 기회, 사회자원 접근에 있어서 평등해야 한다는 것을 보장하며, 이는 사회의 미덕이자 도덕적 의무이다.

## 사회복지와 사회정의

역량강화의 관점에서 정의로운 사회는 모든 구성원들이 사회의 자원과 이익에 대해 동등한 권리를 공유하는 사회이다. 다시 말해, 이들은 모두 사회의 자원에 기여한 사람들이다. 사회에 대한 개인의 의무와 사회에 의한 권리 보호 간의 사회정의 계약을 충족시키는 것은 역량강화 사회복지의 핵심 목적이 되었다. 따라서 사회복지 전문직의 사회정의 소명(mandate)은 모든 사람들이 사회자원과 기회에 접근하는 데 동등한 권리를 가지고 그리하여 완벽하게 사회에 참여하고 사회의 구성원으로 공헌하도록 보장할 윤리적 의무일지도 모른다.

정의를 공평으로 보는 평등주의 철학에 기반하여, 사회복지 전문직의 소명은 개인과 사회 간의, 특히 박탈된 집단과의 사회정의 계약을 충실히 수행하도록 보장하는 것이다. 이처럼, 취약하고 억압받는 사람들에 대해 사회복지가 더 헌신하기 때문에, 사회자원의 재분배를 통해 사회경제적 불의를 바로잡기 위해 사회복지실천가는 사회정의 옹호자가 된다. 분배 정의의 개념과 가깝게 연결되어 있기에, 공정성 이론은 이득이 어떻게 분배되어야 하는가를 고려한다－공평성의 원칙(기여한 양에 기반한 보상) 혹은 평등의 원칙(모든 사람들에게 똑같이 분배) 또는 욕구의 원칙(욕구에 따라 차등 분배).

사회복지 전문직은 평등과 공평을 정책 실천뿐 아니라 미시적 직접 사회복지실천에서도 사회정의의 핵심 개념으로 간주한다(Bonnycastle, 2011; O'Brian, 2011). 사회정책은 사회적 이득을 분배하고 동등한 권리를 보호하는 기제이다. 평등과 공정성에 근거하여, 재분배 정의는 사회복지사에게 정치적, 경제적 아젠다를 던져준다. 이러한 목적을 위해, 사회정의 옹호자들은 평등주의, 빈곤 감소, 분배 선, 빈곤한 인구집단에 대한 서비스를 추구하게 된다(Chatterje & D'Aprix, 2002; Freiman, 2012). 유사하게, 사회복지사의 시민권 정책 아젠다는 이른바 "주의"에 취약한 사람들(인종적·민족적 소수자, 여성, 노인, 게이와 레즈비언, 젠더 관행을 따르지 않는 사람들, 장애인, 이주민 등)을 위한 평등을 추구한다.

# 사회적 불의: "주의"

보편적 인권, 시민권, 사회복지에 대한 시민의 권리는 사회정의의 비전에 기여한다. 그러나 이러한 사회적 권리의 이상은 시민이 일상적으로 경험하는 현실과는 종종 상반된다. 사람들은 인종차별주의, 엘리트주의, 성차별주의, 이성애주의, 연령차별주의, 장애차별주의의 부정적 효과를 경험한다. 인종, 사회계층, 성별, 성적 지향, 연령, 젠더, 능력이 다른 사람들은 종종 착취(exploitation)를 경험한다(표 6.1).

사회의 "주의"는 사회가 "부족"하다고 보는 사람들—능력이 떨어지고, 덜 생산적이고, 덜 평균적인—을 향한 편견이다. "주의"는 계층화된 사회구조를 합리화시킨다. 낮은 지위의 사람들에게 기회, 가능성, 자원을 적게 제공하는 것이다. 계층화된 구조는 사회의 특정 계층에 대한 착취와 지배를 끊임없이 반복한다. 어떤 집단은 권력, 특권, 자원에 접근 가능하지만, 다른 집단은 그렇지 못하다.

**표 6.1** | "주의"

| | |
|---|---|
| **인종차별주의** | 다른 인종 집단에 대한 특정 인종 집단의 사회적 지배를 영구화하는 이데올로기 |
| **엘리트주의** | 낮은 경제 계급 사람들에 대한 편견 |
| **성차별주의** | 한 성별이 다른 성별보다 우월하다고 보는 믿음 |
| **이성애주의** | 이성애주의가 아닌 성적 지향을 가진 사람들에 대한 편견 |
| **연령차별주의** | 특정 연령 집단이 다른 집단보다 열등하다고 보는 믿음 |
| **장애차별주의** | 장애를 가진 사람들에 대한 편견 |

## 인종차별주의

인종차별주의는 다른 인종 집단에 대한 특정 인종 집단의 사회적 지배를 영구화하는 이데올로기이다. 그들의 주장을 정당화하기 위해, 인종차별주의 지지자들은 인종을 사회적으로 구성된 개념으로서 이해하기보다는, 그들이 저급하다고 이름 붙인 인종들이 유전적으로 혹은 문화적으로 열등하다고 주장한다. 미국에 있는 수많은 민족, 인종 집단들은 끊임없이 인종차별과 불평등으로 인한 유해한 결과들에 맞서 싸워왔다. 차별과 인종 불평등을 뿌리뽑기 위해 많은 노력들이 이루어져 왔지만, 인종차별주의자들의 믿음은 여전히 깊이 자리 잡고 있다. 또한 권력을 가진 집단의 사리사욕을 채우는 방식으로 사회구조를 유지하는 사회의 경향 때문에 차별은 계속된다. 즉, 인종차별을 하는 사회에서는 어떤 인종 집단에 속해 있는지가 사회적 지위의 기초를 형성한다. 즉, 지배집단이 다른 집단의 이동성을 제한한다.

인종차별에는 개인적, 조직적, 구조적 차별이라는 세 가지 수준이 있다(Tidwell, 1987). 개인은 편향된 태도와 행동을 통해 차별을 드러낸다. 예를 들어, 임대인들은 임차인을 뽑을 때 인종에 따라 차별한다. 조직은 정책, 규칙, 법령을 강제하는 방식으로 특정 집단에 대한 차별을 드러낸다. 예를 들어, 적극적 행동 조치를 따르지 않는 인사 조치는 특정 인종에 대한 특혜 채용으로 나타난다. 마지막으로 구조적 수준은, 어떤 사회제도에 대한 차별적 조치가 다른 사람들의 기회를 제한하는 것이다. 예를 들어, 교육 기회에 대한 접근성을 막는 것은 고용의 선택권을 제한하고, 이것은 또 거주나 건강 보호에 대한 선택권을 제한하는 것이다. 차별적 조치는 기회와 보상의 불공평한 분배를 초래한다.

모든 시민들의 자유와 정의에 대한 이상은 평등을 획득하기 위한 분쟁을 특히 아이러니하게 만든다. 사람들이 "모두를 위한 정의"를 기대할 때, 불의(injustice)는 더욱더 심오하다. 역사적으로 미국 사회는 민주주의적 가치에서 유래된 사회의 이익에 인종 집단들이 접근하는 것을 거부해왔다. 소수자 인종 집단들은 정치적, 경제적으로 착취 받아 왔다. 그들은 낮은 신분의 지위－태어날 때부터 특정 인종이라는 이유로 개인들에게 부여된 지위－로 격하되었다. 오늘날까지도, 많은 인종, 민족 집단들이 정의와 자유를 얻기 위해 싸움을 계속하고 있다. 사회적 관습에 뿌리내린 제도적 차별은 이른바 주류 인종과 인종적 소수자 간의 지위 차이를 지속시키고 있다.

1960년대에, 사회행동주의자들은 인종 집단이 겪고 있는 곤경에 대한 국가적 관심을 불러일으키고, 시민권 법령을 통과시키도록 압박하였다. 미국 정책 내의 변화에 대한 그들의 압력은 학교 내 인종차별 폐지, 반차별법안, 시설 이용 분리 정책 거부와 동등 이용 도입, 직장 내 적극적 차별 철폐 조치 등으로 이어졌다. 제도적 차별에 대항하기 위해 시민권 운동은 소수자를 위한 교육과 고용에서의 평등 기회 보장을 지지하였다. 그러나 시민권 법령은 그 자체만으로 억압이나 박탈로 인해 고용이나 교육에서 이미 존재하는 차별과 제한을 다루지는 못한다. 구조적 변화에 부가적으로 요구되는 것은 법에 일일이 규정될 수 없다－차별과 억압을 이끄는 편견에 사로잡힌 태도를 용인하지 않는 사회적 양심이 필요하다.

## 엘리트주의

엘리트주의 또는 계급차별주의는 낮은 사회경제적 계급에 있는 사람들을 상위 계층의 사람들보다 덜 가치 있고, 덜 유능한 이른바 "게으름뱅이"로 넘겨짚는 편향된 태도를 말한다. 모든 사람들이 평등하게 창조되었다는 미국의 이상(ideal)이 있기는 하지만, 실제로 미국 사회는 어떤 사람들은 다른 사람보다 더 평등하다고 본다. 역설적으로, 평등과 자선에 대한 생각은 엘리트주의와 불평등을 강화한다. 세넷과 콥(1972)은 이에 대해 다음과 같이 말하였다.

> 힘(power)이 잠재적으로 평등하다는 생각은 오히려 힘의 불평등이 법칙이고 기대되는 경쟁적 사회에 특히 잘 들어맞는다. 모든 사람들이 동등한 잠재적 능력을 가지고 출발한다고 가정하면, 삶에서 경험하는 불평등은 임의적이지 않다. 힘을 사용하는 데 대한 개인들의 서로 다른 추동(drives)의 논리적인 결과로 불평등이 나타난다. 즉, 사회적 차이는 개인의 특성, 도덕적 결단, 의지, 그리고 유능감의 문제로 나타날 수 있다(p.256).

계급 구조가 선한 사람들이 악한 사람들의 위에 있는 인간 계층화를 반드시 의미하지는 않는다. 그러나 엘리트들은 낮은 계급의 사람들을 무식하고 무능하다고 특징짓곤 한다.

사회적 계층화는 부, 권력, 위신과 관련된 불평등에 기인한다. 사회적 계급은 사람들을 계층 안에서 혹은 그와 유사하게 분류한다. 이러한 계층화는 "가진 사람들"과 "가지지 못한 사람들"을 구별한다. 사회에서 가진 사람들은 사회적, 경제적 자원뿐만 아니라 사회의 사회적, 경제적 기회에 대한 통제력을 가진 사람들이다. 한편, 가지지 못한 사람들은 자원이 부족하고 기회에 대한 접근성도 제한적이다. 이러한 계급 체계에서 사람들이 갖는 지위는 사회가 제공하는 이득을 획득하려고 할 때 자원에 접근할 수 있을 것인지 아니면 오히려 장벽을 경험할 것인지에 대한 가능성을 결정한다.

사람들의 지불 능력을 반영하는 옷, 소모품, 다른 소비 관련 제품들에 붙여진 디자이너 라벨에 대한 우리의 집착은 엘리트주의적 태도를 드러낸다. 위대한 미국이라는 꿈은 스스로 도전하는 사람들이 사회 계급 신분을 바꿀 수 있다는 것을 말한다. 이러한 꿈은 실직자와 극빈자

에게는 마치 악몽과도 같다. 사회는 그들에게 스스로 일어서라고 북돋
우지만 그럴 수 없을 때는 질책한다. 그들의 노력이 실패로 돌아가면,
사회 구성원들은 그들의 성취에 장애가 되었던 구조적 불평등보다는 개
인을 비난한다.

빈곤 운동－특히 복지권 조직－은 이러한 체계적 장벽을 인식하고
사회 개혁을 통해 그것을 개선하고자 한다. 교육적, 경제적 기회를 확
대하고 필요한 법적 행동을 취하는 것도 이러한 개혁 노력 중의 하나이
다. 개혁 집단은 사회적 불평등을 사적인 어려움이 아니라 정치적 이슈
로 인식한다. 또 계급주의를 개인적 문제가 아니라 공공 차원의 이슈로
바라본다.

엘리트주의는 한 사회의 경계를 넘어 고도로 산업화된 나라들이 다
른 나라들을 이용하는 국제적인 영역으로까지 확장된다. 경제적 욕구를
이용하는 관계는 핵심적 권력국가와 비권력 국가 사이에서도 발생한다.
예를 들어, 각 지방정부들이 관할 지역에 쓰레기 폐기를 허용하지 않는
데 대한 대응책으로, 미국 쓰레기 폐기물 회사는 개인들과 계약을 체결
하여 의학적, 화학적, 핵 폐기물들을 아프리카의 경제적으로 빈곤한 지
역에 버린다. 실제로 지불된 돈은 말 그대로 한 가정의 뒷마당을 사는
정도의 액수일지 모른다. 가족들은 그들의 땅을 당장의 욕구를 충족하
는 돈벌이 수단으로 파는 것이다. 이러한 거래는 그들과 그들의 후손들
을 오염된 쓰레기에 노출시키고, 장기적으로 그들의 건강을 위험에 빠
뜨리고, 전 세계적인 차원에서 환경적 불의를 영구히 지속시킨다.

## 성차별주의

성차별주의는 한쪽 성별이 다른 쪽보다 더 우월하다는 믿음이다. 성
차별주의는 여성에 대해 가장 자주 언급된 선입견이며, 여성에게 차별

적 행위를 하고 남성에게 특혜를 주는 것이다. 성차별주의를 표현하는 사람들은 남성과 여성의 능력을 개인적 특성에 대한 고려 없이 단지 젠더에 근거하여 가정한다. 제도화된 성차별주의는 가족뿐만 아니라 경제적, 정치적, 복지, 종교적 구조 등 사회의 모든 측면을 지배한다(Day & Schiele, 2013).

성차별주의는 젠더 사회화에 뿌리를 두고 있다. 부모는 아이들을 어려서부터 남성 혹은 여성으로 행동하도록 가르친다. 젠더 사회화는 우리가 역할을 어떻게 인식하고, 자기정체성을 어떻게 정의하는지를 형성한다. 이러한 사회화는 젠더에 적합한 선택을 남성, 여성에게 처방한다. 어떤 사람들은 전통적 역할 정의를 정당화하기 위해 성경과 이론적 문헌을 언급하기도 한다.

성차별주의적 태도와 실천은 남성을 선호하고 남성적 특성과 행동을 더 나은 것으로 간주한다. 이러한 관점은 남성에게 권력과 권위를 부여하고 여성을 이차 계급 지위로 강등시킨다. 성차별주의적 사회구조는 여성을 가치절하시키고, 경제적으로 여성을 차별하고, 사회에 온전히 참여하지 못하도록 한다. 성별에 근거한 차별은 이미 언급한 인종이나 계급에 근거한 차별과 마찬가지로, 특히 소수자와 가난한 여성들에 대해 해로운 결과를 가져온다. 나아가 빈곤의 여성화는 "새로운 빈자"로 여성과 아동을 지칭한다. 빈곤의 순환을 끊는 것은 더 어려워졌다. 사회구조 내에 내재된 불평등이 여성에게 향해 있기 때문이다.

1900년대 이후로 여성들은 동등한 권리를 적극적으로 주장해왔다. 초기에는 정치적 과정에 참여하고 투표권을 행사하려는 노력을 기울였다. 최근의 여성 권리 운동은 경제적 공평에 초점을 두고 있다. 성별과 관계없이 사람들이 법의 보호를 받아야 한다고 요구하는 동등권 수정안(The Equal Rights Amendment: ERA)은 의회 통과에 두 번이나 실패했다. 동등권 수정안에 찬성하는 사람들은 다음과 같은 말로 성차별주의에 대항하여 의회의 승인을 촉구하였다. "법 아래에서 권리의 동등성은 미국에 의해서 그리고 어떤 주에 의해서도 성별을 근거로 거부되거나 축소되어서는 안 될 것이다". 수정안에 반대하는 사람들은 수정안의 통과가 "자연스러운 질서"를 막는다고 믿었다. 의회 수정안 통과의 실패는 미국 사회에 깊이 뿌리박혀 있는 성차별주의를 반영하는 것이다.

## BOX 6.1

### 다양성과 인권에 대한 성찰

#### 사회복지와 인권

시드니 윌리엄스는 지역사회 사회복지사를 대상으로 "사회복지 전문직에서 다양성과 인권"이라는 제목의 1일 워크숍을 개최하고 있다. 시드니는 실천가들이 문화적 다양성과 인권 이슈에 대한 자신의 관점을 살펴보도록 하는 활동을 선택하였다.

활동에 대한 소개에서 시드니는 "사람들은 스스로를 다양한 방식으로 표현합니다-연령, 성별, 인종, 민족, 성적 지향, 경제적 지위, 정치적 견해, 종교 활동, 가족 역할, 결혼 상태, 직업 등. 이제 집단별로 다음과 같은 질문에 대해 생각해봅시다".

- 이러한 일반적인 범주를 하나의 틀로 사용하여 스스로를 표현해보기
- 당신의 삶의 다양한 측면에서, 예를 들어, 개인적인 삶에서, 직장 생활에서, 그리고 이웃과 지역사회에서, 당신의 정체성으로 인해 어떤 자원과 기회가 생기는가?
- 당신의 삶의 다양한 측면에서 당신의 다양한 정체성으로 인해 어떤 장애물과 그로 인한 결과가 생기는가?
- 당신의 다양성과 정체성은 어떤 방식으로 사회복지사로서 당신의 실천에 영향을 미치는가?

- 당신이 클라이언트의 다양성과 정체성은 그들이 사회서비스에 참여하는 데 어떻게 영향을 미치는가?
- 다양성과 정체성은 어떤 방식으로 사회정의 이슈로 정의되는가?

시드니는 이러한 다양성에 대한 활동을 사회복지실천가가 각자의 개인적 그리고 전문적 삶에서 다양성의 함의를 이해하는 방식으로 활용하였다. 그녀가 제기한 문제들은 참가자들이 이러한 요소들이 어떻게 인종차별주의, 성차별주의, 엘리트주의, 연령차별주의, 이성애주의에 대한 그들의 반응을 형성하는지를 파악하고 분석하도록 하였다.

다양성과 사회정의에 대한 소그룹 논의를 인권 논의로 전환하면서, 시드니는 다음과 같이 설명하였다. "사회복지는 본질적으로 인권 전문직입니다. 소그룹에서는 다음과 같은 질문에 대해 생각해보기 바랍니다".

- 인권이란 무엇인가? 법적 권리란? 시민권이란? 시민의 권리란?
- 다양성, 사회정의, 인권은 어떻게 연결되어 있는가?
- 왜 사회복지는 인권 전문직인가?
- 인권 이슈가 여러분의 일상적 사회복지실천과 연결되어 있는 예를 생각해 봅시다.
- 사회서비스 전달체계는 인간의 욕구와 인권 둘 다에 대응하기 위해 어떻게 만들어져야 하는가?
- 당신의 실천현장에서, 어떤 사회정책이 클라이언트의 사회경제적, 문화적 권리를 지지하는가? 또 어떤 정책은 그렇지 못하는가?
- 사회복지사가 인권에 관심을 가지는 것이 어떤 방식으로 국내에서부터 국제적인 영역으로 확장되는가?

논의에서 나온 일반적인 주제는 자격 조건과 관련된 이슈를 포함하여, 휴먼서비스의 양, 일생에 걸쳐 필요한 사회서비스를 완벽하게 제공하기에는 부적절한 재원, 시민권의 쇠퇴, 보건과 정신건강 서비스에 대한 부적절한 접근성 등이었다. 실천가들은 다양성, 사회정의, 인권에 대한 이슈는 모든 실천현장에 영향을 미친다고 결론지었다.

## 이성애주의

미국에서는 약 9백만 명의 사람들이 게이, 레즈비언, 양성애자, 트랜스젠더(LGBT)로 알려져 있다(Gates, 2011). 성적 지향을 제외하면, 게이, 레즈비언, 양성애자들은 이성애자와 유사하다. 트랜스젠더는 생물학적 성 혹은 태어날 때부터 주어진 젠더와 스스로 생각하는 남성 혹은 여성 젠더 자기정체성이 다르다. 그러나 그들의 성적 지향은 그들의 젠더 자기정체성에 따르지 않는다.

이성애주의는 이성애주의적 지향을 정상적인 것으로 간주한다. 이성애주의 때문에 LGBT 사람들은 이성애주의의 특권을 공유하지 못하고, 제도적 차별, 명예훼손, 업신여김, 낙인을 경험한다. 나아가 성적 지향, 젠더 정체성, 젠더 표현의 차이에 대한 비이성적인 공포는 동성애 혐오증, 양성애 혐오증, 트랜스젠더 혐오증을 형성한다. 동성애 혐오증과 양성애 혐오증은 이성애와 다른 성적 지향을 가진 사람들에 대한 편견을 강하게 드러낸다. 트랜스젠더 혐오증은 트랜스젠더 사람들에 대한 부정적인 정서적 반응과 비이성적 공포이다.

동성애 혐오증은 게이가 미국 내에서 HIV/AIDS에 걸릴 위험이 있는 가장 첫 번째 인구집단 중 하나가 되면서 더 증가하였다. 일반 대중은 재빨리 HIV/AIDS의 원인을 서로 다른 생활방식과 성적 지향의 탓으로 돌렸다. 게이는 소위 "일탈적 생활방식"을 가지고 있다는 낙인과 전염 가능하고 삶을 위협하는 질병을 가지고 있다는 현실에 이중부담을 느낀다. HIV/AIDS와 동성애 간의 관련성이 대중의 인식에 뿌리박혀 있기 때문에, HIV/AIDS에 걸린 모든 사람들이 동일한 수준으로 동성애 낙인을 견뎌낸다.

사람들은 이성애적 정체성은 개인 정체성의 정상적 측면으로 포함시키는 반면, 성 정체성의 변종은 일탈적 성행위로 좁게 정의내린다. 대중의 마음에는 LGBT 사람들의 개인 정체성은 그들의 성에 부수적인 (secondary) 것이다. 종교적 교리와 도덕적 의무에 대한 해석에 근거한 독선적인 정당화는 대중의 분노에 기름을 붓는다. 결과적으로 LGBT 사람들은 비인격적 대우와 사회적 낙인을 경험한다.

많은 사람들이 LGBT 사람들은 문제가 많고 일탈적인 개인들로 생각하기 때문에, 그들을 억압받는 사회 집단이라고 보지도 않는다. 실제로는, LGBT 사람들은 사회의 외면을 비롯하여 공공연한 반게이(antigay) 혹은 반트랜스젠더(antitrans) 폭력, 혐오범죄까지 견뎌내고 있다. LGBT 사람들은 가족과 친구와의 이별, 실직, 주거 차별, 종교 조직에서 배제, 공공장소에서의 모욕 등을 경험한다.

게이/레즈비언 조직과 게이 권리 운동은 사회적 지지와 사회적 행동을 위한 채널을 제공한다. 전국 게이 대책 위원회와 게이 권리를 위한 단체(The National Gay Task Force and Gay Right National Lobby)는 공공 이슈를 모니터하고, 게이의 주장을 표현하고, 동성애에 대해 미디어가 어떻게 나타내는지를 평가하고, 게이 권리에 대한 법적 보호를 위해 로비를 벌인다.

## 연령차별주의

로버트 버틀러(1969)는 미국 내에서 만연해 있는 노화에 대한 부정적 태도를 기술하는 데 "연령차별주의"라는 용어를 처음 사용하였다. 연령차별주의가 전형적으로 노인에 대한 편견 어린 태도를 지칭하는 것이기는 하지만, 연령 편견은 어떤 연령 집단으로도 향할 수 있다. 성인 중심적 편견은 아이들을 어른의 기준으로 평가하고 아이들의 시선에서 차이를 인지하지 못한다. 연령차별주의는 특히 나이 들어가는 사람들에 대한 노골적인 반응이다. 노인 세대를 향해서 전반적으로 지역사회에 공헌한 그들의 능력을 깎아내리고, 나이 든 사람들을 개별적 인간으로 보지 않고, 스스로를 가치절하시키도록 하고, 노화에 대한 두려움을 지속시키는 고정관념을 강화한다.

오해와 고정관념은 연령차별주의를 강화시킨다. 젊음을 승격시키고, 노화를 죽음과 동일시하고, 나이로 사람들을 구분하는 것, 그래서 세대 간의 접촉을 제한하는 것들이 모두 부정주의(negativism)를 지속시킨다. 많은 사람들이 "모든 노인들은 비슷하다"라고 가정한다. 그들은 나이는 그들의 특성을 예측하는 가장 강력한 요인이라고 생각한다. 그러나 노년학자들은 노인들은 다른 어떤 연령 집단보다 상이하다고 주장한다. 단순히 생각해봐도 사람들은 나이 들어가면서 점점 달라지게 된다.

다른 오해는 "노쇠(senility)"가 노화의 한 부분이라고 보는 것이다. 이러한 믿음은 나이 들어가면서 지성, 기억, 문제해결력이 떨어지는 것과 관련된다. 어떤 노인들은 정신적 쇠퇴를 경험하지만, 중요한 요인은 건강이지 나이가 아니다(Berk, 2018). 사회복지사가 "나이 든 사람들은 노쇠했다"는 오해를 믿는다면, 나이 든 사람은 노력을 기울일 가치가 없다고 믿을 것이다. "노쇠"라는 이름표는 우리가 나이 든 사람들의 잠재력을 확인하지 못하도록 우리의 눈을 가린다.

마지막으로, 사람들은 노인들을 완고하고, 유연하지 못하고, 변화할 수 없다는 고정관념을 가지고 있을지도 모른다. 만약 전문가들이 노인을 발전하고 있는 사람들이라기보다는 이미 발전되어 있는 사람들로 본다면, 노인의 문제를 다루는 데 그들의 시간과 노력을 투자하지 않을 것이다. 그러나 변화 그 자체는 단순히 나이보다는 개인 특성과 과거의 경험과 더 관련이 있다. 사람들은 일생을 거쳐 변화할 수 있고 변화한다. 노화에 대해 만연한 태도는 노화의 이슈를 다루기 위해 무엇이 필요한지, 필요 없는지를 결정한다.

연령 관련 이슈들은 사회 전체에 대한 도전을 대표하고, 사회정의에 대한 중요한 질문을 제기한다. 노인들의 권리와 이익을 증진시키는 행동주의 조직인 회색 표범(Gray Panthers)의 창시자, 매기 쿤은 미국인들에게 연령차별주의의 사회적 결과에 대한 민감성을 높일 수 있는 교육을 권장하고, 정치적, 경제적 개혁과 미국 건강 관리체계에 대한 점검 및 정비를 주장하였다(Kuhn, 1987).

## 장애차별주의

WHO(세계보건기구)는 손상(impairment), 장애(disability), 불리(handicap)를 구별하였다. 손상은 어떤 몸의 구조나 기능에 있어서 신체적 고통, 제한, 손실이다. 장애는 손상이 없는 사람들이 수행하는 활동들을 못하게 되거나 제한적으로 할 수밖에 없는 손상의 결과이다. 불리는 손상이나 장애의 결과로 겪게 되는 사회적 약점이다.

장애차별주의는 정신적 장애나 그 밖의 장애를 가지고 있는 사람들에 대한 선입견과 차별이다. 반면, 능력주의(ableism)는 장애가 없는 사람들에게 우선적 지위를 부여하는 것을 말한다. 사람들은 장애를 가진 사람들을 "다르다"고 보고 무언가를 수행할 수 없거나 수행할 수 있는 몸이 아니라고 본다. 그들은 장애를 가진 사람들을 모든 면에서 장애가 있는 사람들처럼 취급한다. 예를 들어, 사람들은 신체적 장애가 있는 사람이 정신적으로도 무능하거나 사회적으로 미성숙하다고 결론짓는다. 유사하게, 사람들은 때때로 정신적 장애를 가진 사람들을 아무 감정, 관심사, 생각도 없는 사람들로 간주한다.

장애를 가진 사람들에 대한 악의적인 놀림은 장애차별주의에 대한 증거를 제공한다. 불행히도, 장애를 가진 사람들에 대한 경멸적인 언사, 업신여기는 욕설, 조롱은 다른 집단에 대해 유사하게 말했을 때 주어지는 개인적, 사회적 제재를 받지 않는 것처럼 보인다. 장애를 가진 사람

들에게는 장애차별주의와 능력주의 모두 사회적 고립과 사회적 배제를
불러일으킨다.

다른 다양성과 마찬가지로, 장애는 사람들과 환경 간의 상호작용에
의해 영향을 받는다. 불가능하게 하는 환경(disabling environments)은 장
애를 가진 사람들이 사회의 주류에 참여하지 못하도록 막는다. 장애를
가진 사람들은 건축, 교통수단, 의사소통 방법, 사회성, 경제, 법적 권리
에서의 장벽에 직면하고, 심각한 제한을 받는다. 법이 장애를 가진 사
람들을 차별로부터 보호하도록 보장하기는 하지만, 그들의 고용을 방해
하는 선입견, 건축 디자인의 한계, 의료보장범위 자격요건, 재활보조기
구 요구사항 등은 여전히 남아있다. 장애를 가진 사람들의 불완전고용
신분은 그들이 생산성이 떨어진다거나 일에 대한 의지가 부족하다는 것
이 아니라, 그들이 처해 있는 사회적, 경제적, 정치적 환경이 불가능하
게 한다는 것을 반영하는 것이다.

일반 대중구성원이 장애를 가진 사람들을 인식하는 제한적이고 때로는
부정적인 방식은 그들의 유능함을 부정하고 그들을 사회의 주류로 통합하
지 못하도록 한다. 실제로, 어떤 사람들은 눈에 보이는 장애가 있는 사람
들을 연민의 대상으로 보기도 한다. 장기간 진행된 한 연구에서는 장애가
있다는 것이 "장애인의 자기개념, 자기정의, 사회적 비교, 준거집단의 핵
심"이라는 믿음을 지지하지 못하였다(Fine & Asch, 1988, p.11). 이 연구는
"장애를 가지는 것이 사회적 지지와 도움을 필요로 한다는 말과 동일한
의미를 갖고 있다(p.12)"는 가설 역시 지지하지 못하였다.

장애를 가진 사람들은 미국 내에서 권리가 박탈된 집단 중에 가장 규
모가 크다. 2010년 기준 5억 6천 7백만 사람들, 즉 전체 인구의 18.7%
가 어느 정도의 장애를 가지고 있다(Brault, 2012). 전미청각장애인협회,
미국당뇨환자협회, 상이군인협회, 간질협회 등 많은 조직들이 유사한
조건을 가진 유권자 집단의 특정 이익을 대변한다.

1960년대 이후로, 장애권리운동은 적극적으로 연방 시민권 법안을 통과시켰다. 장애활동가들은 1976년에 첫 번째 연합을 만들었다. 미국 장애시민연합(ACCD)과 미국 장애인연합(AAPD)과 같은 집합적 정치 행동 집단을 통해서만이, 공공정책이 장애를 가진 사람들의 시민권을 보호하고 교육, 고용, 사회적 세팅에서 가능하게 하는 환경을 만들도록 할 수 있다. 1990년 미국 장애인 법안의 통과는 삶의 모든 측면에서 동등한 배려를 요구하는 정책 투쟁의 결과였다. 이는 "장애를 가진 삶이 장애를 가지지 않은 삶과 마찬가지로 가치 있고, 장애를 가진 사람들이 사회에 참여할 수 있는 수단을 부여받아야 한다"는 것을 이해하는 방법이었다(Asch & Mudrick, 1995, p.759).

---

## BOX 6.2

### 역량강화와 사회정의에 대한 성찰

#### 거시적 변화를 통한 사회정의 역량강화

역량강화는 개인적, 정치적 힘을 둘 다 활성화시킴으로써 나온다. 개인적 힘은 유능감과 확증적 경험을 인지함으로써 얻는다. 정치적 힘은 기회에 대한 접근성과 의사결정에 영향을 미치는 능력을 반영한다.

다양한 측면에서 사회복지는 정치적, 사회적 행동주의에 관여하는 데 주요 지위를 지키지 못해왔고, 이로 인해 사회정의를 위한 진보적 아젠다에 대한 비전이 무뎌지고, 사회복지에 대한 비판적 거시 접근을 거부하고 있다. 사회복지사는 다음과 같은 질문에 대한 대답을 똑같이 이해하고 있지 않다. 사회복지는 임상 실천 지향인가 아니면 정치 실천 지향인가? 사회복지의 관심사는 미시적인가, 거시적인가? 우리는 자선을 증진하는 전문가인가, 정의를 증진하는 전문가인가? 우리의 의무는 개인적 어려움을 해결하는 것인가, 정치적 이슈를 해결하는 것인가? 우리는 개인에게 개입하는가? 아니면 체계에 개입하는가? 우리의 초점은 지역적인가, 전 세계적인가?

비판 이론에 근거한 실천적 접근은 가령 기회와 같은 것을 제공한다. 비판적 접근의 기본 요소는 개인과 정치를 연결하는 것에 대한 강조, 분석과 행위의 해방적 형태, 사회복지 전문직과 복지체계의 사회통제 기능에 대한 비판, 사회변화를 위한 행동을 포함한다(Fook, 2002).

민족적, 인종적 소수자에 대한 실천에 이러한 비판적 접근을 적용하는 것이 가장 중요하다. 이러한 인구집단에 대해서, 차별과 제도적 인종차별주의는 사회의 기회구조를 차단함으로써 정치적 힘을 감소시킨다. 솔로몬(1976)에 따르면, 소수자들은 역량강화에 대한 직·간접적 장벽을 경험한다. 간접적 장벽은 선입견, 편견, 고정관념, 차별, 낙인화로 인해 나타나는 태도, 믿음, 이데올로기이다. 직접적 장벽은 교육, 공공부조, 건강 영역에서 사회자원에 대한 접근성을 제한하는 은밀하고도 명백한 정책들이다. 이러한 영역들 중 어느 하나에 대한 접근이 어려우면, 다른 영역에서도 복합적 효과를 가져온다. 예를 들어, 신뢰할만한 건강 관리 서비스에 대한 접근성에 있어 인종적, 민족적 소수자가 경험하는 격차는 사회경제적, 환경적 위험에 의해 악화되기 때문에, 영양부실, 높은 재입원율, 낮은 삶의 기대, 높은 치매율, 건강 관리 경험에 대한 낮은 만족도와 같은 이슈들이 관련되어 있다(Cohen & Northridge, 2008; Fiscella & Sanders, 2016; Hunt, Tran, & Whitman, 2015; Liu & Perlman, 2009; Mayeda, Glymour, Quesenberry, & Whitmer, 2016).

효과적인 역량강화 활동은 힘에 대한 장벽을 확인하고 그것들의 효과를 감소시키는 전략을 시행하는 것이다. 역량강화 지향의 사회복지사는 사회적 수준에서 개입하고, 사회적 기능에 손상을 입히거나 저해하는 사회제도의 역효과를 드러낸다. 계급, 문화, 인종, 민족성 그리고 다른 차이 요소들 간의 상호교차성이 격차의 누적 효과를 악화시킨다. 이러한 문제들을 다루는 사회복지 노력들은 거시적 실천에 초점을 두어야 한다. 특히 공공정책 개발과 수입 재분배와 같은 거시적 실천은 인종차별주의, 빈곤, 피해자화와 같은 사회문화적 요소를 다루는 데 중요하다. "이러한 변화 지향 전략들은 개인 향상과 사회변화 둘 다를 지향해야 한다. 그리고 사회적 평등, 사회정의, 새로운 제도적 구조, 부와 자원의 재분배를 강조해야 한다(Washinton, 1982, p.104)."

## 집합적 "주의"

이러한 "주의"들 각각은 특정 집단에 관한 태도와 행동을 반영하지만, 공통된 주제가 있다. 차별받는 인구집단은 덜 생산적이라고 인식되고, 따라서 경제적 질서를 저해한다고 본다. 이들은 문화적으로 일탈적이라고 여겨지고, 따라서 문화적 질서에도 유해하다. 또한 이들은 심리적으로, 사회적으로 비정상적이라는 딱지가 붙고, 개인의 안전을 위협한다고 본다. 이러한 주의들은 사회적 불의를 명백히 과장한다.

# 사회적 불의의 이론적 기반

사회적 불의가 왜 지속되는가에 대한 많은 설명들이 있다. 사회진화론은 왜 사람들을 서로 차별적으로 대하고, 어떤 사람들은 특권을 갖고 어떤 사람들이 특권을 갖지 못하는지에 대한 논리를 제공한다. 구조적 기능주의와 갈등 이론과 같은 사회적 이론은 불의를 지속시키는 사회적 힘에 대한 거시적 설명을 제공한다. 반대로 심리적 이론은 귀인, 자아방어, 정보처리이론 등과 같은 사회적 불의의 역동과 관련된 보다 미시적 차원의 개인적 그리고 개인 간 설명을 제시한다. 이외에도 피해자비난, 공정한 세상에 대한 믿음과 같은 다른 설명들도 있다.

## 사회진화론

사회진화론과 같은 이데올로기는 정의에 대한 우리의 이해를 형성한다.

사회진화론은 사회에 대해 진화론적 이론을 적용한 영국 철학자인 허버트 스펜서에 의해 처음 만들어졌으며, 다윈의 진화이론과 라마르크의 고유 성격이론에 근간을 두고 있다. 스펜서는 진화를 적자생존으로 기술했고, 결국에는 잘 "맞는" 이상적인 사회가 진화한다고 믿었다. 그의 저서는 영어로 출간되었기 때문에, 미국에서 많은 독자들이 읽을 수 있었다.

19세기 후반 미국 사회진화론의 대표 지지자인 윌리엄 그레이엄 섬너는 스펜서의 관점과 자유 방임주의 경제, 프로테스탄티즘 윤리를 그의 이론에 결합시켰다. 섬너에 따르면, 자연의 일관된 법칙은 경쟁이다. 자연은 가장 잘 맞는 사람들에게 보상하는 중립적인 힘이다. "경제적 삶은 훌륭한 특성을 가진 사람들에게 인센티브를 제공하고, 섬너의 표현에 따르면 게으르고, 무기력하고, 멍청하고, 경솔한 사람들에게는 벌을 주는 일련의 법칙에 따른다(Hofstadter, 1955, p.10)". "빈곤의 종말(1987)"이라는 저서에서, 섬너는 빈곤을 무지, 범죄, 불운과 관련시켰다. 나아가 섬너는 빈곤한 사람들에게 돈을 주는 것은 돈을 줘봤자 생산적으로 사용하지 않는 사회의 쓸모없는 사람들에게 재화를 제공하는 것이라고 주장했다. 대신에, 사람들은 투자에 대한 보상을 받을 수 있는 노동에 재화를 투자해야 한다고 보았다.

섬너는 사회변화를 적자생존과 경쟁의 원칙에 의한 진화적 과정으로 보았다. 사회는 변화에 대한 법률을 제정하기보다는 개인의 도덕성을 개혁함으로써 이러한 목표를 달성했다. 그는 정부 개입은 자연의 균형을 거스르는 것이며, 생존경쟁을 변화시키고, 부적자(the unfit)의 편으로 균형을 기울이는 것이라고 말했다. 섬너(1903)에 따르면, 사람들은 빈곤을 스스로의 성실함과 절약으로 없앨 수 있는 일종의 사회 질환으로 수용해야 한다. 섬너는 공적 자선의 역할에 대해 의문을 제기했지만, 사적 자선은 이타주의를 발전시키고 진화의 과정을 간섭하지 않는다고 생각했다.

정확한 영향은 측정하기는 어렵지만, 역사가들은 20세기 초 미국은

"사회적 다원의 나라"라고 말한다(Hofstadter, 1955). "미국 전통 사회복지"라는 책에서, 코헨(1958)은 일반 대중이 사회복지에 대해 사회진화론자의 관점을 수용했다고 보았다. 사회진화론은 또한 사회복지 전문직의 초기 발전에 중요한 영향을 미쳤다.

19세기 후반 그리고 20세기 초반의 자선사업에 대한 기록에서도 사회진화론의 영향이 드러난다(Krogsrud, 1965). 예를 들어, 뉴욕 버팔로의 자선조직화협회의 설립자인 레버렌드 험프리 거튼(1882)의 저서는 자선조직에 대해 사회진화론 성향의 증거들을 제공한다. 거튼에 따르면, 자선조직의 원칙은 자연의 법칙과 관련된 근거에 기반한다. 그에 따르면, 적자생존의 법칙을 만들어내는 두 가지 법칙은 인류 안에는 다양성이 존재한다는 것, 생존경쟁이 일어난다는 것이다. 거튼은 다른 동물과 달리 인간은 사회적이고, 그래서 함께 힘을 합쳐 자연선택의 법칙을 패배시킬 수 있다고 믿었다. 인간이 부적자를 수호할 때, 부적자는 살아남고, 사회는 악화된다. 그가 말하기를 이것이 빈곤의 과학적 기원이다.

빈곤조건 개선을 위한 브루클린 연합에서 나온 기록(1878, 1885)에 따르면 빈곤에 대한 개인주의적, 사회진화론적 해석은 다음과 같다.

> 연합은 이상주의자, 방종한 자, 앞날을 생각하지 않고 스스로를 무기력한 채로 남겨놓는 사람들을 초대하지 않는다. 마땅히 벌어야 할 빵을 공급함으로써 나태와 낭비를 인정하지 않는다. 손을 내미는 것은 여러 도움 중의 하나이며, 이는 연합이 돕는 사람들 대부분은 더 이상의 원조가 필요 없다는 사실에 의해 증명된다(1985, p.9).

더 구체적으로, 19세기 후반의 자선 조직 리더들은 빈곤의 원인이 무지, 무능함, 멍청함, 낭비, 경솔한 결혼, 방종, 도박, 그 외 다른 범죄라고 믿었다(Schneider & Deutsch, 1941). 다른 조사들도 혈통, 음주, 무분별한 자선, 나태함, 정직한 일에 대한 혐오, 다른 사람들의 선한 의지에 기대서 살아가고자 하는 희망 등을 언급하였다(Wayland, 1894). 이러한 빈곤의 원인들은 "개인의 본성이나 특성 결함"을 뜻한다(Hyslop, 1898, p.385). 이러한 특성들은 사회진화론자들이 말한 적자생존의 특성인 성실함과 절약과는 반대된다.

사회진화론적인 사고의 전성기에, 자선조직화협회(COS) 지도자들은 "가치 있는 빈자(poor)"와 "가치 없는 거지(paupers)"를 구별하였다.

> 우리는 이 바쁜 세상에 다른 사람의 근면성에 기대어, 일하기보다는 구걸하는 것을 선호하는 사회적 게으름뱅이(drones)들을 위한 여지는 없다고 생각한다. 극빈자의 존재는 문명의 수치이다. "빈자"를 위해서는 인간성이라는 관대한 마음 안에 충분한 공간이 있지만, "거지"라는 단어는 우리 언어에 있는 하나의 얼룩일 뿐이다(Gurteen, 1882, pp.188-189).

빈자와 거지 사이의 이러한 구별은 거지는 부적합자로 간주되는 반면, 빈자는 면밀히 검토된 자선을 베풀 가치가 있다고 보는 것을 의미한다. 자선 조직 리더는 그들의 과학적인 자선 방식이 빈자들을 개혁하여 스스로를 돕게 할 것이라고 믿었다.

사회진화론 추종자들은 과학적인 사적 자선이 비체계적인 공공부조 방식보다 더 바람직하다고 믿었다. 그들은 공공부조는 수혜자의 사기를 꺾는다고 믿었다(Pellew, 1878). 그들은 자선 조직은 빈자의 부적합한 특성을 보완하거나 교정함으로써, 과학적으로 빈곤을 방지하기 위해 연합할 수 있다고 보았다.

오늘날, 사람들은 사회진화론을 법적 관점으로 명백하게 지지하지 않는다. 그러나 복지 수혜자를 폄하하는 일반 대중의 태도는 사회진화론이 계속 존재하고 있음을 보여준다. 일반 대중은 종종 공공부조를 받는 사람들은 낮은 자존감을 가지고 있다고 주장하고, 심지어 그들을 "동기 부여가 될 때만 일할 수 있는" 사람들이라고 혐오한다.

## 사회학적 이론

구조적 기능주의와 갈등 이론이라는 사회학의 두 가지 주요 관점은 사회적 불의의 기원에 대해 서로 다른 관점을 제공한다. 구조적 기능주의 이론에서 불의는 사회적 질서에 하나의 기능으로 작용한다고 보는 반면, 갈등 이론의 관점에서 불의는 권력과 권위에 대한 차별적인 접근성에 의해 발생한다.

### 구조적 기능주의 관점

사회학에서 구조적 기능주의 관점은 사회를 전체 기능에 필수불가결한 상호 관련된 부분으로 이루어진 유기체로 바라본다. 이러한 관점에서는 사회적 불의조차도 사회 내의 전반적인 균형 안에서 어떤 기능을 가지고 있다. 예를 들어, 허버트 갠스(1972)는 사회적 불의의 부산물인 빈곤에 대해 풍자적이지만 예리한 기능적 분석을 했다. 그는 전체 사회에 대해 빈곤이 가지고 있는 잠재적 기능을 추측했다.

갠스에 따르면, 빈곤은 경제적, 사회적, 문화적, 정치적 기능을 가지고 있다. 경제적 기능은 사회의 더러운 일(말 그대로 더럽고, 위험하고, 죽을 뻔하고, 하찮고, 품위 없는 일)을 기꺼이 수행하는 (가난한) 사람들의 집단과 관련된다. 마찬가지로, 갠스가 말하길, 가난한 사람들은 스스로 어떤 사회적 기능을 수행한다. 가치 있는 빈자는 이타주의, 동정, 자선을 베푸는 상위 계층에 대해 고마움을 표시한다. 가난한 사람들은 또한 여가 시간을 갖고 있는 엘리트와 중산층이 자원봉사와 자선기금 활동을 하는 데 대해 보답한다는 명분도 갖고 있다. 빈곤의 문화적 기능은 재즈와 같은 문화적 예술과 예술 형태에 노동을 제공하고 높은 사회적 계층의 사람들이 즐기도록 하는 것이다. 정치적으로, 가난한 사람들은 정치적 집단을 결집시키는 계기를 제공한다. 그들은 "진보"라는 부담을 지고, 강한 활동을 하지 않음으로써 정치적 과정을 안정화시킨다. 갠스는 빈곤을 용납하지는 않았지만, 그의 풍자적인 분석은 가난한 사람들이 사회 내에서 구조적인 균형을 유지하는 일을 하고 있다는 것을 명백히 묘사하였다. 이러한 관점에서, 사회변화에 영향을 미치기 위한 대안을 분석할 때 빈곤이 하는 역할에 대해 인식하고 설명할 필요가 있다.

### 갈등 이론

사회학의 갈등 관점에 따르면, 힘과 지위에 대한 접근성의 차이는 불의를 영속화시킨다. 갈등은 어떤 집단이 유지하고 있는 권력 불평등에 다른 집단이 도전할 때 발생한다. 마찬가지로, 사회질서는 사회적 계급 내에서 높은 지위의 사람들이 가지고 있는 강압적 권력의 산물이다.

나아가, 희소한 자원에 대한 경쟁은 편견적 태도를 만들어 낼 수 있다. 지배집단은 권력이 낮은 집단을 통제하고 이득을 취하기 위해 그들을 착취하고, 경멸할지도 모른다. 예를 들어, 적극적 고용 조치는 변화를 가져오는 데 영향을 미쳐왔지만, 불공평 고용을 근절하지는 못하였다. 고용에 대한 경쟁은, 특히 고용이 부족할 때는 부정적인 태도와 갈등을 불러일으킨다.

## 심리학적 이론

사회심리학자들은 사람들이 피해자를 비난하는 다른 이유가 있을 수도 있다고 주장한다. 사람들은 피해자에게 비난을 함으로써 유사한 재앙을 피할 수 있을 것이라고 스스로를 안심시킬 수 있다. 즉, 그들이 다른 사람의 문제를 개인적 이유에 귀인하면, 이들은 개별적으로 해결책을 찾을 것이라고 말할 수 있다. 다른 사람들이 결과를 통제할 수 있다면 그들 자신도 그럴 수 있을 것이라고 생각하는 데서 안정감을 느끼는 것이다.

귀인 이론은 사람들이 행동의 원인을 추론하는 방식에 초점을 둔다. 이 이론은 사람들이 자신의 관점에 의존하여, 원인에 대해 서로 다른 결론을 내린다고 주장한다. 일반적으로, 사람들은 자신의 실수의 원인은 외부 상황으로 돌리고 다른 사람의 실수는 능력의 부족이나 성격 결함 때문으로 돌린다.

또 다른 심리학적 이론은 어떤 사람들은 스스로를 보호하고 심지어 그들의 분노를 감추기 위해 피해자를 비난한다고 주장한다. 자아방어적 태도는 사람들이 다른 사람의 입장에서는 톱밥 입자들까지 보지만, 자신의 입장에서는 통나무도 무시할 때 나온다. 자아방어는 내부 갈등으로부터 나오고, 비난받는 "피해자"의 실제 특성보다는 개인적 욕구와 더 관련된다.

모든 믿음들처럼, 편견적 태도는 변하기 힘들고, 오히려 스스로 끊임없이 지속된다. 인지심리학 연구들은 정보처리이론을 지지한다. 사람들이 장기적으로 작동시키고 저장하는 경향이 있는 정보는 기대와 맞는 정보들이다(Macrae & Bodenhausen, 2000). 즉, 우리의 준거틀과 맞는 정보는 그렇지 않은 정보보다 더 쉽게 인지되고 기억된다. 만약 우리가 빠져나갈 곳 없는 상황에 처한 피해자라고 믿으면, 우리는 이러한 자기제한적 가정을 진실이라고 믿을지도 모른다. 이것은 우리가 스스로를 도울 수 있는 방법이 아무것도 없다고 결론짓게 한다. 유사한 잔인한 사고방식은 우리의 믿음이 다른 사람을 비난하고 무시하고 경멸하도록 할

때도 발생한다. "한번 작동이 되면, 그러한 행동은 믿음의 명백한 타당
성을 '증명하려는' 경향이 있다. 이러한 믿음은 그들을 지혜롭고 예지력
이 있는 사람으로 만들고 그리하여 다시 한번 믿음에 대한 자기충족적
힘을 입증한다(Walsh, 1989, p.160)." 신념체계는 우리가 정보를 처리하는
방식에 강력한 영향을 미친다.

## 피해자 비난

현대사회에서 피해자 비난은 피해자를 열등하고, 유전적으로 결함이
있고, 태어날 때부터 도덕적으로 부적합하다고 보기보다는 환경적 인과
성을 강조하는 이데올로기이다(Ryan, 1976). 이러한 새로운 해석은 환경
적 영향을 고려하기는 하지만, 동정적 사회과학자와 자유주의적 정치가
들은 환경의 힘도 사람들을 열등하게 만든다고 설명한다. 따라서 빈곤
의 사회적 환경을 고려함에도 불구하고, 낮은 지위의 피해자를 비난하
고 있는 것이다.

문제와 사회적 낙인이라는 결과는 외부적 요인에서 발생하지만, 사람
들은 피해자에게 있는 어떤 결함에 원인을 돌린다. 예를 들어, 사회변
화 매개자들은 빈곤, 불의, 차별의 환경적 효과를 규탄하면서도, 아이러
니하게도 그들이 기울이는 노력의 방향은 피해자를 변화시키는 데 맞춰
져 있다. 라이언(1976)은 이러한 이론이 "변화의 대상을 사회가 아니라
사회의 피해자로 보는 비뚤어진 사회 행동 형태를 정당화시키는 영리한
이데올로기"라고 말한다(p.8). 이데올로기가 변화하면서 인도주의자들이
소위 "사회개량을 한다(do-goodism)"는 구실 아래, 사회를 개혁하는 데
서 피해자를 개혁하는 것으로 초점이 바뀌었다. 사회적 문제가 있다고
인정하면서도, "문제가 있는" 사람들을 조사하고, 그들은 일반 인구와
다른 집단으로 정의하고, 그들을 무능하고, 비숙련되고, 무식하고, 인간

이하의 사람들이라고 본다. 라이언은 이러한 관점을 지지하는 사람들은 빈곤 혹은 다른 사회적 문제를 해결하기 위해 "그러한 사람들"의 변화가 필요하다고 믿는다고 지적했다.

## 공정한 세상에 대한 믿음(just world beliefs)

사회심리학자들은 나아가 공정한 세상에 대한 믿음이 피해자를 비난하는 것을 정당화한다고 주장한다. 선행 연구에 따르면, 많은 사람들이 개인 가치와 운명은 긍정적인 상관관계—선은 보상받는다—를 가지고 있다고 믿고 있다(Rubin & Peplau, 1975). 마찬가지로, 사람들은 사악함과 고통도 관련된다고 믿는다. 사람들은 고통을 관찰할 때, 고통은 일종의 환상이고, 과장되었고, 피해자만이 비난받아야 한다고 결론내린다. 흥미롭게도, 이러한 결론을 내린 사람이 고통받고 있는 사람이 아닐 때 고통은 더 "정당하다"고 보이는 경향이 있다. 재니스와 로딘(1980)은 거의 모든 사람들이 자신이 받아 마땅한 것을 실제로 받고 있다고 믿고 싶어 한다는 가설을 세우기도 했다.

선행 연구들에 따르면, 공정한 세상에 대한 믿음은 사회적 불의의 피해자—특히 여성, 흑인, 가난한 사람들—를 폄하하는 경향과 관련된다(Lerner, 1965; Lerner & Simmons, 1966). 영국에서 수행된 일련의 연구들에서 공정한 세상에 대한 믿음과 가난한 사람들에 대한 부정적 태도를 비롯한 피해자에 대한 경멸 간에 통계적으로 유의미한 관계들이 나타났다(Wagstaff, 1983). 공정한 세상에 대한 믿음은 더 낮은 수준의 사회행동주의와 사회적 불의를 지속시킬 것으로 예측된다(Robin & Peplau, 1975).

# 사회복지에 대한 함의

사회복지 클라이언트는 때로는 스스로 무기력과 억압에 빠져 있다는 것을 알아챈다. 오늘날, 사회복지사는 "매우 취약하고 무기력한… 그들이 통제할 수 없다고 느끼는 억압적인 삶, 환경, 사건에 의해 압도된" 클라이언트를 대하고 있는 것 같다(Gitterman & Shulman, 2005, p. xi). 억압, 차별, 불의, 무기력함의 경험은 역량강화 기반의 사회복지실천의 적용이 요구되는 바로 그 환경이다. 따라서 사회복지사는 권력과 특권을 가진 사람들이 무시하는 인종, 민족, 사회경제적 지위, 능력의 수준, 젠더, 성적 지향, 연령, 건강 상태 등 사회에 나타나는 다양한 차원의 억압을 직면한다.

## 사회적 불의의 효과

사회적 불의는 차별, 억압, 비인간화, 피해자화를 초래한다. 억압은 자원과 기회를 통제하는 지배 세력이 저지르는 집합적 불의이다. 비인간화는 사람들을 인간 이하로 보고 그들의 개성과 잠재력을 무시하는 것이다. 피해자화는 불의에 의해 억압받는 사람들의 개인적 반응을 말하며, 때로는 학습된 무기력과 관련된 반응을 비롯한 하나의 현상을 뜻한다(표 6.2).

### 지배를 통한 억압

소수자 지위를 가진 집단에 대한 차별, 예속, 억압의 잠재력은 지배

**표 6.2 | 불의의 효과**

| | |
|---|---|
| 억압 | 확인된 주류 인구와 소수자 신분의 집단 간의 권력의 불균형에 기인한다. 억압은 소수자 집단이 기회와 자원에 접근하는 것을 거부하고 정당한 사회 참여를 제한한다. |
| 비인간화 | 비인간화 관점은 다른 사람들과 차가운 거리를 두고 인간의 고통에 대해 무관심을 표출함으로써, 인간의 타고난 가치와 존엄성을 모호하게 만든다. |
| 피해자화 | 비난을 듣고 피해자 신분에 처해져 무기력감, 무력감, 소외감을 부여받는 것이다. |

세력과 소수자 집단 간의 불균형적 권력 관계 내에 내재되어 있다. 억압은 한 집단이 다른 집단을 정치적, 경제적, 사회적, 심리적으로 지배하는 것이다―개인에 대한 미시적 수준에서부터 사회 집단, 조직, 국가 차원의 거시적 차원까지(Gil, 2002).

지배집단은 흔히 소수자 집단을 사회적 불의 행위의 표적으로 삼는다. 지배자―소수자 관계의 근간은 서로 다른 권력에 있다. 지배자―소수자 관계는 각자 집단의 크기와 관련되는 것은 아니다. 실제로 몇몇 민족, 종교, 인종 집단은 소수자 지위의 경험을 하지만 사회에서 수적으로는 다수를 차지하고 있다. 권력, 권위, 통제력에서 제한적인 소수자 집단은 사회적으로 감추어지고, 배제되고, 주류 사회의 외집단(out-group)으로 간주된다.

고정관념화는 소수자 집단에 대한 편견적 태도를 강화한다. 민족중심주의는 지배집단의 억압적 행동에 기름을 붓는다. 고정관념은 일부 특성에 근거한 소수자 집단에 대한 과장된 특성화이고 단순화된 일반화이다. 민족중심주의는 지배집단의 우월성에 대한 믿음이며, 다른 집단에 대한 경멸과 독선으로 이어진다.

## 사람 간의 비인간화

비인간화는 무생물 객체로 인식하는 데 기인한다. "비인간화는 고통 스럽거나 압도된 정서에 대한 방어로, 자신의 개성에 대한 감각과 사람 들의 인간성에 대한 지각을 감소시킨다(Bernard, Ottenberg, & Roll, 1971, p.102)." 예를 들어, 비인간화는 다른 사람에게 혹은 내부적으로 동시에 향할 수 있다. 자기 지향적 비인간화는 스스로의 인간성을 무너뜨리지 만, 객체 지향 비인간화는 "다른 사람들이 인간적 자질이 충만하다는 것을 인지하지 못하게 한다(p.105)".

보통 역겨운 태도와 행동을 보게 되면, 개인들은 자기상을 유지하려 고 하고, 스스로를 정서적으로 보호하기 위한 심리적 방어로 비인간화 를 사용한다. 극단적으로, 사람들은 인간성에 대항하는 끔찍한 행동으 로부터 그들 자신을 분리시키기 위해 그리고 스스럼없이 수용하기 위 해, 이러한 고의적인 무심함 또는 단절을 사용한다. 예를 들어, 일반 대 중이 나치의 잔혹 행위와 전쟁 중의 민간인 학살에 대해 무관심한 반응 을 보이는 것은 비인간화의 생생한 예이다(Opton, 1971). 이러한 반응은 사람들이 다른 사람들에 대해 고통을 겪고 고생할 만하다고 보는 경향 에서 나온다.

다른 사람들을 인간 이하로 보거나, 나쁜 인간으로 보거나, 인간이 아닌 대상으로 보는 것은 반사회적 행동을 타당화하고, 학대를 정당화 하고, 죄의식과 수치심을 없애는 합리화를 제공한다. 이러한 자세는 이 러한 집단에 대한 감정의 깊이 없이 "다른 사람"으로 분류하여 경멸적 인 언어와 낙인을 사용하는 것을 스스로 용납한다. 예를 들어, "난민 (boat people)", "전쟁의 인과관계", "사례" 및 그 밖에 일반화된 용어를 둔감하게 사용하는 것은 피해자들이 견뎌내고 있는 고통과 불의에 대한 개인의 정서적 교감을 감소시킨다.

사회문제와 인간 고통의 결과를 단순한 통계로 묘사하는 것은 다른 사람이 갖고 있는 인간성(humanness)을 더욱 모호하게 한다. 문제의 범위는 통계적으로 보여줄 수 있을지 모르나, 그 실체는 개인이 감내하는 곤경과 그들의 독특한 상황, 삶의 고통에 대한 개인적 영향을 통해 드러난다. 인간의 고통에 대한 무관심은 다른 사람들을 단지 통계 수치나 무생물로 보도록 하는 객관적 기록을 보게 되어서 일지도 모른다.

버나드와 동료들(1971)은 부적응적 비인간화의 수많은 중첩된 측면을 기술하였다. 다른 사람의 인간적 자질과 정서적으로 분리하거나 스스로 거리를 두는 일이 전문가들 사이에서 벌어지면, 극단적으로는 보호와 원조의 목적을 무산시키는 결과를 초래한다. 그러한 분리는 실천가들이 질병, 빈곤, 클라이언트의 문제에 차갑게 직면하는 상황을 만든다. 이것은 사회복지사−클라이언트의 관계의 상호성을 감소시킨다. 고통스러운 감정을 다루는 데 대해 공격적으로 반응하는 것은 결정과 행동의 결과에 대한 개인의 책임을 부정하고, 절차적 세부사항, 규칙, 규정, 그리고 관료적 구조에 심취하는 데서 발생한다. "난 그저 규칙을 따랐을 뿐이에요.", "이건 일반적인 절차예요."와 같은 가벼운 반응은 개인의 인간적 욕구 또는 특별한 차이에 관심을 두고 행위를 개인화하는 능력 혹은 의지가 움츠러들었다는 것을 의미한다(p.114). 어떤 사람들은 불의를 알고 있을 때에도 지배집단이 가하는 개혁에 대한 압력 때문에 대항하지 않는다. 혹은 그들은 자신의 감정을 무기력함으로 덮어버리도록 압력을 느낀다. 의식적인 활동자제(inaction)는 익명성을 보장하고 무능력감과 무기력감을 가린다. 침묵은 그렇게 비인간화된 행위를 용납한다.

### 개인 피해자화

낙인을 경험한 사람들은 자기상에 부정적인 의미를 부여한다. 낙인과 자기충족적 예언의 효과에 대한 초기 연구에서는 사람들은 다른 사람이 자신에게 부과한 낙인에 맞춰 사는 경향이 있다고 주장하였다(Rosenthal & Jacobson, 1968). 사람들이 스스로를 비난할 때, 열등감, 의존감, 거부감 등이 발생한다(Janis & Rodin, 1980). 낙인화된 이름표는 자아존중감을 잠식할 뿐만 아니라 비난을 불러일으키고, 권력의 차이를 유지시킬 뿐 아니라 사회적 질병에 대한 집합적 책임의식도 부정한다(Vojak, 2009). 이미 언급된 공정한 세상에 대한 믿음에서는 사람들이 부도덕하거나 잘못된 행동을 하면 그 대가로서 억압을 받을만하다고 보았으나, 실제로는 상황이 복잡하다. 아이러니하게도, 피해자화되었다고 느끼는 사람들은 억압자들을 확인하고도 스스로에게 경멸적인 이름표를 붙이고, 억압자들의 논리를 내재화한다.

피해자화된 사람들은 일반적으로 무기력감을 느낀다. 억압자들은 그들의 권력을 과시하고 다른 사람을 통제한다. 그리함으로써 예속된 존재로 다루어지는 사람들이 느끼는 무기력감의 정도는 배가된다. 무기력감은 낮은 자아존중감, 무능력감, 억압에 대해 효과적인 반응을 보일 수 없는 것으로 나타난다. 낙인화되고 차별받는 개인들은 사회 환경과 동떨어지거나 추방된 기분을 느낀다.

## BOX 6.3 현장의 목소리

### 사회 행동과 지역사회 조직화

지역사회 조직화는 민주적인 참여를 통해 많은 사람들에게 이득을 줄 수 있는 거시적 변화를 촉진시키는 기회를 제공하는 장이다. 실제로 조직화는 산물보다는 과정에 대해, 조직가보다는 참여자가 성과 목표와 중재 행동을 결정하도록 하는 데 더 많이 치중한다. 유권자들이 의사결정과 행동에 관여하기 때문에, 힘에 대한 감각을 경험한다. 실제로 나는 참여적 과정이 유기적으로 그들을 역량강화하고, 유권자들에게 권력을 부여하고, 의사결정, 전략적 기획, 리더십 기술을 개발할 수 있는 기회를 제공한다고 생각한다.

나는 고등학생일 때 조직화를 처음 경험하였다. 따돌림을 당한 누군가를 위해 내가 나선 이후로, 학교 교장 선생님은 나를 따로 불러 따돌림방지 캠페인을 하는 위원회를 만드는 게 어떠냐고 요청하였다. 교장 선생님의 지원을 받아 우리는 학교의 통제를 벗어나 시작되었던 불량하고 무례한 문화를 완전히 바꾸는 계획을 세우고 실행하였다. 그 경험이 지역사회 조직화의 역량강화적 본질-사람들과 함께하며 변화를 불러일으킬 수 있는 힘-을 나에게 처음 가르쳐 주었다. 몇 년 후, 사회복지 학부 과정을 마친 후, 나는 지역사회 조직화 전공의 대학원 과정에 입학하였다. 요즘, 나는 민간 지역사회 조직가로서 매일매일의 내 일에서 행동하는 사람들의 힘을 본다.

근린 개발 전문가로서, 나는 근린 지역 이슈를 제기하는 방식으로 사회 행동에 대한 풀뿌리 접근을 사용한다. 주요 민간 지도자들이 주도하는 "커피와 대화" 시간을 통해 우리는 지역사회 구성원들이 이웃에 바라는 희망과 꿈에 대해 이야기한다. 다음으로, 지도자들은 희망과 꿈 목록을 만들고 더 많은 대화와 행동을 위해 근린 센터에 그것을 공지한다.

그 목록에 있는 어떤 것들은 당장의 행동을 위한 구체적인 계획이 세워지고, 다른 것들은 장기간의 단계적 기획이 필요하다. "두 번째 토요일에 만나요"라는 모임을 지원하는 지역 위원회는 지역을 청소하고 각자의 정원 일을 돕는 활동을 통해 동네에 대한 자부심을 불러일으켰다. 지역 농산물에 대한 접근성이 더 높아지기를 바라는 꿈에 대해서는 주변 교회 구성원들이 교회 소유의 비어 있는 경작지에 지역사회 정원 프로젝트를 진두지휘하여 전체 지역사회에 도움을 주도록 하였다. 민간 지도자들은 시 의회가 시 소유의 공휴지에도 지역사회 정원을 추가로 만들도록 허가하는 계획을 세웠다. 요즘, 나는 민간 지도자 핵심 집단과 함께 다른 희망과 꿈-직업 훈련과 상담을 위한 원스톱 센터, 지역사회 건강 센터, 약국, 큰 식료품점이 완비된 근린 "사업 지구"를 재개발할 수 있는 경제 개발 기금을 추진하는 것을 포함한-을 실현하도록 하는 전략을 개발 중이다. 참여적 기획과 협동적 사회 행동의 효과는 이미 명백하다. 이웃들은 지역사회에 대한 자부심을 회복하고, 지역사

회 행동을 통해 새로운 힘을 인지하고, 지역사회 내에서 대인관계 네트워크
를 강화한다.

지역사회 조직화는 나에게 잘 맞는다. 전문사회복지사로서 나는 지역사회
에서 진행되는 일의 선봉에 서는 것이 좋다. 사회복지실천의 한 분야로서 지
역사회 조직화는 실천가들이 풀뿌리 변화와 사회 행동의 최일선에 서게 한다.

## 학습된 무기력

셀리그만(1975)은 그의 연구들에서 무력감의 한 형태로 학습된 무기
력에 대해 기술하였다. 연구들에 따르면, 어떤 사건이 통제불가능하다
고 인지하게 되면, 반응을 일으키는 동기를 약화시킨다. 개인적 경험과
신념은 통제력과 통제력 상실 모두에 기여한다. 우리 스스로에게 말하
는 것 또는 다른 사람들에 의해 얘기되는 것을 통제하지 못하는 것이
무기력감으로 이어진다. 사람들은 단지 무기력감만을 경험하는 것이 아
니라, 통제력의 상실을 예상하게 된다.

빈곤은 무기력의 조건을 형성할 수 있다. 셀리그만(1975)은 "나는 빈곤
의 효과 중에서, 빈곤이 자주 그리고 강력하게 통제불능을 경험하게 한
다는 점을 말하고 싶다. 통제불능은 무기력감을 생산한다. 그것은 빈곤
과 관련된 우울감, 수동성, 패배주의를 유발한다."라고 말하였다(p.161).
셀리그만은 빈곤은 재정적 문제 그 이상이라고 결론지었다. 그것은 또
한 개인의 주인의식, 존엄성, 자아존중감의 문제이다(p.161). 데글로우
(1985)는 원조 전문가들은 사람들이 단지 상황을 조정하도록 하기보다는
디스트레스를 불러일으키는 구조를 변화시키는 데 더 직접적으로 참여
하도록 도와야 한다고 주장하였다.

## 기회, 장애물, 역량강화

사람들이 억압, 비인간화, 피해자화에 정확히 어떻게 반응하는가는 그들을 둘러싸고 있는 환경에 대한 평가에 달려있다. 그들의 반응은 단지 사건에 따라서가 아니라 사건에 대한 그들의 평가, 즉 낙인과 차별과 관련된 스트레스를 다루기 위해 필요한 자원의 활용가능성에 달려있다(Miller & Kaiser, 2001). 앨버트 반두라의 사회 학습 관점은 "진행자 또는 의미창조자로서의 사람의 주요 역할은 경험을 행동의 형태로 바꾸는 것"이라고 강조했다(Newberger & De Vos, 1988, p.507). 사람들이 사건에 대해 내리는 해석은 그들의 행동 반응을 결정하는 데 중요하다.

반응적 환경은 시민의 사회적 기능을 풍부하게 하는 자원을 제공한다. 건강 관리, 교육, 기술 교육, 아동 보호, 시민권, 고용 기회, 교통, 포용적 지역사회 기반 서비스에 대한 접근성을 증진하는 사회정책은 개별 시민을 지원하고 사회의 일반적 복리에 기여한다. 자원이 풍부한 환경은 사람들의 힘의 기반에 기여한다. 역량강화 기반의 전문가들은 사회적 지지체계에 자원을 만들어 내고 정치적, 경제적 제도에서 사회적 변화와 사회자원에 대한 시민의 접근성을 고취시키는 사회복지정책에 영향을 미친다.

모든 인구집단이 환경적 기회에 접근하는 데 동등한 기회를 즐기지는 못한다. 억압, 차별, 비인간화, 피해자화로 인해 어떤 집단은 사회에 완벽하게 참여하지 못한다. 길(1994)은 "사람들이 사회복지사와 사회서비스로부터 도움을 청하도록 하는 조건은 언제나 억압과 불의의 결과이다(p.257)."라고 주장하였다.

부족한 자원, 사회의 불평등에 의한 장애물, 기회의 부족과 같은 환경적 위험은 사회문제를 낳고, 환경적 장애물을 만들어낸다(Garbarino, 1983). 이러한 환경적 위험은 전체적인 사회의 복리뿐만 아니라 개별 시민의 복리에도 배치된다. 예를 들어, 어떤 국가의 경제 정책은 사회를 분절화시켜 빈곤 비율을 증가시키고, 어떤 사회정책은 인종차별주의, 성차별주의 또는 다른 형태의 차별을 강화시키는 패턴을 더 악화시킨다. 사회복지사는 환경적 장애물을 극복하도록 단계를 밟아 역량강화를 촉진하고 환경적 기회를 확장한다.

역량강화의 맥락에서, 기회를 확장하는 것은 클라이언트가 사회의 사회적, 정치적 구조에 참여하도록 고취하여 사회적 불의를 바로잡는 전략을 활성화하는 것을 의미한다. 사회서비스 전달과 관련하여, 이것은 클라이언트의 사회서비스 접근성을 증진하고, 권리를 최대화하고, 서비스 장애물을 감소시키고, 클라이언트를 위한 새로운 자원을 만들어 내는 활동을 포함한다. 사회 프로그램 실행의 맥락에서는, 교통, 주거, 직업 훈련 프로그램과 같은 공공서비스를 향상시키기 위해 사회복지사와 클라이언트가 파트너로 일하는 것이다. 사회정책과 관련해서 사회복지사는 사회정치적 환경 내의 제도적 지원에 대한 시민의 접근을 거부해 온 기회 구조를 확장시키는 변화를 직접적으로 옹호한다.

## 인권으로서의 사회복지와 사회정의 전문직

사회복지는 사회의 양심이라고 표현될 수 있을지도 모른다. 우리 자신의 전문적 양심은 사람들이 가지고 있는 고유의 가치와 존엄성에 대한 확신, 사회정의에 대한 믿음, 그리고 다양성에 대한 인정과 찬양에서 나온다. 사람들은 완벽하지 않고, 완벽한 사회에서 살지도 않기 때문에, 우리는 계속적으로 우리 삶을 통해 조화를 추구해야 한다. 인권과 사회정의를 수호하는 전문가의 일원으로서 사회복지사는 삶의 도전들을 화해시키고 사회 개선에 대한 비전을 제공하는 중요한 위치에 있다.

사회복지 윤리강령은 전문가는 사회적, 경제적 정의를 증진하고, 인권과 개인의 자유를 수호하고, 모든 사람들의 가치, 존엄성, 독특성을 지지하는 인간적인 사회적 환경을 만들어 내도록 요구한다. 전미사회복지사협회(NASW) 윤리강령(2018)의 일반 원칙은 사회와 관련한 사회복지사의 책임성을 규정하고 있다. 윤리강령에 따르면, 사회복지사는 다음과 같은 것들을 추구해야 한다.

- 사회의 일반복지와 사회정의의 실현을 증진시킬 것
- 민주적 과정에 공공 참여를 촉진할 것
- 공공 위기에 적합한 사회서비스로 대응할 것
- 모든 사람들이 필요한 자원과 기회에 접근하도록 보장할 것
- 모든 사람, 특히 빈곤하고 박탈된 사람들의 기회와 선택권을 확장할 것
- 모든 형태의 착취와 차별을 제거하고 예방할 것

국제사회복지사연맹(IFSW)의 윤리원칙 규정(2012c)의 전문에서는 사회복지사가 인간의 욕구를 충족시키고 인권을 보호하는 데 있어 따라야 할 이상적 조건을 기술하고 있다. 국제 영역에서 사회복지사는 개인적 차이, 문화적 다양성, 사회에 대한 기여와 관계없이 모든 인간의 독특한 가치를 존중한다. 마찬가지로, 이 조항에서는 구성원들에게 최대 이익을 제공해야 할 모든 사회의 책임성도 말하고 있다.

전미사회복지사협회와 국제사회복지사연맹의 가치 지향과 윤리강령에서는 명확하게 인권과 사회정의를 실천 지향으로 정의하고 있다. 인권과 사회정의 접근 개입은 역량강화를 통해 억압적 조건을 변화시킬 것을 요구한다. 전문직은 때로는 해방적 사회복지라고 일컬어지는 이러한 급진적 방식을 인권실천에 포용하기 시작하고 있다(Cemlyn, 2008). 역사적으로 사회복지의 지역사회조직화 방법은 사회정의와 인권이라는

플랫폼—사회적, 경제적 정의를 옹호하고 현존하는 권력구조에 도전하는—에 근거해 왔다(Jewell et al., 2009). 더 최근에는, 역량강화 방식을 통해 사회정의와 인권 아젠다가 미시, 중간, 거시 수준에서 일반주의적 실천의 광범위한 기반으로 통합되고 있다. 지역 단위의 실천과 정책과 더불어, 사회복지 전문가는 이러한 아젠다를 국제적 담론과 전 지구적 사회 개발 규정으로 확장시키고 있다(Healy, 2008; Healy & Link, 2012; Ife, 2009; Midgley, 2007; Reichert, 2007).

## 복습과 예습

사회복지사는 사회정의에 대한 욕구와 삶의 도전들을 화해시키고, 더 나은 사회를 위한 비전을 제공하는 핵심적 위치에 있다. 사회복지와 사회정의 간의 관계를 구체화하기 위해, 이 장에서는

- 인권과 사회정의의 개념을 알아보고
- 인권과 사회정 이슈들을 기술하고
- 사회적 불의에 대한 철학적, 사회적, 심리적 기반을 살펴보고
- 사회적 불의와 인권 침해의 결과에 대한 사회복지의 대응을 탐구하였다.

불평등, 불공평, 불의는 사람과 사회의 모든 기능에 영향을 미친다. 그러나 최상의 기능 수준은 오직 사회정의가 이루어질 때만 가능하다. 이러한 조건에서는 개인과 사회 모두 사회질서에 사회 구성원으로서 충

분히 참여하는 데서 이득을 얻는다. 사회복지의 소명은 사회적 기능을 고취시키고 사회정의를 증진하는 상호 보완적인 과정을 포괄한다. 7장에서는 비판적 관점에서 다양성을 탐구함으로써, 사회적 기능을 최대화하고 사회정의를 증진시키기 위한 문화적으로 유능한 사회복지실천의 함의에 대해 배우게 될 것이다.

## 생각해보기

❶ 인권과 정의: UN의 세계인권선언 제22조부터 제26조까지는 교육, 직업, 건강에서의 권리를 기술하고 있다. 사회복지 전문가는 일상적 실천과 공공정책 영역에서 이러한 인권을 지지하기 위해 어떤 역할을 담당해야 하는가?

❷ 실천에서의 다양성과 차이: 많은 사회복지 클라이언트들이 인종차별주의, 엘리트주의, 성차별주의, 이성애주의, 연령차별주의, 장애차별주의의 부정적 영향을 경험하고 있다. 사회복지사는 다양한 클라이언트 집단이 경험하는 사회적 불의의 개인적, 관계적, 제도적, 사회경제적 결과들을 어떻게 다룰 것인가?

❸ 인권과 정의: 사회적 불의의 근거에 대한 설명은 많은 사회학적, 심리학적 이론에 바탕을 두고 있다. 사회복지사들은 복지정책과 사회복지 클라이언트에 대한 일반 대중의 태도 안에 여전히 지속되고 있는 사회진화론의 잔재, 피해자 비난 그리고 공정한 세상에 대한 믿음(just world beliefs)을 어떻게 다룰 수 있을 것인가?

❹ 인권과 정의: 공정한 사회는 모든 시민들이 사회의 자원에 대한 접

근뿐 아니라 사회의 자원에 기여할 기회를 가지는 사회이다. 억압, 차별, 비인간화, 피해자화는 어떤 방식으로 어떤 집단이 사회적, 경제적, 환경적 정의와 인권을 갖지 못하도록 막고 있는가?

제7장

# 다양성과  사회복지

★ ★ ★ ★ ★

- 문화적 다양성, 문화적 정체성, 지배에 대한 반응, 문화적 다원주의, 교차성 등 다양성과 차이의 요소에 대해 설명할 수 있다.
- 기초 지식, 가치, 기술 등 다문화 사회복지실천의 특성을 설명할 수 있다.
- 사회복지실천에서 흑인 또는 블랙 아메리칸, 아시안 아메리칸, 아메리칸 원주민, 히스패닉 아메리칸, 비히스패닉 백인 아메리칸 등 인종, 민족 정체성의 함의를 평가할 수 있다.
- 사회복지실천에서 젠더 정체성과 성적 지향과 관련된 다양성의 함의를 분석할 수 있다.
- 사회복지실천에서 종교와 영적 다양성의 함의를 사정할 수 있다.

- 다양성과 차이
  - 문화적 다양성
  - 특권과 지배
  - 지배에 대한 반응
  - 문화적 다원성
  - 문화적 정체성과 교차성
- 다문화 사회복지실천
- 다문화 실천을 위한 기초 지식
  - 비판 이론
  - 비판 인종 이론
  - 입장 이론
  - 비판적 의식 개발하기
- 맥락 안에서의 문화적 유능감과 가치
  - 문화적 겸손의 자세 적용하기
  - 맥락 안에서 사회복지 가치 실행하기
- 다문화 사회복지를 위한 기술
  - 미시공격성 다루기
  - 힘과 특권에 맞서기
- 인종과 민족 정체성
  - 블랙 아메리칸
  - 아시안 아메리칸

자넬 폰테인 박사는 비록 가르칠 수 있는(teachable) 순간이라고 생각함에도 불구하고 움찔하였다. 마르쿠스 커밍스 학생이 "난 그 사람들이 무슨 영문인지 모르겠어요. 식료품 사는 데 SNAP(보충 영양 지원 프로그램) 급여를 사용해요. 사면 안 될 것들을 사고요. 카드에 잔액이 남아있는 것보다 더 많이 집어 들기 때문에, 무얼 내려놔야 할지 결정하는 동안 계속 서있어야 돼요. 뭔가 함께 행동할 필요가 있어요."폰테인 교수는 그런 얘기를 전에도 학생에게 들었다. 선의를 가지고 있으나, 순진한 학생들이 그저 자기 경험을 나누는 것이다. 해를 끼치는 것을 의도하지는 않았다. 그러나 그러한 시각은 사회복지 전문가의 클라이언트에게 잠재적으로 해롭다. 왜냐하면 판단적 태도와 편견을 드러내기 때문이다. 사회복지사는 윤리적이고 효과적인 실천을 위해 인간의 다양성과 경험에 대한 비판적 양심을 갖출 필요가 있다.

문화적으로 유능한 사회복지사는 클라이언트의 취약성을 인정하고 눈에 보이는 자질에 근거해서 클라이언트를 쉽게 판단하지 않는다. 보충 영양 지원 프로그램 급여를 사용하는 사람들은 단지 요즘 경제적으로 어려운 사람들일 뿐이다. 어떤 일반화도 적용할 수 없다. 그러나 폰테인 교수는 많은 학생들이 사회적, 경제적 급여를 받는 사람들에 대해 편견을 갖고 있다는 것을 알고 있다. 사회복지사는 한 가지 특성—식품 지원을 받는 것과 같은-에 근거해서 전혀 다른 사람일지도 모르는 어떤 사람을 결론 내리는 위험에 빠질 수 있음을 알아야 한다.

폰테인 교수는 학생들이 편견에 직면하도록 하였다. 첫째, 그녀는 학생들에게 마르쿠스가 묘사한 사람에 대한 이미지를 떠올려보도록 요구하였다. 다음으로, 그들이 만든 이미지를 생각해보라고 하였다. 그 사람의 성별은? 어떤 인종 혹은 민족인지? 연령은 얼마나 되는지? 그 사람의 외모는? 무슨 일 때문에 그렇게 되었는지?

이것은 사회복지사가 왜 문화적 분류로 클라이언트를 정의하기보다는 클라이언트를 직접 경험하고, 그들의 실체를 수용하고, 그들을 있는 그 자체로 볼 필요가 있는지에 대한 긴 대화의 시작일 뿐이다. 인간의 다양성을 존중한다는 것, 어떤 개인의 다문화적 측면을 인지한다는 것, 다양한 배경의 클라이언트가 가진 강점을 평가하는 것 모두 폰테인 교수가 앞으로 가르쳐야 할 내용들이다.

모든 실천 영역에서 점점 더 다양한 사회복지사들이 점점 더 다양한 클라이언트 집단들과 상호작용하고 있다. 인구의 급격한 변화, 이주, 셀 수 없이 다양한 인간의 경험들, 이 모든 것들이 사회복지사가 자각해야 할 것들이다. 사회복지사는 반인종차별주의자, 반성차별주의자여야 하며, 모든 클라이언트에게 확고해야 한다. 이 장에서는 다양한 문화적 정체성이 인간의 기능과 사회복지과정에 어떻게 영향을 미치는지에 대한 비판적 의식을 키운다.

# 다양성과 차이

인간의 다양성은 무한하다. 유전적, 생물학적 다양성은 단지 이러한 인간의 차이를 설명하는 시작에 지나지 않는다. 사람들 간의 개인차는 또한 개인의 정체성을 형성하는 다양한 집단에 얼마나 속해 있는가에 근거하여 발전한다. 얼마나 많은 문화, 민족, 종교가 있는지 생각해보라. 인간이 그렇게 다양한 가치, 신념, 관점을 보이는 것이 결코 놀랍지 않다. 인간의 다양성이라는 용어는 개인의 독특성을 설명하는 그 모든 차이를 포함한다.

생태학을 들어본 학생이라면 생물의 다양성이 갖는 장점을 인정할 것이다. 생태체계는 같은 종에 속한 것들이 갖고 있는 공동 상호의존성을 지켜나가도록 한다. 마찬가지로, 인간 체계도 각 참여자들이 이득을 얻고 또 생태체계에 유용한 무엇인가를 줄 때 가장 잘 작동한다. 인간의 다양성은 독특한 기여를 만들어내는 각각의 연기자들을 위한 무대이다.

다양한 인간의 재능, 경험, 관점은 명백한 장점이다. 오래된 도시 지역에 신선 식품의 부족을 해결하기 위해 농장 직송 식품 허브를 만들기를 원하는 한 지역사회 집단을 소집했다고 생각해보자. 공급자, 소비자, 잠재적 투자자, 그리고 이미 있는 지역 판매상 모두 노력을 기울이는 데 있어 다른 관점, 능력, 자원을 가지고 있다. 다양한 집단들은 어떤 개인이 스스로 만들 수 없는 무언가를 창조해낼 수 있는 가능성을 제공한다. 회원들 간의 차이로 인해 더 많은 아이디어를 생산해낼 수 있고, 또한 일단 만들어진 실행 계획에 대해 다양하고 영향력 있는 정치적 기반을 만들어낼 수 있다. 다양한 관점이 부족하면, 집단 사고(아주 사소한 결정이라도 만장일치를 요구하는 과정), 부적응적 규범(동의가 있다면 도덕적이고 적합하다는 생각), 제한된 선택(모든 사람이 동의한다면 그것만을 꼭 해야 한다는 생각)으로 이어진다.

윤리적인 사회복지사들은 인간들 간의 차이가 가지는 이득을 인정한다. 그들은 인간의 다양성이 그들 자신의 정체성과 클라이언트와의 관계에 미치는 영향을 이해하고 문화적 다양성, 특권, 지배에 대한 반응, 문화적 다원주의, 문화적 정체성에 의해 만들어지는 역동에 효과적으로 대응한다.

## 문화적 다양성

사람들의 사회적, 문화적 위치가 그들의 조건, 기회, 선택에 미치는 영향을 이해하는 것은 사회복지사에게 필수적인 지식이다. 문화는 사람들이 상황의 의미를 해석하고 행동의 과정에서 선택을 하는 방식에 영향을 미친다. 다양한 사회적, 문화적 위치는 한 사람의 인종, 민족, 연령, 성별, 성적 지향, 젠더, 젠더 표현, 종교, 능력, 사회경제적 지위, 정치적 소속 등 확인된 정체성 집단의 소속을 의미한다.

인종과 민족은 사람의 문화 정체성의 중요 특징이다. 인종은 생리적 차이, 특히 피부색과 얼굴 생김새를 강조하는 사회적으로 구성된 분류이다. 민족성은 문화적 정신—특정 집단에 대한 가치, 기대, 상징—으로 구별되는 인구집단을 의미한다(Lum, 2004).

비히스패닉 백인, 흑인/아프리칸 아메리칸, 아메리칸 인디언/알래스카 원주민, 아시안, 히스패닉 아메리칸, 하와이안 원주민/다른 태평양 섬 주민 등의 인종적, 민족적 분류는 전통적으로 미국 인구 센서스에서 확인된다. 그러나 2010년 센서스는 응답자들이 자기 정체성을 다인종적, 혼합적, 인종 간 또는 특정 라틴 집단으로 정의할 수 있도록 추가적인 인종 분류를 포함하고 있다(표 7.1).

**표 7.1 ┆ 2010 미국 인구 센서스 인종 분류**

| | |
|---|---|
| 백인 | 유럽, 동아시아, 북아프리카 중 어떤 원주민 중 어느 하나 출신의 사람. 흔히 "백인"이라고 일컬어지며, 아일랜드인, 독일인, 이탈리아인, 레바논인, 아랍인, 모로코인, 코카시안이 해당함 |
| 흑인/아프리칸 아메리칸 | 아프리카의 흑인 인종 집단 중 어느 하나 출신의 사람. 흔히 "흑인, 아프리칸 아메리칸 혹은 니그로(Negro)"라고 일컬어지며, 아프리칸 아메리칸, 케냐인, 나이지리아인, 하이티인이 해당함 |
| 아메리칸 인디언/알래스카 원주민 | 북아메리카, 남아메리카(중앙 아메리카 포함) 중 어느 하나 출신의 사람. 부족이나 공동체 애착을 갖고 있는 누구나 해당함. 흔히 "아메리칸 인디언, 알래스카 원주민"이라고 일컬어지며, 나바조, 블랙핏, 이누피엣, 유픽, 중앙 아메리카 인디언 집단 혹은 남아메리카 인디언 그룹 등 공식 등록된 주요 부족들이 해당함 |
| 아시안 | 캄보디아, 중국, 인도, 일본, 한국, 말레이시아, 파키스탄, 필리핀, 태국, 베트남 등 극동 지역, 남동아시아, 인도 아대륙 중 어느 하나 출신의 사람. 흔히 "아시안"으로 일컬어지며, 아시안 인디언, 중국인, 필리피노, 한국인, 일본인, 베트남인, 다른 아시아인 혹은 다른 구체적 지역명으로 불리는 아시안 인종들이 해당함 |
| 하와이안 원주민/다른 태평양 섬나라인 | 하와이, 괌, 사모아, 다른 태평양 섬나라 중 어느 하나 출신의 사람. 흔히 "태평양 섬나라인"으로 일컬어지며, 하와이 원주민, 괌인(차모로), 사모아인, 다른 태평양 섬나라인 혹은 다른 구체적 지역명으로 불리는 태평양 섬나라인들이 해당함 |

| 그 외 다른 인종 | 위에 언급된 백인, 흑인/아프리칸 아메리칸, 아메리칸 인디언/알래스카 원주민, 아시아, 하와이안 원주민/다른 태평양 섬나라인 분류에 해당하지 않는 모든 응답자. 응답자들은 다인종, 혼합, 인종 간, 또는 히스패닉/라티노(예: 멕시칸, 푸에르토리칸, 스페인) 등으로 이 분류에서 답할 수 있음 |
|---|---|

출처: Humes, K. R., Jones, N. A., Ramirez, R. R. (2011). *Overview of race and Hispanic origin, 2010: Census brief 2010*. Washington, DC:U.S. Census Bureau. Retrieved from census. gov/prod/cen 2010/briefs/c2010br-02.pdf

인종 집단 구성원은 대부분 공동의 문화적 유산, 가계, 언어, 종교를 공유하고 있다. 민족 집단 구성원이 함께하는 요인들은 공통 기원, 타 민족과 구별되는 민족 정체성, 공유된 가치, 신념, 행동 등에 대한 사회적 유대이다. 민족 집단을 구별하는 차이는 인간의 본성에 기초한 세계관, 관점, 언어, 사회화, 예술의 형태, 공예품을 통해 전달되는 가치로 나타난다(Devorce & Schlesinger, 1999). 민족 문화는 가족 지지 체계를 규정하고, 자기 정체성과 자아존중감을 부여하고, 생애사건에 대한 철학을 전한다. 이는 특히 위기와 스트레스의 시기에 사람들을 위한 잠재적 자원이 될 수 있다.

## 특권과 지배

최근 연구들은 인종에는 유전적 근거에 대한 어떤 증거도 없다고 말하고 있다(Gannon, 2016; Yudell, 2009). 그보다는 인종차별주의에 대한 파생어로서, 사회적으로 구성된 인종 분류들이 특정 집단의 사람들을 "타자화"하여 특권과 지배의 체계를 만드는 기능을 한다. 특권을 가진 집단들은 배제, 차별, 억압하는 사회적 구조를 제도화함으로써, 권력의 지위를 유지해나간다.

인종 차별에 근거한 억압과 취약성을 다루는 사람들이라면 유색인종

이라는 용어를 모두 알 것이다(Lum, 2004). 피부색에 대한 편견은 아프
리칸 아메리칸, 라티노/라틴 아메리칸, 아시안 아메리칸, 아메리칸 원주
민들에게 백인이 지배하는 사회에 섞여 들어갈 수 있는 인종 집단들이
경험하지 못하는 방식으로 장벽을 만들어낸다. 유색인들은 특히 인종차
별주의와 차별적 분위기를 반영하는 경제적, 정치적, 사회적 조건에 취
약하다.

　수년 동안, 전문가들은 소수자 집단 및 민족 집단이라는 용어를 호환
하여 사용했다. 그러나 사회학의 갈등 이론에 따르면, 소수자 신분은
권력에 대한 접근성의 부재를 반영하고, 사회경제적 복리뿐만 아니라
문화적, 사회적 수용에도 영향을 미친다. 이러한 방식으로 소수자라는
용어는 민족 집단을 일컬을 뿐만 아니라, 여성, 노인, 장애인, 게이/레
즈비언 등 사회경제적 특권이 부족한 수많은 박탈된 집단들을 의미하게
되었다.

## 지배에 대한 반응

　사람들은 소수자 신분을 다양한 방식의 지배－문화변용(acculturation),
동화(assimilation), 합의(accommodation), 거부(rejection), 소외(marginality)－
에 대응하여 부여한다. 가능한 반응은 제한적이다. 지배집단이 자원을
통제하고 법률을 정의하는 힘은 소수자 집단의 성원들이 대처하는 방식
에 영향을 미친다.

　문화변용을 통해, 소수자 집단 성원들은 태도, 가치, 규범을 받아들임
으로써 지배 문화에 종속된다. 문화변용된 개인들은 그 사회의 규범적
인 방식(normative way)으로 행동하고, 고유의 문화를 버리고 지배적인
집단의 사회패턴을 따라야 한다. 문화변용은 과정이다. 한 번에 소수자
의 문화 정체성을 다 없애지는 못한다. 사람들은 소수자 집단만의 독특

한 행동과 관점을 남겨두는 경향이 있다. 소수자 집단 성원들이 문화변용되는 가변적인 비율은 잠재적 마찰을 불러일으킬 소지가 있다. 이것은 부모와 자녀의 문화변용되는 속도가 다르다는 사실에 직면한 최근 이주민 가족에게 특히 복잡하다(Piedra & Engstrom, 2009).

동화는 소수자 집단 성원이 지배집단에 섞여 들어갈 때 발생한다. 사람들이 어떤 집단을 다른 집단과 문화적 특성으로 구별할 수 없을 정도의 융합이 발생한 경우이다. 성공적인 동화는 "소수집단 개인이 모든 구별되는 행동과 신념을 버리려는 적극적인 노력과, 지배 사회가 그 개인을 완전히 받아들이려는" 쌍방의 노력이 필요하다(Schaefer, 1998, p.24). 동화는 많은 이민자들, 특히 유럽인과 다른 백인 민족 집단 이민자들의 경험이 갖는 특징이다. 이러한 미국화 과정, 즉 앵글로화(Anglo-conformity)는 소수자와 주류 집단 간의 문화적, 물리적 특성이 유사한 경우 가속화된다.

합의는 안정적인 공존 안에서 이루어지며, 각 문화적 집단이 현상으로 받아들여진다. 소수자 집단은 자신의 문화적 행동의 주요 특성을 유지하면서, 현존하는 지배-소수자 패턴을 합리화된 상태로 받아들인다. 예를 들어, 아미쉬(Amish) 집단은 미국 주류 문화와 별도로 존재하며 상호 합의된 모습을 보인다.

모든 소수자 집단과 성원들이 지배 문화로 통합되어야 유리한 것은 아니다. 어떤 집단은 지배집단으로 흡수되는 것에 반발한다. 문화적 정체성을 고수하려는 것을 지배 문화에 대한 거부라고 한다. 가치, 신념, 문화가 충돌할 때 갈등이 발생한다. 언어, 종교, 신체적 특징에서 큰 차이가 나면 소수자 집단이 동화를 거부하는 경향이 있다.

소수자 집단 성원들이 다수 집단을 모방하려고 해도, 소외를 경험하고 주변적인 존재로 남겨지는 경향이 있다. 단지 지배집단의 목적을 공유하고 규범을 받아들인다는 것이 권력을 가진 자들에 의해 수용되는

것을 보장하지는 않는다. 소수자 집단 성원들은 두 가지 문화의 주변부
에서 살아가고 있을지도 모른다. 가치, 기대, 충성심에서의 갈등은 소외
로 인한 전형적인 고충이다(Schaefer, 1998).

## 문화적 다원성

이러한 지배-종속 패러다임의 대안인 문화적 다원주의는 "사회 내
의 다양한 집단이 다른 문화를 상호 존중하고 소수자들이 편견이나 적
대감 없이 자신의 문화를 표현하도록 허용되는 것"을 의미한다(Schaefer,
1998, p.26). 문화적 다원주의는 차이를 제거하려고 하는 것보다는 다양
한 집단의 문화적 통합성(integrity)을 환영한다. 미국 내의 많은 대도시
들이 특정 민족의 이름을 그 지역에 사용하고 고유의 음식, 전통, 오락
거리를 제공하여, 도시 지역에 특징과 차별성을 더하는 방식을 통해서
경제적, 사회적 이득을 거두었다.

문화적 다원주의의 이데올로기는 존중이라는 사회복지 전문직의 가
치 기반을 지지하고 강점에 대한 실천 지향을 증진한다. 사회복지사는
관습, 가치, 의미, 관계 유형과 같은 모든 문화적 강점이 적응유연성을
강화하고, 유능감을 증진시키고, 적응적 사회기능에 기여할 수 있다는
것을 이해한다.

## 문화 정체성과 교차성

문화 정체성은 인종/민족 집단, 동일 연령 집단, 사회경제적 계급, 능
력, 젠더 정체성, 성적 지향, 이주민 신분, 정치 이데올로기, 종교, 단
체, 국적, 개인적 배경에 대한 소속감에서 나온다. 어떤 사람이든 동시
에 많은 집단에 소속감을 가지고 있다(Johnson & Munch, 2009). 이러한

다양한 정체성은 어떤 사람의 사회 내에서의 위치를 정의하는 문화적 범주의 역동적 상호교차성으로 나타난다(Matsson, 2014; Yamada, Rozas, & Cross-Denny, 2015).

사람들은 주요 문화 집단으로 신원을 확인하기는 하지만, 다른 문화적 분류도 자의식에 영향을 미친다. 상호교차성은 개인의 정체성을 만들어 내는 데 결합되는 민족, 젠더, 연령, 성적 지향과 같은 서로 겹치는 정체성이 상호 연관되는 것을 의미한다. 직업이나 전문적 집단, 클럽, 조직, 지리적 거주지역, 종교적 소속과 같은 개인이 선택하는 소속도 정체성에 상호 관련된다. 이 모든 문화적 집단은 행동과 선택을 지배하는 가치, 기대, 규범에 영향을 미친다. 어떤 주어진 개인의 문화적 자기(self)가 독특한 혼합물임을 고려한다면, 문화 정체성의 행렬은 무한하고 예측불가능하다.

사람의 문화 정체성을 구성하는 사회문화적 변수의 무수한 조합은 문화 정체성을 단문화적(monocultural)이 아니라 다문화적(multicultural)으로 정의하는 것이다. 사람들이 한 가지 문화적 특징에 근거하여 분류하는 것은 그들이 누구인지, 혹은 그들이 어떻게 행동할지를 묘사하는 데 부적절하다. 단문화적 분류는 인종적 소수자가 차별에 취약한 것처럼 고정관념화되고 낙인될 위험이 있다. 그러나 인종 정체성은 확실히 사람들이 스스로를 바라보고 다른 사람들을 판단하는 데 중요하다. 학자들은 인종을 정체성의 주요 범주로 보지 않는 것은 인종적으로 계층화된 사회에서 살아가는 사람들의 일상생활에서 인종이 미치는 개인적, 사회경제적, 정치적 결과들을 폄하하는 것이라고 주장한다(Abrams & Moio, 2009; Ortiz & Jani, 2010). 긍정적 측면에서는, 인종 정체성이라는 유대를 공유하는 것은 하나의 공동체에 대한 소속감을 구축한다. 이는 모욕적인 환경으로부터 그들을 보호하고, 사회적 불의의 이슈를 해결하기 위한 잠재적인 정치적 자본을 제공할 수 있다.

# 다문화 사회복지실천

유능한 다문화 사회복지사는 사회복지실천의 전 단계-계약, 사정, 개입, 평가-에 걸쳐서 문화적 정체성, 능력, 다양한 클라이언트의 강점에 대한 존중이 요구된다. 다문화적으로 유능해지기 위해서, 사회복지사에게는 기본적 문화 지식, 인간 가치, 문화적으로 명심해야 할 기술들이 요구된다. 이러한 사회복지사는 문화적 차이, 인생 경험, 기대와 관계없이 모든 클라이언트를 존중하고 이해한다(Daniel, 2008).

전미사회복지사협회(2015b)의 "사회복지실천에서 문화적 유능감의 기준과 지표"에 따르면, 문화적 유능감은 "모든 문화, 언어, 계층, 인종, 민족 배경, 종교, 영성, 이민자 신분, 다른 다양한 요인들의 사람들에게, 각각의 존엄성을 지키고, 보호하고, 개인, 가족, 사회의 가치를 인식하고, 긍정하고, 소중하게 여기는 방식으로, 개인과 체계가 효과적이면서 정중하게 반응하는 과정"을 말한다(p.13). 이 전미사회복지사협회의 기준에 따라 문화적 유능감을 획득하기 위해 선택해야 할 실천 방법으로 역량강화와 옹호의 사회복지접근이 가장 먼저 요구된다.

문화적으로 유능한 방식으로 실천하기 위해서, 사회복지사는 먼저 클라이언트의 관점을 이해하고 존중할 수 있도록 문화 집단들이 인간의 경험을 어떻게 구조화하는지에 대한 이론들을 통합해야 한다. 이러한 이해에 기반하여, 사회복지사들은 문화 정체성이 실천가-클라이언트 관계에 어떻게 영향을 미치는지, 또 어떻게 사회적, 경제적 자원에 대한 클라이언트의 접근성을 높이거나 혹은 침해하는지에 대한 비판적 의식을 개발하도록 노력한다. 이러한 실천가들은 실천가 수준에서 문화적 자각, 수용, 유능성을 끊임없이 발휘하는 한편, 기관과 지역사회 수준에서도 문화

적 존중을 보장할 수 있도록 개입한다. 마지막으로, 사회복지사는 문화적
겸손(cultural humility)의 자세를 받아들이고, 문화적으로 민감한 방식으로
클라이언트와 관계 맺는 데 적합한 실천 기술을 발전시켜야 한다.

# 다문화 실천을 위한 기초 지식

세 가지 주요 이론들이 다문화 사회복지실천에 영향을 미친다. 이러
한 이론들은 사람들의 문화 정체성이 삶의 경험에 미치는 효과를 보여
준다. 그리고 사회정의와 인권과 관련된 이슈들을 이해하는 틀을 제공
한다. 비판 이론(critical theory), 이와 관련된 비판 인종 이론(critical race
theory)은 둘 다 문화 정체성에 기반하여 사람들에게 서로 다른 영향을
미치는 억압, 권력 격차, 힘을 분석하는 틀을 제공한다. 입장 이론
(standpoint theory)은 관찰과 해석에 있어서 사회-문화-정치적 입장의
중요성을 보여준다. 이 이론들은 문화 정체성과 그것이 클라이언트가
사회복지사나 다른 사람들과 관계를 맺을 때 클라이언트에게 미치는 영
향에 관한 사회복지사의 비판적 의식을 발전시키는 데 기여한다.

## 비판 이론

사회학자 앤서니 기든스의 구성 이론에서 출발한 비판 이론은 서로
다른 문화 정체성에 따른 차별과 권력 격차를 분석하는 데 유용한 렌즈
를 제공한다. 비판 이론은 인간의 행동을 형성하고, 대인관계를 제한하
고, 새로운 사회구조와 제도의 발전에 영향을 미치는 맥락적 힘(forces)

에 주목한다(Allan, Briskman, & Pease, 2009; Kondrat, 2002; MacKinnon, 2009; Mullaly, 2010; Salas, Sen, & Segal, 2010; Wheeler-Brooks, 2009). 이 이론적 관점은 "문화, 권력, 정체성, 사회적 구조의 관계가 수립되는 다양한 장소에서 작동하는 매일매일의 실천"에 초점을 둠으로써 인간-환경 교류라는 전통적 사회복지 관념을 확장시킨다(Keenan, 2004, p.540). 즉, 비판 이론은 거시 수준의 힘이 사람들에게 어떻게 영향을 미치는지, 다시 말해 사람들이 일상적 사회실천을 조정함으로써 사회적 수준의 힘을 변화시킬 수 있는 방식을 제안한다.

네 가지 기본 가정이 비판 이론에 깔려 있다(Keenan, 2004). 첫째, 비판 이론가들은 인간 행동과 사회구조의 관계는 순환적이라고 본다. 인간 행동과 사회구조 모두 서로에게 연속적이다. 둘째, 이러한 순환적 패턴은 안정적인 구조 배치를 보장하기는 하지만, 인간 상호작용에서의 패턴 변화는 사회구조에서 유리한 변화에 방아쇠를 당길 수 있다. 셋째, 인간의 상호작용은 문화적 패턴과 힘의 원천을 안정화시키고 있다. 상호 관계에서의 권력 격차가 명백하기 때문에, 권력이 있는 사람들의 신념은 진실로 객관화되고, 권력이 없는 사람들의 신념은 금지되고 무효화된다. 규정을 거역하는 행위만이 변화를 이끌어낼 수 있다. 넷째, 사람들의 사회적 지위는 충분한 기회에 대한 특혜, 권력, 접근성을 부여하기도 하고, 소외, 억압, 자원 박탈로 이어지기도 한다.

### 비판 이론과 역량강화

비판적으로 인간의 상호작용에 대한 전제를 조사하고, 사회구조의 안정성과 변화를 추적하고, 권력과 문화 정체성을 연결 짓고, 사회적 지위와 특권 간의 관계를 인식하는 것이 비판적 관점을 구성한다. 이 관점은 역량강화 기반의 일반주의(generalist) 사회복지실천가들이 권력이 없는 사람들을 위해 인권을 증진하고 사회정의를 추구하도록 인도한다. 비판적인 실천가들은 집단 소외가 사회경제적 지위, 계층, 젠더, 연령, 인종, 민족에 근거한 데서 입증된 바와 같이, 특권과 권력 계급을 구별하는 사회정치적, 경제적 실태에 대해 의문을 제기한다(Azzopardi & McNeil, 2016; Baines, 2007; Fook, 2002; Salas et al., 2010; Williams, 2002).

밀리, 오멜리아, 두보이스(2017)는 사회복지사는 비판적 관점으로 문화적 복잡성을 탐구하여야 하고, 다음과 같은 질문들을 고려해야 한다고 하였다.

- 사회경제적 구조 실태
- 권력과 특권이 있는 자와 없는 자
- 자원과 기회에 대한 접근성과 통제
- 들리는 목소리와 침묵하는 목소리
- 변화하는 사회구조에 대한 문화적으로 다양한 집단의 영향
- 사회변화를 이끄는 옹호와 행동

이와 같은 질문들은 "누군가의 이득을 증진시키고 다른 사람들은 억압하는 지배적인 사회, 정치, 구조적 조건에 도전한다(Ruch, 2002, p.205)". 비판 이론은 사회복지 전문직의 사회정의 가치와 일치한다. 진보적 사회복지 전략을 뒷받침하고 반억압적 실천, 사회 옹호, 인권 증진, 시민 참여, 민주적 참여를 지지한다.

## 비판 인종 이론

인종과 권력 간의 접점에 특별한 초점을 두고 있는 비판 인종 이론은 인종차별주의를 영속시키는 구조적, 상호작용적 힘에 관심을 둔다. 비

판 인종 이론의 가정은 (1) 사회적 상호작용과 사회적 구조에 내재된
인종차별주의는 대부분의 유색인의 일상적 삶에서는 일반적인 현실이
다. (2) 지배집단의 구성원은 그들의 신분을 지속시키는 데 기득권을
가지고 있으며 현 정세를 유지하기 위해 결속한다. (3) 인종은 생물학
적으로 결정된 것이 아니라 사회적으로 구성된다. (4) 자기 이익과 경
제적 복리에 근거하여, 지배집단 구성원들은 소수자 집단 구성원들을
서로 다르게 인종화시키거나1 그들에 대한 시각을 변화시킨다. (5) 정
체성은 다면적이며, 속해 있는 다양한 문화적 집단 간의 접점을 드러낸
다(Delgado & Stefancic, 2007). 비판 인종 이론은 인종 문제에 있어 객관
성의 오류에 도전하며, 권력, 특권, 억압에 대한 인종차별주의의 영향에
관한 사회복지실천가의 이해를 강화한다.

## 입장 이론

사회 – 문화 – 정치적 위치는 모든 사람들이 자신의 세계를 평가하고,
그들에게 일어나는 사건의 의미를 결정하고, 다른 사람의 행동을 이해
하는 관점을 확립한다. 사회복지사는 클라이언트의 경험을 이해하는 데
있어 미리 예측해서는 안된다. 입장 이론은 사회복지사가 한 걸음 물러
서서 클라이언트의 관점을 고려하도록 돕는다. 입장 이론에 따르면, 관
찰자의 입장은 지각에 의해 걸러지고, 어떤 사람이 가치, 속성, 자기 자
신과 다른 사람의 행동을 해석하는 방식에 영향을 미친다. 한 사람의
입장은 서로 다른 문화적 위치에 있는 사람들과의 상호작용 방식에 대
한 사회적 규칙을 정의한다. 어떤 사람도 문화적으로 중립적이지 않다.
우리 모두는 우리 자신의 독특한 관점으로 세상을 경험한다.

---

1 역자 주: 인종에 따라 분류, 소외, 차별하거나

사회복지사는 문화와 정체성과 관계없이 클라이언트를 돕고 존중할 책임이 있다. 사회복지사와 클라이언트의 사회－문화－정치적 위치와 그에 따른 입장은 사회복지 경험과 성과에도 영향을 미칠 것이다. 우리가 우리의 지위를 소외된 것으로 평가할지 혹은 특권층으로 평가할지는 우리가 세상을 바라보고 생각하는 방식에 영향을 미친다(Pitner & Sakamoto, 2005, 2013). 사회복지사가 자신의 관점을 클라이언트의 관점에 맞출 때, 문화적으로 민감한 서비스를 제공할 수 있다.

## 비판적 의식 개발하기

비판적 의식은 사람들의 문화 집단 소속감이 권력과 특권 관련 경험에 영향을 미치는 방식에 대한 깊은 이해를 요구한다. 파울로 프레이리(Paulo Freire)가 그의 대표작인 "억압받는 자의 페다고지(1973)"에서 주장한 바에 따르면, 비판적 의식의 발달은 사회변화를 얻기 위해 취해야 할 전제 조건이다. 사회복지사에게 비판적 의식을 발달시킨다는 것은 어떤 사람들이 직면하는 억압의 실체를 인정하고, 사회의 구조적 불평등에 대해 비판적으로 문제를 제기하고, 행동을 취한다는 것을 의미한다. 비판적 의식은 문화적 지위, 특권, 억압 간의 상호 관계에 관한 의식 고양에서 나타난다. 이렇게 증가된 이해는 실천가들이 사회 내의 사회, 경제, 정치적 실태에 대해 비판적으로 의문을 제기하도록 이끈다. "깨달음의 순간(aha moment)"을 경험하는 것처럼, 비판적 자각 또는 의식화는 논리적으로 행동을 이끌어낸다.

비판적 의식을 가지고 일하기 위해서 사회복지사는 다양한 인구에 대한 단순한 기술적 자료 이상의 것을 필요로 한다. 럼(2004)은 유색인과의 사회복지실천을 위한 5가지 주제와 관련 원칙들을 제시하였다. 이 주제들은 종교적으로 다양한 사람들, 생활양식의 차이로 인해 억압받는 사람들 또는 소수자 지위로 강등된 사람들과의 개입에도 적용된다. 럼이 이 주제에서 주장하는 비판적 양극단에는 억압 vs. 해방, 무기력 vs. 역량강화, 착취 vs. 균등, 동화 vs. 문화 유지, 고정관념 vs. 독특한 개성 등이 있다.

- 억압은 힘이 있는 사람들이 힘이 없는 사람들의 삶의 질을 높일 수 있는 자원과 기회에 접근하는 것을 막는 행위이다. 억압은 해방을 요구하며, 해방은 개인과 사회의 제약으로부터 개인들을 자유롭게 하는 역동적인 환경 변화의 과정이다.

- 무기력은 무능력감, 통제력 상실, 소수자 지위로의 격하를 야기한다. 사람들은 사회 이득에 대해 지속적으로 접근이 거부되고, 자원과 권리에 대한 정보가 부족하고, 열등하다고 낙인찍힐 때 무기력을 느낀다. 역량강화를 통해서, 소수자 집단 구성원들은 개별적, 집합적 행위를 취함으로써 대인관계에서 영향력을 행사하고, 그들의 능력을 주장하고, 사회 환경을 개선시킬 수 있다.

- 착취는 소수자 지위의 사람들을 주류 집단의 사람들 마음대로 불공정하게 조종하는 것이다. 착취는 경제적, 정치적, 사회적 상황에서 발생할 수 있다. 착취와 반대로, 균등은 권력, 가치, 지위에서의 공평성을 증진시키는 것이다. 이는 시정조치를 통해 획득된 진전이다.

- 소수자 집단이 지배 문화의 측면들을 받아들이고, 이전의 문화적 신념, 가치, 관습의 일부를 포기하면서 동화의 다양한 정도가 나타난다. 문화의 유지는 문화적 기풍(ethos)과 민족 정체성을 강점과 혁신의 원천으로 이용하려는 의도적인 노력을 통해 문화적응(enculturation)에 저항하는 것이다.

- 고정관념은 다른 사람에 대한 편협한 묘사이며, 흔히 개인들을 가치절하된 문화 집단의 구성원으로 폄하하여 기술하는 것이다. 클라이언트의 독특한 개성을 인정하고 강조하는 것은 고정관념의 부정적 효과를 제거한다.

해방, 역량강화, 균등, 문화 유지, 개성을 인정하는 실천을 하는 사회복지사는 반억압적 실천 접근을 사용한다. 비판적 의식을 가지고, 비판적 관점에서 실천함으로써, 사회복지사는 "사회적 불공평에 맞서고, 정책과 절차에서 반차별적 실천을 옹호하고, 사회적 포용의 가치 기반에서 실천하기 위한(Miley, et al., 2017, p.87)" 반억압의 자세를 취할 수 있다.

## 맥락 안에서의 문화적 유능감과 가치

문화적 의식 개발하기, 전문적 사회복지 가치 지침 활용하기, 문화적 겸손의 입장 유지하며 일하기 등은 윤리적 실천을 하는 사회복지사들이 클라이언트에 대한 속단과 기존의 문화적 편견의 영향을 스스로 경감시키는 방법들이다. 문화적으로 다른 사람들을 기술하는 데 사용되는 지배적 서술 방식은 클라이언트의 다양한 관점과 능력을 가치절하시킨다. 이것은 실천가들이 아직 이해하지 못하고 있는 클라이언트에 대한 수용과 존중의 가치를 적용하는 데 도전이 될 수 있는 상황이다.

## 문화적 겸손의 자세 적용하기

문화적으로 편향된 전제와 고정관념을 적용하는 것을 피하기 위해서, 문화적 유능감이 다른 문화에 대한 백과사전식 지식과 그다지 관련되지 않는다는 사실을 이해할 때, 실천가들은 핵심 사회복지 가치를 가장 효과적으로 수행한다. 더구나, 사회복지 가치와의 일관성은 문화적 겸손의 자세와 알지 못함(not knowing)의 자세일 때 가장 잘 반영된다. 전미사회복지사협회(2015b)에서 문화적 유능감의 핵심 요소로 정의한 바에 따르면, 문화적 겸손은 "개인 혹은 집단의 문화적 배경과 정체성의 측면들과 관련하여 타인 지향적인(혹은 다른 사람들에 개방적인)" 자세로 구체화된다(Hook & Watkins, 2015, p.661).

후크와 왓킨스(2015)에 따르면, 실천가들이 문화적 겸손의 자세를 취하기 위해서는 그들 자신의 문화 정체성과 민속적 특질이 사고와 관계 스타일에 영향을 미치는 방식을 비판적으로 반추하는 것은 물론, 그것이 다른 사람들의 문화 정체성을 이해하는 능력에도 제한을 가한다는 사실을 인정해야 한다. 존슨과 먼치(2009)는 "모든 사람들을 인간성에 근거하여 존중한다는 것은 사람들 간에 공통적이지만, 모든 문화를 차이에 근거하여 존중한다는 것은 그 차이를 식별한다는 관점에서 차별적인 과정이라고 보았다(p.225)".

전문가들은 문화적 전문가의 역할을 거부하고 학습자 역할을 자처할 때 문화적 겸손을 보일 수 있다. 클라이언트의 중첩된 문화 정체성에 대해 진짜 전문가인 클라이언트로부터 배우는 입장을 취하는 것이다. 문화적 겸손은 "실천가의 전문성이 문화적 지식뿐 아니라 현재의 클라이언트와 클라이언트의 행동을 이해하는 데 도움을 주는 그들의 경험에 대한 전문성까지 포함한다는 환상을 줄이는 것이다(Ortega & Coulborn, 2011, p.35)". 사회복지사는 경청하고, 진실한 관심을 드러내고, 배움에 대해 개방적인 모습을 확실히 보여주고, 클라이언트의 문화적 전문성을 인정하는 권력 역동을 갖춤으로써, 문화적 협력의 분위기를 조성한다 (Hook, Davis, Owen, Worthinton, & Utsey, 2013; Mosher, Hook, Farrell, Watkins, & Davis, 2017; Owen et al., 2016; Tervalon & Murray－Garcia, 1998).

## 맥락 안에서 사회복지 가치 실행하기

실천가, 사회복지기관과 조직, 지역사회의 가치 등 사회복지의 가치 맥락은 문화적으로 유능한 방식으로 실천하는 사회복지사의 능력에 전체적으로 영향을 미친다. "문화적으로 유능한 실천은 사회복지사의 개인적 수준에서 시작하고, 계속 유지하고 성공적인 효과를 거두기 위해서는 반드시 기관과 지역사회로부터 지지를 받아야 한다(Miley et al., 2017, p.62)". 특히, 이러한 다수준 접근은 마일리와 그 동료들에 의해, 실천가 수준의 문화적 유능감, 기관 수준의 문화적 유능감, 지역사회 수준의 문화적 유능감으로 구체화되었다.

실천가의 자기 인식은 다른 사람의 관점에 대한 존중과 함께, 실천가 수준의 문화적 유능감으로 정의된다. 자기 인식은 나 자신의 가치와 문화적 배경이 다른 사람과의 상호작용에 미치는 영향을 아는 것을 의미한다. 타인에 대한 인식은 그러한 상호작용에서 명백해지는 다른 사람들의 다양한 가치, 경험, 잠재적 강점을 고려하는 것을 의미한다. 유능한 사회복지사는 클라이언트가 사건을 어떻게 바라보는지, 사건의 중요성을 어떻게 이해하는지, 이와 관련하여 어떤 감정을 경험하는지, 어떤 대응적 행동을 선택하는지를 이해한다.

사회서비스 기관은 실천가가 문화적으로 유능한 서비스를 제공하는 능력을 지지하거나 혹은 약화시키기도 한다. 문화적으로 유능한 기관은 소속 실천가들에게 다양성에 민감한 실천을 훈련시키고 기관의 정책과

활동에 대해 다문화적 인식을 불어넣는다. 이러한 조직들은 또한 다양
한 클라이언트를 기관의 기능과 경영에 참여시킨다. 문화적으로 유능한
기관은 다양한 클라이언트 집단－특히 역사적으로 권리를 박탈당해온
－의 접근을 환영하는 포용적 정책을 가지고 있다. 이러한 기관들은 환
대하는 느낌, 문화적으로 민감한 사무실 인테리어, 물리적, 언어적 접근
성을 고려한 사무실 분위기에서 다양한 클라이언트를 맞이한다.

실천가와 클라이언트는 다양한 문화적 실천을 존중하거나, 존중하지
않은 지역사회에서의 경험을 공유한다. 문화적으로 유능한 지역사회는
다양성을 환영하고, 문화 간 상호교류에 가치를 둔다. 반대로 문화적으
로 비수용적인 지역사회는 주거를 분리시키거나 주요 건강 및 휴먼서비
스에 대한 접근성을 가로막는 방식으로 어떤 집단이 지역사회에 완전히
참여하는 것을 배제시키는 경직된 경계를 보여준다. 문화적으로 유능한
지역사회 서비스 네트워크는 전문직 구성원이 다양성에 민감한 서비스
를 전달하는 데 중요한 자원으로 기능한다. 문화적으로 유능한 지역사
회의 서비스 기관에는 제도화된 사회서비스 기관뿐만 아니라 소수자 교
회, 클럽, 이웃 리더와 같은 토착 자원도 자주 포함된다.

## 다문화 사회복지를 위한 기술

모든 실천 영역의 사회복지사는 클라이언트와 관계를 맺는 기술, 다
양한 문화에서 온 클라이언트와 그들의 관심사에 대해 의사소통하는 기
술, 확인된 문제를 해결하는 계획을 세우는 기술, 직접적인 개입과 연계
를 통해 목표를 달성하는 기술을 필요로 한다. 문화적 유능감을 보장

하기 위해서, 사회복지사는 미시욕설(microassaults), 미시모욕(microinsults), 미시무효화(microinvalidations)와 같은 미시공격성(microaggressions)과 관련된 이슈를 다루어야 한다. 차별하고, 소외시키고, 억압하는 사회제도 내에서 나타나는 권력과 특권의 표현에 맞서야 한다.

## 미시공격성 다루기

사회구조 내의 권력 차이는 인종, 민족, 젠더, 성적 지향, 종교, 장애, 연령, 계급에 근거하여 사람들을 소외시킨다. 관련된 주의―인종차별주의, 성차별주의, 이성애주의, 장애차별주의, 연령차별주의, 계급차별주의―들은 소수자 집단 구성원들을 향한 은밀하고도 명시적인 미시공격성을 의사소통 과정에 침투시킨다(Sue, 2010; Sue, Bucceri, Lin, Nadal, & Torino, 2007; Sue et al., 2007). 미시공격성에는 미시욕설(의도적 별명 부르기), 미시모욕(가끔은 비의도적으로 비하하는 말과 행동을 함), 미시무효화(자신도 모르게 다른 사람의 감정, 신념, 능력을 묵살하는 말을 함) 등이 있다.

미시공격성은 지적인 열등성, 이류 시민, 범죄 의도, 지배집단 우월성과 같은 비공식적이고 신빙성 없는 가정에서 출발한다(Sue, Capodilupo, & Holder, 2008). 어떤 형태로든, 클라이언트에 대한 미시공격성은 무력감에 대한 경험을 악화시키는 부정적인 정서적 반응, 거부 감정, 가치절하된 자기존중감을 불러일으킨다. 이러한 공격행위는 주로 은밀하고 미묘하게 이루어지고, 인지되지 못하거나 사소한 것으로 묵살되기도 한다.

"너는 여기 소속이 아니야", "너는 비정상이야", "너는 덜 떨어졌어", "너는 무가치해", "너네들은 모두 똑같아"(Sue et al., 2008, p.334)와 같은 함축적 메시지는 소외된 사람들에게 심리적 스트레스를 가중시키는 일상적 원천이다. 문화적으로 유능하기 위해, 사회복지실천가는 소수자 클라이언트의 삶에서 그들을 힘들게 하는 미시공격성 경험을 인지한다. 유능한 사회복지사는 자신의 말에서 미시공격성으로 지각될 수 있는 것을 모니터링하여 클라이언트와 긍정적인 방식으로 관계를 맺도록 노력한다.

## BOX 7.1 현장의 목소리

### 이웃 지지 프로그램

고등학교 졸업 이후 수년 동안 지역사회 기관에서 준전문가로 일한 것은 바람직한 초심자 수준의 경험이었다. 어느 날 나의 슈퍼바이저가 "너는 확실히 많은 잠재력을 갖고 있어. 대학에서 공부를 더 해보지 않겠니?"라고 말했다. 처음에 나는 "제가요? 내 가족 중 누구도 대학 수업을 받은 적이 없어요."라고 생각했다. 그러나 가족과 이것에 대해 이야기한 후, 나는 모험 삼아 수업을 한두 개 들어보기로 하였다. 나는 내가 얼마나 성공적으로 배움을 마쳤는지, 또 내가 배움을 얼마나 즐기는지를 알게 되어 기뻤다. 몇 년이 지나고, 나는 사회복지 석사 학위를 받고, 아웃리치 프로그램에서 사례관리자로 일하고 있다. 나는 지역주민들과 함께 일하며, 지역 대학을 포함한 수많은 기관과 조직을 가족들과 연결시켜준다. 나는 때때로, 만약 누군가가 나에게 꿈을 좇도록 용기를 불어넣어 주는 희망의 씨앗을 심어주지 않았다면, 그저 같은 자리에서 끝나지 않았을지 생각해본다.

내 일은 모두 사람들을 믿는 것에 대한 것이다. 그들의 말을 경청하고, 그들의 문제에 대한 해결책을 발견하도록 돕고, 그들이 자신의 꿈을 좇을 수 있도록 격려한다. 그들의 꿈은 GED(고졸학력인증)를 받는 것부터 학사 학위를 받아 직업을 찾는 것까지 다양하다. 연령도 역시 다양하다. 가장 어렸던 사람은 15살이었고, 가장 나이 많은 사람은 80대였다. 삶의 어떤 단계에 속한 사람이든 함께하였지만, 대부분은 교육, 고용, 삶을 방해하는 어려움에 직면한 사람들이다. 우리는 자녀와 부모 돌봄 문제, 주거 문제, 가족 문제, 직장 관련 스트레스를 다루기 위해 함께 일한다. 내 클라이언트의 절반 이상이 이혼 진행 중이다. 많은 사람들은 자존감과 적극적 의사소통에 어려움을 갖고 있다.

최근에, 근린 지역에 살고 있는 이민자들이 내가 매일 같이 일하는 사람들 범주에 추가되었다. 그들은 세계 각국-보스니아, 이란, 아프가니스탄, 러시아, 아프리카와 아시아의 많은 나라들-에서 온 사람들이다. 많은 사람들이 전화를 개설하는 것, 은행 계좌를 여는 것, 대중교통 이용하기, 스팸 메일과 영업전화 가려내기, 그 밖에 다양한 공공 업무 절차 및 규정 등과 같은 단순한 일상 과제로 간주되는 것들로 인해 혼란을 겪고 있다. 많은 사람들은 그들의 삶에서 처음으로 인종차별주의와 차별에 맞닥뜨리고 있다. 미국을 기회와 자유의 땅으로 생각했지만, "다양성의 나라"에서 자원들이 모든 사람에게 공평하지 않다는 것에 놀란 것 같다.

나의 사회복지 배경은 독특한 관점을 가지게 하였다. 나는 이웃, 지역사회, 사회적 맥락 안에 있는 가족, 또 그러한 가족이라는 맥락 안에 있는 사람들의 입장에서 문제와 잠재적 해결책을 통합적으로 파악한다. 나는 클라이언트의 상황과 그들의 관점을 내 마음속에 그려낼 필요가 있을 때, 주제넘지 않게 알아보는 방법을 배웠다. 나는 인간 존엄과 가치에 대한 사회복지 가치-그들이 어떤 사람이든지 간에, 모든 사람에 대한 수용-를 내 일상 실천의 바탕으로 고려한다. 사회복지는 인권과 사회정의를 강조하기 때문이다. 아마도 내가 소수자였던 경험이 클라이언트에게 유리하게 작용한 것 같다. 누군가 나에게 인종차별주의와 차별 경험에 대해 이야기할 때, "물론, 당신은 내가 어디 출신인지 아시지요."라고 말할 수 있기 때문이다. 그러나 물론, 모든 사람의 경험이 독특하기 때문에 내가 주의 깊게 듣고 질문을 하지 않는다면, 나는 진짜 모른다. 나는 가능성이 박탈된 사람들과 일하는 기회를 가지는 것이 좋다. 이러한 세팅에서 일하는 것이 나에게 변화를 만들어 낼 수 있는 기회를 주기 때문이다!

## 힘과 특권에 맞서기

사회정의를 추구하는 사회복지사는 인종적으로, 사회적으로, 경제적으로 계층화된 사회의 부정적 효과를 중화시키는 데 관여한다. 권력과 특권에 맞선다는 것은 지배적 문화 집단의 구성원들이 소외된 사람들과 상호작용할 때 야기되는 불공평을 다루기 위해, 반억압적 사회복지실천 접근을 적용한다는 것을 의미한다. "반억압적 실천은 개인 상호작용, 전문적 관계, 사회구조에서 권력 불균형을 뒤집기 위해 일하는 것은 물론 권력이 있는 사람들이 현재 상태를 유지하기 위해 억압을 사용하는 방식을 이해하는 것을 필요로 한다(Miley et al., 2017, p.87)".

권력과 특권의 서로 다른 수준은 어떤 문화적 집단에도 동반된다. 부를 가진 사람들은 사회적, 경제적, 정치적 권력을 제공하는 일종의 공통 지위를 공유한다. 백인 특권층이 인종적으로 계층화된 사회를 지배한다. 남성 특권으로 남성은 사회적 영향, 경제적 힘, 정치적 의사결정에 더 쉽게 접근한다. 저평가되고 배제된 종교 집단의 사람들에 대한 전통적 믿음이 있는 반면, 기독교 정체성은 특권을 제공한다. 의도적 행위이건 비의도적 결과이건 지배적 집단은 현재 상태를 계속 이어간다. 사회복지사는 사회변화 매개체로서 이러한 고착화된 불공평에 대한 공정성과 유용성에 의문을 제기하는 기능을 한다.

사회복지 가치와 원칙은 다양한 클라이언트와 일하는 근간이 된다. 그러나 이러한 가치는 유능한 다문화 실천에 필요하지만 충분하지는 않다. 문화적 유능감을 반영하는 지식, 가치, 기술을 계속 재정의하지 않고는, 아무리 원칙이 있고 선의를 가진 사회복지사라도 다양한 클라이언트와 일하는 데 어려움을 겪을 수밖에 없다. 다문화적, 반억압적 사회복지를 이끄는 원칙은 사회정의, 인권, 사회적 포용의 가치 기반을 반영한다. 효과적인 다문화 실천가는 문화적 억압을 바로잡아 불리함을 뒤집고, 사회경제적 정의를 위해 일하고, 인권을 보호한다.

# 인종과 민족 정체성

미국 인구조사국에 따르면, 2044년경 미국은 다원국가가 되어, 어떤 한 가지 인종이나 민족 집단도 통계적으로 우위를 점하지 않게 된다. 18세 이하 아동은 일반 인구보다 더 문화적으로 다양한 집단이다. 2014년에 48%에서 2060년에는 64%로 증가할 것으로 예상되는 비백인 아동의 추세에서 보이듯이, 2020년에는 소수자−다수자 전도가 일어날 것으로 예측된다. 네 개의 주−하와이, 뉴멕시코, 캘리포니아, 택사스−와 콜롬비아구는 현재 어떤 인종적, 민족적 집단도 인구의 50%를 넘지 않는 소수자−주류 지역이라 할 수 있다.

2014년에 이미 카운티, 독립시(independent cities), 카운티 수준의 지역을 통틀어 364개(11.6%) 지역이 소수자−주류 지역으로 분류되며, 이것은 1980년 수치의 2배이다(DeSilver, 2015). 이러한 다양성의 대부분은 특히 아시안과 히스패닉 인구의 이민으로 인한 것이다(Colby & Ortman, 2015). 나라 안에서의 이주가 국가 간 이주와 결합되어 미국 전역에 걸쳐 대부분 도시 지역에, 그리고 남동쪽에 있는 지방 카운티들에서 일어났으며, 아프리카계 아메리칸, 히스패닉계 아메리칸, 아시안 아메리칸, 아메리칸 원주민, 유럽 아메리칸들의 다양한 혼합을 만들어 냈다.

사회복지사는 인종과 민족이 개인의 경험에 어떻게 영향을 미치는지에 대해 비판적 의식을 필요로 한다. 모든 지역사회에서 인종적, 민족적 다양성이 증가하고 있다는 것은 사회복지사가 자신의 문화와 너무나 다른 문화에서 온 클라이언트를 이해하는 데 도전이 된다. 인종, 민족 정체성은 내가 누구인지와 내가 세상에 적응하는 방식에 있어 핵심적이다. 인종, 민족 정체성은 자신감의 원천, 적응유연성의 자원, 어떻게 행동할지에 대한 지침이 될 것이다. 이러한 효과들 모두는 사회복지사가 인종적, 민족적 자기(self)에 대한 클라이언트의 생각으로 관심을 기울이도록 요구한다.

클라이언트의 인종, 민족 정체성을 인지하고, 수용하고, 존경하는 것은 어려운 일이다. 운 좋게도, 사회복지사는 이미 활용 가능한 전문가를 가지고 있다. 바로 클라이언트 자신이다. 사회복지사는 클라이언트의 경험을 끌어내고, 클라이언트에게 무엇이 의미 있는지에 대한 관점을 인지하는 데 최선을 다한다. 인종, 민족 집단에 관한 연구 결과를 참고하긴 하지만, 인종, 민족 집단 기능에 대한 결론은 그저 사람들이 얼마나 다른지에 대한 아이디어에 불과하다. 모든 개인들의 독특성을 존중하기 위해, 사회복지사는 인종이나 민족에 대한 일반화를 피한다. 그러한 일반화는 고정관념을 가져오기 때문이다.

블랙 아메리칸, 아시안 아메리칸, 아메리칸 원주민, 히스패닉 아메리칸 또는 백인 아메리칸이든 아니든 간에, 클라이언트는 인종이나 민족에 관한 일반적인 생각이 그들에게 얼마나 잘 맞는지에 대해 말해줄 수 있는 전문가들이다. 클라이언트 다양성에 관해 잘 인식하기 위해서 다음 장에서는 사회복지 선행 연구에서 다양한 문화 집단에 대해 결론 내렸던 문화적 특징들, 역사, 잠재적으로 공유되는 가치, 집단 내에서 구별되는 특징에 대해 살펴본다. 어떤 정보가 맞고 맞지 않는지를 결정하기 위해서, 사회복지사는 특정한 경험을 가지고 있는 클라이언트와 협력할 필요가 있다.

## 블랙 아메리칸

미국 인구조사국에 따르면, "흑인 혹은 아프리카계 미국인은 아프리카의 흑인 인종 집단에 뿌리를 둔 사람들을 말한다. 이들은 인종 분류상 흑인, 아프리카계 미국인, 혹은 니그로라고 지칭되며, 케냐인, 나이

지리아인, 아이티인 등을 포함한다(Humes, Jones, & Ramirez, 2011, p.3)".
블랙 아메리칸은 미국 전체 인구의 13% 이상이며, 2014년 기준 4천
2백만 명에 달한다(Colby & Ortman, 2015).

블랙 아메리칸은 아프리카 혈통과 역사를 공유한다. 또한 인종차별주
의 경험을 공유하고 있다(Boyd-Franklin, 2003). 그러나 흑인 혹은 아프
리카계 미국인이라는 범주 하나에 표시해버리면 이 집단에 속한 다양한
사람들이 가려진다. 대부분의 미국 내 흑인들이 노예의 후손들이기는
하지만, 최근에는 이민자의 숫자가 점점 늘어나고 있다. 블랙 아메리칸
이 아프리카의 공통 기원을 공유하기는 하지만, 최근의 아프리카 이민
자들과 아프리카 노예 생존자의 후손들은 여러 가지 면에서 다르다.

아프리카계 미국인은 일반적으로 연장자와 다른 사람의 전문성에 대한
존경과 함께, 집단성과 영성을 기리는 데 가치를 둔다. 아프리카계 미국인
에게 있는 충성스럽고 강한 친족 유대, 유연한 가족 역할, 깊은 종교적 믿
음, 일·교육·성취에 대한 지향과 같은 자원 등의 강점은 사회의 압력을
중재할 수 있다(Hines & Boyd-Franklin, 1996). 확대가족과 허구적 친족
(fictive kin), 교회 조직, 상호원조를 통한 자조집단은 많은 아프리카계 미국
인들의 중요 지지 원천이다(Benbow, 2017; Blakey, 2016; Johnson, Williams, &
Pickard, 2016; Kenigsbers, Winston, Gibson, & Brady, 2016; Taylor, 2015).

### 인종차별주의와 블랙 아메리칸

인종은 중요하다. 흑인 생명 존중 운동은 이 메시지를 명확히 담고
있다(Garcia & Sharif, 2015; McClain, 2016). 우리는 포스트인종(postracial) 사
회에 살고 있지 않다. 미국 내 아프리카계 미국인의 삶은 인종에 기반
한 서로 다른 처우를 보여준다. 블랙 아메리칸은 건강보험과 건강 보호,
식사 안전성에 대한 접근에서 차별을 받을 뿐 아니라 교육과 고용 기회

에서 접근성의 제한을 경험한다(Adepoju, Preston, & Gonzales, 2015; Chen, Vargas−Bustamante, Mortensen, & Ortega, 2016; Landovitz, Desmond, & Leibowitz, 2017). 지속적 환경에서 나타나는 이러한 차별에 맞서(Chestang, 1976), 가족, 친구, 지역사회 네트워크 관계성이라는 양육적 환경이 정서적 지지와 적응유연성의 원천이 된다(그림 7.1).

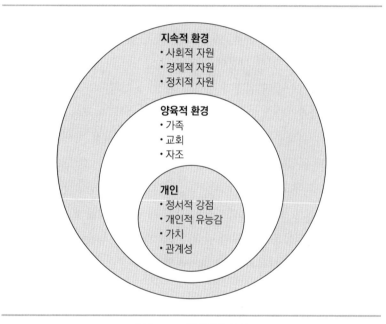

**그림 7.1** ᅵ **생태체계 분석**

## 아시안 아메리칸

대부분의 아시안 아메리칸은 중국, 인도, 필리핀, 베트남, 한국 출신이다(미국 인구조사국, 2017). 그 외에 일본, 캄보디아, 스리랑카, 태국, 파키스탄, 인도네시아, 라오스 출신이 그 뒤를 쫓고 있다. 아시안 아메리칸과 태평양 섬 거주자들은 2014년 기준 전체 인구의 5.4%에 달하며, 1천 7백만 명으로 증가하였다. 2060년에는 전체의 9.3%, 3천 9백만 명에 이를 것으로 추정된다(Colby & Ortman, 2015). 이 수치는 미국 서부권의 절반에 해당하는 수치이다.

세계 인구의 60%는 아시안으로 분류될 수 있다(인구조회국, 2016). 이 범주로 함께 구분되는 사람들 간의 차이는 매우 크기 때문에, 문화적 특징에 관해 일반적인 결론을 내리는 것은 부정확하다. 아시안 아메리칸은 출신 국가, 언어, 종교, 예술 형태, 민속전통, 일상의 다른 특징들에서 차이를 갖고 있기 때문에 다양한 집단이다. 사회경제적 계층, 이주 제외 세대 수, 이민 환경과 재정착 과정, 동화의 정도와 같은 요인들은 아시안 아메리칸을 더 구분 짓는다. 예를 들어, 미국에 직장을 얻을 기회를 찾기 위해 이민을 결정한 사람과 전쟁, 정치적 박해, 기아로 이주할 수밖에 없었던 사람들 간에는 많은 차이가 있을 것으로 예상된다.

일반적으로 유교주의, 도교, 힌두교, 이슬람교, 불교와 같은 동구권 문화, 철학, 종교는 아시안 아메리칸의 가치 체계에 영향을 미친다(Balgopal, 2013). 이러한 믿음은 서구권의 관점과 다르다. 호(1989)는 과묵한 아시안의 문화적 가치를 다음과 같이 요약하였다.

- 효심은 권위에 대한 의심 없는 숭배와 존중이다. 개인의 야망을 희생하더라도 자녀는 부모에게 무조건 복종(strict obedience)한다.
- 아시안은 일본의 "엔료(enryo)"의 가치에 제시된 바와 같은 자기 통제를 중요시한다. 행동에서 겸손을 유지하고 기대에 있어 자세를 낮추고 다른 사람의 시간, 에너지, 자원을 침해하는 데 대해 적절한 망설임과 꺼리는 모습을 보여야 한다(p.529).
- 중도적 입장의 미덕은 개인의 자존심보다는 공동의 소속감을 중시하는 규범이다. 사람들이 자신의 개성을 집단에 종속시키

고, 문제를 내면화할 것을 요구한다.
- 운명론은 그저 상황이 흘러가는 대로 무심하게 받아들이는 것을 말한다.

이러한 가치는 많은 아시안 아메리칸들이 건강과 정신건강을 정의하고, 문제를 이해하고, 해결책을 선택하고, 도움을 구할지 말지 선택하는 방식에 대한 정보를 제공한다(Kim & Lee, 2014; Kim & Keefe, 2010; Kim & Orinzo, 2003; Shea & Yeh, 2008). 부모의 권위에 대한 존중 때문에 전문적 개입을 찾는 데 대해 주저하는 것, 문제를 내면화하는 것, 낙인과 수치심의 가능성이 있는 문제를 노출하지 않으려는 경향은 도움 추구 행동(help-seeking)에 대한 아시안 아메리칸의 관점에 영향을 미칠 수 있다(Abe-Kim et al., 2007; Han & Pong, 2015; Nguyen & Anderson, 2005; Ting & Hwang, 2009).

### 차별과 아시안 아메리칸

초기 아시안 아메리칸 이민자들은 이민자 수를 제한하고 "시민권 자격이 없는 외국인 체류자"라는 법적 지위와 인종 간 결혼을 금지하는 가혹한 차별적 법령의 적용을 받았다(Balgopal, 2013; Mahajan, 2015; Takaki, 1998). 연방 정부가 2세대 일본계 미국인인 니제이(Nisei)를 표면상 그들을 보호한다는 명목으로, 집에서 포로수용소로 몰아내었던 2차 세계대전 동안에는 더 많은 모욕과 억압이 벌어졌다. 많은 사람들이 일본계 미국인을 억류하는 미국의 정책은 아시안 아메리칸에 대한 뿌리 깊은 편견을 나타내는 것으로 본다.

아시안 아메리칸은 계속 고정관념과 맞서고 있다. 흥미롭게도 그들은 실제로 소수자의 모델이라는 신화로 고생하고 있다. 이러한 신화는 모든 아시안 아메리칸이 지적인 수준을 타고났고, 학문적으로 성공한 것으로 채색되었다. 많은 아시안 아메리칸 가족의 가치와 기대가 열심히 공부하고 학문적으로 성공하는 데 동기부여되어 있기는 하지만, 이러한 이미지는 과잉일반화된 전제와는 다른 아시안 아메리칸들의 실제 모습과 모순된다.

## 아메리칸 원주민

아메리칸 원주민은 아메리칸 인디언, 알래스카 원주민, 토착민으로 알려져 있다. 주권과 국가에 대해 강조하게 되면서, 퍼스트 네이션(first nations)이라는 용어는 일반적으로 캐나다에서 사용되었지만, 지금은 미국에서 더 널리 사용되고 있다(Weaver, 2013). 원주민 아메리칸은 북쪽, 남쪽, 중앙 아메리카의 토착민들을 조상으로 하는 사람을 말한다. "이 범주는 인구조사에서 '아메리칸 인디언 또는 알래스카 원주민'으로 표시되는 인종에 속하거나 나바조, 블랙핏, 이누피엣, 유픽, 중앙 아메리카 인디언 집단 혹은 남아메리카 인디언 그룹 등 공식 등록된 주요 부족에 속한 사람들을 일컫는다(Humes, Jones, & Ramirez, 2011, p.3)".

미국 인디언과 알래스카 원주민은 2015년 기준 약 6백 6십만 명으로 추산된다(미국 인구조사국, 2016). 가장 큰 부족 집단은 체로키, 나바조, 촉토우, 멕시칸 아메리칸 인디언, 치페와 촉토우, 시옥스, 치페와 부족이다(Norris, Vines, & Hoeffel, 2012). 현재는 대부분의 아메리칸 원주민이 지역사회에 동화되어 제한 구역을 벗어나 살고 있다. 전체 아메리칸 원주민 인구의 25%가 캘리포니아와 오클라호마 두 개의 주에 살고 있다.

원주민 아메리칸에 대한 개입은 사회복지사가 원주민에 대한 신체적, 문화적 학살의 충격적인 유산을 인지하고, 이 집단을 괴롭히고 있는 비하적 고정관념 너머로 바라볼 때 가장 잘 이루어질 수 있다(Weaver, 1998).

아메리칸 원주민의 관점에서, 평안함과 정신적 복지는 네 가지 상호 관련된 영역-정신, 신체, 마음, 환경- 간의 균형에서 나온다. 전통적인 정신건강 서비스 모델들은 심리적인 부분에 더 초점을 두는 경향이 있다. 이에 대해, 아메리칸 원주민들은 이 모델들이 다른 차원의 경험들을 무시하기 때문에 부적절하다고 본다(Hodge, Limb, & Cross, 2009).

아메리칸 원주민 클라이언트와 효과적으로 일하기 위해서는 가족 네트워크의 강점을 이해해야 한다. 전통적인 백인 가족은 단일 가구 안에서 작동하지만, 아메리칸 원주민 가족은 구조적으로 개방적이고, 사촌을 형제자매로 포함시키고, 삼촌과 숙모도 할머니, 할아버지로 포함시킨다(Sutton & Broken Nose, 1996). 가족은 수평적으로 확장되고, 수직적으로도 확장된다. 때로는 6촌까지 이르는 많은 친족들을 가족으로 포함한다(Sue & Sue, 2007).

## 포용 혹은 주권

미국 인디언과 알래스카 원주민은 연방이 승인한 부족 정부만 565개로 나누어져 있다(인디언국, 2017). 부족 주권은 미국에 있는 이러한 아메리칸 원주민 부족의 권리를 보호한다. 이것은 자기 정부(self-government)에 대한 권리를 보장하는 것인데, 부족의 소유물을 관리하고, 사업을 규제하고, 정부 대 정부로 참여하여 연방 공무원과 접촉하는 것을 말한다. 그러나 역사적으로는 연방 정부가 아메리칸 원주민의 자주권을 무시한 많은 사례들이 있다. 역사적으로, 연방 정부는 강제 포용 정책을 펴왔다. 이것은 아메리칸 원주민을 유럽 중심의 주류로 비자발적인 동화를 시키는 것이다. 아동을 사립학교에 강제 재배치시킨 몰살 정책 초기부터, 퍼스트 네이션 부족들에게 주권이 있음에도 불구하고, 원주민 사람들의 문화재적응(re-enculturation)이 정책 방향이었다. 현재 정책도 원주민의 동화 쪽에 가까운 내용으로 이어지고 있다. 포용되는 것이 건강 보호, 교육, 고용 기회에 대한 접근성의 측면에서 유리하기는 하지만, 그럼에도 불구하고 고유의 존재 방식을 잃어버릴 위험이 있다(Weaver, 2017). 주권적 지위를 주장할 것인지 혹은 동화될 것인지에 대한 질문은 사회복지사가 직면해야 할 문제이며, 아메리칸 원주민 클라이언트 각자에게 영향을 미친다.

---

**BOX 7.2** 🐾

## 역량강화와 사회정의에 대한 성찰

### 이민자 및 난민 사회복지

제인 아담스를 포함한 초기 인보관 리더들은 시민 수업, 영어 레슨, "미국의 생활양식"을 강조하는 문화적 활동들을 통해, 이민자 집단이 미국에서의 삶에 적응하도록 도움을 주었다. 인보관 복지사들은 또한 비위생적인 주거 환경과 노동 착취를 시정하는 사회정책을 옹호하였다. 더불어, 그들은 시민 프로그램과 투표권 법안을 통해 이민자가 미국에 완전히 포함되도록 하였다. 오늘날, 사회복지사의 활동은 이민자들에게 그들의 독특한 문화 정체성을 존중하면서 주거의 이전과 새로운 나라에 완전히 참여할 수 있도록 지지를 제공하는 전통을 계속 이어가고 있다.

이민자들 중에는 법적인 이민자, 불법 이민자, 난민, 망명자들이 있다. 1990년 이민자 법에 정의된 이민자는 영구 거주를 위해 미국에 법적으로 허가된 사람들을 말한다. 불법 이민자들은 적절한 서류 없이 미국에 들어온다. 이 집단은 고용이 끝난 후에도 남아있는 이민 노동자를 포함한다. 난민은 그들이 가지고 있는 정치적, 종교적 믿음, 민족성, 특정 사회 집단에 소속되었다는 이유로 인해 가해지는 박해와 억압의 공포 때문에 자신의 나라를 도망 나온 사람들이다(Balgopal, 2000a). 마지막으로, 망명자는 난민으로 왔던 나라에 보호를 요청한 사람들이다. 미국 이민법은 매년 법적 거주자로 수용될 수 있는 망명자의 수를 제한하고 있다.

전 세계적으로, 2015년 말에, 2,130만 명의 난민들과 320만 명의 망명 희망자, 거의 4,080만 명의 사람들이 자신의 나라 안에서 살지 못하고 쫓겨났다(UN난민위원회[UNHCR], 2016). 난민의 고난은 심각하다. 특히 여성과 아동이 인권 침해를 많이 경험한다. UNHCR(2011)의 진상규명위원회가 밝혀낸 인권 침해에는 군대 안에서 그리고 인신매매를 통한 강간, 다른 형태의 성적 착취와 폭력, 매춘, 여성 생식기 손상, 심리적 및 신체적 고문, 노동 강요 등이 있다.

이민자와 난민자를 위한 사회정의와 역량강화에 관심이 있는 사회복지사에게는 많은 기회들이 존재한다. 대도시 지역의 실천현장에서 일하는 사회복지사는 클라이언트 집단 안에서 이민자와 난민자들을 마주하게 된다. 국제사회복지사연맹(2012a)은 다음과 같이 규정하였다.

> 난민에 대한 동반자 실천모델은 난민을 문제 해결과 예방의 모든 과정에 개입시키는 것이다. 난민의 경험과 욕구에 대해 특별히 참고하는 것을 비롯한 윤리적으로 민감한 사회복지 교육 및 훈련, 난민 등 소수자 집단의 사람들을 채용하여 난민 포함 민속 집단을 위한 전문가 혹은 준전문가 훈련을 받도록 하는 것, 민족 지지 체계와의 협업, 관련된 연수 교육, 대중을 교육시키는 데 목적을 둔 사회복지사의 난민 옹호 등은 정부와 다른 기관의 정책, 전국적, 국제적 수준의 기관 간 협력 그리고 체계적 연구와 프로그램 평가에 영향을 미친다(정책강령 영역, ¶17).

이민자와 난민들이 집중되는 곳에는 근린 센터, 사례관리 서비스, 난민 재정착 프로그램과 같은 문화적으로 적절한 서비스들이 개발된다. 사회복지사는 많은 국제적 세팅에서 고용된다. UN이 지원하는 프로그램에서 일하는 것부터 다양한 NGO에서 일하는 것까지 기회는 풍부하다. 어떤 세팅에서건, "사회복지사의 역할은 이민자의 상황을 사정하고, 그들의 권리와 욕구를 옹호하고, 그들이 필요로 하는 지역사회 자원을 결정하고, 그들의 문화 관습과 전통을 버리지 않고 새로운 나라에 적응하도록 돕는 것, 이 과정을 모니터링하는 것이다(Balgopal, 2000b, pp.238-239)".

## 히스패닉 아메리칸

히스패닉 아메리칸이라는 용어는 스페인어, 문화유산, 역사를 공유하는 많은 다양한 국적의 사람들을 말한다. 그러나 이들의 지리적인 기원과 고유의 문화적 전통은 다르다. 미국 인구국은 히스패닉 아메리칸을 "쿠바인, 멕시코인, 푸에르토리코인, 남아메리카 혹은 중앙 아메리카인, 인종과 관계없이 다른 스페인 문화 혹은 기원의 민족 집단 사람들"로 분류한다(Ennis, Ríos-Vargas, & Albert, 2011, p.2). 히스패닉 아메리칸으로 인구조사에 분류되는 사람의 절반 이상(53%)이 백인 인종이다.

2010년 인구조사 결과 분석에 따르면 미국의 히스패닉 인구는 2000년에 전체 인구의 12.5%인 3,530만 명에서 2010년 전체 인구의 16.3%인 5,050만 명으로 증가하였다(Ennis et al., 2011). 2060년까지는 미국 내 히스패닉 인구가 전체 인구의 1/4 이상 증가할 것으로 예측된다(Colby & Ortman, 2015). 히스패닉 인구의 약 65%가 캘리포니아, 텍사스, 뉴욕, 플로리다, 일리노이주 등 5개 주에 집중적으로 살고 있다(Stepler & Brown, 2016). 히스패닉 아메리칸의 대부분이 뉴욕시와 로스앤젤레스와 같은 대도시 지역에 살고 있다(Ennis et al., 2011).

히스패닉 아메리칸의 60%가 멕시코가 본국이라고 주장하며, 푸에르토리코에 조상이 있다고 말하는 사람들이 9.2%, 쿠바가 4.5%, 그 외 다른 중앙 및 남아메리카 국가가 있다(Ennis et al., 2011). 일반적인 라틴 아메리카 기원의 사람들은 라티노 혹은 라티나라고 불리는 집단에 속해 있으며, 스페인어가 아닌 다른 언어를 사용하는 사람까지 포괄하는 용어이다. 어떤 사람들은 민족 정체성을 멕시칸 아메리칸, 쿠반 아메리칸, 푸에르토리칸이라고 정확하게 부르는 것을 더 선호한다.

## 히스패닉 아메리칸 가치

언어는 문화를 실현한다. 스페인 언어에 표현되는 주요 가치 개념은 문화적으로 유능하기 위해 노력하는 사회복지사에게 의미가 있다. 가장 눈에 띄는 것은 인격주의(personalism)다. 이것은 전문적 상황이나 비인격적 상황보다는 사람에 대한 신뢰를 중시한다는 의미이다. 따뜻함과 나눔은 사회복지사와 히스패닉 클라이언트 간의 성공적인 관계의 특징이다. 인격주의는 클라이언트가 사회복지사와의 관계를 개인화하게 이끌고, 원조 과정 동안 동일한 사회복지사와의 접촉을 더 선호한다. "수다"에 참여하는 것이 클라이언트가 수용했다는 신호이자, 콘피안자(confianza) 또는 신뢰를 쌓는 데 중요하다(Congress, 1990; Morales & Reyes, 2000).

히스패닉 가족 안에서, 존경(respect)은 연령, 역할, 젠더에 따라 경의를 표하는 것이다. 어려운 시기임에도 존경을 지속하는 것은 히스패닉 클라이언트가 가정폭력이나 가족 위기 상황에조차도 고려하는 옵션에 영향을 미칠 것이다(Congress, 1990). 신의 뜻(Si Dios quiere)을 의미하는 만트라는 운명을 수용과 정신적인 신앙(faith)을 나타낸다. 어떤 히스패닉 아메리칸에게는 팔찌, 의식, 성수, 신과 성모 마리아에게 호소하는 주문의 형태로 이루어지는 보호는 모두 운명에 순응하기 위한 노력이다.

물론 히스패닉 아메리칸의 가치에 대한 이러한 일반적인 생각은 단지 클라이언트 개인의 문화 정체성에 대한 가능성만을 보여주는 것이다. 클라이언트 각자는 자신이 누구인지에 대한 전문가이다. 동화의 정도, 사회경제적 계층, 출신국, 젠더, 연령, 그 외 모든 미국인을 구별하는 다른 특성들로 인해 히스패닉 아메리칸 클라이언트 또한 서로 다르다.

## 비히스패닉 백인 아메리칸

백인 아메리칸은 흔히 동질한 집단으로 간주되기는 하지만, 백인 아메리칸 범주도 다양한 민족 인구를 포함한다. 미국 인구조사국이 2010년에 구분한 바에 따르면, "백인은 유럽, 중동, 북아프리카 출신의 모든 사람들을 일컫는다. 자신의 인종을 '백인'이라고 하는 사람들과 이란, 독일, 이탈리아, 레바논, 아랍, 모로코, 사람들을 포함하며 코카시안이라고 하기도 한다(Humes et al., 2011, p.3)".

현재, 백인 유럽 아메리칸이 권력과 특권에서 주류 지위를 점하고 있다. 실제로 백인 아메리칸에게 주어진 문화적 특권의 힘으로 인해 "백인 방식"이 "미국의 방식"이라는 가정을 한다. 자기결정, 자율성, 개인적 성취, 독립, 평등주의적 이상, 합리성과 같은 주류 미국 가치는 많은 백인 미국인－특히 서유럽에 가족 기원을 두고 있는－이 가지고 있는 가치의 전형적인 예이다(Hodhe, 2005). 그러나 이러한 이상들은 백인적이라는 것이 의미하는 바를 보편적으로 정의하지 못한다.

연령, 젠더, 종교, 출신국, 동화의 정도를 포함한 문화 정체성은 한 사람의 정체성을 그저 백인이라고 하는 것보다 문화적 속성과 가치를 정의함에 있어서 더 중요하다. 예를 들어, 경쟁, 개성, 개인적 공간을 중시하는 주류 가치와 달리, 종교적, 민족적 박해를 피해 미국으로 이민 간 보스니안 난민들은 어른에 대한 숭배와 확대가족 및 이웃 간의 상호 관계에 가치를 둔다(Snyder, May, Zulete, & Gabbard, 2005). 더불어, 공동체, 유대, 합의, 상호의존, 영성을 강조하는 무슬림의 문화적 가치는 독립과 자기결정에 더 가치를 두는 다른 아메리칸들과 무슬림을 구별짓는다(Hodge, 2005).

## 아랍 아메리칸

아랍 아메리칸은 비히스패닉 백인 인구집단 중 하나의 예이다. 언어학적으로, 문화적으로 유래된 바에 따르면, "아랍"이라는 용어는 아랍어를 주요 언어로 사용하는 문화권의 사람들을 일컫는다(Abu-Ras & Abu-Badur, 2008). 아랍 아메리칸은 빠르게 성장하는 이질적 이민자 집단이다. 중동과 북아프리카부터 팔레스타인, 이라크, 요르단, 모로코, 레바논, 이집트, 시리아, 예멘에 이르기까지 다양하다(Asi & Beaulieu, 2013). 현재, 아랍 아메리칸으로 확인되는 360만의 사람들 대다수가 미국에서 태어났고, 82%가 시민권자이다(아랍 아메리칸 협회, 2015).

아랍 아메리칸은 다양한 집단이다. 조상이 한 세기 전부터 이민해온 사람들은 대부분 시리아와 레바논에서 왔다(Abu-Ras & Abu-Badur, 2008). 이들은 기독교를 따른다. 이것이 미국의 지배적인 유대교-기독교 관점과 합치되었기 때문에, 이들이 주류 문화와 지역사회 제도에 통합되는 것이 쉬웠을지도 모른다. 이러한 아랍 아메리칸은 태어날 때부터 시민권자이면서 잘 자리 잡고, 그들이 살고 있는 지역사회에 완전히 통합되어 있는 경우가 많다. 최근의 아랍 이민자들은 중동의 많은 국가에서 갈등을 피해서 오고 있다. 이들은 무슬림인 경우가 많고, 이슬람인 혐오증으로 인한 차별을 경험할 위험이 높아지고 있다(Abu-Ras & Abu-Badur, 2008; 아메리칸-이슬람 관계 위원회, 2016; Husain, 2015; Love, 2009).

# 젠더 정체성

"당신은 여성입니까, 남성입니까?" 언뜻 보면, 이것은 단순한 대답을 요구하는 단순한 질문인 것 같지만, 더 자세히 증거를 살펴볼 필요가 있다. 인간의 젠더는 단지 어느 한쪽에 속하지도, 어느 한쪽만 경험하지도 않는다. 다양한 가능성의 조합이 있다. 젠더 정체성과 그것이 인간의 경험에 미치는 영향을 고려할 때는 생물학적, 심리학적, 사회학적 영향이 모두 작용한다.

혼란스럽다고? 정체성은 복잡하다. 정체성은 성별과 젠더, 두 가지 요소를 포함하고 있다. 젠더와 성별이라는 용어는 때로는 상호교환적으로 사용되지만, 성별과 젠더는 서로 다른 의미를 지니고 있다. 역사적으로, 성별은 해부학적 남성과 여성의 생물학적 차이를 말한다. 현재 연구에 따르면 "남성, 여성 중 하나"와 같은 이분법적 범주는 이제 더 이상 모든 사람에게 적용되지 않는다(Fausto-Sterling, 1993).

반대로, 젠더는 전통적으로 전형적인 남성이 되는 것 혹은 여성이 되는 것과 관련되어 있는 문화적으로 정의된 특성을 말한다. 남성성, 여성성에 대한 정확한 의미는 문화에 따라 다양하다. 표면적으로 보이는 특성이 아닌, 젠더 정체성은 남성으로서 혹은 여성으로서 혹은 둘 다 혹은 둘 다가 아닌 한 사람의 개인적 신념을 말한다. 젠더 표현은 남성 혹은 여성이라는 이분법적인 생물학적 묘사와 맞거나 맞지 않는 개인적 젠더 표현을 말한다.

## 젠더 다양성

페이스북과 같은 사회 미디어 플랫폼은 사용자의 젠더 정체성을 스스로 규정하도록 함으로써 젠더 다양성을 인정한다(Bivens & Haimson, 2016). 이러한 범주화는 젠더 정체성이 유전학에 기원을 두고 사회적 요소에 의해 영향을 받으며, 인구에 따라 매우 다양하며 정치적 함의를 갖는다는 것을 보여준다.

많은 사람들은 태어났을 때 부여받은 성별, 유전적 조합, 젠더 표현의 문화적 기대와 일관되게 젠더 정체성을 경험한다. 이들은 시스젠더(cis gender), 시스여성(cis female), 시스남성(cis male)으로 표현된다. 반대로, 어떤 사람들은 생물학적으로 남성 혹은 여성이라도 젠더 관련 행동에 대한 사회적 기대에 순응하지 못한다. 또 어떤 사람들은 그들의 정체성을 남성, 여성 둘 다라고 보기도 하고(예: 두 개의 영혼, 젠더 혼합), 둘 다 아니라고 보거나, 젠더가 없다(예: 반젠더(agender), 중성(androgynous))고도 본다. 젠더를 조직화된 사회적 강제라고 보고 이에 도전하는 사람들은 젠더 퀴어(gender queer), 제3의 성(nonbinary) 혹은 팬젠더(pan gender)를 사용함으로써 정치적인 입장을 표명한다.

## 트랜스젠더인 사람들

트랜스젠더 사람들은 그들에게 부여된 자연적 성별과 다른 문화, 관계(interpersonal) 정체성을 표현한다. 그들에게 해부학적으로 지정된 젠더는 그들이 남성 혹은 여성이라는 생각과 다르다. 트랜스젠더 정체성이 자라는 것은 해부학적 성별, 젠더, 젠더 역할, 젠더 기대에 대한 인식이 늘어가면서 나타나는 점진적 과정이다. 트랜스젠더 정체성에 대한 자기 인식에서 공적 인정(acknowledgement)으로의 전환은 많은 선택 및 잠재적 장애물과 관련되어 있다.

남성에서 여성으로 혹은 여성에서 남성으로 젠더 정체성을 전환한다는 선택은 중요한 선택이다. 그들은 어떤 신체적 변형 없이 문화적 특성의 관점에서 젠더 정체성에 맞는 삶을 사는 것을 선택할 수 있다. 또는 의료적 처치를 받아 그들의 정체성에 맞는 성별의 신체적 특성을 취하기도 한다. 어떤 선택을 하든 간에, 트랜스젠더라는 커밍아웃은 대체로 가족, 동료, 지역사회, 사회에서 한 개인의 위치를 재정의한다.

가족 맥락에서 한 트랜스젠더 개인의 전환은 획득과 손실의 이야기이다. 한 사람의 젠더를 추측되는 바와 다르게 주장하는 것은 트랜스젠더 사람에게는 그것이 올바르게 느껴지고, 또 합치되는 삶을 살기 위한 기회이다. 그러나 트랜스젠더로 커밍아웃을 하는 것은 또한 가족 구성원의 지각과 정서에 대한 도전이기도 하다. 부모는 자신의 딸을 잃은 슬픔을 표현하고 새로운 아들을 받아들이는 데 주저할 수 있다. 가족 구성원들은 젠더 정체성에 대해 엄격한 믿음을 가지고 있을지도 모르고, 그 사람이 다소 비정상적이고 혼란스럽다고 말하며 비판적으로 대응할 수 있다.

어떤 사람이 트랜스젠더로 커밍아웃했을 때의 연령은 경험에 중요하게 영향을 미친다. 아동과 청소년은 자신의 젠더 정체성에 대한 지각이 정확한지 아닌지에 의문을 품을 수 있다. 청년들은 학교에서 따돌림이나 차별에 직면할 수 있다. 트랜스젠더 성인들은 남성에서 여성으로, 여성에서 남성으로 전환했을 때 직장 차별을 감지할 수 있다. 젠더는 정체성에 필수적이다. 젠더 정체성에서의 변화는 모든 존재하는 관계에서의 재협상을 요구한다.

트랜스젠더가 사회에서 경험하는 것은 중요한 도전을 보여준다. 트랜스젠더 사람들에게 동등한 취급을 강제하는 것은 연방과 주에 따라 다르다. 2016년, 연방 시민권법과 법령은 트랜스젠더로 확인된 사람들에 대한 동등한 대우를 지지하였다(미국 정의 및 교육부[DOJ & ED], 2016). 그러나 다양한 연방 강제조항, 주법, 지역 조례들이 이러한 권리를 잠식시켰다. 예를 들어, 트랜스젠더 사람들의 인권에 주목한 "화장실법2"은 오히려 그들의 젠더에 맞는 공공시설을 못 쓰게 만들고 있다. 2017년 트럼프 행정부는 트랜스젠더 학생들에 대한 차별을 금지했던 1972년 교육수정안 4장을 폐지하였다.

트랜스젠더 클라이언트와 일하는 사회복지사의 역할은 정체성 탐구와 인식을 돕고, 젠더 정체성을 표현하도록 하는 것이다. 그리고 옹호와 의뢰를 통해 생활방식 선택을 지지해야 한다. 사회복지사는 클라이언트의 젠더 정체성에 대한 자기지식(self-knowledge)을 존중하는 것이 가장 바람직하다. 윤리적 전문가로서, 사회복지사는 억압적인 사회, 문화, 정치 상황에서 트랜스젠더 정체성 주장의 어려움을 완화시키기 위한 행동을 취할 수 있다.

## 성적 지향

남성 혹은 여성? 이성애자 혹은 게이? 젠더와 성적 지향은 한 사람의 자기에 대한 생각과 다른 사람들이 자신을 어떻게 대하는지에 엄청난 영향을 미치는 핵심적인 정체성 특징이다. 젠더 정체성은 당신이 누구인지를 구체화한다. 반면, 성적 지향은 누가 당신을 사로잡는지에 대

---

2 역자 주: 자신이 생각하는 성에 따른 화장실 이용을 허가하는 법. 연방법에서 트랜스젠더 인권을 존중하여 자신이 생각하는 성에 따라 화장실을 사용하게 하였으나, 일부 주에서 이를 금지하는 법안을 제정함

한 것이다. 역사적으로, 성적 지향에서의 다양성은 같은 젠더(동성애), 다른 젠더(이성애), 두 젠더 모두(양성애)의 사람에게 매력을 느끼는 것으로 구분된다. 그러나 최근에 성적 지향은 스스로를 대부분 이성애 혹은 대부분 동성애자로 보는 것 외에도 다른 변형들이 많다(Booker, 2012). 기본적 정체성에 뿌리를 두고 있기는 하지만, 한 사람의 성적 지향과 선호는 변화하는 삶의 상황에 따라 진화할 수 있다. 우리는 있는 그대로의 우리이고, 다른 사람과는 다르며, 일생 동안 변화한다.

성적 지향은 인구집단에 따라서도 다양하다. 게이, 레즈비언, 양성애자인 사람들은 모든 사회적, 경제적 계층에서 살고, 모든 인종, 민족 집단에 해당하며, 다양한 정치적 정당과 조직에 속해 있고, 전문적 영역과 직업에서의 지위도 다양하다. 그러나 일반 대중은 이러한 다양한 사람들을 하나의 공동체 속의 일부분으로 특징짓는다. 이러한 단일문화적 오해로 인해 이 문화적 공동체의 구성원들이 겪는 다양한 경험을 설명하지 못하게 된다.

## 정체성 발달 및 성적 지향

이성애 정체성은 누구에게나 인정받을 수 있는 수용, 특권, 승인을 제공한다. 이성애는 예상되는 규준이고, 발달 과정에서 개방적으로 표현될 수 있는 성적 지향이다. 그러나 이성애자가 아닌 사람들에 대한 억압은 성적 감정에 대한 보다 사적인 진화(evolution), 내적 갈등의 위험, 합치되는 삶을 살기 위해서는 "커밍아웃"이라는 잠재적으로 위험한 과정을 포함하고 있다. 성공적인 전환은 이러한 내적 갈등을 해결하고 커밍아웃의 어떤 결과도 극복한다는 것을 의미한다.

비이성애자 정체성 발달은 정상에서 벗어난 사람들을 학대하는 맥락에서는 더 복잡해진다. 커밍아웃을 하는 모든 사람이 같은 경험을 하는

것은 아니다. 한 사람이 얼마나 쉽게 성적 지향 정체성을 소유하게 되
는지는 코호트, 발달 단계, 지역, 동료 인정, 가족 수용, 종교적 배경,
그 외의 문화적, 법적 요인에 따라 다르다. 연구에 따르면 허용적 미시
맥락(예를 들어, 지지적 가족, 친구, 선생님)의 사람들은 비이성애 정체성을
주장할 때 훨씬 쉽다. 그러나, 비허용적 환경에서 성적 소수자는 학대,
심리적 문제, 자살의 위험에 처한다(Almazan, Roettger, & Acosta, 2014;
Cramer et al., 2017; Kerridge et al., 2017; Lee, Famarel, Bryant, Zaller, &
Operario, 2016; Tsypes, Lane, Paul, & Whitlock, 2016).

LGB 정체성 발달에 대한 몇 가지 모델이 이미 제시된 바 있다
(Bilodeau & Renn, 2005). 동성애 정체성 형성에 대한 카스(1979, 1984)의
모델은 6단계로 정체성 발달을 설명한다. 정체성 혼란으로 묘사되는 내
면적 감정에 대한 부정, 정체성 비교, 관용, 수용, 자부심으로 진행되며,
궁극적으로 정체성 종합과 자유롭게 자기의 통합된 한 일부분으로 성적
지향을 표현하는 단계까지 발달한다. 마찬가지로, 도겔리(1994)의 생애
(life span) 모델도 레즈비언, 게이, 양성애 정체성 발달을 6가지 상호작
용적 과정으로 제안하였다: 양성애 정체성에서 나오기, 개인적 성적 정
체성 발달시키기, 사회적 성적 정체성 발달시키기, 레즈비언 · 게이 · 양
성애 후손 되기(becoming offspring), 친밀함 발달시키기, 레즈비언 · 게이 ·
양성애 공동체에 들어가기(entering community). 두 가지 모델 모두 통합
된 성적 정체성을 얻기 위해 내적 감정과 사회적 수용 간의 갈등을 해
결하는 것을 필수적으로 강조하였다는 점에 주목해야 한다.

성적 정체성 발달에 대한 현대 모델에서는 비양성애 정체성을 가진
다양한 사람들의 경험 안에 있는 광범위한 차이에 주목하여, 발생하고
있는 사회정치적 변화를 강조한다. 법적, 정치적 변화, 제도적 뒷받침,
증가하고 있는 종교적 관용, 정부, 스포츠, 사업, 연예계에서 성공 가도
를 달리는 게이, 레즈비언, 양성애자 역할 모델들은 비이성애자들이 커

밍아웃할 때 보다 환영받는 환경을 만들어왔다. 성적 지향과 젠더 정체성을 표현하는 것이 어떤 사람들에게는 더 쉬워졌다. 그러나 여전히 무시당하고 억압받는 진흙탕 속에서 성적 지향과 젠더 정체성을 일상생활과 건강하게 통합하지 못하는 사람들도 있다.

사회복지사는 성 정체성에 순응하지 못한 사람들의 피해자화와 억압을 고려해야 한다. 지배적 규범과 다른 어떤 정체성도 착취의 타깃이 될 수 있다. 게이나 레즈비언이라는 낙인은 차별과 소외를 가져올 잠재성을 가지고 있다. 게이 남성과 레즈비언이 사회 환경에서 마주하는 편견과 억압은 견뎌내야 할 가장 심각한 대표적인 스트레스 원천이다(Tully, 2000). 사회정의와 인권에 대한 옹호자로서, 사회복지사는 클라이언트의 복리를 억압하는 이러한 사회적 압력을 다루어야 한다.

## 성 소수자와의 사회복지실천

게이, 레즈비언 성인들은 미국 전체 인구의 3.5%에 달한다(Gates, 2011). 그들은 동성 커플로, 결혼한 채로, 미혼인 채로, 싱글인 채로 양성애적 관계에 살고 있다. 그들은 아이들과 함께 혹은 따로 살고 있을지도 모른다. 실업, 우울, 정신병, 가정폭력, 장애, 만성질환, 사별, 노화와 관련된 이슈 등 모든 다른 사람들과 유사한 삶의 도전을 경험한다. 따라서 모든 실천 영역-가족과 아동복지, 건강과 정신건강, 노인복지, 산업복지, 학교사회복지, 교정복지, 공공복지-의 사회복지사는 그들의 클라이언트 집단에서 게이 남성, 레즈비언, 양성애자를 만날 것이다.

게이 사람들이 경험하는 삶의 도전은 이성애자 중심의 비인간적이고 차별적인 동성애 혐오 사회의 맥락에서는 더 복잡해진다. 일반주의 사회복지사 접근에서는 성 소수자가 직면하는 장애물을 다루기 위해 최선을 다한다. 일반주의 실천가들은 오로지 미시적 수준에서 문제를 확인

하고 해결책을 모색하는 것보다는 학교, 조직, 일터는 물론 지역사회와
사회제도의 좀 더 큰 시스템에서 개선을 촉진하기 위해 중간 수준과 거
시 수준에서도 일한다(Asakura, 2016). 예를 들어, GLB 청소년과의 효과
적인 실천을 위해서는 지지적인 사람들과의 동맹을 맺고 긍정적인 학교
정책 환경을 만들기 위해 교사들과 끊임없이 접촉해야 한다(Crisp &
McCave, 2007).

한 클라이언트가 다양한 소수자 문화 정체성을 가지고 있으면 억압
경험은 복합적일 수 있다. 젊지 않고, 백인 중산층이 아니고, 신체가 튼
튼하지 않은 사람들은 연령차별주의, 인종차별주의, 계급차별주의, 장애
차별주의의 편견에 또한 직면한다. 나이 든 게이와 레즈비언은 특히 오
해받고 저평가되는 소수자들이다(Tully, 2000). 이러한 나이 든 성인과 이
성애적 동료 간에는 주요한 신체적, 성적, 정신적 건강상 차이가 발생
한다(Hillman & Hinrichsen, 2014). 나이 든 게이와 레즈비언 클라이언트에
게 영향을 미치는 특정 주제를 다루기 위해서, 사회복지사는 이들의 가
족과 지지적인 공동체 성원이 죽었을 때 사별 상담이 필요하다는 것을
인식하게 된다. 사회복지사는 또한 포용적 환경을 보장하기 위해 장기
요양제도 및 다른 건강요양시설에 대한 정책과 실천에 대해서도 세심한
관심이 필요하다.

### 사회복지사의 자기 인식

성적 지향은 개인사에 중요하기 때문에, 유능한 사회복지사는 클라이
언트 각자의 성적 지향을 이해하고 긍정한다. 이해는 실천가가 자신의
성을 수용하고 성적 표현과 관련된 가치를 명확히 하는 것에서 출발한
다. 만약 사회복지사가 다른 사람들을 돕는다면, 자신의 동기와 취약성에
대해 솔직하게 인식해야 한다. 그들이 취하는 행위가 타당한지, 또 클라

이언트 편에 있는지 확인하기 위해 비판적 인식을 계속할 필요가 있다.

사회복지실천가는 비양성애 클라이언트에 대한 자신의 말과 가정을 점검하는 것이 좋다. 극단적으로, 실천가는 성 그 자체가 다른 무엇보다 중요한 이슈라고 보고, 정작 클라이언트 자신이 그 문제에 대해 내리는 정의를 간과하는 잘못된 가정을 할 수도 있다. 또 다른 극단에서는, 실천가가 동성애적 성적 지향이 아무 영향도 미치지 않는 것으로 대수롭지 않게 생각할 수도 있다. 그렇게 하면서, 실천가들은 불공평한 사회 환경의 압력이 있다는 사실을 무시하고 이성애적 관점을 클라이언트에게 덧씌우게 된다.

실천가가 편안한지 편안하지 않은지, 수용적인지 수용적이지 않은지, 자신과 다른 사람에 대해 지식이 있는지, 무지한지에 대한 수준은 게이와 레즈비언 클라이언트의 편에 서서 도움이 될 수 있는 실천가의 능력을 결정할 것이다. 역량강화 관점에서, 사회복지실천을 안내하는 몇 가지 원칙들은 다음과 같다.

- 게이와 레즈비언 이슈들은 동성애 혐오증과 이성애주의의 제도화된 역사 안에서 극히 정치적이다.
- 게이와 레즈비언 이슈들은 정신건강과 약물 중독 이슈를 자극할 수 있는 가능성 때문에 극히 개인적이다.
- 이성애주의와 동성애 혐오증으로부터의 자유는 기존 사회질서에 대한 도전이라는 점에서 모든 사람에게 의미를 가지고 있다.
- 게이와 레즈비언 공동체의 자원은 지지와 강점이다(DeLois, 1998).

문화적으로 유능한 실천은 게이와 레즈비언이 억압적 이성애 문화에 맞추도록 돕기보다는 "모든 사람들이 완전한 인간으로 존중받고 '고유의 삶을 찾고 살아가도록(p.71)' 격려받는 환경"을 만드는 것에 초점을 둔다.

## 적응유연성과 강점

많은 게이와 레즈비언, 양성애 사람들은 풍요롭고 충만한 삶을 살고 있다. 차별과 억압의 맥락을 극복하고자 하는 노력은 실제로 강인함, 적응유연성이라는 반응과 살아남는 것에 대한 자신감을 자극할 수 있다. 실제로 성적 지향의 차이는 소외에 직면했을 때, 강점의 잠재적 원천이 될 수 있다(Vaughan & Rodriguez, 2014). 때때로, 다른 사람들과 구별되는 바로 그 특징이 한 사람을 성공으로 이끄는 잠재력이 된다.

사회복지사는 LGBT 클라이언트에 대해 현재 문제의 한계와 차별받고 있는 정체성을 넘어서 복잡한 삶의 현실을 인정하는 확장된 관점이 필요하다. 잘 살아가고 있는 사람들을 더 자세히 들여다보면 그들은 지지적인 가족, 친구, 사회 환경을 가지고 있다(Riggle, Whitman, Olson, Rostosky, & Strong, 2008). 영성적 신념과 종교적 소속감도 지지의 중요한 원천으로 기능할 수 있다. 게이로서의 문화적 정체성과 종교적 공동체 간의 교류에서 나오는 잠재적으로 유용한 자원에는 사랑과 수용의 경험, 심오한 의미나 목적 의식, 공감 능력, 동정적 행동을 할 수 있는 능력 등이 있다(Rosenkrantz, Rostosky, Riggle, & Cook, 2016).

원만하고 정서적으로 건강한 사람들은 스스로를 한 가지 젠더와 성적 지향이라는 낙인으로 기술하기에는 부적절한 다면적 인간이라고 정의할 수 있다. 그들은 자신을 제한하는 좁은 고정관념을 초월하는 재능과 기술, 유능함을 가지고 있다. 성적 지향과 젠더 정체성은 우리가 누구인지에 중요하다. 유능한 사회복지사는 이것을 인지하고 클라이언트가 자신의 문화 정체성과 일치하는 방식으로 삶을 살아갈 수 있는 자유를 추구하도록 돕는다. 또한, 클라이언트가 고유의 강점에 접근하여 그들의 복지를 막는 장애물을 극복하고 해방의 공간을 만들어 낼 수 있도록 이끌어준다.

# 젠더 소수자 및 성 소수자와의 정치적 사회복지

사회정의에 헌신하는 사회복지사는 지배적 기준과 다른 젠더 정체성과 성적 지향을 가진 사람들의 삶을 지지하는 선두에 서게 된다. 성적 지향과 젠더는 개인의 정체성과 분리되고 구별되는 요소이다. 그러나 소수자로 확인된 사람들은 자유에 대한 위협에 직면한다. 우리는 그들이 맞서고 있는 공통된 장벽을 인지하기 위해 이 공동체를 LGBT라고 부른다. 동성혼 법령, 증가된 시민권, 게이, 레즈비언, 양성애자, 트랜스젠더가 크게 늘어났다는 사실은 사회적 수용이 개선되는 데 기여하고 있다. 그럼에도 불구하고, 해야 할 많은 일들이 남아있다.

## 동성애자, 양성애자, 트랜스젠더 혐오증 다루기

비이성애자 또는 트랜스젠더인 사람들은 편견과 노골적인 차별을 받을 위험이 있다. 정신과 의사들은 몇 가지 혐오증을 말하였다. 동성애 혐오증, 양성애 혐오증, 트랜스젠더 혐오증은 비이성애자이거나 트랜스젠더인 사람들에 대해 어떤 사람들이 경험하는 비합리적인 공포와 부정적인 정서 반응을 말한다. 이러한 혐오증은 편견(거부하는 감정), 적대감(게이에 대한 공격), 불편함(서로 다른 사람들과 관계 맺음에 있어 문화적 경험의 부족), 수동적 편협성(나는 동성애차별주의자는 아니야. 그렇지만..), 미묘한 고정관념(농담하기), 무의식적 편견(잠재적인 무감각을 의식적으로 수용함)과 같은 다양한 방식으로 드러날 수 있다.

동성애 혐오증, 양성애 혐오증, 트랜스젠더 혐오증은 모두 사회서비스를 전달하는 데 심각한 함의를 지닌다. 사회복지사는 가치, 생활양식,

성의식이 다른 사람들을 수용하기 위해서는 스스로의 가치, 생활양식, 성의식에 대해 알아야 한다. 무지와 편견은 서비스 전달에 있어 문제에 대한 부정확한 확인, 부적절한 치료 목표, 제도적 편향을 이끌 수 있다. 사회복지사는 인간 존엄과 가치를 존중하고, 젠더 정체성과 성적 지향의 공개적 표현을 인권으로 간주하며, 존중과 확신을 가지고 반응해야 한다.

## 정치적 행동 취하기

사회복지실천은 인간과 환경이 만나는 지점에 있다. 실천가의 일은 그저 클라이언트가 불공평한 상황에 적응하도록 돕는 것으로 끝나는 것이 아니다. 사회복지사가 단지 트랜스젠더 남자청소년이 학교 화장실을 적절히 사용하는 것을 거부당한 것에 대해 느끼는 불안에 대처하도록 돕기만 하고, 학교 정책과 다른 관련 법령에 관여하는 정치적 수준에서 개입하는 데까지는 가지 않는 것은 윤리적이지 않다. 이 클라이언트가 겪고 있는 문제의 해답은 환경에 있다. 근본적인 사회적, 정치적 변화가 게이, 레즈비언, 양성애자, 트랜스젠더 클라이언트의 복리를 보장하기 위해 필수적이다.

유능한 사회복지사는 LGBT 클라이언트를 위해 다양성을 긍정하는 지역사회 자원－종교적 지지, 법적 지원, 의료적 돌봄, 전문 조직 등－을 확인하고 개발해야 한다(Tully, 2000). 지역사회 자원과의 연계를 만들어 내고 서비스 의뢰를 할 때, 옹호자로서 사회복지사의 역할이 작동하기 시작한다. 제도적 편향과 차별은 다양한 클라이언트를 환영하는 사회서비스 기관에서조차 존재한다. 이러한 장애물을 다루는 것이 사회복지사의 책임이다.

사회복지사의 옹호자로서의 역할은 정치적 역할이다. 그것은 존중받

고 도움이 되는 자원에 접근할 LGBT 클라이언트의 권리에 대한 장애물
을 다룬다는 것을 의미한다. 사회복지사가 옹호할 준비가 되어 있다면,
때로는 매우 미묘한 제도적 편견을 발견하는 기술을 학습하는 것이 좋
을 것이다. 사회복지사는 또한 협력적이고 성공적인 방식으로 유리한
변화를 얻어내기 위해, 그들이 문제로 발견한 것을 다루는 협상 역량도
필요로 한다. 클라이언트가 그들을 존중하는 서비스에 접근하고 사회자
원에 대한 올바른 공유할 수 있도록 보장하기 위한 목표도 여전히 남아
있다.

## 종교적 다양성과 영성

개인에 대한 통합적이고 문화적인 이해는 인간의 경험에 대해 종교
적 지향과 영성이 미치는 중요한 효과를 인지하는 것을 포함한다. 영성
과 종교적 정체성은 클라이언트의 행동뿐만 아니라 사회복지사의 행동
도 인도한다(Canda & Furman, 2010; Furness & filigan, 2010; Hodge, 2015;
Knitter, 2010; Oxhandler & Pargament, 2014; Wagenfeld-Heintz, 2009; Wiebe,
2014). 종교적 다양성에 대해 더 많이 이해하기 위해, 이 장에서는 오늘
날의 종교의 역할을 알아보고, 영성의 본질에 대해 기술하고, 종교적
다양성과 사회복지실천 간의 관계에 대해 살펴본다.

### 오늘날의 종교

전 세계에 걸친 종교의 영향은 유대교도에 의해 이스라엘이 세워지

고 지지가 계속되고 있다는 것, 기독교가 동유럽의 격변에서 중요한 역할을 했다는 것, 불교와 동양 영성에 대한 서구의 관심, 아프리카에 기독교와 이슬람교가 빠르게 성장하고 있는 것 등에서 목격되어 왔다. 이러한 예들은 종교적 다원주의의 시대에 우리가 살고 있다는 것을 보여준다.

### 종교와 민족 및 인종 소수자

현재 전 세계 종교에 빠른 변화가 일어나고 있다(Pew Research, 2015b). 예상되는 바에 따르면, 2050년까지 전 세계 기독교인과 무슬림의 수는 거의 같아질 것이다. 2050년경이 되면 미국에서 기독교인의 숫자는 인구의 2/3에서 3/4으로 줄어들고, 동시에 종교가 없다고 주장하는 사람의 수는 늘어날 것이다.

민족성과 종교는 둘 다 강한 응집력을 가진다. 19세기 후반과 20세기 초 사이에 미국으로 온 로마 가톨릭 이민자들이 그 증거이다. 당시 로마 가톨릭 교회가 라틴어로 예배를 보았음에도 불구하고, 가톨릭 교구는 민족성에 기반하여 형성되었다. 이탈리아, 독일, 아일랜드, 폴란드의 이민자들은 자신들만의 구별되는 독실함과 종교 생활을 유지하였다. 종교로 인해 박해를 받았던 유대교도들은 역사 내내 반유대주의를 겪었음에도 문화, 종교 정체성을 유지하고 있다. 많은 이민자 집단들에게 종교는 낯선 사회에서 그들에게 지지를 제공하는 안식처였다(Cnaan, Wineburg, & Boddie, 1999).

본질적으로, 영성은 적응유연성, 개인적 강점, 적응의 원천이다(Alawiyah, Bell, Pyles, & Runnels, 2011; Bernard, Maddalena, Njiwaji, & Darrell, 2014; Blakey, 2016; Buttram, 2015; Collins & Antle, 2011; Johnson, Williams, & Pickard, 2016; Sterba et al., 2014). 역사적으로, 흑인 교회는 구성원의 사회

적, 심리적 욕구에 봉사하고, "좀 더 나은 하루에 대한 희망"을 주고, 소속감을 제공하였다. 미국에서 흑인 교회 경험은 종교가 사회를 형성하는 데 있어 계속해서 가지고 있는 힘을 보여준다. 마틴 루터 킹 목사는 종교가 모든 일상에 스며든 공동체의 산물이었다. 킹과 그 추종자들은 시민권 운동의 윤리적, 정치적 측면을 신학적 측면과 분리시키지 않았다.

## 공동체에서의 종교

공통의 믿음과 공유된 경험은 한 공동체의 근간이다. 종교 공동체는 중요하게 여기는 믿음, 상징, 의식, 문헌을 보존하고 전도한다. 종교 공동체에서 공통의 믿음과 전통은 여러 가지 중에서도 특히 식단, 축제, 예술, 음악, 정치, 결혼과 관련된 문화 규범으로 이어진다.

종교 공동체 내의 사람들은 공통의 풍속, 이야기, 단어를 공유한다. 예를 들어, 하이티안 풍속은 그들의 문화 안에서 신앙요법사(faith healer)의 중요성을 강조한다. 출애굽 이야기는 유대교와 흑인 기독교인에게 중요하다. 종교적 전통의 특정 규범은 신자가 선택하는 단어에도 영향을 미친다. 따라서 클라이언트가 사용하는 단어도 사회복지사는 공유하지 못하는 공통의 그리고 개인적 의미나 참고사항을 담고 있을지도 모른다. 더구나, 다원주의 세상에서 어떤 사람들은 그들의 믿음 공동체의 가르침을 지지하지만, 그것과 대비되는 방식으로 행동하거나 믿음과 다른 개인적 신념을 주장하기도 한다. 사회복지사들은 클라이언트의 영성적, 윤리적 경험에 관해 클라이언트가 진술한 종교 정체성에만 근거해서는 정확한 가정을 할 수가 없다. 문화적 겸손의 자세를 취함으로써, 사회복지사는 클라이언트의 종교적, 영성적 삶이 미친 영향에 대해 알아낼 수 있다.

## 종교와 영성

공식적 종교와 영성은 관련되어 있지만, 또한 분리된 현상이기도 하다. 무엇이 신성하다거나 초월적이라고 보는지와 관련된 개인의 개념으로서 영성은 의미, 목적, 도덕성에 초점을 둔다(Canda, 1989; Hodge, 2015). 반대로 조직화된 종교는 다른 사람과 공통으로 행하는 공식적인 믿음과 실천을 말한다. 대개 종교적 믿음은 특정 종교 교파와 교회, 유대교회당, 성당, 모스크와 같은 종교시설에 소속됨으로써 발전한다. 최근 연구에 따르면, 대부분의 사람들은 종교와 영성 둘 다 있고, 어떤 사람은 종교적이긴 하나 영성은 없고, 어떤 사람들은 둘 다 없으며, 1/4은 영성은 있으나 종교적이지는 않다(Hodge, 2015). 많은 사람들은 조직화된 종교의 영역 밖에서 그들 삶의 의미에 대한 영적 질문을 제기한다.

### 궁극적 관심

개신교 신학자이자 철학자인 폴 틸리히(1959)는 종교의 다원성과 불가지론자의 영성 둘 다를 포괄하는 종교의 개념을 말하였다. 틸리히는 종교가 한 사람의 영성적 삶에 특별한 한 가지 기능이라기보다 모든 삶의 기능에 있는 깊이의 차원이라고 믿었다. 그는 깊이라는 은유를 "종교적 측면은 한 인간의 영성적 삶에서 궁극적이고 무한하고, 무조건적인 것을 가리킨다. 종교는 가장 크면서도 가장 근본적인 단어이고 궁극적 관심사"라는 의미로 사용하였다(p.7).

틸리히에게 종교는 신념체계도 제도도 아니다. 대신, 종교는 모든 유한한 인간 삶의 표현에서 무한하게 존재하는 것이다. 도덕적 영역에서, 틸리히는 궁극적 관심사로서의 종교를 도덕적 요구에 대한 조건 없는 진지함이라고 주장하였다. 예를 들어, 로마 가톨릭 사회 행동주의자 도로시 데이는 그녀가 가톨릭 신자여서가 아니라 틸리히의 관점에서는 가난한 사람들을 위해 봉사하고자 하는 동정 어린 헌신이 있었기에 종교적이다. 궁극적 관심사는 사람들의 삶에 있어서 영성적 차원이다.

많은 사회복지사에게 영감을 준 제인 아담스는 퀘이커 신앙을 가지고 자랐고, 나중에는 영국 철학자 토마스 칼라일과 존 러스킨의 영향을 받았다. 그녀는 자연과 신 사이에서 조화를 이룰 필요성에 대해 말하였다. 그녀는 불가지론을 주장하였지만, 헐 하우스 근처의 조합 교회를 다녔다. 교회 역사학자 마틴 마티(1986)는 "아담스는 회의론에 대한 매우 열정적인 개인적 믿음을 갖고 있었다. 이와 같이, 그녀는 명백히 반대되는 요소와 철학을 결합하는 재능을 가지고 있었다. 그리고 그 결합을 종교적으로 다루었다(p.83)"고 말했다. 제인 아담스는 어떤 의미에서는 종교적이지 않았을 수 있지만, 틸리히가 종교를 궁극적 관심사로 정의한 관점에서는 그녀는 의심할 여지 없이 영성적이었다.

### 영성과 개인적 정체성

근본적인 영적 질문은 삶의 의미와 목적, 삶의 맥락에서 죽음에 대한 이해, 우리가 어떻게 행동해야 할 것인가에 대한 것을 포함한다. 이러한 영적 질문에 대한 우리의 대답은 우리가 희망이 있다고 느끼는지, 없다고 느끼는지에 영향을 미치고, 삶의 전환점에 도달했을 때 우리가 취하는 방향을 결정하고, 다른 사람과의 관계에 스며들고, 우리의 도덕적 선택에 영향을 미치고, 우리를 모든 인류와 연결시킨다. 많은 사람들에게 영성은 우리가 우리 자신과 다른 사람을 바라보는 방식, 우리가 딜레마를 인식하는 방식, 우리가 가능한 해결책을 정의하는 방식을 형성한다. 그것은 우리의 책임의식, 죄의식, 다른 사람에 대한 의무감, 사회정의에 대한 해석을 정의한다.

## 사회복지에 있어서 종교 및 영적 다양성의 함의

많은 사람들에게 종교와 종교적 소속감은 희망, 힘, 자기 가치, 지지, 다른 사람을 도움으로써 얻는 이득의 원천이다(VanHook, 2016). 종교적인 실천과 영성은 간과되어서는 안 될 자원이다. 이를 위해, 사회복지사는 종교적 특혜의 결과, 종교와 영성에 내재된 가치 이슈의 역동, 비심판적 관점의 중요성을 이해할 필요가 있다.

### 종교적 특혜

사람들은 종교가 특혜의 원천이라는 사실을 가끔 무시한다. 미국에서, 기독교인들은 지위와 권력의 보상을 받는다. 스콜로서(2003)는 "기독교 특권을 논의하는 것조차 '신성한 터부를 깨는 것이다.' 왜냐하면 이러한 특권이 기독교만의 영역으로 지속되는 것을 보장하는 데 은밀하고 미묘한 압력이 존재하기 때문이다(p.47)."라고 말했다. 기독교 특권은 믿음이 없다고 주장하거나 기독교와 다른 믿음을 가지고 있는 사람들에게는 명백할지라도, 기독교인에게는 잘 보이지 않는 것 같다. 종교적 소수자 집단의 사람들은 "그들의 종교적 정체성은 가치 있게 여겨지지 않고, 결과적으로, 그들은 그 종교를 믿는다는 이유로 차별과 억압을 느낀다(p.47)"고 말한다.

### 가치 이슈

종교적 가치는 사회복지실천에 영향을 미치는 몇 가지 가치 세트 중 하나이다. 어떤 가치 세트가 주어진 환경에서 가장 영향력이 있는지는 가치의 강점과 명확성뿐만 아니라 상황이 무엇을 요구하는지에도 달려 있다. 모든 실천 영역의 사회복지사는 일상적 실천에서 잠재적 가치갈등에 직면한다. 특히, 사회복지사는 낙태, 삶을 끝내는 결정, 돌봄, 가정폭력, 아동 성학대, 심지어 인권 옹호 등 논란이 많은 이슈를 다룰 때 도전에 직면한다.

클라이언트가 직면하는 문제는 종종 도덕적 딜레마와 관련된다. "내가 무엇을 해야 하는가?"라는 질문 혹은 개인 정체성, 의미, 목적을 찾는 것은 가치 이슈가 있다는 신호이다. 사회복지사는 "종교가 가족 역할과 상호작용에 어떻게 영향을 미치고 있는가?", "종교가 클라이언트에게 어떤 역할을 하는가?"를 탐구하여 클라이언트에게 종교가 어떤 역할을 하고 있는지 사정할 필요가 있다. 해결책은 클라이언트의 신념체계와 양립될 필요가 있다.

사회복지사의 종교적 선호(무신론자, 불가지론자, 무슬림, 힌두교, 유대교, 기독교 등)가 무엇이든지 간에, 스스로의 신념체계를 반드시 점검해야 한다. 이러한 비판적 성찰은 개인적 영성과 종교적 믿음이 다른 사람을 바라보는 관점뿐 아니라 문제와 해결책에 대한 시각도 형성한다는 데 초점을 둔다. 다음의 몇 가지 질문은 사회복지사 개인의 종교적, 영적 관점이 클라이언트와 일하는 데 어떻게 중첩되는지를 살펴보는 데 도움이 된다.

- 나의 종교적, 영적 믿음은 무엇인가? 나의 종교적, 영적 믿음은 어떻게 변화되어 왔나? 나의 신념체계를 형성하는 데 무엇이 영향을 미쳤나?
- 나의 종교적, 영적 관점은 내가 클라이언트의 상황을 사정하는 데 어떤 방식으로 영향을 미치는가?
- 나는 나와 다른 클라이언트의 종교적, 영적 믿음을 어떻게 수용하고 있는가?
- 나는 나와 다른 혹은 유사한 믿음을 가진 클라이언트와 효과

적으로, 편견 없이 실천할 수 있는가?
- 나의 종교적, 윤리적 관점과 상반되는 기관의 미션이나 프로 그램이나 서비스 세팅에서 일할 수 있는가?

### 비심판적 관점

수용과 비심판주의에 대한 성찰로서, 종교적 관용은 사회복지사에게 하나의 기정사실이다. 이것은 사회복지사가 사람들에게 개인적인 도덕적, 영적, 종교적 코드에 반하는 행동을 하도록 상담해서는 안 된다는 의미이다. 사회복지사는 다른 사람의 신념체계를 개종해서도 안되고, 그들의 영성을 비하해서도 안된다. 자기결정의 윤리는 종교적 차이를 인정하고 보편적 관용의 정신을 권장한다(Canda, 1988; Hodge & Wolfer, 2008).

자기결정에 관한 난감한 상황은 클라이언트의 가치 체계가 법이나 지배적인 규범에 맞지 않을 때 발생한다. 종교적 관용은 사람들이 종교를 기반으로 합리화하는 불법 행위, 즉 광신도들이 아동에게 의식을 치르는 학대를 저지르는 것을 용납한다는 것을 의미하지 않는다. 그런 사례에 대해서 사회복지사는 명백하게 아동 위험성의 실체를 다루고 아동을 위해서 보호하기 위해 전문적, 도덕적, 법적 의무를 다해야 한다.

## 종교 공동체의 자원

클라이언트와 사회복지사는 도움이 될 수 있는 지역사회 자원을 찾을 때, 종교 공동체에서 유용한 자원을 찾을 수 있다. 교회, 성당, 모스크 회원들은 사회적 지지, 구체적인 원조, 의뢰를 제공할 수 있는 광범위한 자원을 연결시켜준다. 교회 공동체는 필요와 위기의 시기에 영적, 사회적, 경제적, 실체적 지지를 제공한다.

## BOX 7.3

# 다양성과 인권에 대한 성찰

## 사회복지의 국제적 맥락

과거 제인 아담스가 국제적 마인드에 대해 언급하기는 했지만, 사회복지사는 21세기 국제적 상호의존과 국제사회복지에 재헌신할 필요성이 제기되고 있다(Healy, 2004). 오랜 세월 국제사회복지의 대변자로서, 사회복지대학 국제연합의 명예대표인 캐서린 켄들은 "국제적 차원의 문제 상황이나 실천과 관련되지 않은 사회복지 업무란 상상하기 어렵다"고 말하였다(Healy, 2004, p.ix에서 언급).

힐리는 국제사회복지를 "사회복지 전문직과 그 성원에 의해 취해지는 국제적 전문적 행위와 국제적 행위에 대한 능력"으로 정의하였다(p.7). 현재 국제사회복지 실천 세팅은 건강 및 휴먼 서비스국과 관련된 연방 국제 조약, 평화 봉사단, 난민 정책 사무소, 사회 개발·인권·난민 위원회, 유니세프, UN 개발계획, UNAIDS[3]와 같은 UN 관련 단체, 국제적십자 및 적신월사,[4] 국제옥스팜, 국제엠네스티, 국제교회서비스(CWS), 국제유대교구제협회(WJR), 인권감시단체를 포함한 NGO 등을 포함한다.

국제사회복지와 관련된 무수한 조약들 중에 구호 지원, 사회 및 경제개발 프로그램, 정책 옹호, 국가 간 교환은 때로는 종교 조직과 연합한 NGO의 지원을 받는다.

**구호 지원**: UN 조직과 NGO에 속한 전문 직원과 자원봉사자가 자연재해, 내전, 난민 이동과 관련하여 나타난 위기와 지역 문제에 대응하는 것이다. 개별사회복지실천, 프로그램 개발, 지역사회 조직화와 같은 것들을 포함한 광범위한 활동들이 지속적으로 실시된다.

---

3  역자 주: UN에이즈계획(United Nations Programme on HIV/AIDS)
4  역자 주: 회교국 적십자사

**사회 및 경제개발 프로그램**: 사회 및 경제개발 프로그램은 권력자의 위치에 있는 사람들뿐만 아니라 모든 시민들의 경제적 복리에 기여할 수 있는 포괄적이고 지속가능한 투자 지향 조약이다(Midgley & Livermore, 2004). 예를 들어, 옥스팜(2017)은 바나나 농장에서 잠비아의 여성이 훈련, 마케팅, 재정적 지원을 받을 수 있는 프로젝트를 지원하였다. 또, 치료실에 불을 밝힐 수 있는 전기를 생산하는 태양광 프로그램을 활용하여 잠비아에 건강 클리닉을 만들고, 깨끗한 물을 제공하는 펌프, 시골 마을에 백신을 운반할 때 간호사가 사용하는 간이 냉장고, 많은 나라의 난민과 이주자들이 필수품, 담요, 깨끗한 물, 의료적·법적·심리적 지지 서비스를 포함한 인도주의적인 지원을 받을 수 있도록 하였다.

**정책 옹호**: 국제 정책은 모든 수준의 정책 개발에서 사회복지 옹호에 함의를 지닌다. 예를 들어, 공공 원조에 대한 국내 정책은 이민자와 난민들의 건강과 복리에도 영향을 미친다. 입양법은 국가 간 입양 정책과 절차에 영향을 미친다. 세계은행과 같은 곳의 거시적 정책은 민족국가 안에서 기회와 자원의 분배가 동등한지, 차별적인지에 영향을 미친다. 마지막으로, 미국의 사회복지사는 아동 권리 조약과 같은 규약을 비준하도록 옹호하는 데 필수적인 역할을 한다.

**국가 간 교환**: 국가 간 교육 기회와 전문적 교환은 문화적 유사성과 차이에 관해 직접 배우고 사회복지 전문직에 대한 세계화의 영향을 이해하고, 프로그램과 다양한 사회 이슈에 대한 정책 수준 접근들에 대해 중요한 정보를 교환할 수 있는 훌륭한 기회이다.

## 사회적 지지

종교 공동체 내의 관계는 일상생활뿐 아니라 위기 발생 시에도 사람들을 지켜주는 자원의 저장소이다. 예를 들어, 선행 연구들은 특정 종교와 관계없이 종교 공동체의 회원이 된다는 것은 의미와 정체성에 대한 생각, 대인관계 개발의 기회, 다양한 자원과 지지에의 접근성 차원에서 지역사회 구성원의 역량강화 경험에 기여한다는 것을 발견하였다 (Maton & Rappaport, 1984). 보다 최근의 실증적 연구에서도 건강과 개인의 복리를 고취하는 것은 물론 개인적 스트레스, 우울, 트라우마를 경감시키는 데도 종교적 참여, 영성, 사회적 지지가 중요하다는 것을 보여주고 있다(Ellison, Bradshaw, Kuyel, & Marcum, 2012; Howell & Miller-Graff, 2014; Jordan, Masters Hooker, Ruiz, & Smith, 2014; Koening et al., 2014; Lee & Woo, 2013; López-Fuentes & Calvete, 2015; WanHook, 2016). 종교 공동체의 회원은 클라이언트에 대한 잠재적 지원이 가능한 자연적 원조 네트워크를 구성한다.

### 구체적 서비스

종교 공동체는 실제로 클라이언트가 필요로 하는 구체적 서비스를 제공할 수 있다. 종교 교파와 전체 조직들은 종파의 지원하에 사회서비스를 제공해 온 오랜 역사를 가지고 있다. 예를 들어, 신자들은 다음과 같은 것들을 제공할 수 있다.

- 사회복지사, 교구 간호사, 다른 전문직 직원을 고용한다.
- 지역사회 행동 포럼을 위한 근린 아웃리치 프로그램을 지원한다.
- 자조 집단을 경제적으로 지원한다.
- 지역, 국가, 국제적 사회정의에 대한 관심사를 옹호한다.
- 다양한 프로그램을 개발한다. 지역사회 센터, 건강 클리닉, 청소년 프로그램, 노인 서비스, 식품 저장소, 정보와 의뢰 서비스, 지역사회 개발 조례, 문맹퇴치 프로그램, 방과 후 학습, 임시 주거, 오락과 스포츠 활동, 맞벌이 가정 및 다른 가정을 위한 주간보호 서비스

## 의뢰

클라이언트는 스스로 종교 자원에 접근할 수 있다. 그러나 때로는 사회복지사가 종교 전문가에게 신속히 의뢰해야 할 수도 있다. 특정 교회에 속해 있는 클라이이언트에게는, 자신의 신부, 목사, 랍비, 토착적 영성 지도자에게 이야기하고 싶은지 먼저 물어보는 것이 좋다. 만약 클라이언트가 자신의 지도자보다는 다른 성직자에게 접촉하기를 원한다면, 사회복지사가 특정 교회와 관련되지 않은 종교적 상담자나 사제에게 그들을 의뢰할 수 있다.

사회복지사와 전문 종교인들은 그들 각자가 제공하는 독특하고, 상호보완적인 기능을 인식할 때 가장 효과적으로 일하게 된다. 이러한 상호 관계의 중요성은 사회복지사가 클라이언트를 성직자에게 연결해 주기도 하지만, 때로는 클라이언트가 전문 종교인에게 먼저 안내를 요청한다는 사실을 통해 알 수 있다. 성직자는 사회복지사에게 중요한 의뢰 원천이다.

## 종교, 영성, 사회복지

종교는 사회복지가 전문직으로 발전함에 있어서 중요한 역할을 담당해 왔다(Cnaan et al., 1999). 역사적으로, 자선조직화협회와 인보관 운동은 성직자의 업적에 기원을 두고 있다. 나중에는 미국 사회복음운동이 공공 사회서비스의 발전을 지지하고 사회문제를 입법적으로 해결하는데 중요한 역할을 담당하였다. 더구나, 기독교, 유대교, 샤머니즘, 불교와 같은 가장 큰 종교의 교리는 사회복지와 양립 가능하다(Canda & Furman, 2010).

예리한 사회복지사는 종교와 영성이 자신의 관점과 선택에 미치는 효과를 인식한다. 마찬가지로, 이들은 클라이언트의 종교적 관점과 영성이 현재 문제, 이슈, 욕구에 어떻게 영향을 미치는지도 알고 있다. 종교적이고 영성적인 클라이언트와 문화적으로 유능하게 실천하기 위해서 사회복지사는 다음과 같은 것들을 해야 한다.

- 스스로와 클라이언트에 있어서 영성에 대한 인식을 증가시키기
- 종교적 다양성으로부터 생기는 차이를 존중하기
- 종교적 편향(bias)의 지점과 실천에서 이 편향이 가지는 함의를 명확히 하기
- 종교적 은유의 의미와 중요성을 인정하기
- 종교적 다양성의 특정 측면과 일하는 데 대한 민감성과 기술을 가지고 있는 다른 전문직 자원을 확인하기
- 다양한 종교 공동체 성원들과 파트너십 개발하기

요약하면, 종교와 영성은 사회복지실천에 필수불가결하다. 많은 사람들이 영성－"이웃을 돕고", "배고픈 사람에게 먹을 것을 주고", "가장 적은 사람들"에게 주고, 정의를 위해 일하는 것에 대한 열의－에 의해 동기부여되어 사회복지 전문직에 입문한다. 영성은 공정한 사회에 대한 희망과 비전을 제공하고 우리의 에너지를 재활시키고 재활성화시킬 수 있는 피난처를 제공한다. 영적 동기는 사회복지실천가가 개인 가치와 존엄성을 지지하고 정의를 위해 일하도록 간절히 요구하는 사회복지 윤리강령의 인도주의적 동기와도 잘 맞는다(NASW, 2018).

# 복습과 예습

다양성과 사회복지실천에 대한 이해를 위해, 이 장에서는 다음과 같은 점에 초점을 두었다.

- 다양성과 차이의 요소, 문화적 다양성, 문화 정체성, 지배에 대한 반응, 문화적 다원주의, 문화적 교차성
- 기본 지식, 가치, 기술을 포함한 다문화 사회복지실천의 특징
- 사회복지실천에서 인종, 민족 정체성의 함의—흑인 또는 아프리칸 아메리칸, 아시안 아메리칸, 미국 원주민, 히스패닉 아메리칸, 비히스패닉 백인 아메리칸
- 사회복지실천을 위한 성 정체성, 성적 지향 관련 다양성의 함의
- 사회복지실천에서 종교적, 영적 다양성의 중요성

개별성과 고유 가치를 인정하는 것은 사회복지의 근본적 가치이다. 사회복지사는 개인적 차이를 이해하고 인정하는 것과 마찬가지로 민속적 신분, 종교적·문화적 차이, 생활양식의 개인적 선호를 인정해야 한다. 사회서비스의 모든 소비자와 함께하는 사회복지실천은 가치, 사회정의, 다양성에 대한 관점의 맥락에서 이해되어야 한다. 사회복지사가 전문적 개입을 한다는 것은 사람들에 관해 가지고 있는 가치 지향을 인지하고, 사회정의를 지키고자 하고, 서비스를 제공하는 인구집단에서의 다양성을 이해하는 것을 말한다.

다양성 안에서 클라이언트의 존엄과 가치를 확증하고 클라이언트의 장점을 인정하는 것은 실천 활동에서 역량강화를 증진하는 데 중요하

다. 다음 장에서는 사회복지 개입의 역동을 기술한다. 8장에서는 변화를 위한 역량강화 과정을, 9장에서는 모든 사회체계 수준에서 일반주의 실천의 전략과 역할에 대해 살펴볼 것이다. 10장에서는 사회복지와 사회정책의 관계에 대해 살펴보고, 현재 공공복지 프로그램을 포함하여 20세기 공공복지 정책의 출현에 대해 자세히 알아볼 것이다.

## 생각해보기

❶ 평가: 지배집단 구성원들은 그들의 지위 덕분에 특권 또는 권력을 축적한다. 반면, 소수자 집단 구성원들은 억압과 소외를 경험한다. 개입, 프로그램 과정과 성과를 모니터링하고 평가할 때 서로 다른 지위에 따른 효과를 이해하는 것이 사회복지사에게 왜 중요한가?

❷ 사정: 클라이언트 시스템의 욕구를 사정하는 것은 사회복지실천 과정에서 계속 진행되어야 하는 요소이다. 사회복지사가 다양한 클라이언트 집단과 효과적으로 실천하고 정서적으로 관계를 맺기 위해서는 구체적으로 어떤 사정 기술이 필요한가?

❸ 실천에서의 다양성과 차이: 다양성은 개인 정체성의 틀을 만들고, 인간의 경험을 형성하는 데 중요한 역할을 한다. 사회복지사가 다양한 인구집단과 유능하게 일하기 위해서는 인간의 행동과 사회 환경에 관한 어떤 지식이 필요한가?

❹ 실천에서의 다양성과 차이: 점차 다양해지는 실천현장에서 사회복지사는 문화적으로 유능할 필요가 있다. 사회복지사는 다양한 인구집단과 일할 때 개인적 편견을 없애기 위해 필요한 자기 인식을 어떻게 획득하는가?

## 저자 약력

### Brenda L. DuBois (Ambrose University 명예교수)

사회복지 교수와 실천가로 활동하면서 역량강화와 사회복지윤리, 사회정의와 관련된 다수의 논문들을 발표하였고, 사회복지정책과 지역사회 계획, 프로그램 평가 등의 영역에서 전문 자문위원으로 활동하였다.

### Karla K. Miley (Black Hawk College 명예교수)

학교사회복지, 보건서비스, 아동 및 노인복지실천에 폭넓은 경험을 가지고 있으며, 사회복지윤리와 역량강화에 관한 연구들을 다수 진행하였다.

두 명의 저자는 본서 외에도 〈Generalist Social Work Practice: An Empowering Approach〉를 9판까지 출간하였다.

## 역자 약력

**조성희** (Cho, Sunghui)

숭실대학교 행정학과 행정학사, 사회사업학과 문학사(복수전공)
숭실대학교 사회사업학과 문학석사
숭실대학교 사회복지학과 사회복지학 박사
현 서울신학대학교 사회복지학과 교수

**대표 저서 및 역서:** 가족복지학의 이해(공저), 가족치료사례와 질적분석(공저), 가족치료와
영성(공역), 질적 자료 분석론(3판)(공역)

**김희주** (Kim, HeeJoo)

New York Univ. 동아시아학과 문학사
Columbia Univ. 사회복지학과 사회복지학 석사
서울대학교 사회복지학과 사회복지학 박사
현 협성대학교 사회복지학과 교수

**대표 저서 및 역서:** 가족복지론(공저), 사회복지실천기술론(공저), 사회복지와 문화다양성
(공저), 이혼과 가족조정(공역)

**장연진** (Jang, Yeon Jin)

서울대학교 사회복지학과 문학사(부전공: 심리학)
서울대학교 사회복지학과 문학석사
서울대학교 사회복지학과 사회복지학 박사
현 한양사이버대학교 사회복지학과 교수

**대표 저서 및 역서:** 사회복지실천론(공저), 사회복지실천기술론(공저), 가족복지론(공저),
이혼과 가족조정(공역)

한국연구재단 학술명저번역총서 서양편 797
사회복지실천 1: 역량강화 전문직의 관점과 역할

초판발행        2022년 10월 20일

지은이         Brenda Dubois · Karla Krogsrud Miley
옮긴이         조성희 · 김희주 · 장연진
펴낸이         안종만 · 안상준

편 집          김다혜
기획/마케팅      노  현
표지디자인       이소연
제 작          고철민 · 조영환

펴낸곳         (주) 박영사
              서울특별시 금천구 가산디지털2로 53, 210호(가산동, 한라시그마밸리)
              등록  1959. 3. 11. 제300-1959-1호(倫)
전 화          02)733-6771
f a x          02)736-4818
e-mail         pys@pybook.co.kr
homepage       www.pybook.co.kr
I S B N        979-11-303-1576-8
              979-11-303-1007-7  94080 (세트)

copyright©한국연구재단, 2022, Printed in Korea

* 파본은 구입하신 곳에서 교환해 드립니다. 본서의 무단복제행위를 금합니다.
* 역자와 협의하여 인지첩부를 생략합니다.

정 가          25,000원

이 번역서는 2019년 대한민국 교육부와 한국연구재단의 지원을 받아 수행된 연구임
(NRF-2019S1A5A7068896)